भारत में प्रारम्भिक शिक्षा
स्वतन्त्रता से पूर्व तथा पश्चात्
(परियोजना कार्य सहित)

Elementary Education in Pre- and Post-Independent India
(With Project Work)

एस. गुप्ता
जे. सी. अग्रवाल

SHIPRA

First Published in India in 2009

ISBN: 978-81-7541-481-5

2014 Edition

Bharat mein Prarambhik Shiksha: Swatantrata Se Purv tatha Pashchat

Published by:
SHIPRA PUBLICATIONS
H.O.: LG 18-19, Pankaj Central Market, I.P. Ext.,
Patparganj, Delhi 110092, Ph. 22235152, 22236152
Br. Off.: Ansari Road, Daryaganj,
New Delhi 110002; Ph.9650028065, 9810522367
Email: info@shiprapublications.com
Website: www.shiprapublications.com

प्रस्तावना

पुस्तक मुख्यत: प्राथमिक शिक्षा सम्बन्धी विभिन्न राज्यों में प्रचलित अध्यापक शिक्षा के पाठ्यक्रम के सन्दर्भ में लिखी गई है।

पाठ्य सामग्री प्रस्तुत करते समय इस बात का विशेष ध्यान दिया गया है कि छात्र परीक्षा में अधिक से अधिक प्राप्त कर सकें तथा साथ ही विषय पर वाँछित अधिकार भी।

प्रत्येक प्रकरण पर व्यापक तथा गहन विश्लेषण करने का भरपूर प्रयास किया गया है।

प्रारम्भिक शिक्षा के सार्वभौमिकरण अनिवार्य तथा नि:शुल्क प्रावधान सम्बन्धी इतिहास पर प्रकाश डाला गया है।

पुस्तक में दिए गए 19 अध्याय तीन इकाईयों के अन्तर्गत इस प्रकार हैं:

इकाई I	1–6 अध्याय
इकाई II	7–13 अध्याय
इकाई III	14–19 अध्याय

परियोजना में तीन विषय लिए गए हैं:

1. स्वतन्त्रता के पश्चात् लड़कियों की शिक्षा पर नीतियों तथा संतुतियों का संक्षिप्त संकलन।
2. विशिष्ट शिक्षा।
3. समाज के वंचित वर्गों की शिक्षा।

परिशिष्ट में प्रारम्भिक स्तर पर राज्यों तथा केन्द्र प्रशिक्षित क्षेत्रों में शिक्षा के प्रसार का तुलनात्मक अध्ययन।

लेखक उन सभी लेखकों तथा प्रकाशकों का आभारी हैं जिन की लेखन सामग्री का प्रयोग किया गया है।

एस. गुप्ता
जे.सी. अग्रवाल

विषय सूची

इकाई II

परियोजना कार्य (Project Work)

इकाई I
बेसिक शिक्षा

1

प्राथमिक शिक्षा का महत्व, उद्देश्य तथा ढाँचा
(Significance, Objectives and Structure of Elementary Education)

1.1 प्राथमिक शिक्षा का मानव जीवन में महत्व
(Significance of Primary Education in Human Life)

प्राथमिक शिक्षा का व्यक्ति के जीवन में विशेष महत्त्व है। इसी अवस्था पर उसके विकास की नींव पड़ती है। इसी अवस्था पर यह प्रयास किया जाता है कि भारतीय संविधान में दिए गए मूल्यों अथवा आदर्शों की नींव मजबूत बने। इस प्रकार के गुणों का विकास तथा निर्माण किया जाए जिनसे व्यक्ति स्वस्थ मानसिक जीवन व्यतीत कर सके। सीखने के आधारभूत तत्त्वों की उचित जानकारी का प्रावधान किया जाता है। यह अवस्था है जबकि व्यक्ति की भौतिक मानसिक, सामाजिक, भावात्मक, नैतिक तथा आवश्यकताओं की पूर्ति करके उसके व्यक्तित्व का समेकित विकास आरम्भ हो सकता है। स्वस्थ नागरिक के गुणों का विकास होता है। देश के प्रति प्रेम उत्पन्न किया जा सकता है।

उन्नति की दौड़ में तथा आज के राष्ट्रीय परिप्रेक्ष्य में प्राथमिक शिक्षा ही राष्ट्रीय आत्मनिर्भरता की आधारशिला है। वर्तमान तथा भविष्य के निर्माण का अनुपम साधन प्राथमिक शिक्षा ही है। यह शिक्षा हमें सुसंस्कृत बनाने का माध्यम है। यह हमारी संवेदनशीलता और अनुभव को तेज करती है। इससे राष्ट्रीय एकता पनपती है, वैज्ञानिक समझ का विकास होता है। इसके द्वारा ही आर्थिक आवश्यकताओं को पूरा करने के लिए हर स्तर पर जन शक्ति का विकास होता है। कुल मिलाकर यह शिक्षा हमारे संविधान द्वारा प्रतिष्ठित समाजवाद, धर्मनिरपेक्षता और लोकतंत्र के लक्ष्यों की प्राप्ति में सहायक होती है।

मनोवैज्ञानिक सिद्धान्तों से ज्ञात होता है कि पाँच अथवा छः वर्ष पूरे कर लेने पर बालक की वाक् शक्ति, स्नायविक, विकास, ध्यान केन्द्रित करने तथा सम्बन्धों को समझने की क्षमता का विकास हो जाता है। बच्चा औपचारिक तथा अनौपचारिक शिक्षा पाने योग्य हो जाता है। यह शिक्षा बहुत ही महत्त्वपूर्ण तथा आधारभूत शिक्षा है क्योंकि बहुत से बच्चों के लिए केवल यही शिक्षा प्राप्त करने के अवसर प्राप्त होते हैं, इसके पश्चात् वे जीवन में प्रवेश पा लेते हैं। यह शिक्षा उनके सारे भावी जीवन में काम करती है। इस स्तर की शिक्षा का प्रभाव अगली शिक्षा पर भी बहुत पड़ता है।

प्राथमिक शिक्षा का महत्त्व इस बात से भी है कि अधिकतर नागरिकों के लिए संपूर्ण शिक्षा इसी स्तर पर ही समाप्त हो जाती है। अत: इस नींव को सशक्त बनाना बहुत आवश्यक है।

मनोवैज्ञानिक अनुसंधानों से स्पष्ट है कि छ: से चौदह वर्ष के बीच दी जाने वाली शिक्षा व्यक्ति के विकास में बहुत महत्त्वपूर्ण है।

1.2 प्राथमिक शिक्षा के उद्देश्य (Objectives of Primary Education)

वर्तमान में प्राथमिक शिक्षा के उद्देश्यों का स्रोत भारतीय संविधान द्वारा दर्शाया गया है।

वर्तमान उद्देश्यों पर चर्चा करने से पूर्व ऐतिहासिक पृष्ठभूमि पर भी संक्षेप में चर्चा करना उपयुक्त होगा। प्राथमिक शिक्षा के उद्देश्य सामान्यत: संपूर्ण शिक्षा के उद्देश्यों से ही प्रभावित होते हैं। अत: यह आवश्यक है कि एक नजर में उन उद्देश्यों की चर्चा की जाए।

वैदिक काल में शिक्षा का मुख्य लक्ष्य व्यक्ति का निर्माण इस प्रकार करना था, जिससे वह 'मोक्ष' की प्राप्ति कर सके। इसी भावना से प्रेरित होकर प्राचीन भारतीय ऋषियों ने शिक्षा को धार्मिक क्रियाओं से ओत-प्रोत किया, ताकि मानव का सर्वांगीण विकास हो सके। अत: ऐसा भी कहा जा सकता है कि ईश्वर भक्ति, धार्मिकता की भावना, चरित्र निर्माण, व्यक्तित्व का विकास, नागरिक तथा सामाजिक कर्त्तव्यों का पालन, सामाजिक कुशलता का विकास तथा संस्कृति का संरक्षण एवं प्रचार भारतीय शिक्षा के मुख्य उद्देश्य थे।

बौद्धकाल में शिक्षा का उद्देश्य वर्तमान जीवन में ही निर्वाण प्राप्त करना था। आचरण में नैतिकता लाना तथा मस्तिष्क को स्थिरता और शांति देना था।

मुस्लिम काल में भी शिक्षा का उद्देश्य धार्मिक था।

अंग्रेजी काल में शिक्षा का उद्देश्य ऐसे वर्ग का निर्माण करना था, जो जनता तथा सरकार के बीच अंग्रेजी भाषा द्वारा संपर्क स्थापित कर सके और रंग में भारतीय होते हुए भी रुचि, मति, नीति और बुद्धि में अंग्रेज हो।

भारतीय शिक्षा आयोग 1964-66 द्वारा गठित दल के अनुसार प्राथमिक शिक्षा के उद्देश्य

(क) *जूनियर कक्षाओं* (1 से 5) *के लिए शिक्षा के उद्देश्य*

1. पढ़ने, लिखने तथा गणित का आरंभिक ज्ञान और कौशल प्राप्त करना।
2. स्वास्थ्यवर्द्धक जीवन के आधारभूत नियमों की जानकारी प्राप्त करना तथा उन पर आचरण करना।
3. अपने सामाजिक भौतिक तथा सांस्कृतिक पर्यावरण के बारे में सामान्य जानकारी प्राप्त करना और उसके प्रति संवेदनशील होना।
4. दैनिक जीवन में विज्ञान की देन को समझना।
5. मौखिक तथा गैर मौखिक रीति से अपने आपको सरल और सृजनात्मक ढंग से व्यक्त करना।
6. राष्ट्रीय चिह्नों तथा राष्ट्रीय उत्सवों द्वारा छात्रों में राष्ट्रीयता की नींव डालना।
7. छात्रों में श्रम की भावना का निर्माण करना।

8. सामान्य लक्ष्य की प्राप्ति के लिए छात्रों का सामाजिक विकास इस प्रकार करना कि उनमें इस प्रकार के गुणों का निर्माण हो; जैसे–नम्रता, सहयोग तथा मेल–जोल आदि।
9. सभी धर्मस्थलों के प्रति आदर की भावना का निर्माण करना।
10. ध्यानपूर्वक सुनने, अवलोकन करने तथा चिंतन आदि कौशलों का विकास करना।
11. अपने निकटतम पर्यावरण को जानने की भावना का निर्माण करना।
12. देश के सांस्कृतिक मूल्यों के बारे में कुछ जानकारी देना।
13. देश तथा विदेश में रहने वाले व्यक्तियों की परस्पर निर्भरता के बारे में कुछ ज्ञान देना।

(ख) *सीनियर कक्षाओं* (6 से 8) *के लिए शिक्षा के उद्देश्य*

1. विभिन्न विषयों के आधारभूत तथ्यों, सिद्धांतों तथा कौशलों का ज्ञान प्राप्त करना और उनको उचित अवस्थाओं में प्रयोग में लाना।
2. दैनिक जीवन की आवश्यकताओं की पूर्ति के लिए मौखिक तथा लिखित भाषा में व्यक्त करने की क्षमता का निर्माण करना।
3. गणित में विभिन्न संबंधों को समझने की क्षमता का विकास करना।
4. व्यक्ति तथा सामाजिक स्वास्थ्य के आधारभूत सिद्धांतों को समझने और उन पर आचरण करने की क्षमता का निर्माण करना।
5. देश के भूतकाल, वर्तमान तथा भविष्य के प्रति उचित भावना का विकास करना।
6. देश की विभिन्नता में एकता के तत्वों को समझना।
7. विज्ञान की दैनिक जीवन में देन को समझना।
8. आदर तथा स्नेह जाग्रत करना।
9. बालकों में कर्त्तव्यनिष्ठा के भावों का विकास करना।
10. बालकों में वैज्ञानिक दृष्टिकोण का विकास करना।
11. बालकों में श्रम के प्रति आदर भाव उत्पन्न करना।
12. बालकों को पर्यावरण संबंधी जानकारी प्रदान करना।
13. बालकों का जनसंख्या संबंधी ज्ञान बढ़ाना।
14. बालकों में भाईचारे की भावना का विकास करना।
15. बालकों में अंतर्राष्ट्रीय भावों का विकास करना।
16. बालकों में सभी धर्मों के प्रति समभाव का विकास करना।
17. उपयुक्त क्रियाओं तथा अनुभवों के प्रावधानों द्वारा बच्चों को उच्च जीवन के लिए तैयार करना।

1.3 प्राथमिक शिक्षा का ढाँचा
(Nomenclature of Elementary Education)

प्राथमिक शिक्षा, प्रारंभिक शिक्षा, बेसिक शिक्षा, बेसिक तालीम, नई तालीम, बुनियादी शिक्षा, आधारभूत शिक्षा–ये सभी पर्यायवाची शब्द हैं। इन सभी का मुख्यतः एक ही अर्थ है; यद्यपि लेखकों, समितियों एवं आयोगों ने विभिन्न शब्दावलियों का प्रयोग किया है।

मोटे तौर पर यह शिक्षा स्तर सविधिक अथवा नियमित शिक्षा का प्रथम सोपान है, जिसमें बच्चों के लिए आवश्यक ज्ञान, कौशलों तथा अभिवृत्तियों का विकास किया जाता है। मनोवैज्ञानिक अनुसंधानों से पता चलता है कि पाँच वर्ष पूरे करने पर बच्चे की वाक्शक्ति, स्नायविक विकास, ध्यान केंद्रित करने तथा स्कूल संबंधों को समझने की क्षमता का विकास हो जाता है। अतएव यह शिक्षा पाँच वर्ष की आयु पूरी करने के बाद ही आरंभ होती है और आठ वर्षों तक अर्थात् चौदह साल की आयु तक दी जाती है। भारत के कुछ राज्यों में प्राथमिक शिक्षा का कार्यकाल सात वर्ष भी है। यह चरण शिशु शिक्षा और उच्च माध्यमिक कक्षाओं के बीच का कार्यक्रम है।

प्राथमिक शिक्षा के ढाँचे के बारे में कुछ मत

बुनियादी शिक्षा में, जिसका सूत्रपात गांधी जी ने 1937 में किया, इस स्तर के सात वर्ष अर्थात् सात वर्ष से चौदह वर्ष निर्धारित किए।

1944 में प्रस्तुत की गई सार्जेन्ट रिपोर्ट में प्राथमिक शिक्षा दो स्तरों में विभाजित की गई। एक जूनियर बेसिक कक्षा 1 से 5 (6 से 11 वर्ष) तक तथा दूसरी सीनियर बेसिक कक्षा 6 से 8 (11 से 14 वर्ष) तक।

1950 में बने भारत के संविधान में प्रारंभिक अथवा प्राथमिक शिक्षा आदि शब्दावली का प्रयोग नहीं किया गया। इसके अनुसार, 'सभी बालकों के लिए चौदह वर्ष की आयु पूरी' करने तक निःशुल्क और अनिवार्य शिक्षा देने की बात कही गई है।

1952-53 के माध्यमिक शिक्षा आयोग ने प्राइमरी अथवा जूनियर शिक्षा का समय चार अथवा पाँच वर्ष बताया तथा माध्यमिक अथवा सीनियर बेसिक का तीन वर्ष।

शिक्षा आयोग (1964-66) ने प्राथमिक स्तर की शिक्षा के ढाँचे की इस प्रकार संस्तुति की-(क) चार या पाँच वर्ष का निम्न प्राथमिक स्तर, (ख) तीन या दो वर्ष का उच्च प्राथमिक स्तर। प्राथमिक अवस्था सात से आठ वर्ष तक की हो सकने की मान्यता दी।

1968 की राष्ट्रीय शिक्षा नीति में चौदह वर्ष तक की आयु के सभी बच्चों के लिए निःशुल्क और अनिवार्य शिक्षा की व्यवस्था की चर्चा की गई है। इसमें प्राथमिक शिक्षा आदि किसी शब्द का प्रयोग नहीं किया गया है।

1977 में गठित पुनरीक्षण समिति ने प्राथमिक शिक्षा का कार्यकाल 1 से कक्षा 7 अथवा कक्षा 8 तक बताया।

1986 की राष्ट्रीय शिक्षा नीति ने 'प्रारंभिक' शब्द का प्रयोग करते हुए कहा कि पढ़ाई के लिए हर बच्चे का नामांकन होना चाहिए और चौदह साल की आयु तक उसे हर हालत में शिक्षा मिलनी चाहिए।

राममूर्ति समीक्षा समिति (1990) के अनुसार, प्राथमिक शिक्षा दो भागों में बाँटी जा सकती है-(क) प्राथमिक स्तर-कक्षा 1 से 5, तक (ख) उच्च प्राथमिक-कक्षा 6 से 8 तक।

भारत सरकार के लगभग सभी आँकड़े कक्षा 1 से कक्षा 8 तक दो भागों में दिए जा रहे हैं। कक्षा 1 से 5 (आयु 6 से 11), जिसे प्राथमिक अथवा जूनियर बेसिक कहते हैं तथा मिडिल अथवा सीनियर बेसिक, जिसमें कक्षाएँ 6 से 8 सम्मिलित हैं।

परिशिष्ट I

भारत में शैक्षिक ढांचा तथा प्राथमिक स्तर की स्थिति
(Educational Structure in India and Place of Primary Education)

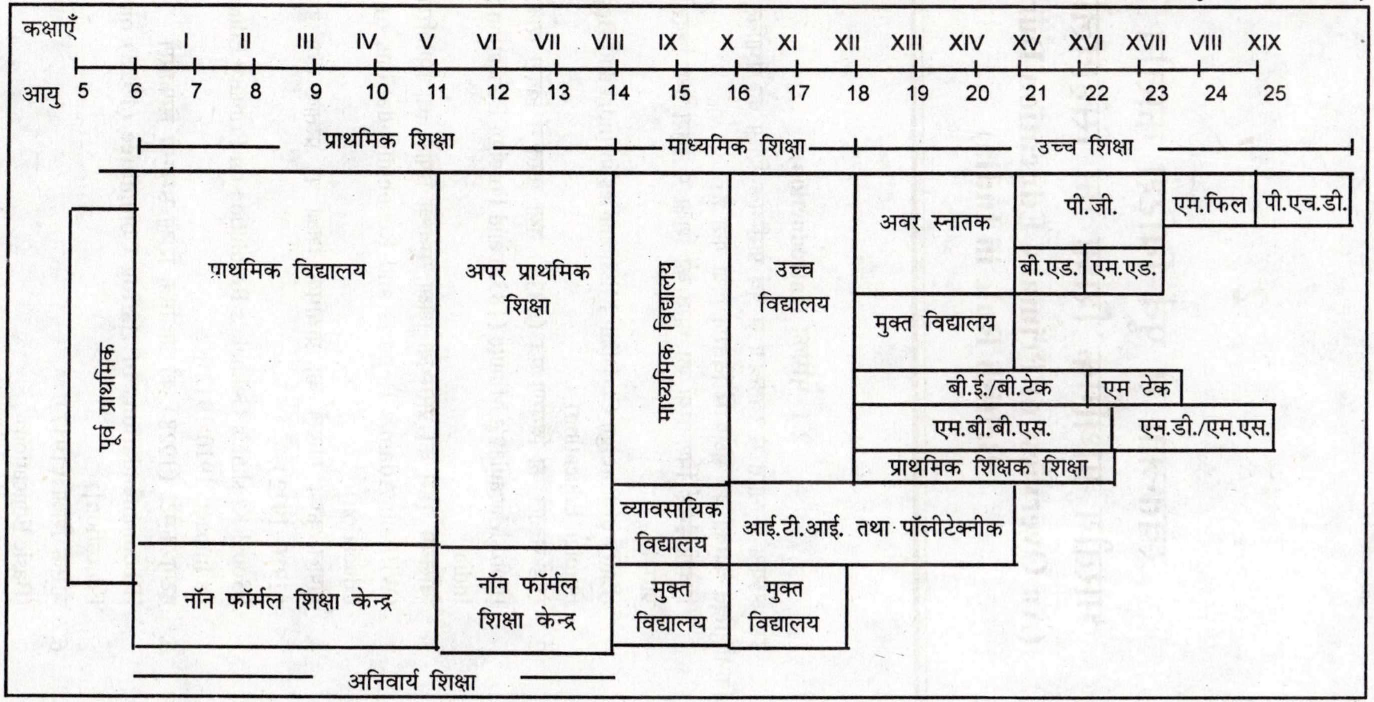

2

स्वतन्त्रता से पूर्व ब्रिटिश कालीन भारतीय प्राथमिक शिक्षा का सिंहावलोक
(An Overview of Primary Education During British Rule in India)

2.1 भूमिका (Introduction)

इस अध्याय में भारत में स्वतन्त्रता से पूर्व प्रारम्भिक शिक्षा को प्रभावित करने वाले निम्नलिखित कारकों का संक्षेप में विवरण दिया गया है:

1. विदेशी ईसाई मिशनरियों का भारत की शिक्षा में प्रवेश तथा विदेशी शिक्षा का प्रारम्भ
   (Entry of Foreign Christian Missionaries in India and Beginning of Foreign Education)
2. लार्ड मैकाले का विवरण पत्र (1835) तथा भारत में विदेश शिक्षा नीति
   [Lord Macaulay's Minute (1835) and Foreign Education System in India]
3. विलियम एडम की प्रारम्भिक शिक्षा सम्बन्धी रिपोर्टें तथा सिफारिशें
   (William Adam's Reports and Recommendations on Primary Education)
4. गोपाल कृष्ण गोखले का प्राथमिक शिक्षा पर प्रस्ताव तथा इसका प्रभाव (1910-1912)
   [Gopal Krishna's Gokhale's Resolution on Primary Education and Its Impact (1910-1912)]
5. हर्टाग कमेटी (1928) की प्राथमिक शिक्षा सम्बन्धी सिफारिशें
   [Recommendations of Hartog Committee (1928) on Primary Education]
6. बेसिक शिक्षा (1937)
   (Basic Education)

7. सारजेन्ट रिपोर्ट (योजना)–1944
(Sargent Report or Sargent Plan—1944)

2.2 विदेशी ईसाई मिशनरियों का भारत की शिक्षा में प्रवेश अथवा विदेशी शिक्षा का प्रारम्भ (Entry of Christian Missionaries in India and Beginning of Foreign Education in India)

यद्यपि लार्ड टामस मैकाले (Macaulay) को भारत में शिक्षा के पश्चिमीकर्त्ता के रूप में जाना जाता है तथापि इसमें कोई सन्देह नहीं है कि भारत में शिक्षा के क्षेत्र में पश्चिमीकरण की प्रक्रिया ईसाई मिशनरियों ने प्रारम्भ की। भारत से व्यापार करने के लिए 17वीं शताब्दी में अनेक व्यापारिक कम्पनियों का निर्माण हुआ। उनमें प्रमुख कम्पनियाँ थीं–पुर्तगाल, इंग्लैण्ड, फ्रांस तथा हॉलैंड–देशों की। व्यापार के साथ-साथ इस देश में ईसाई मिशनरियों ने प्रवेश किया। इन मिशनरियों का मुख्य उद्देश्य भारत के निवासियों में अपने धर्म का प्रचार करना था, न कि शिक्षा-संस्थाएँ स्थापित करना। शिक्षा संस्थाओं की स्थापना करना तो एक साधन था।

ऐलन (Allen) के अनुसार शिक्षा संस्थाएँ स्थापित करने के दो कारण थे:

1. भारत के निवासियों को शिक्षित करके उन्हें धार्मिक सिद्धान्तों से पूर्ण रूप से परिचित कराना।
2. शिक्षा संस्थाएँ स्थापित करके, उनके माध्यम से भारतीयों से सम्पर्क स्थापित करके धर्म का प्रचार करने के अवसर प्राप्त करना।

सबसे पहले पुर्तगाली मिशनरी आए। प्राथमिक स्तर की शिक्षा पर उन्होंने विशेष ध्यान दिया।

इसी प्रकार फ्रांसीसी, डच, डेन तथा अंग्रेज मिशनरियों ने शैक्षिक संस्थाएँ खोलीं।

कालान्तर में ईस्ट इण्डिया कम्पनी ने अन्य कम्पनियों पर विजय प्राप्त की तथा व्यापार के साथ-साथ शिक्षा में रुचि लेना आरम्भ किया। 1813 तथा 1831 के बीच कम्पनी की शिक्षा नीति किसी ठोस आधार पर न थी।

2.3 लार्ड मैकाले का विवरण (1835) तथा भारत में विदेशी शिक्षा पद्धति [Lord Macaulay's Minute (1835) and Foreign Education System in India]

23 जून 1757 ई. को प्लासी की लड़ाई में विजय के पश्चात् अंग्रेजों ने भारत पर अपना आधिपत्य स्थापित करने की प्रक्रिया शुरू की और 7 फरवरी, 1856 को लॉर्ड डलहौजी (1848-1856) द्वारा अवध राज्य को ब्रिटिश साम्राज्य में मिलाए जाने के साथ यह क्रिया पूरी हो गई। लॉर्ड क्लाइव (1757-1760 और 1765-1767) को भारत में अंग्रेजी शासन का संस्थापक कहा जाता है। लॉर्ड माउण्टबेंटन भारत का अन्तिम वायसराय (1947-48) था। 15 अगस्त 1947 को अंग्रेजी शासन का भारत में अन्त हुआ परन्तु इसकी शिक्षा पर छाप अब भी दिखाई देती है।

1835 में लॉर्ड मैकॉले भारतीय गवर्नर जनरल की कौंसिल के सदस्य बनकर भारत आए। उन्हें यहाँ "जनरल कमेटी ऑफ पब्लिक इन्स्ट्रक्शन" का अध्यक्ष बनाया गया।

मैकॉले ने गवर्नर जनरल की कौंसिल के सामने अपना प्रसिद्ध विवरण पत्र (Minute) रखा, जिसके अनुसार पाश्चात्य शिक्षा और अंग्रेजी माध्यम की सिफारिश की गई। उसी वर्ष लॉर्ड विलियम बैंटिक ने सरकारी नीति स्थिर करते हुए घोषणा की–"ब्रिटिश सरकार का महान् उद्देश्य है कि इस देश में यूरोपीय साहित्य तथा विज्ञानों की उन्नति हो और शिक्षा पर होने वाला समस्त व्यय अंग्रेजी शिक्षा पर ही करना उसका श्रेष्ठतम उपयोग होगा।"

मैकाले के विवरण पत्र के कुछ अंश नीचे दिए जा रहे हैं। इस सम्बन्ध में यह लिखना आवश्यक प्रतीत होता है कि यद्यपि विवरण पत्र में प्रारम्भिक शिक्षा के बारे में कोई विशिष्ट टिप्पणी नहीं थी परन्तु फिर भी इसका प्रभाव इस स्तर की शिक्षा पर भी पड़ा। भारत में विदेशी शिक्षा का सूत्रपात हुआ।

शिक्षा का उद्देश्य–मैकॉले शिक्षा के द्वारा भारत में ऐसे लोग निर्माण करना चाहता था जो "रंग-रूप में तो भारतीय हों किन्तु वेशभूषा, बातचीत, चिन्तन तथा विचारों में अंग्रेज हों।" मैकॉले की यह इच्छा आज भी कुछ पाश्चात्य शिक्षा प्राप्त भारतीय पूरी कर रहे हैं।

भाषा संबंधी विचार–मैकॉले ने इस प्रकार के विचार प्रस्तुत किए हैं–

1. "अच्छे यूरोपीय साहित्य की एक अल्मारी अरब तथा भारत के समस्त साहित्य से अधिक महत्त्वपूर्ण है।"

2. "भारत के निवासियों में प्रचलित देशी भाषाओं में साहित्यिक एवं वैज्ञानिक ज्ञान कोष का अभाव है तथा वे इतनी अविकसित और गँवारू हैं कि जब तक उन्हें बाह्य भण्डार से सम्पन्न नहीं किया जाएगा, उनमें सुगमता से किसी भी महत्त्वपूर्ण ग्रन्थ का अनुवाद नहीं हो सकेगा।"

3. मैकॉले ने संस्कृत साहित्य का मज़ाक उड़ाते हुए लिखा कि उसमें ऐसे "चिकित्सा सिद्धांत पढ़ाए जाते हैं, जिन पर अंग्रेज पशु-चिकित्सकों को लज्जा आयेगी, ज्योतिष ऐसा है, जिस पर स्कूलों की अंग्रेज बालिकाएँ हँस पडेंगी, भूगोल ऐसा है जिसमें शीरे तथा मक्खन के समुद्रों के वर्णन हैं।"

4. अंग्रेजी भाषा की प्रशंसा करते हुए उन्होंने लिखा है, "यह भाषा पाश्चात्य भाषाओं में भी सर्वोपरि है, जो इस भाषा को जानता है, वह सुगमता से उस विशाल ज्ञान-भण्डार को प्राप्त कर सकता है जिसे विश्व की सबसे बुद्धिमान जातियों ने रचा है।"

5. इसके बाद मैकॉले ने लिखा था कि संस्कृत तथा अरबी के विद्यार्थियों को छात्रवृत्ति देनी पड़ती है जबकि अंग्रेजी के विद्यार्थी स्वयं फीस अदा करते हैं। "संसार के किसी भी कोने में लोगों को लाभदायक तथा रुचिकारक कार्यों के लिये वेतन नहीं देना पड़ता।"

6. "भारत में अंग्रेजी शासकों की भाषा है तथा राजधानियों में उच्च वर्ग के भारतीय भी इसे बोलते हैं। आस्ट्रेलिया तथा अफ्रीका में उन्नतिशील यूरोपियों की भी यही भाषा है। यही पूर्वी व्यापार की भाषा बनने वाली है। अतः चाहे हम भाषा के महत्त्व पर विचार करें अथवा देश की परिस्थिति पर अंग्रेजी ही भारतीयों के लिए सबसे हितकर रहेगी।

7. 1813 के आज्ञापत्र के बारे में मैकॉले ने लिखा, "...मेरी समझ में संसद के कानून का वह अर्थ किसी भी प्रकार नहीं लग सकता जो लगाया गया है। उसमें विशेष भाषाओं तथा विज्ञानों का नाम नहीं है, केवल विद्वानों के प्रोत्साहन तथा साहित्य के पुनरुद्धार के लिये एक धनराशि सुरक्षित की गई है। तर्क दिया जाता है कि साहित्य से संसद का अर्थ

अरबी तथा संस्कृत साहित्य ही हो सकता है और भारतीय विज्ञान से उसका तात्पर्य न्यूटन का भौतिक शास्त्र नहीं हो सकता।...यह अर्थ संतोषजनक नहीं है...यह एक लाख रुपया 'साहित्य के पुनरुद्धार' के ही लिये नहीं है वरन् 'भारतीयों में विज्ञान के प्रसार' के लिए भी है। ये ही शब्द मेरे चाहे परिवर्तनों के लिये यथेष्ट हैं।"

2.4 विलियम एडम की प्रारम्भिक शिक्षा सम्बन्धी रिपोर्टें तथा सिफारिशें (1835–1838)

(William Adam's Reports on Primary Education and Recommendations)

एडम ने बंगाल तथा बिहार की शिक्षा प्रणाली की वस्तुस्थिति पर तीन रिपोर्टें प्रस्तुत कीं–पहली रिपोर्ट 1835, दूसरी रिपोर्ट (1836) तथा तीसरी रिपोर्ट तथा संस्तुतियाँ (1838)

विलियम एडम एक सच्चे समाज सुधारक, समाज-सेवक, चिन्तक, विद्वान तथा शिक्षाविद् थे। 19 मार्च 1818 को वे भारत आए तथा लगभग 27 वर्षों तक भारत में रहे। भारत आकर उन्होंने बंगला तथा संस्कृत का अध्ययन किया। कलकत्ता में उनका परिचय राजा राममोहन राय से हुआ। राजा राममोहन ने एडम की सहायता से बाइबिल का अनुवाद बंगला में किया। परम्परा ईसाई चर्च की मान्यताओं से उनका मतभेद हो गया। उन्होंने कलकत्ता में एक अलग 'यूनिटेरियन चर्च' की स्थापना की।

एडम ने भारतीय शिक्षा व्यवस्था में बहुत रुचि ली। वे जन-साधारण की शिक्षा के पक्ष में थे तथा शिक्षा के छनननी सिद्धान्त के विरूद्ध थे। 1835 में उसे ईस्ट इंडिया कम्पनी की सरकार ने देशज शिक्षा प्रणाली (परम्परागत) भारतीय शिक्षा प्रणाली के अध्ययन का कार्य सौंपा।

भारत के तत्कालीन गवर्नर जनरल विलियम बैंटिक भी सुधारक थे। एडम ने उन्हें दो पत्र–1829 तथा 1834 में लिखे। इन पत्रों में उन्होंने कहा कि भारत में शैक्षिक सुधारों से पूर्व वास्तविक स्थिति का सर्वेक्षण किया जाना चाहिए। 20 जनवरी 1835 को बैंटिक ने एडम को बंगाल की शिक्षा स्थिति का सर्वेक्षण करने का कार्य सौंपा।

एडम द्वारा निकाले गए निष्कर्ष (Conclusions Arrived at by Adam)

1. *शिक्षा का प्रसार*: बंगाल में कोई ऐसा गाँव नहीं है, जहाँ पर प्राथमिक स्कूल न हो।
2. *स्कूलों की संख्या*: बंगाल में लगभग एक लाख प्राथमिक स्कूल हैं।
3. *स्कूल का स्थान*: अधिकांश स्कूल घरों में थे।
4. *स्कूली शिक्षा का समय*: 8 वर्ष तथा 14 वर्ष के बच्चे प्राथमिक स्कूलों में जाते थे।
5. *पाठ्यक्रम*: हिन्दू छात्र प्राय: बंगाली तथा संस्कृत भाषाएँ पढ़ते थे तथा मुस्लिम अरबी तथा फारसी।
6. *स्त्री शिक्षा*: स्त्री शिक्षा लगभग नहीं थी, स्त्री शिक्षा के 'नाम' से लोग बहुत डरते थे।
7. *सभी के लिए स्कूल*–स्कूल-प्रवेश में कोई भेदभाव न था। सभी को स्कूल में प्रवेश बिना किसी जात-पात के मिलता था।
8. *अध्यापक का वेतन*: अध्यापक की लगभग 5 रुपये मासिक आय थी।

शिक्षा नीति संबंधी एडम की संस्तुतियाँ
(Adams Recommendations on Education Policy)

1. *शिक्षा नीति के आधार*: एडम ने इस संदर्भ में निम्न बातों पर बल दिया:

(i) शिक्षा प्रणाली सरल हो। (ii) शिक्षा इस प्रकार की हो जो कि जनता की भावनाओं तथा विचारों की अवहेलना न करे। (iii) शिक्षा सस्ती हो। (iv) शिक्षा इस प्रकार की हो जो भारतीयों को प्रेरित तथा उत्साहित कर सके। (v) शिक्षा में शासन की भी भागेदारी रहे अर्थात् सरकार का योगदान भी।

2. *सार्वजनिक शिक्षा के प्रसार के लिए सुझाव*: ये सुझाव इस प्रकार थे:

(i) वर्तमान देशी शिक्षा संस्थाओं को बढ़ावा दिया जाए। (ii) देशी भाषा शिक्षण को प्रोत्साहन दिया जाए। (iii) नयी संस्थाएँ खोलने के स्थान पर देशी संस्थाओं को प्रोत्साहित किया जाए।

एडम की सिफारिशों पर कोई कार्यवाही न हो सकी क्योंकि लार्ड मैकाले द्वारा प्रस्तावित शिक्षा नीति को स्वीकृति मिल गई थी।

2.5 गोपाल कृष्ण गोखले का प्राथमिक शिक्षा पर प्रस्ताव तथा इसका प्रभाव (1910–12)
(Gopal Krishna's Gokhale's Resolution on Primary Education and Its Impact)

गोपाल कृष्ण गोखले (1866 to 1915) का संक्षिप्त जीवन चरित्र

गोपाल कृष्ण गोखले भारत के उच्च कोटि के राजनीतिज्ञ, समाज सुधारक तथा शिक्षाविद् थे। उन्होंने बड़े उदार, शान्त एवं वैज्ञानिक ढंग से राष्ट्रीय चेतना जाग्रत करने में महत्त्वपूर्ण भूमिका का निर्वाह किया। उन्होंने शिक्षा के क्षेत्र में भी प्रशंसनीय कार्य किया। 20 वर्ष की आयु में गोखले प्रोफेसर बन गए।

22 वर्ष की आयु में बम्बई विधान परिषद् के सदस्य बने। 1884 में उन्होंने डेकन एजूकेशन सोसायटी तथा 1905 में सर्वेन्ट्स ऑफ इण्डिया सोसायटी की स्थापना की। साप्ताहिक 'सुधारक' तथा दैनिक 'ज्ञान प्रकाश' का सम्पादन किया। 1902 में केन्द्रीय धारा सभा (Central Imperial Legislative Council) के सदस्य बने तथा 1905 में राष्ट्रीय कांग्रेस के अध्यक्ष।

प्राथमिक शिक्षा पर प्रस्ताव: भारत में प्राथमिक शिक्षा के क्षेत्र में सबसे पहले बड़ौदा के महाराजा ने पहल की। 1892 में उन्होंने अपने राज्य में गाँवों में प्राथमिक स्तर पर अनिवार्य तथा नि:शुल्क प्राथमिक शिक्षा की योजना लागू की। इस सफलता को देख कर 52 गाँवों में लागू की। तत्पश्चात् 1906 में अपने सम्पूर्ण राज्य में।

गोपाल कृष्ण गोखले भी इस कार्य से बहुत प्रभावित हुए।

केन्द्रीय धारा सभा के सदस्य के रूप में 19 मार्च 1910 को गोखले ने यह प्रस्ताव रखा, "यह सभा सिफारिश करती है कि सम्पूर्ण देश में प्राथमिक शिक्षा को नि:शुल्क एवं अनिवार्य बनाने का कार्य आरम्भ किया जाए और इस सम्बन्ध में निश्चित प्रस्तावों को प्रस्तुत करने के लिए सरकारी तथा गैर-सरकारी अधिकारियों का एक संयुक्त आयोग शीघ्र ही नियुक्त किया जाए।"

इस प्रस्ताव को प्रस्तुत करने का प्रमुख कारण यह था कि भारत में प्राथमिक शिक्षा की दयनीय दशा देखकर गोखले का हृदय द्रवित हो गया। उनका विश्वास था "यह बात स्पष्ट है कि एक अशिक्षित तथा अज्ञानी राष्ट्र कदापि वास्तविक उन्नति नहीं कर सकता है और जीवन की दौड़ में अवश्य पीछे रह जाएगा।"

उस समय देश में केवल 6 प्रतिशत साक्षरता थी और प्राथमिक शिक्षा को प्राप्त करने योग्य बालकों में से केवल 23.8 प्रतिशत बालक और 2.7 प्रतिशत बालिकाएँ इस शिक्षा से लाभ उठा रहे थे। अत: गोखले ने प्रस्ताव में निम्नलिखित सुझाव दिए–

1. जिन क्षेत्रों में 33 प्रतिशत बालक शिक्षा प्राप्त कर रहे हैं उनमें 6 से 10 वर्ष तक आयु के बालकों के लिए शिक्षा नि:शुल्क एवं अनिवार्य कर दी जाए। 2. प्राथमिक शिक्षा का व्यय स्थानीय संस्थाएँ तथा सरकार 1:2 के अनुपात से वहन करें। 3. प्राथमिक शिक्षा की देखभाल के लिए एक मन्त्री की नियुक्ति की जाए। 4. बजट में प्रतिवर्ष शिक्षा की प्रगति का स्पष्ट वर्णन किया जाए। 5. केन्द्र में प्राथमिक शिक्षा के लिए एक पृथक् विभाग स्थापित किया जाए जो प्राथमिक शिक्षा के प्रसार के लिए एक योजना बनाए।

सरकार द्वारा प्रस्ताव पर विचार करने का आश्वासन मिलने पर गोखले ने उसे वापस ले लिया। सरकार ने 1910 में केन्द्र के अधीन एक शिक्षा विभाग स्थापित कर दिया, मन्त्री की नियुक्ति कर दी परन्तु प्राथमिक शिक्षा को नि:शुल्क एवं अनिवार्य बनाने के लिए कुछ नहीं किया।

गोखले का विधेयक (1911–12)

प्राथमिक शिक्षा के प्रति सरकार की उदासीनता देखकर गोखले ने 16 मार्च 1911 को केन्द्रीय धारा में अपना विधेयक रखा। विधेयक रखते हुए गोखले ने कहा, "इस विधेयक का उद्देश्य देश की प्राथमिक शिक्षा प्रणाली में अनिवार्यता के सिद्धान्त को क्रमश: लागू करना है।"

विधेयक के प्रमुख तत्त्व: विधेयक के निम्न प्रमुख तथ्य थे–

1. अनिवार्य प्राथमिक शिक्षा उन्हीं स्थानों में लागू की जाए जहाँ पर एक निश्चित संख्या में बालक शिक्षा ग्रहण कर रहे हों। गवर्नर जनरल को अधिकार होगा कि वह यह प्रतिशत निश्चित करें। 2. सरकार की स्वीकृति के पश्चात् ही संस्थाएँ उक्त नियम को लागू कर सकती हैं स्वेच्छा से नहीं। 3. स्थानीय संस्थाओं को यह अधिकार होगा कि इस नियम को वह चाहे पूरे क्षेत्र में लागू करें अथवा किसी भाग में। 4. अनिवार्य प्राथमिक शिक्षा का नियम वहाँ लागू होगा जहाँ 6 से 10 वर्ष तक के बालकों के लिए प्राथमिक शिक्षा का प्रावधान हो सकता है। 5. नियम का उल्लंघन करने वाले अभिभावकों को दण्ड दिया जाएगा। 6. बालिकाओं के लिए भी धीरे-धीरे प्राथमिक शिक्षा अनिवार्य कर दी जाएगी। 7. स्थानीय संस्थाएँ यदि उचित समझें हैं तो वे शिक्षा सम्बन्धी कर भी लगा सकती हैं। 8. यदि अभिभावक की मासिक आय 100 रुपए से कम हो तो उस बालक से फीस न ली जाए। 9. व्यय के विषय में यह उल्लेख किया गया कि प्राथमिक शिक्षा का व्यय भार स्थानीय संस्थाओं और सरकार द्वारा उठाया जाए परन्तु सरकार कम से कम व्यय का 2/3 भाग वहन करें।

विधेयक को जनमत-संग्रह के लिए स्थानीय संस्थाओं, विश्वविद्यालयों एवं कुछ

व्यक्तिगत संस्थाओं के पास भेजा गया। 17 मार्च 1912 को धारा सभा में विधेयक पर वाद-विवाद प्रारम्भ हुआ। दो दिन तक यह वाद-विवाद होता रहा। 19 मार्च 1912 को इसके पक्ष में 15 वोटें तथा विपक्ष में 38 वोटें मिलीं और यह बिल पास न हो सका। इस प्रकार गोखले प्राथमिक शिक्षा को अनिवार्य बनाने की चेष्टा में असफल हुए।

गोखले के विधेयक का प्रभाव: यद्यपि गोखले का विधेयक पास न हो सका परन्तु इस का प्रभाव बहुत पड़ा। गोखले के प्रयासों ने सरकार तथा जनता का ध्यान जन-शिक्षा की ओर आकर्षित किया। परिणामस्वरूप 1913 में सरकार ने अपनी शिक्षा नीति घोषित की।

गोखले के कार्य से प्रेरणा लेकर भारत के एक अन्य महान् नेता विट्ठल भाई पटेल ने बम्बई में एक विधेयक 1918 में प्रस्तुत किया जिसका उद्देश्य प्रान्त में नगरपालिका क्षेत्रों में प्राथमिक शिक्षा को अनिवार्य बनाना था। इस अधिनियम ने प्राथमिक शिक्षा के इतिहास में एक नवीन अध्याय प्रारम्भ किया।

इस उदाहरण का भारत के अन्य प्रान्तों में भी अनुकरण किया गया तथा कई स्थानों में प्राथमिक शिक्षा अनिवार्य कर दी गई।

इस संबंध में यह लिखना आवश्यक है कि केवल कानून पास करने से ही शिक्षा का प्रसार नहीं होता है उन्हें दृढ़तापूर्वक लागू किया जाना चाहिए। प्रान्त सरकारें इस दिशा में उदासीन रहीं। परिणामस्वरूप 1947 में प्रथम स्तर पर (कक्षा 1 से 8 तक) नामांकन 30 प्रतिशत से भी कम था।

2.6 हर्टाग कमेटी (1928) की प्राथमिक शिक्षा सम्बन्धि सिफारिशें [Recommendations of Hartog Committee (1928) on Elementary Education]

अपव्यय और अवरोधन के कारणों को दूर करने और प्राथमिक शिक्षा की उन्नति करने के लिए निम्नलिखित विचार व्यक्त किए:

1. प्राथमिक स्कूलों की संख्यात्मक वृद्धि की अपेक्षा गुणात्मक उन्नति पर बल दिया जाना चाहिए।
2. प्राथमिक शिक्षा को सुदृढ़ बनाने की नीति का अनुसरण किया जाए।
3. उन विद्यालयों को जो छोटे हैं, जिनमें छात्रों की संख्या कम है और जिनमें शिक्षण की उचित व्यवस्था नहीं है, उनको समाप्त कर दिया जाए।
4. प्राथमिक स्कूलों में शिक्षा की अवधि कम-से-कम 4 वर्ष की जाए और उनके शिक्षण-स्तर का उन्नयन किया जाए।
5. प्राथमिक स्कूलों के पाठ्यक्रम को उदार एवं व्यावहारिक और वातावरण एवं परिस्थिति के अनुकूल बनाया जाए।
6. प्राथमिक स्कूलों के शिक्षण का समय, छुट्टियों और अन्य कार्यक्रमों को स्थानीय ऋतुओं और आवश्यकताओं के अनुसार निश्चित किया जाए।
7. प्राथमिक स्कूलों की निम्नतम कक्षा के प्रति विशेष ध्यान दिया जाना चाहिए और उसमें होने वाले "अपव्यय" एवं "अवरोधन" का निराकरण करने के लिए पूर्ण प्रयास किया जाए।

8. प्राथमिक स्कूलों में अध्ययन करने वाले छात्रों में स्वच्छता, स्वास्थ्य, सहकारिता, आत्म-विश्वास आदि गुणों का विकास किया जाए।

9. प्राथमिक स्कूलों को मनोरंजन, ग्राम-सुधार, वयस्क-शिक्षा और साधारण चिकित्सा के केन्द्र बनाया जाए।

10. शिक्षकों के शिक्षण-स्तर का उन्नयन करने के लिए, उनके प्रशिक्षण-काल में वृद्धि की जाए।

11. शिक्षकों के वेतन में वृद्धि और उनकी कार्य करने की दशाओं में सुधार करके, योग्य व्यक्तियों को शिक्षण-कार्य के प्रति आकृष्ट किया जाए।

12. प्रशिक्षण-विद्यालयों में सुधार किया जाना चाहिए और उनमें "अभिभावकों-पाठ्यक्रमों" की योजना आरम्भ की जाए।

13. स्कूलों की निरीक्षण प्रणाली को वैज्ञानिक रूप प्रदान किया जाए।

14. स्कूल भवन तथा शिक्षण विधियों को आकर्षक तथा सरस बनाया जाए।

15. प्राथमिक शिक्षा को पूर्णतया स्थानीय संस्थाओं पर न छोड़ा जाए।

2.7 बेसिक शिक्षा (1937) [Basic Education (1937)]

बेसिक शिक्षा की समीक्षा अलग से की गई है।

2.8 सारजेन्ट रिपोर्ट (योजना)–1944 [Sargent Report or Sargent Plan (1944)]

भूमिका: दूसरे महायुद्ध की समाप्ति के पश्चात् युद्धग्रस्त देशों ने पुनर्निमाण की योजनाएँ बनाईं। भारत में भी भारत में अनेक विकास योजनाओं की शुरूआत की। इन योजनाओं में शिक्षा योजना भी बनाई गई। भारत के गवर्नर जनरल की प्रबन्धकारिणी कौंसिल की पुनर्निमाण समिति (Reconstruction Committee of Governor General's Council) में केन्द्रीय शिक्षा सलाहकार बोर्ड को भारत में शिक्षा योजना बनाने का निर्देश दिया। यह योजना बोर्ड के अनुरोध पर तत्कालीन शिक्षा सलाहकार जान सार्जेन्ट ने तैयार की तथा 1944 में बोर्ड के समक्ष प्रस्तुत किया।

रिपोर्ट को निम्न नामों से पुकारा जाता है:

1. सार्जेन्ट रिपोर्ट (Sargent Report) 2. सार्जेन्ट योजना (Sargent Plan) 3. भारत में युद्धोत्तर शिक्षा-विकास योजना (Plan of Post-War Educational Development in India) 4. केन्द्रीय शिक्षा सलाहकार बोर्ड की रिपोर्ट (Report of the Central Advisory Board of Education)।

रिपोर्ट का उद्देश्य: योजना का उद्देश्य 313 करोड़ रुपया प्रति वर्ष खर्च करके 40 वर्ष की अवधि में भारत में शैक्षिक योजनाओं के उसी स्तर का निर्माण करना था, जिस पर इंग्लैण्ड पहुँच चुका था।

रिपोर्ट ने (White Paper on Education of England) में इस प्रकार कहे गए कथन पर बल दिया, "इस देश का भविष्य यहाँ के लोगों की शिक्षा पर निर्भर करता है।"

आयोग की सिफारिशें (Recommendations of the Report): आयोग की सिफारिशें निम्नलिखित 12 भागों में बाँटी गई हैं जहाँ पर प्राथमिक शिक्षा सम्बन्धी सिफारिशें दी जा रही हैं।

प्राथमिक शिक्षा (बेसिक शिक्षा): 1. छः वर्ष से चौदह वर्ष तक की अवस्था के समस्त बच्चों के लिए नि:शुल्क एवं अनिवार्य प्राथमिक या बेसिक शिक्षा की व्यवस्था की जाए। 2. अपव्यय को रोकने के लिए शिक्षा को अनिवार्य बनाना आवश्यक है। 3. रिपोर्ट में बेसिक शिक्षा के मौलिक सिद्धान्तों का समर्थन, परंतु शिक्षा को आत्मनिर्भर बनाने का विरोध किया गया। 4. बेसिक शिक्षा को दो भागों में विभक्त किया गया–जूनियर बेसिक (6-11) और सीनियर बेसिक (11-14)। 5. शिक्षा का माध्यम बच्चों की मातृभाषा हो। 6. शिक्षा को अनिवार्य बनाने के लिए "उपस्थिति-निरीक्षक-पदाधिकारियों" (।जजमदकंदबम वींपिबमते) की नियुक्ति की जानी चाहिए। 7. बेसिक शिक्षा किसी आधारभूत शिल्प के माध्यम से दी जाए। 8. जूनियर बेसिक स्कूलों के पाठ्यक्रम में अंग्रेजों को स्थान न दिया जाए। 9. प्राथमिक स्कूलों में सह-शिक्षा प्रचलित की जा सकती है। 10. सीनियर बेसिक स्कूलों में अंग्रेजों की शिक्षा साधारणतया न दी जाए। किन्तु, यदि किसी प्रान्त में अंग्रेजी की माँग है, तो "प्रान्तीय शिक्षा-विभाग" उसकी पढ़ाई की अनुमति दे सकता है। 11. दोनों प्रकार के स्कूलों में बाह्य परीक्षा के बजाय आन्तरिक परीक्षा की व्यवस्था की जानी चाहिए। 12. परीक्षा में उत्तीर्ण होने वाले छात्रों को सर्टिफिकेट दिए जाने चाहिएं।

'प्राथमिक शिक्षा सबके लिए' की अवधि 1884 तक निर्धारित की गई अर्थात इस लक्ष्य की प्राप्ति का समय चालीस वर्ष रखा गया।

मूल्यांकन: वर्ष 1944 तथा 1947 के बीच देश की राजनीति में अपूर्व परिवर्तन आया। अतः रिपोर्ट पर कोई कार्यवाही न हुई।

3

बेसिक शिक्षा
(Basic Education)

3.1 बेसिक शिक्षा की नामावली
(Nomenclature of Basic Education)

बेसिक शिक्षा को प्राय: निम्न नामों से जाना जाता है:

1. वर्धा शिक्षा योजना (Wardha Scheme of Education)
2. बुनियादी शिक्षा (Buniyadi Shiksha)
3. नयी तालीम (Nai Talim)
4. बेसिक शिक्षा (Basic Education)
5. बुनियादी तालीम (Buniyadi Talim)

3.2 वर्धा शिक्षा योजना का अर्थ
(Meaning of Wardha Scheme of Education)

वर्धा शिक्षा योजना वह शिक्षा योजना है जिसका सूत्रपात महाराष्ट्र के वर्धा नगर में महात्मा गाँधी द्वारा बुलाए गए राष्ट्रीय कार्यकर्त्ताओं के शिक्षा संबंधित सम्मेलन में हुआ तथा जिसकी विस्तृत रूपरेखा जाकिर हुसैन कमेटी द्वारा बनाई गई। यह सम्मेलन अक्तूबर 1937 में सम्पन्न हुआ था तथा कमेटी की रिपोर्ट मार्च 1938 में प्रकाशित हुई। इस रिपोर्ट को भारतीय राष्ट्रीय कांग्रेस के हरिपुरा सम्मेलन द्वारा, जो उसी मास में हुआ, स्वीकृति मिली।

वर्धा शिक्षा योजना का आधार शिक्षा को राष्ट्रीय जीवन से जोड़ना था तथा इसे स्वावलंम्बी बनाना था। शिक्षा द्वारा गाँधीजी देश में अहिंसात्मक क्रान्ति लाना चाहते थे। वे एक महान् राजनायिक, स्वतन्त्रता सेनानी, सम।जसेवक, चिन्तक एवं उच्च कोटि के शिक्षाशास्त्री थे। उनका दृढ़ विश्वास था कि शिक्षा ही एक ऐसा माध्यम है जिससे भारतीय समाज के सभी वर्ग उन्नति कर सकते हैं। शिक्षा के विभिन्न पक्षों पर गहन चिन्तन किया। शिक्षा पर अनेक लेख लिखे तथा पुस्तकें भी लिखीं। देश के प्रमुख शिक्षाविदों से विचार-विमर्श किया। अन्त में शिक्षा पद्धति को एक नई दिशा देने के प्रयास किए।

3.3 मैकॉले द्वारा प्रतिपादित अंग्रेजी शिक्षा प्रणाली के दोष तथा वर्धा शिक्षा योजना का प्रतिपादन
(Defects of Macaulay's British System of Education and Formulation of Wardha Education System)

गाँधीजी का विश्वास था कि अंग्रेजों द्वारा प्रचलित की गई शिक्षा प्रणाली देश के अनुकूल नहीं थी। उन्होंने लिखा–"मुझे इस बात का निश्चय हो चुका है कि शिक्षा की वर्तमान प्रणाली केवल व्यर्थ ही नहीं, बल्कि निश्चित रूप से हानिकारक है। बहुत से लड़के अपने माता-पिता तथा व्यवसाय को त्याग देते हैं, जहाँ वे उत्पन्न हुए थे। वे बुरी आदतें ग्रहण करते हैं, शहरी रंग-ढंग से प्रभावित होते हैं और किसी वस्तु का थोड़ा सा ज्ञान प्राप्त करते हैं, जो शिक्षा के अतिरिक्त कुछ भी हो सकता है।" गाँधीजी ने जोर देकर कहा–'शिक्षा का वर्तमान ढाँचा किसी भी रूप में देश की आवश्यकताओं को पूरा नहीं करता। उच्च शिक्षा के सभी क्षेत्रों में अंग्रेजी को माध्यम बना दिया गया है, जिससे थोड़े से अधिक शिक्षित व अनेक अशिक्षित लोगों के बीच स्थायी अंतर आ गया है। व्यावसायिक प्रशिक्षण न होने से शिक्षित वर्ग किसी उत्पादक कार्य के अयोग्य हो गया है। इससे उन्हें शारीरिक रूप से भी नुकसान पहुँचा है। प्राथमिक शिक्षा पर व्यय किया गया धन सर्व व्यर्थ है; क्योंकि जो कुछ थोड़ा पढ़ाया जाता है, वह शीघ्र भुला दिया जाता है और ग्रामों तथा शहरों के लिए थोड़ा या बिल्कुल ही कोई मूल्य नहीं रहता अर्थात् इसका कोई महत्व नहीं होता।'

गाँधीजी फिर लिखते हैं–"अब तक हम केवल बालकों के मस्तिष्कों में प्रत्येक प्रकार का ज्ञान भरने के लिए ही ध्यान देते रहे हैं और अब हमें यह बंद कर देना उचित होगा, तथा उनके समुचित विकास के लिए उचित शिक्षा की व्यवस्था करनी चाहिए।"

3.4 गाँधीजी के विचार में शिक्षा का अर्थ
(Views of Gandhiji on Education)

"शिक्षा से मेरा अभिप्राय है, बालक और मनुष्य के शरीर, मस्तिष्क और आत्मा में पाए जाने वाले सर्वोत्तम गुणों का चतुर्मुखी विकास......साक्षरता ही अपने आप में शिक्षा नहीं है। अत: मैं बालक की शिक्षा का आरंभ उसे कोई उपयोगी उद्योग सिखाने के साथ करूँगा, ताकि वह अपने प्रशिक्षण के आरंभ करने से ही कुछ उत्पादन कर सके। इस प्रकार प्रत्येक पाठशाला को आत्मनिर्भर बनाया जा सकता है। शर्त केवल यह है कि सरकार इन पाठशालाओं को स्थापित करने का भार अपने ऊपर ले।" गाँधीजी ने शिक्षा द्वारा भारत में आर्थिक एवं सामाजिक परिवर्तन लाने पर बल दिया।

गाँधीजी का विश्वास था कि इस प्रकार की शिक्षा प्रणाली द्वारा ही बालक के मस्तिष्क और आत्मा का विकास संभव है। प्रत्येक उद्योग की शिक्षा देनी है। यह मशीन भाँति नहीं जैसा कि आजकल होता है, बल्कि वैज्ञानिक ढंग से वह शिक्षा दी जानी चाहिए। बालक को प्रत्येक क्रिया के 'क्यों और किसलिए' आदि का ज्ञान होना चाहिए। मानसिक प्रेरणा का साधन शारीरिक प्रशिक्षण होना चाहिए।

3.5 तत्कालीन शिक्षा प्रणाली के प्रमुख दोष
(Major Defects of the Prevailing System of Education)

वर्धा शिक्षा पद्धति के जन्म के समय जो शिक्षा पद्धति चल रही थी, उसके प्रमुख दोष निम्नलिखित थे:

1. शिक्षा जीवन से दूर थी।
2. शिक्षा का आदर्श संकुचित था।
3. शिक्षा केवल सैद्धान्तिक थी।
4. सार्वभौमिक शिक्षा का अभाव था।
5. शिक्षा में व्यापक अपव्यय तथा अवरोधन था।
6. अनिवार्य शिक्षा का अभाव था।
7. प्राथमिक शिक्षा नि:शुल्क नहीं थी।
8. छात्र पुन: निरक्षर हो जाते थे।
9. शिक्षा छात्रों के एकांगी विकास पर बल देती थी।
10. शिक्षा में स्वावलम्बन का अभाव था।
11. शिक्षा वर्ग भेद को जन्म देने वाली थी।
12. शिक्षा में सामाजिकता तथा नागरिकता का अभाव था।
13. शिक्षा व्यक्ति को अपंग बनाने वाली थी।
14. शिक्षा में श्रम की महत्ता न थी।
15. गाँवों की समस्याओं के अनुसार शिक्षा नहीं थी।
16. शिक्षा में मातृभाषा की उपेक्षा की जाती थी।
17. शिक्षा मनोवैज्ञानिक सिद्धान्तों की अवहेलना करती थी।
18. स्त्री शिक्षा की उपेक्षा की जाती थी।
19. शिक्षा भारतीय संस्कृति की अवहेलना करती थी।

3.6 वर्धा सम्मेलन में गाँधीजी के भाषण के कुछ महत्वपूर्ण अंश (अक्तूबर 22, 23, 1937)
(Extracts from Gandhiji's Speech at Wardha Conference)

1. "मेरा दृढ़ विचार है कि प्रारम्भिक शिक्षा के संगठन में अपव्यय ही नहीं है, अपितु वह निश्चित ही हानिकारक है। अधिकांश लड़के अपने अभिभावकों और खानदानी उद्योगों के काम के नहीं रह जाते। वे बुरी आदतें सीख जाते हैं, शहरवालों के ढंगों की नकल करते हैं और थोड़ी-सी बातें पढ़ लेते हैं। यह सब और कुछ भी हो, शिक्षा नहीं है। अब प्रश्न यह उठता है कि प्रारम्भिक शिक्षा का स्वरूप कैसा हो? मेरे विचार में व्यावसायिक अथवा हस्त-कलाओं द्वारा शिक्षा देने से ही सुधार सम्भव है। मुझे टॉल्स्टॉय-फार्म में अपने पुत्रों तथा अन्य बच्चों को लकड़ी तथा चमड़े के काम द्वारा पढ़ाने का अनुभव है।"

2. "मेरी योजना का उद्देश्य तथा कथित उदार शिक्षा के साथ केवल कुछ हस्तकलाएँ सिखाना ही नहीं है। मैं चाहता हूँ कि सम्पूर्ण शिक्षा किसी हस्तकला अथवा उद्योग के माध्यम से दी जाए। मध्यकाल में उद्योगों की शिक्षा उन्हीं में कुशलता प्राप्त करने के लिए थी, और बुद्धि को विकसित करने का कोई प्रयास नहीं होता था। इसी कारण उन उद्योगों का ह्रास हो गया।"

3. "प्रायोगिक शिक्षा द्वारा किसी उद्योग के नियमों तथा कला को सिखाने और उसी के द्वारा सम्पूर्ण शिक्षा देने से ही सुधार होगा। तकली से कताई सिखाने में कपासों की किस्में, उनके लिए उपयुक्त भारतीय प्रान्तों में भूखण्ड, इस उद्योग के ह्रास का इतिहास, गणित आदि की शिक्षा भी निहित है। मैं तकली को विशेष स्थान देता हूँ क्योंकि यह उद्यम भारतवर्ष भर में सिखाया जा सकता है।......1920 ई. की रचनात्मक खादी-योजना ही से सात प्रांतों में कांग्रेसी मंत्रिमण्डल बने हैं, और उनकी सफलता भी इसे कार्यरूप देने पर निर्भर है।"

4. "प्रारम्भिक शिक्षा में सफाई, हाईजीन, भोजन इत्यादि के साधारण नियमों के ज्ञान के साथ ही लड़कों को अपना काम स्वयं करने तथा माता-पिता की सहायता करने की शिक्षा देना भी आवश्यक है। वर्तमान पीढ़ी के लड़के सफाई और स्वावलम्बन से अनभिज्ञ हैं तथा उनका स्वास्थ्य दुर्बल है। अत: मैं संगीत के साथ ड्रिल द्वारा अनिवार्य शारीरिक शिक्षा का हिमायती हूँ।"

5. "मेरी योजना के आलोचक कहते हैं कि मैं उदार शिक्षा का विरोधी हूँ। यह विचार मुझसे बहुत दूर है। मैं तो उदार शिक्षा देने का मार्ग दिखाना चाहता हूँ। ....यह भी कहा जाता है कि हम बच्चों के श्रम से बेजा लाभ उठाना चाहते हैं और इस पद्धति में बड़ा अपव्यय होगा (अर्थात् बहुतेरे बच्चे शिक्षा प्राप्त करने में असमर्थ रहेंगे। अनुभव इसे असत्य सिद्ध करता है। जहाँ तक बच्चों पर भार डालने अथवा उनके श्रम से बेजा लाभ उठाने का प्रश्न है, मैं पूछता हूँ कि क्या विपत्ति (बेकारी) से बचाना उन पर भार डालना है? तकली अच्छा खिलौना है, उत्पादक होने ही से क्या वह खिलौना नहीं रह जाता? बच्चे एक सीमा तक अपने माता-पिता के कारोबार में हाथ बँटाते ही हैं। अत: जब बच्चे सूत कातेंगे और कृषि-कार्यों में अपने माता-पिता की सहायता करेंगे तो उनमें यह भावना भी आ जाएगी कि वे अपने माता-पिता के ही नहीं हैं वरन् ग्राम तथा देश का भी उन पर अधिकार है और उन्हें उनका ऋण भी चुकाना चाहिए। यही एक मार्ग है। बच्चे शिक्षा-वितरण से आश्रित हो जायेंगे, किन्तु यदि वे अपने श्रम से अपनी शिक्षा का व्यय चुकाएंगे तो आत्मनिर्भर तथा साहसी होंगे। यही पद्धति हिन्दू, मुस्लिम, पारसी, ईसाई सभी के लिये होगी। लोग पूछते हैं कि मैं धार्मिक शिक्षा पर बल क्यों नहीं देता? मेरा कहना है कि मैं तो उन्हें स्वावलम्ब का व्यावहारिक धर्म सिखा रहा हूँ।"

6. "मेरी समझ में इस शिक्षा की कुशलता की कसौटी इसे स्वावलम्बी बनाना है। सात वर्ष के बाद बच्चों को अपनी शिक्षा पर किया गया व्यय चुका देना चाहिए और स्वयं कमाऊ बन जाना चाहिए।"

7. "कॉलेज-शिक्षा अधिकांशतया नगरों का प्रश्न है। मैं यह तो न कहूँगा कि प्रारम्भिक शिक्षा के समान यह भी पूर्णतया असफल सिद्ध हुई है किन्तु फिर भी फल यथेष्ट मात्रा में निराशाजनक हैं। एक भी ग्रैजुएट बेकार क्यों रहे?"

8. "यदि हम साम्प्रदायिक विद्वेष अन्तर्राष्ट्रीय झगड़ों को मिटाना चाहते हैं तो हमें नींव सुदृढ़ तथा शुद्ध रखनी चाहिए और उसके लिए नई पीढ़ी को मेरी योजना के अनुसार शिक्षा मिलनी चाहिए। इस योजना का आधार अहिंसा है। हमें अपने बच्चों को अपनी संस्कृति, अपनी सभ्यता और अपनी राष्ट्रीय प्रतिभा का यथार्थ प्रतिनिधि बनाना है। यह उन्हें स्वावलम्बी प्रारम्भिक शिक्षा दिए बिना असम्भव है। यूरोप का आदर्श हमारे लिये अनुपयुक्त

है क्योंकि वहाँ की सभ्यता हिंसा और बेजा लाभ उठाने (Exploitation) पर निर्धारित है। हम बेजा लाभ उठाने की बात न तो सोच सकते हैं और न सोचेंगे। अत: अहिंसा पर आश्रित शिक्षा के अतिरिक्त हमारे पास कोई चारा नहीं है।"

3.7 वर्धा सम्मेलन में पारित प्रस्ताव (Resolution Passed in Wardha)

1. राष्ट्र के प्रत्येक बच्चे को 7 वर्ष तक नि:शुल्क एवं अनिवार्य शिक्षा प्रदान की जाए।
2. शिक्षा का माध्यम मातृभाषा हो।
3. इस सम्पूर्ण काल में शिक्षा किसी हस्तकला अथवा उत्पादक कार्य के माध्यम से दी जाए। अन्य विषय इस केन्द्रीय कार्य से संबंधित किए जाएँ। बच्चों की सभी योग्यताओं का विकास अथवा उनको दिया जाने वाला शिक्षण उनके पूर्ण वातावरण से संबंधित हो।
4. सम्मेलन को आशा है कि धीरे-धीरे शिक्षा की इस प्रणाली से शिक्षकों का वेतन निकलने लगेगा।

3.8 जाकिर हुसैन समिति 1937-38 की रिपोर्ट (Zakir Husain Committee Report)

जाकिर हुसैन समिति के नौ सदस्य थे। समिति ने बेसिक शिक्षा को उपयुक्त मानकर संस्तुतियाँ दीं।

जैसा कि पहले लिखा जा चुका है जाकिर हुसैन समिति के प्रतिवेदन को कांग्रेस के हरिपुरा अधिवेशन (Haripura Session) में रखा गया और उसमें स्वीकृति की मुहर लग गई। इस प्रकार देश ने इस समिति के प्रतिवेदन को स्वीकार कर लिया।

A. पाठ्यक्रम (Curriculum)

वर्धा शिक्षा योजना में नीचे लिखे पाठ्य-विषयों का समावेश किया गया है:

1. *हस्तोद्योग*: कातना, बुनना, गत्ते का काम, चमड़े का काम, काष्ठ-कर्म, फल-सब्जियाँ उगाना, खेतीबाड़ी अथवा स्थानीय भौगोलिक परिस्थितियों के अनुसार कोई भी अन्य हस्तोद्योग जिसमें शिक्षा देने की सम्भावनाएँ हों।
2. मातृभाषा।
3. सामाजिक अध्ययन (इतिहास, भूगोल तथा नागरिकशास्त्र)।
4. सामान्य विज्ञान (वनस्पति-ज्ञान, पशु-विज्ञान, शरीर-विज्ञान तथा स्वास्थ्य-विज्ञान का सम्मिलित पाठ्यक्रम)।
5. अंकगणित।
6. संगीत।
7. चित्रांकन।
8. हिन्दुस्तानी।
9. गृह-विज्ञान।

इस शिक्षा योजना के अनुसार पाँचवीं कक्षा तक सह-शिक्षा होगी। अतएव इस प्रक्रम तक बालकों और कन्याओं का पाठ्यक्रम एक-जैसा रहेगा। छठी कक्षा से पाठ्यक्रम में

परिवर्तन आयेगा और कन्याओं के पाठ्यक्रम में गृह-विज्ञान को सम्मिलित कर लिया जाएगा।

B. समय सारणी (Time Table)

बुनियादी पाठशालाओं की दैनिक समय सारणी इस प्रकार है:

विषय	*समय*
1. हस्तोद्योग	3 घण्टे 20 मिनट
2. मातृभाषा	40 "
3. संगीत, चित्रांकन तथा अंकगणित	40 "
4. सामाजिक अध्ययन तथा सामान्य विज्ञान	30 "
5. शारीरिक शिक्षा	10 "
6. खेलकूद	10 "
	कुल समय = 5 घण्टे, 30 मिनट

C. वर्धा शिक्षा योजना के पाठ्यक्रम में कालान्तर में परिवर्तन (Changes in Curriculum of Wardha Education Scheme in Due Course)

समय-समय पर परिवर्तनों के पश्चात् निम्नलिखित पाठ्यक्रम अपनाया गया:

विषय	*समय*
1. शारीरिक क्रियाएँ	20 मिनट
2. मातृभाषा	40 मिनट
3. सामाजिक ज्ञान तथा सामाजिक विज्ञान	60 मिनट
4. कला	40 मिनट
5. गणित	20 मिनट
6. हस्तकला तथा उससे सम्बन्धित विषय	150 मिनट
कुल समय	**330 मिनट = 5½ घण्टे**

अन्य विवरण (Other Details)

(क) 8 वर्ष की अनिवार्य नि:शुल्क शिक्षा–प्राथमिक स्तर 5 वर्ष और माध्यमिक स्तर 3 वर्ष का होगा।

(ख) शिक्षा का माध्यम मातृभाषा होगा।

(ग) हस्तकला शिक्षा का आधार होगा। हस्तकला के अतिरिक्त बालक के सामाजिक और भौतिक वातावरण का शिक्षा से सम्बन्ध स्थापित करना होगा।

(घ) परीक्षा का आधार दैनिक कार्य बनाया जाए।

(च) यथासम्भव पाठ्य-पुस्तकों के प्रयोग को समाप्त किया जाए।

(छ) सफाई, स्वास्थ्य, नागरिकता, खेल और मनोरंजन को शिक्षा में पर्याप्त स्थान दिया जाए।

3.9 वर्धा शिक्षा योजना की समीक्षा (Evaluation of Wardha Scheme of Education)

बुनियादी तालीम के मुख्य गुण (Chief Merits of Basic Education)

1. *शिक्षा का आधार बालक*: बुनियादी तालीम बालक को शिक्षा का आधार मानती है इसलिए उसकी आवश्यकता का अध्ययन करना और उसे उन्हें उपलब्ध कराना स्वीकार किया है। रूसो, पैस्टोलोजी, फ्रोबेल, हरबर्ट, ड्यूवी जैसे महान् शिक्षाशास्त्रियों ने भी शिक्षा में इस बात पर बल दिया है कि बच्चों की आवश्यकताओं और रुचियों को विशेष महत्व दिया जाए।

2. *क्रिया द्वारा शिक्षा*: क्रिया द्वारा शिक्षा बुनियादी तालीम का आधार है। यह सोचना भारी भूल है कि पुस्तकों से ही शिक्षा प्राप्त होती है। ज्ञान-प्राप्ति में दूसरी प्रणालियाँ और साधन अधिक सहायक होते हैं। गांधीजी का विश्वास था कि स्कूल क्रियात्मक होना चाहिए। बुनियादी तालीम में बच्चे एक महत्त्वपूर्ण और उद्देश्यपूर्ण क्रिया के साथ औपचारिक विषयों का ज्ञान भी प्राप्त करते हैं।

3. *बुनियादी तालीम में हस्तकला, शिक्षा का आधार*: हस्तकला बुनियादी तालीम का माध्यम है। गाँधीजी ने कहा है कि मेरा हस्तकला सिखाने का सुझाव केवल उत्पादकता बढ़ाने के लिए नहीं है वरन् इसके द्वारा बालकों की अभिरुचियों को विकसित करना है। उनके विचारानुसार समस्त शिक्षा का आधार हस्तकला अथवा उद्योग होना चाहिए।

4. *आत्मनिर्भरता*: इस योजना का एक गुण सीखने के साथ आय प्राप्त करना भी है। भारत जैसे निर्धन देश में बुनियादी तालीम के 'आत्मनिर्भर' तत्त्व का स्कूलों में एक महत्त्व है। स्कूलों को बिना आत्मनिर्भर बनाए संविधान में प्रस्तावित अनिवार्य और नि:शुल्क शिक्षा की व्यवस्था कठिन प्रतीत होती है।

5. *सम्पूर्ण शिक्षा*: बुनियादी तालीम में शिक्षा को सम्पूर्ण ज्ञान माना गया है। समस्त शिक्षा का पाठ्यक्रम तीन पहलुओं पर आधारित है—भौतिक वातावरण, सामाजिक वातावरण और हस्तकला कार्य।

6. *शिक्षा का जीवन से सम्बन्ध*: बुनियादी स्कूल का वातावरण सामाजिक जीवन के वातावरण से भिन्न नहीं है। शिक्षा का सम्बन्ध जीवन की आवश्यकताओं से है।

7. *नागरिकता का प्रशिक्षण*: बुनियादी तालीम का उद्देश्य क्रियात्मक क्रियाओं द्वारा बालकों में सद्भावना, सहयोग, नागरिकता के गुण, व्यक्तिगत उत्तरदायित्व और निपुणता जैसे मूल्य उत्पन्न करना है।

8. *आठ वर्ष की अनिवार्य और नि:शुल्क शिक्षा*: अनिवार्य और नि:शुल्क शिक्षा का अर्थ यह है कि माता-पिता को कोई शुल्क नहीं देना होगा और वे बच्चों को स्कूल भेजेंगे।

गाँधीजी ने लिखा है कि प्राथमिक शिक्षा का समय सात वर्ष होगा और इसका स्तर अंग्रेजी को छोड़कर मैट्रिक के बराबर होगा। बाद में यह समय 8 वर्ष कर दिया गया।

9. *मातृभाषा का महत्त्व*: गाँधीजी ने कहा था कि मातृभाषा द्वारा ही उचित शिक्षा दी जा सकती है। विदेशी भाषा के माध्यम द्वारा हम मौलिक कार्यों के अयोग्य हो जाते हैं। इससे केवल हम रटना और अंकगणित करना ही सीखते हैं। जब तक मनुष्य मातृभाषा में प्रभावपूर्ण लिखना और बोलना नहीं सीखता उसके विचारों में स्पष्टता नहीं आती। इसके द्वारा ही बालक को गौरवपूर्ण अतीत की जानकारी कराई जाती है। इस प्रकार उसे सामाजिक शिक्षा मिलती है, जिसके द्वारा नैतिक गुणों का विकास होता है। इतना ही नहीं, मातृभाषा अपने भावों को व्यक्त करने का एक अच्छा साधन है।

10. *अध्यापक और बालक को अधिक स्वतंत्रता*: बुनियादी तालीम में अनुशासन का अर्थ भय नहीं है वरन् स्वतन्त्रता का उचित प्रयोग करना है। अध्यापक को स्वयं सोचने और प्रयोग करने के अधिक अवसर मिलते हैं और इस प्रकार वह अपने विचारों और योजनाओं को क्रियात्मक रूप दे सकता है।

11. *बुनियादी तालीम किसी एक वर्ग के लिए नहीं है*: बुनियादी तालीम का उद्देश्य एक ऐसे समाज का निर्माण करना है जिसमें गरीब-अमीर का अन्तर नहीं होगा।

12. *ग्रामीण और नगर क्षेत्रों में बुनियादी तालीम*: यह सोचना भूल है कि बुनियादी तालीम गाँव के लिए है। बुनियादी तालीम राष्ट्रीय शिक्षा प्रणाली है। इसके अन्तर्गत गाँव और नगर दोनों ही आते हैं। स्थानीय परिस्थितियों और आवश्यकताओं को ध्यान में रखकर हस्तकला निश्चित की जा सकती है और इसके ही कारण विभिन्न क्षेत्रों का पाठ्यक्रम भिन्न हो सकता है।

बुनियादी शब्द का महत्त्व/बुनियादी शिक्षा का नामकरण
(Importance of Basic System/Its Nomenclature)

बुनियादी शब्द का आधार नींव है; जिस पर भवन अथवा सिद्धान्त अथवा प्रणाली का निर्माण किया जाता है।

यह बुनियादी है क्योंकि इसका आधार प्राचीन भारतीय सभ्यता है।

यह बुनियादी है क्योंकि यह शिक्षा का न्यूनतम स्तर निश्चित करती है जिसे प्राप्त करने का अधिकार प्रत्येक भारतीय बालक को है।

यह बुनियादी है क्योंकि इसका सम्बन्ध बालक की मूल आवश्यकताओं और अभिरुचियों से है।

यह बुनियादी है क्योंकि यह स्थानीय साधनों का प्रयोग करती है।

यह बुनियादी है क्योंकि इसका सम्बन्ध समाज के व्यवसायों से है।

यह बुनियादी है क्योंकि इसका सम्बन्ध देश के साधारण लोगों से है जो राष्ट्रीय जीवन का आधार हैं।

यह बुनियादी है क्योंकि इसका स्थान प्रथम है। इसका अर्थ प्राथमिक शिक्षा अर्थात् शिक्षा क्षेत्र का प्रथम चरण है।

बुनियादी तालीम की आलोचना (Criticism of Basic System of Education)

1. *दोषयुक्त मनोवैज्ञानिक सिद्धान्तों पर आधारित*: इसमें बालक के मानसिक विकास से सम्बन्धित कोमल और महत्त्वपूर्ण सिद्धान्तों की अवहेलना की गई है। बालक को एक सिपाही अथवा सैनिक के रूप में समझा गया है। उसके महत्त्वपूर्ण व्यक्तित्व की अवहेलना

की गई है। उसे एक उद्देश्य की पूर्ति में साधन समझा गया है। वह उद्देश्य जीविका कमाना है।

2. *समन्वय का आधार हस्तकला एक अस्वाभाविक कार्य*: किसी भी सुदृढ़ शिक्षा प्रणाली में हस्तकला द्वारा पाठ्यक्रम के सभी विषयों का सम्बन्ध स्थापित करना एक अस्वाभाविक कार्य है। अध्यापन प्रभावपूर्ण होना चाहिए। इसलिए इसका सम्बन्ध बालक के निजी अनुभवों से होना चाहिए। अत: यह भारी भूल है कि समस्त ज्ञान का केन्द्र हस्तकला रखा जाए।

3. *राष्ट्रीय गुणों की अवहेलना*: हमारे राष्ट्रीय आदर्शों के अनुसार शिक्षा का आधार धर्म होना चाहिए और इसे धारण करना उद्देश्य होना चाहिए। हस्तकला पर आधारित शिक्षा हमारे प्राचीन आदर्शों के विपरीत है।

4. *औद्योगिक समय में बुनियादी तालीम की अनुपयुक्ता*: पंचवर्षीय योजना और सरकार की समस्त नीतियाँ औद्योगीकरण की हैं। ऐसी स्थिति में बुनियादी तालीम विचारधारा के लिए प्रयत्न करना आवश्यक नहीं है। हमारी शिक्षा प्रणाली का उद्देश्य मनुष्य का सामूहिक विकास करना है। अत: ऐसे देश में जहाँ सामूहिक आर्थिक विकास करना है वहाँ हस्तकला पर जोर देना बड़ी भूल है।

5. *हानिकारक प्रतियोगिता*: इस योजना की हानिकारक प्रतियोगिता द्वारा कुशल कलाकारों को हानि होगी।

6. *बुनियादी स्कूलों का असफल कार्य*: यांत्रिक गणित और शब्द अभ्यास की हानि हो रही है।

7. *बालक की अवहेलना*: हस्तकला की ओर अधिक ध्यान देने के कारण बालक की अवहेलना की जाती है। बुनियादी तालीम को एक आर्थिक कार्य का माध्यम समझा जाता है।

8. *दूषित कार्य-विवरण*: बुनियादी स्कूलों में लगभग आधा समय विषय शिक्षण में लगता है और शेष हस्तकला को दिया जाता है। अधिकतर कार्यतालिका में शिक्षण कार्य को समय हस्तकला के बाद दिया जाता है, जिसका परिणाम यह होता है कि हस्त का कार्य सीख कर छात्र थक जाते हैं और वे शिक्षण-कार्य में रुचि नहीं ले पाते हैं।

9. *साहित्य और अन्य जानकारियों पर बहुत कम स्थान है*: साहित्य और दूसरे महत्त्वपूर्ण विषयों को दूसरा स्थान दे दिया जाता है।

10. *किसी भी हस्तकला में निपुणता का न होना*: विद्यार्थी लगभग स्कूल कार्य का आधा समय हस्तकला सीखने में लगाते हैं, फिर भी वे किसी भी कला में निपुण नहीं होते हैं।

3.10 बुनियादी तालीम से सम्बन्धित कुछ व्यंग्यात्मक विशेषण (Sarcastic Remarks on Basic Education)

1. बुनियादी तालीम एक भूल है। इसके कोई मनोवैज्ञानिक और अध्यापन सिद्धान्त नहीं हैं।

2. बुनियादी तालीम एक भुलावा है। इसके सिद्धान्त त्रुटिपूर्ण हैं और ठीक प्रकार से नहीं समझे गए हैं।

3. बुनियादी तालीम एक तमाशा है। योजना प्रयोगात्मक नहीं है। इसमें हस्तकला का सामान 'दिखावे' के लिए एकत्रित किया जाता है। जब अतिथि आते हैं तो सामान का प्रदर्शन किया जाता है।

4. बुनियादी तालीम एक धोखा है। इसे कुछ लोगों ने साधारण जनता पर थोपने का प्रयास किया है।

5. बुनियादी शिक्षा राजनीतिक चाल है जिसके माध्यम से राष्ट्रीय भावनाओं से खिलवाड़ किया गया है।

उपसंहार: वर्धा योजना भरसक प्रयत्न करने पर भी सफल न हो पायी। अब इसका उल्लेख केवल पुस्तकों तक ही सीमित रह गया है।

बुनियादी तालीम में निहित 'कार्य अनुभव' (Work Experience) को किसी न किसी रूप में अब शिक्षा का अभिन्न अंग मान लिया गया है। यही बुनियादी तालीम की देन है।

शिक्षा में विषयों तथा कार्यों में सह-सम्बन्ध (Correlation) पर बल देना नई तालीम की दूसरी देन है।

3.11 वर्धा शिक्षा योजना का कार्यान्वयन (Implementation of Wardha System of Education)

प्रान्तों में कांग्रेस मन्त्रिमण्डल (1937-39) तथा वर्धा शिक्षा प्रणाली

भारत सरकार अधिनियम 1935 के प्रावधानों के अन्तर्गत प्रान्तीय विधानसभाओं के 1937 में चुनाव कराए गए। चुनावों में कांग्रेस की उपलब्धि बहुत अच्छी रही। उस समय भारत 11 प्रान्तों में बँटा हुआ था। सात प्रान्तों, अर्थात् मद्रास (चैन्नई), बम्बई (मुम्बई), बिहार, उड़ीसा, मध्य प्रान्त, यू.पी. तथा पश्चिमोत्तर सीमान्त प्रान्त, में कांग्रेस मन्त्रिमण्डल बने। असम और सिंध में उसने मिले-जुले मंत्रिमण्डल बनाए। पंजाब तथा बंगाल में गैर कांग्रेसी मंत्रिमंडल बने। कांग्रेस मंत्रिमण्डलों ने लगभग 27 माह तक काम किया। वर्धा शिक्षा के क्षेत्र में उल्लेखनीय कार्य किया। 1939 में द्वितीय महायुद्ध आरम्भ हुआ। तीन सितम्बर 1939 को ब्रिटिश सरकार ने जर्मनी के विरूद्ध युद्ध की घोषणा कर दी। यह घोषणा करते समय ब्रिटिश सरकार ने कांग्रेस से विचार-विमर्श नहीं किया। अतः नवम्बर 1939 में कांग्रेस मंत्रिमण्डलों ने त्यागपत्र दे दिया।

3.12 स्वतन्त्र भारत में बेसिक शिक्षा का विकास (Progress of Basic Education in Free India)

देश की स्वतन्त्रता के पश्चात् देश में कांग्रेस सरकारों का गठन हुआ। स्वभावतः बेसिक शिक्षा को बल मिला। प्राथमिक स्तर पर बेसिक शिक्षा को राष्ट्रीय शिक्षा प्रणाली का एक अभिन्न अंग माना गया। महात्मा गाँधी द्वारा प्रतिपादित विचारधारा में कुछ परिवर्तन किये गये, विशेष रूप से शिक्षा को 'स्वावलम्बी बनाने' में। यह पद्धति लागू करने के लिए उचित तैयारी भी न की गई। बेसिक शिक्षा के नाम पर प्रचुर धनराशि कुछ क्षेत्रों में दी गई परन्तु उसका भरपूर दुरुपयोग होने लगा। "रातोंरात परम्परागत प्राथमिक स्कूलों के साइनबोर्ड बदल दिए गए तथा उन्हें बेसिक स्कूलों का नाम दिया जाने लगा।" बेसिक शिक्षा संबंधी विवादों पर विचार के लिए कई सेमिनार आयोजित किए गए। कई समितियों द्वारा समीक्षा की गई। परन्तु उचित ढंग से बेसिक शिक्षा को व्यावहारिक रूप न दिया जा सका।

पहली चार पंचवर्षीय योजनाओं में बेसिक शिक्षा में प्रगति का विवरण नीचे दिया जा रहा है।

तालिका 3.1: पंचवर्षीय योजनाओं में बेसिक शिक्षा

प्राथमिक स्तर पर स्कूल	*पहली योजना*	*दूसरी योजना*	*तीसरी योजना*	*चौथी योजना*
1. जूनियर बेसिक स्कूल	33,379	42,971	1,00,000	1,53,000
2. कुल प्राथमिक स्कूलों का प्रतिशत	15.9	15.4	29.2	30.9
3. सीनियर बेसिक स्कूल	388	4,842	11,940	16,700
4. कुल सीनियर स्कूलों का प्रतिशत	2.9	22.3	30.2	28.9

3.13 शिक्षा आयोग (1964-66) का बेसिक शिक्षा पर कुठाराघात–बेसिक शिक्षा का 'मरण पत्र' (Death Blow to Basic System of Education by the Kothari Commission 1964–66)

लड़खड़ाती बेसिक शिक्षा पद्धति का पूर्ण अन्त, शिक्षा आयोग (1964-66) ने किया। शिक्षा आयोग ने इस पद्धति को नकार दिया। आयोग ने इसके विरूद्ध अपनी संस्तुतियाँ दीं। सन् 1968, 1986 तथा 1992 की शिक्षा नीति में बेसिक शिक्षा पद्धति का जिक्र तक नहीं है। शिक्षा आयोग ने 'कार्य अनुभव' पर जोर दिया। उसके पश्चात् कार्य अनुभव का स्थान 'सामाजिक दृष्टि से लाभदायक कार्य' ने लिया। अब बेसिक शिक्षा योजना/वर्धा शिक्षा योजना 'दस्तावेजों' में बन्द हो कर रह गयी है।

4

कोठारी शिक्षा आयोग अथवा भारतीय शिक्षा आयोग की प्राथमिक/प्रारम्भिक शिक्षा सम्बन्धी कुछ महत्वपूर्ण संतुतियाँ

(Some Outstanding Recommendations of Kothari Education Commission/ Education Commission Related to Primary/ Elementary Education)

4.1 भारतीय शिक्षा आयोग (1964-66) की नियुक्ति की पृष्ठभूमि (Background to the Appointment of the Education Commission)

स्वतन्त्रता प्राप्ति से ही भारत सरकार ने परिवर्तित स्थिति के अनुकूल राष्ट्रीय शिक्षा प्रणाली के विकास की ओर अपना ध्यान केन्द्रित किया था। यह भली प्रकार से अनुभव किया गया कि देश के आर्थिक विकास, प्रभावी जनतन्त्र का निर्माण तथा राष्ट्रीय एकता बनाए रखने में शिक्षा 'रीढ़ की हड्डी' की तरह कार्य करती है। शिक्षा को राष्ट्रीय सम्पन्नता तथा कल्याण की कुंजी माना गया। इसी दिशा में 1948 में विश्वविद्यालय शिक्षा की समीक्षा के लिए विश्वविद्यालय आयोग का गठन किया गया और 1952 में माध्यमिक शिक्षा आयोग का। बेसिक शिक्षा प्रणाली का अध्ययन भी राष्ट्रीय स्तर पर 1955-56 में किया गया। संस्कृत आयोग की नियुक्ति 1956 में की गई। 1957 में बेसिक कमेटी ने बेसिक शिक्षा की समीक्षा की। 1957 में ही बहुउद्देशीय स्कूलों पर विचार प्रकट किया गया। स्त्री शिक्षा के संबंध में 1957 में राष्ट्रीय कमेटी ने संस्तुतियाँ दीं। 1959 में धार्मिक तथा नैतिक शिक्षा पर कमेटी बनाई गयी। इसी वर्ष शारीरिक शिक्षा की एक कमेटी ने समीक्षा की। 1960 में छात्र-अनुशासन संबंधी विषयों पर एक समिति ने विचार किया। 1961 में भावात्मक एकता कमेटी का गठन हुआ। इसी प्रकार विभिन्न शिक्षा से संबंधित विषयों पर अन्य कई कमेटियाँ गठित की गईं। परन्तु शिक्षा के सभी पक्षों की समीक्षा करने के लिए किसी कमेटी की नियुक्ति नहीं की गई थी। ऐसा अनुभव किया गया कि सम्पूर्ण शिक्षा के सभी स्तरों तथा पक्षों की समीक्षा के बिना वांछित सुधार नहीं किए जा सकते।

इसी विचार को ध्यान में रखते हुए भारत सरकार ने 14 जुलाई 1964 को पारित प्रस्ताव के अनुसार एक आयोग के गठन की घोषणा की।

शिक्षा आयोग ने शिक्षा के सभी स्तरों पर तथा सभी पहलुओं पर विचार करने के पश्चात् अपनी रिपोर्ट भारत सरकार को प्रस्तुत की। स्वतन्त्र भारत के शिक्षा के इतिहास में यह पहला अवसर था जबकि समस्त शिक्षा प्रणाली की समीक्षा की गई।

आयोग के अध्यक्ष डा. दौलत सिंह कोठारी थे जो उस समय विश्वविद्यालय अनुदान आयोग नई दिल्ली के अध्यक्ष थे। अध्यक्ष समेत आयोग के 17 सदस्य थे। डा. कोठारी के नाम पर इस शिक्षा आयोग को कोठारी आयोग भी कहा जाता है।

4.2 बदलती हुई परिस्थिति में शिक्षा का महत्त्व (Significance of Education in the Changing Context)

दौलतसिंह कोठारी, अध्यक्ष शिक्षा आयोग, ने रिपोर्ट प्रस्तुत करते हुए इस प्रकार वर्तमान स्थिति में शिक्षा के महत्त्व पर प्रकाश डाला: "शिक्षा का हमेशा से महत्त्व रहा है, पर मानव-इतिहास में शायद इतना महत्त्व कभी नहीं रहा जितना आज है। विज्ञान पर आश्रित संसार में, शिक्षा और अनुसंधान, देश की तमाम विकास-प्रक्रिया में, उसके कल्याण, प्रगति और सुरक्षा में अत्यन्त महत्त्वपूर्ण है। आज के तेजी से बदलते हुए संसार में एक बात तो निश्चित है कि कल की शिक्षा पद्धति से आज की आवश्यकताएँ पूरी नहीं हो सकतीं और आज की शिक्षा पद्धति से कल की तो बिल्कुल भी पूरी नहीं होंगी।"

4.3 वर्तमान शिक्षा के दोष: वर्तमान शिक्षा का लोगों के जीवन, आवश्यकताओं और आकांक्षाओं से सम्बन्ध नहीं है (Drawbacks of the Existing System of Education: Education is not Related to Life, Needs and Aspirations)

शिक्षा आयोग ने दोष इस प्रकार बताये:

1. *कृषि शिक्षा की अवहेलना (Negligence of Agricultural Education)*: इस शिक्षा-प्रणाली में उस कृषि की सर्वाधिक महत्ता प्रतिबिम्बित नहीं होती जिसकी उपेक्षा सभी अवस्थाओं पर की जाती है और जिसकी ओर देश की चोटी की प्रतिभाओं का समुचित अंश आकृष्ट नहीं होता; विश्वविद्यालयों के कृषि संकायों में भरती होने वालों की संख्या बहुत ही कम है तथा कृषि कॉलेज तुलनात्मक दृष्टि से कमजोर तथा अल्पविकसित है।

2. *शिक्षा की उत्पादिता में सम्बन्ध न होना (Education unrelated to productivity)*: राष्ट्र के सामने इस समय मुख्य कार्य तेजी से आर्थिक विकास करना है। यदि यह कार्य सफलतापूर्वक किया जाना है, तो शिक्षा का सम्बन्ध उत्पादिता से होना चाहिए। वर्तमान प्रणाली इतनी शास्त्रीय है कि उससे राष्ट्रीय सम्पदा बढ़ाने में महत्त्वपूर्ण सहायता नहीं मिल सकती।

3. *शिक्षा का राष्ट्र निर्माण से न जुड़ना (Education Not Related to Reconstruction of Society)*: पुनर्निर्माण की दिशा में इस समय राष्ट्र जो कार्य कर रहा है उससे अधिकांश स्कूलों और कॉलेजों का कोई वास्ता नहीं है तथा उनके शिक्षक और विद्यार्थी सामान्यत:

उसके प्रति किसी प्रकार से वचनबद्ध नहीं हैं। यहाँ तक कि वे उसके सिद्धान्तों से भी अपरिचित हैं और उन्हें उसके कार्यक्रमों में भाग लेने का मुश्किल से ही मौका मिलता है।

4. *शिक्षा का राष्ट्रीय तथा भावात्मक एकता से सम्बन्धित न होना* (*Education not Linked with National and Emotional Integration*): सामाजिक और राष्ट्रीय एकीकरण को बढ़ावा देने तथा राष्ट्रीय चेतना बढ़ाने के लिए सक्रिय कार्य करने की बजाय वर्तमान शिक्षा-प्रणाली की कई बातें विभाजक प्रवृत्तियों को प्रोत्साहन देती है; अनेक गैर-सरकारी शिक्षा-संस्थाओं में जाति के प्रति निष्ठा को बढ़ावा दिया जाता है। गरीबों और अमीरों के लिए अलग-अलग स्कूल हैं। अमीर अच्छे ढंग के उन गैर-सरकारी स्कूलों में शिक्षा पाते हैं, जो फीस लेते हैं, जबकि गरीब परिस्थितियों से विवश होकर घटिया स्तर के निःशुल्क सरकारी या स्थानीय प्राधिकार स्कूलों में पढ़ते हैं।

5. *चरित्र निर्माण की अवहेलना* (*Negligence of Character Formation*): एक ऐसे समय में, जबकि नई उभरती पीढ़ी में नैतिक और सामाजिक उत्तरदायित्वों की भावना उत्पन्न करने की आवश्यकता सर्वोपरि है, वर्तमान शिक्षा चरित्र-निर्माण पर बल नहीं देती और नैतिक तथा अध्यात्मिक मूल्यों को बढ़ावा देने, विशेषकर ऐसी रूचियों, प्रवृत्तियों और मूल्यों को बढ़ावा देने के लिए जो कि लोकतान्त्रिक और समाजवादी समाज में आवश्यक हैं, बहुत कम या बिल्कुल भी नहीं के बराबर प्रयत्न करती है।

4.4 शिक्षा आयोग की महत्त्वपूर्ण सिफारिशें (Significant Recommendations of the Commission)

1. *शिक्षा में क्रान्ति की आवश्यकता* (*Need for Revolution in Education*): वास्तव में, शिक्षा में एक क्रान्ति की आवश्यकता है जिसके परिणामस्वरूप हमारे द्वारा अत्यन्त वाँछित सामाजिक, आर्थिक और सांस्कृतिक क्रांन्ति होगी। हमारी इस रिपोर्ट का उद्देश्य उन महत्त्वपूर्ण कार्यक्रमों को सामने लाना है, जो वह शैक्षिक क्रान्ति कर सकते हैं जिसके तीन मुख्य पहलू हैं:

- आन्तरिक रूपांतरण, ताकि शिक्षा का सम्बन्ध राष्ट्र के जीवन, उसकी आवश्यकताओं तथा आकांक्षाओं से जुड़ सके।
- गुणात्मक सुधार, ताकि प्राप्त मानक समुचित हों, वे सदा बढ़ते रहें तथा कम से कम कुछ क्षेत्रों में तो उनकी अन्तर्राष्ट्रीय तुलना की जा सके।
- शिक्षा सम्बन्धी सुविधाओं का विस्तार जिसका आधार मोटे तौर पर जनशक्ति सम्बन्धी आवश्यकताएँ हों तथा शिक्षा सम्बन्धी अवसरों को सबके लिए समान बनाने पर जोर देना हो।

2. *शिक्षा और राष्ट्रीय विकास* (*Education and National Development*): वह शिक्षा जो वैज्ञानिक, औद्योगिक और सांस्कृतिक पृष्ठभूमि की मान्यताओं पर आधारित होती है, वह नये आधुनिक समाज के निर्माण में विशेष सहयोगी हो सकती है, और उससे भारतीय संविधान के अनुसार प्राप्त व्यक्तिगत स्वतन्त्रता, समानता और सामाजिक न्याय की प्राप्ति हो सकती है। शिक्षा आयोग भारत में इसी प्रकार की शिक्षा का निर्माण करना चाहता है।

3. *शिक्षा पुनर्गठन का आठ-सूत्री कार्यक्रम* (*Eight-point Programme of Educational Reconstruction*):

(i) प्रारम्भिक शिक्षा क्षेत्र में चतुर्मुखी विकास करना।
(ii) सामान्य शिक्षा क्षेत्र में श्रम की महत्ता का अनुभव करना।
(iii) माध्यमिक शिक्षा का व्यावसायिक बनाना।
(iv) प्रारम्भिक विद्यालय से लेकर विश्वविद्यालय स्तर तक के अध्यापकों की योग्यता तथा सामान्य स्तर बढ़ाना।
(v) निरक्षरता को समाप्त करना।
(vi) विशिष्ट शिक्षा संस्थाओं को बढ़ावा देना तथा कतिपय विश्वविद्यालयों का स्तर विश्वव्यापी बनाना।
(vii) अध्यापन और अनुसन्धान के संयोग पर विशेष ध्यान देना।
(viii) कृषि विज्ञान की शिक्षा तथा अनुसन्धान पर अधिक ध्यान देना।

4. *शिक्षा और उत्पादिता* (*Education and Productivity*): शिक्षा आयोग 1964-66 ने इस प्रकार लिखा: "शिक्षा और उत्पादिता के बीच सम्बन्ध तभी स्थापित किया जा सकता है जबकि शिक्षा के पुनर्निमाण से सम्बन्धित योजनाओं में निम्नलिखित कार्यक्रमों को उच्च प्राथमिकता देकर उनका विकास किया जाये:

- शिक्षा और संस्कृति के मूल अंग के रूप में विज्ञान;
- सामान्य शिक्षा के एक अभिन्न अंग के रूप में कार्य-अनुभव;
- उद्योग, कृषि और व्यापार की आवश्यकताओं की पूर्ति के लिए शिक्षा का व्यवसायीकरण, विशेषकर माध्यमिक स्कूल पर; और
- विश्वविद्यालय स्तर पर वैज्ञानिक और शिल्प-वैज्ञानिक शिक्षा एवं अनुसंधान में सुधार: किन्तु कृषि और सम्बद्ध विज्ञानों पर विशेष जोर।"

5. *विज्ञान की शिक्षा पर बल* (*Emphasis on Science Education*): विज्ञान की शिक्षा स्कूली शिक्षा का एक अभिन्न अंग बन जानी चाहिए। विज्ञान के शिक्षण में भी काफी गुणात्मक सुधार करना है ताकि इस शिक्षा के उचित लक्ष्यों और प्रयोजनों की पूर्ति हो सकें, अर्थात्, मूल सिद्धान्तों को उत्तरोत्तर गम्भीर रूप से समझने की प्रवृत्ति को बढ़ावा मिले; समस्याओं को सुलझाने वाले विश्लेषणात्मक कौशल और उसका उपयोग भौतिक वातावरण तथा सामाजिक जीवन की समस्याओं पर प्रयोग करने की प्रवृत्ति को प्रोत्साहन प्राप्त हो।

4.5 शिक्षा आयोग की प्राथमिक शिक्षा पर महत्त्वपूर्ण सिफारिशें (Significant Recommendations of the Education Commission)

1. *प्राइमरी शिक्षा की अवधि* (*Duration of the Primary Stage*): सात से आठ वर्ष की प्राथमिक अवस्था जिसके दो उपभाग हों: प्रथम चार से पांच वर्ष की अवर प्राथमिक शिक्षा द्वितीय तीन वर्ष की उच्चतर प्राथमिक शिक्षा।

2. *प्राथमिक शिक्षा के उद्देश्य* (*Aims of Primary Education*): प्राथमिक शिक्षा के उद्देश्यों का मुख्य स्रोत शिक्षा के सामान्य उद्देश्य हैं। अत: यह आवश्यक है कि संक्षेप में इन उद्देश्यों की चर्चा की जाए। वैदिक युग में शिक्षा का मुख्य उद्देश्य व्यक्ति का

निर्माण इस प्रकार करना था जिससे वह 'मोक्ष' की प्राप्ति कर सके। इसी भावना से प्रेरित होकर प्राचीन भारतीय ऋषियों ने शिक्षा को धार्मिक क्रियाओं से ओत-प्रोत किया ताकि मानव का सर्वांगीण विकास हो सके। अत: ऐसा भी कहा जा सकता है कि ईश्वर भक्ति, धार्मिकता की भावना, चरित्र-निर्माण व्यक्तित्व का विकास, नागरिक तथा सामाजिक कर्त्तव्यों का पालन, सामाजिक कुशलता का विकास तथा संस्कृति का संरक्षण एवं प्रचार भारतीय शिक्षा के मुख्य उद्देश्य थे। बौद्धकाल में शिक्षा का उद्देश्य वर्तमान जीवन में ही निर्वाण प्राप्त करना था। आचरण में नैतिकता लाना तथा मस्तिष्क को स्थिरता और शान्ति देना था। मुस्लिम काल में भी शिक्षा का उद्देश्य धार्मिक था। अंग्रेजी काल में शिक्षा का उद्देश्य ऐसे वर्ग का निर्माण करना था जो जनता तथा सरकार के बीच अंग्रेजी भाषा तथा भारतीय द्वारा सम्पर्क स्थापित कर सके और रंग में भारतीय होते हुए भी रूचि, मति, नीति और बुद्धि में अंग्रेज हो।

महात्मा गाँधी का कहना था कि शिक्षा का उद्देश्य बालक तथा मनुष्य के शरीर, मन और आत्मा में जो कुछ सर्वोत्तम है, उसकी सर्वांगीण अभिव्यक्ति है।

भारतीय शिक्षा आयोग 1964-66 ने शिक्षा का उद्देश्य उत्पादन बढ़ाना, सामाजिक व राष्ट्रीय एकता प्राप्त करना, आधुनिकीकरण की प्रक्रिया को त्वरित करना तथा भौतिक, सामाजिक व आध्यात्मिक मूल्यों को विकसित करना बताया है।

राष्ट्रीय शिक्षा नीति 1986 ने शिक्षा के उद्देश्य इस प्रकार दर्शाए हैं: व्यक्ति को सुसंस्कृत बनाना, उसकी संवेदनशीलता तथा अनुभूति को तेज करना जिससे राष्ट्रीय एकता पनपे, वैज्ञानिक समझ बढ़ाना और कुल मिला कर संविधान द्वारा प्रतिष्ठित समाजवाद, धर्म-निरपेक्षता और लोकतन्त्र के लक्ष्यों की प्राप्ति में सहायक होना।

भारतीय शिक्षा आयोग 1964-66 द्वारा गठित दल के अनुसार
प्राथमिक शिक्षा के उद्देश्य

1. ***जूनियर कक्षाएँ (1 से 4) के लिए शिक्षा के उद्देश्य***

1. पढ़ने, लिखने तथा गणित का आरम्भिक (Rudimentary) ज्ञान तथा कौशल प्राप्त करना।
2. स्वास्थ्यवर्धक जीवन के आधारभूत नियमों की जानकारी प्राप्त करना तथा उन पर आचरण करना।
3. अपने सामाजिक, भौतिक तथा सांस्कृतिक पर्यावरण के बारे में सामान्य जानकारी प्राप्त करना तथा उसके प्रति संवेदनशील होना।
4. दैनिक जीवन में विज्ञान की देन को समझना।
5. मौखिक तथा गैर-मौखिक रीति से अपने-आपको सरल तथा सृजनात्मक ढंग से व्यक्त करना।
6. राष्ट्रीय चिन्हों तथा राष्ट्रीय उत्सवों द्वारा छात्रों में राष्ट्रीयता की नींव डालना।
7. छात्रों में श्रम की भावना का निर्माण करना।
8. सामान्य लक्ष्य की प्राप्ति के लिए छात्रों का सामाजिक विकास इस प्रकार करना कि उनमें इस प्रकार के गुणों का निर्माण हो: जैसे नम्रता, सहयोग तथा मेलजोल आदि।

9. सभी धर्म-स्थानों के प्रति आदर की भावना का निर्माण करना।
10. ध्यानपूर्वक सुनने, अवलोकन करने तथा चिन्तन आदि कौशलों का विकास करना।
11. अपने निकटतम पर्यावरण को जानने की भावना का निर्माण करना।
12. देश के सांस्कृतिक मूल्यों के बारे में कुछ जानकारी देना।
13. देश तथा विदेश मे रहने वाले व्यक्तियों की परस्पर निर्भरता के बारे में कुछ ज्ञान देना।

2. *सीनियर कक्षाओं (VI से VIII) के लिए शिक्षा के उद्देश्य*

1. विभिन्न विषयों के आधारभूत तथ्यों, सिद्धान्तों तथा कौशलों का ज्ञान प्राप्त करना और उनको उचित अवस्थाओं में प्रयोग में लाना।
2. दैनिक जीवन की आवश्यकताओं की पूर्ति के लिए मौखिक तथा लिखित भाषा में व्यक्त करने की क्षमता का निर्माण करना।
3. गणित में विभिन्न सम्बन्धों को समझने की क्षमता का विकास करना।
4. व्यक्ति तथा सामाजिक स्वास्थ्य के आधारभूत सिद्धान्तों को समझने तथा उन पर आचरण करने की क्षमता का निर्माण करना।
5. देश के भूतकाल, वर्तमान तथा भविष्य के प्रति उचित भावना का विकास करना।
6. देश की विभिन्नता में एकता के तत्त्वों को समझना।
7. विज्ञान की दैनिक जीवन में देन को समझना।
8. हस्तकलाओं द्वारा कार्य-अनुभव प्राप्त करना।
9. अपने धर्म के अतिरिक्त दूसरे धर्मों के प्रति आदर-भार रखना।
10. भाषा, जाति तथा अन्य भेदभावों को भुलाकर सहयोग की भावना बढ़ाना।
11. व्यक्तिगत चरित्र निर्माण में सहायक गुणों का धारण करना जैसे दूसरों के विचारों का आदर करना, धैर्य, निष्कपटता आदि।
12. परिवार, समुदाय तथा देश के घटक के नाते अपने उत्तरदायित्त्व को पहचानना तथा अपनी अधिकतम क्षमता द्वारा उसे निभाना।
13. समाज की उन्नति के लिए सक्रिय भाग लेना।
14. विभिन्न समस्याओं पर विवेकात्मक विवेचन करना।
15. अध्ययन की अपयुक्त आदतों का निर्माण करना।

3. *प्राथमिक शिक्षा की नामपद्धति (Nomenclature of Primary Education)*

शिक्षा आयोग के सर्वेक्षण के अनुसार देश में उस समय प्राथमिक शिक्षा सम्बन्धी निम्नलिखित चार नाम प्रचलित थे:

1. प्राथमिक
2. अवर प्राथमिक
3. जूनियर बोसक
4. अवर आरम्भिक

शिक्षा आयोग ने प्राथमिक कक्षाओं (कक्षा 1 से 7 अथवा 8) के दो अवस्थाएँ प्रस्तावित की:

1. अवर प्राथमिक-कक्षाएँ 1-4 अथवा 1-5 वर्ष
2. उच्चतर प्राथमिक-कक्षाएँ 5-7 अथवा 6-8 वर्ष

शिक्षा में शुल्क (Fees in Education)

शिक्षा आयोग ने प्रस्तावित किया कि एक स्थिति की ओर प्रगति करनी चाहिए, जहाँ सारी शिक्षा नि:शुल्क हो जाए। इस दृष्टि से प्राथमिक स्तर पर यथा शीघ्र सभी सरकारी, स्थानीय निकायों के स्कूलों तथा सहायता प्राप्त निजी स्कूलों में पढ़ाई की फीस खत्म कर दी जाए। बेहतर यह होगा यदि के चौथी योजना की समाप्ति से पूर्व ही ऐसा कर दिया जाए।

उच्चत्तर प्राथमिक स्तर पर नि:शुल्क शिक्षा पाँचवीं कक्षा तक कर दी जाए।

4. पाठ्यक्रम (*Curriculum*)

संसार में पाठ्यक्रम सुधार आन्दोलन (*Curriculum Revolution in the Word*)

शिक्षा आयोग 1964-66 ने ठीक ही अनुभव किया कि आजकल दुनिया में सब जगह स्कूल पाठ्यक्रम बड़ी अनिश्चित अवस्था में है। देशों में सामान्यत: इसकी आलोचना करते हुए कहा जाता है कि यह अधूरा है और पुराना पड़ गया है और आज की अवस्था को ध्यान में रखकर नहीं बनाया गया है। शिक्षा की दृष्टि से उन्नत अमेरिका जैसे देशों में भी, जहाँ कि प्रगतिशील शिक्षा के प्रभाव में बहुत पहले ही परम्परागत पाठ्यचर्या में आमूल परिवर्तन कर दिए गए थे, अनेक विद्वानों और विश्वविद्यालयों के कार्यकर्त्ताओं द्वारा स्कूल पाठ्यक्रम को चुनौती दी जा रही है और एक नया सुधार आन्दोलन शुरू कर दिया गया है, जिससे स्कूल की शिक्षा में पाठ्यचर्या सम्बन्धी महान् परिवर्तनों के आने की सम्भावना है।

पाठ्यक्रम के बारे में फैले असंतोष के कारण
(*Reasons for the Dissatisfaction from the Curriculum*)

1. सबसे पहली बात यह है कि इधर कुछ वर्षों में ज्ञान के क्षेत्र में अपूर्व वृद्धि हुई है और भौतिकी, जीव-विज्ञान और सामाजिक विज्ञान की मूलभूत संकल्पनाओं (Concepts) को नये रूप में प्रस्तुत किया गया है। इससे स्कूलों के वर्तमान कार्यक्रमों का अधूरापन बहुत ही स्पष्ट हो गया है। मुख्य-मुख्य विद्याओं (डिसिप्लिन्स) की दृष्टि से स्कूल और विश्व-विद्यालय के बीच बड़ी खाई बनी हुई थी, अब यह खाई विज्ञान की शीघ्र प्रगति से और भी बड़ी हो गई है।

2. दूसरी बात यह है कि साधारण माध्यमिक स्कूल में दी जाने वाली शिक्षा की प्रकृति और अवधि के सम्बन्ध में शिक्षाशास्त्री फिर से विचार कर रहे हैं। सामान्यत: विशेषज्ञों की राय है कि सामान्य शिक्षा की अवधि बढ़ा दी जाए और विशेषीकरण स्कूल पाठ्यक्रम की पिछली अवस्था पर शुरू किया जाए।

3. स्कूल पाठ्यचर्या में एक ओर इतने विषय भर गए हैं कि अब और विषय सम्मिलित करने की गुंजाइश नही रह गई है और दूसरी ओर यह आवश्यक हो गया है कि अधिकाधिक महत्त्व के विषय सम्मिलित कर लिए जाऐं।

4. यह अनुभव किया जा रहा है कि स्कूल पाठ्यक्रम में बहुत-सी बेकार बातें घुस आई हैं, जिन्हें बिना हानि के निकाला जा सकता है।

5. यह भी अनुभव किया जा रहा है कि अत्यावश्यक ज्ञान की शिक्षा के लिए अधिक गतिशील और उत्प्रेरक पद्धतियाँ विकसित की जा सकती है।

6. भारत के बारे में एक और तथ्य बहुत ही महत्त्वपूर्ण है और वह है पाठ्यक्रम में व्यावसायिक विषयों का अभाव। इसके अभाव के कारण पाठ्यक्रम का जीवन से बहुत ही कम सम्बन्ध है।

7. शिक्षा एक तिहरी प्रक्रिया है जो ज्ञान देती है, योग्यता का विकास करती है और उचित रूचि, अभिवृत्ति और मूल्य सम्बन्धी भावना जाग्रत करती है। अधिकतर हमारे स्कूल और हमारे कॉलेज इस प्रक्रिया के पहले भाग से अर्थात् ज्ञान देने से ही अपने को सम्बन्धित रखते हैं और यह कार्य भी संतोषजनक रीति से नहीं करते। पाठ्यक्रमों में किताबी ज्ञान और रटने पर अधिक बल दिया जाता है।

8. कार्य-कलापों तथा कार्य-अनुभवों की पर्याप्त व्यवस्था नहीं की जाती है।

9. बाह्य व आन्तरिक परीक्षाओं को महत्त्व दिया जाता है।

10. उपयोगी कौशलों के विकास और उचित रूचियों, अभिवृत्तियों और मूल्यों की भावना जगाने पर पर्याप्त बल नहीं दिया जाता है।

11. पाठ्यचर्या न केवल आधुनिक ज्ञान से दूर है, अपितु लोगों के जीवन से भी उसका सम्बन्ध कट गया है। इसलिए इस बात की अत्यन्त आवश्यकता है कि स्कूल पाठ्यचर्या का स्तर ऊँचा उठाया जाए और उसमें आवश्यक सुधार किए जाऐं।

12. पाठ्यचर्या बनाने में ध्यानपूर्वक कोई अनुसंधान नहीं किया गया है। ये विशेष ज्ञान पर पर्याप्त रूप से आधारित नहीं है।

13. पाठ्यचर्या का निर्माण राज्य-स्तर पर किया जाता है और उसे राज्य के सभी स्कूलों के लिए समान रूप से निर्धारित कर दिया जाता है। इस तरीके को अपनाने से मुख्याध्यापकों और अध्यापकों की स्वतन्त्रता मारी जाती है और प्रायोगिक कार्य बिल्कुल असम्भव हो जाता है।

14. पाठ्य-चर्या में संशोधन करना कठिन हो जाता है और वह संशोधन भी लम्बे अर्से के बाद ही हो पाता है।

प्राथमिक स्तर पर पाठ्यक्रम में सुधार सम्बन्धी संतुतियाँ
(Recommendations on Curriculum Improvement at the Primary Stage)

शिक्षा आयोग ने प्राथमिक स्तर पर पाठ्यक्रम सुधार के लिए निम्न संतुतियाँ की:

1. प्रत्येक उप-अवस्था पर उपलब्धि का स्तर स्पष्ट शब्दों में सूचित किया जाना चाहिए।
2. पाठ्यचर्या को अटल रखना चाहिए।
3. नियमित विषयों का भार कम किया जाए।
4. भाषा, प्रारम्भिक गणित और पर्यावरण अध्ययन पर बल दिया जाए।

I. *अवर प्राथमिक अवस्था (कक्षा एक से चार तक)*

1. एक भाषा-मातृभाषा या प्रादेशिक भाषा।
2. गणित।
3. पर्यावरण का अध्ययन (तीसरी कक्षा और चौथी कक्षा में विज्ञान और सामाजिक अध्ययन सम्मिलित हों)।
4. सृजनात्मक कार्य-कलाप।
5. कार्य-अनुभव और सामाजिक सेवा।
6. स्वास्थ्य-शिक्षा।

II. *उच्चतर प्राथमिक अवस्था (कक्षा पांच से सात तक)*

1. दो भाषाएँ: (i) मातृभाषा या प्रादेशिक भाषा; (ii) हिन्दी या अंग्रेजी।

टिप्पणी–एक तीसरी भाषा (अंग्रेजी, हिन्दी या प्रादेशिक भाषा ऐच्छिक रूप में पढ़ी जा सकती है।)

2. गणित।
3. विज्ञान।
4. सामाजिक अध्ययन (या इतिहास, भूगोल और नागरिक-शास्त्र)।
5. कला।
6. कार्य-अनुभव और सामाजिक सेवा।
7. शारीरिक शिक्षा।
8. नैतिक और आध्यात्मिक मूल्यों की शिक्षा।

III. *अवर माध्यमिक अवस्था (कक्षा आठ से दस तक)*

1. *तीन भाषाएँ*: अहिन्दी भाषी क्षेत्रों में सामान्यत: ये निम्नलिखित होंगी:

(i) मातृभाषा या प्रादेशिक भाषा,
(ii) उच्चतर या अवर स्तर पर हिन्दी, और
(iii) उच्चतर या अवर स्तर पर अंग्रेजी।

हिन्दी भाषी क्षेत्रों में तीन भाषाएँ ये होंगी

(i) मातृभाषा या प्रादेशिक भाषा,
(ii) अंग्रेजी या अगर मातृभाषा के रूप में अंग्रेजी ले ली गई हो तो हिन्दी, और
(iii) हिन्दी को छोड़कर अन्य कोई आधुनिक भारतीय भाषा।

5. *छात्रवृत्तियाँ (Scholarships)*

इस बात के लिए कदम उठाए जाने चाहिए कि अवर प्राथमिक स्तर की समाप्ति पर किसी भी होनहार बच्चे को आगे पढ़ाई जारी रखने से रूकना न पड़े और इस उद्देश्य के लिए हर जरूरतमन्द बच्चे को पर्याप्त राशि की छात्रवृत्ति दी जानी चाहिए। 1975-76 तक उच्चतर प्राथमिक स्तर पर नामांकन कुल बच्चों में 2.5 प्रतिशत को और 1985-86 तक उसी नामांकन के 5 प्रतिशत बच्चों को छात्रवृत्तियाँ प्रदान करने का लक्ष्य बनाया जाना चाहिए।

6. *कक्षा आकार (Class Size)*

प्राथमिक स्तर पर छात्रों की संख्या 50 तथा उच्चतर प्राथमिक स्तर पर 48 से ऊपर नहीं होनी चाहिए।

7. *बहुकक्षा अध्ययन (Multiple Class Teaching)*

प्राथमिक स्तर पर लगभग 1/3 स्कूलों में एक ही अध्यापक होता है। अत: इस दिशा में सुधार किया जाए तथा अध्ययन विधियों में शोध भी।

8. *सांविधानिक निदेश की पूर्ति (Fulfilment of Constitutional Provision)*

संविधान के अनुच्छेद 45 के अनुसार 1960 तक 14 वर्ष तक के सभी बच्चों के लिए देश में नि:शुल्क और अनिवार्य शिक्षा का प्रावधान किया जाना था परन्तु किन्हीं

कारणों से ऐसा न किया जा सका। शिक्षा आयोग ने इस विषय पर गम्भीरता से सोच-विचार के पश्चात निम्न कार्यक्रमों का विकास करने पर बल दिया:

(i) 1975-76 तक सभी बच्चों के लिए पाँच साल तक की अच्छी और प्रभावी शिक्षा की व्यवस्था की जानी चाहिए।

(ii) 1985-86 तक सात साल की ऐसी ही शिक्षा की व्यवस्था की जानी चाहिए।

9. *व्यर्थता तथा अगति (Wastage and Stagnation)*

व्यर्थता तथा अगति कम करने पर जोर दिया जाना चाहिए। उद्देश्य यह होना चाहिए कि कक्षा 1 में प्रवेश लेने वाले बच्चों के 80 प्रतिशत छात्र प्राथमिक स्तर तक की शिक्षा पूरी कर लें। उस समय केवल 25 प्रतिशत बच्चे ही ऐसा कर पाते थे।

10. *अल्पकालीन पाठ्यक्रम (Short Time Course)*

जो बच्चे बीच में ही स्कूल छोड़ देते हैं, उनके लिए अल्पकालीन पाठ्यक्रमों की व्यवस्था की जाए।

11. *व्यावसायिक पाठ्यक्रम (Vocational Curriculum)*

स्कूल स्तर पर अधिक से अधिक मात्रा में व्यावसायिक पाठ्यक्रमों की व्यवस्था की जाए।

12. *जिलेवार योजना (District Planning)*

हर राज्य और जिले में प्राथमिक शिक्षा के विकास के लिए स्थानीय स्थितियों को ध्यान में रखते हुए योजनाऐं बनाई जाऐं।

13. *स्कूलों की सर्वसुलभ व्यवस्था (Universal Facilities)*

प्राथमिक स्कूलों का विस्तार इस प्रकार आयोजित किया जाना चाहिए कि हर बच्चे के घर लगभग एक मील की दूरी के भीतर एक अवर प्राथमिक स्कूल स्थापित हो तथा हर बच्चे के घर से तीन मील की दूरी के भीतर एक उच्चतर प्राथमिक (मिडिल) स्कूल स्थित होना चाहिए।

14. *पूर्व प्राथमिक शिक्षा (Nursery Education)*

प्राथमिक शिक्षा की गुणवत्ता के लिए आवश्यक है कि एक साल की स्कूल-पूर्व अर्थात् नर्सरी शिक्षा आरम्भ की जाए।

15. *खेल-कूद द्वारा शिक्षा (Education Through Play)*

कक्षा 1 में खेल-कूद द्वारा पढ़ाई करवाई जाए।

16. *स्कूल सुधार का राष्ट्रव्यापी कार्यक्रम (School Improvement Programme)*

प्राथमिक शिक्षा के सुधार के लिए देश में कार्यक्रम चलाए जाएँ।

17. *अभिभावकों में जागृति (Awakening of Parents)*

शिक्षा के प्रति अभिभावकों में उचित दृष्टिकोण निर्माण करने के लिए कार्यक्रम की व्यवस्था की जानी चाहिए।

18. *अध्यापक (Teachers)*

शिक्षा आयोग ने अध्यापकों को शिक्षा का एक महत्त्वपूर्ण घटक का स्थान दिया तथा उनके वेतनमानों तथा सेवा शर्तों में सुधार की आवश्यकता पर बल दिया।

प्राथमिक स्कूलों के उन अध्यापकों के लिए, जिन्होंने सेकेण्डरी स्कूल कोर्स पास किया हो, प्रशिक्षण की अवधि दो वर्ष की संतुति दी।

प्रशिक्षण संस्थाओं में नि:शुल्क प्रशिक्षण पर बल दिया। प्रत्येक प्रशिक्षण संस्था में एक प्रयोगात्मक स्कूल (Demonstration School) संलग्न की सिफारिश की।

4.6 शिक्षा आयोग की रिपोर्ट पर टिप्पणियाँ (Observations on the Recommendations of the Education Commission)

गुण (Merits)

स्वतन्त्र भारत में यह पहला अवसर था कि शिक्षा के सभी स्तरों की समीक्षा की तथा सम्पूर्ण शिक्षा प्रणाली में सुधार के लिए व्यावहारिक तथा व्यापक सुधार दर्शाएँ।

प्राथमिक शिक्षा के क्षेत्र में मुख्य रूप से निम्नलिखित तत्त्वों का समावेश हुआ:

1. कार्यअनुभव को स्कूल पाठ्यक्रम में शामिल किया गया।
2. पाठ्यक्रम में व्यावहारिकता आयी।
3. पाठ्य-पुस्तकों का स्तर ऊपर उठा।
4. प्राथमिक शिक्षा में प्रसार बढ़ा।
5. स्कूलों में पाठ्य-पुस्तक बैंकों की स्थापना की गई।
6. छात्रवृत्तियों की संख्या में बढ़ौत्तरी हुई।
7. शिक्षकों के वेतनमान तथा सेवा-शर्तों में सुधार हुआ।

सीमाएँ (Limitations)

शिक्षा आयोग में प्राथमिक स्कूल की अवधि निर्धारित नहीं की सात अथवा आठ वर्ष की अवधारणा ने स्थिति को जटिल बना दिया।

प्राथमिक स्कूलों के कार्यदिवसों के बारे में निश्चित घण्टे अथवा समय न किए गए।

बेसिक शिक्षा पर कुठाराघात हुआ। रिपोर्ट के पश्चात् बेसिक शिक्षा नाम-पात्र की रह गयी।

उपसंहार: रिपोर्ट का सबसे अच्छा परिणाम यह निकला कि शिक्षा विदों का ध्यान शिक्षा की उत्पादक शक्ति की ओर भी गया देश में अनुभव किया जाने लगा कि राष्ट्रीय शिक्षा नीति की आवश्यकता है। अत: व्यापी चर्चा के पश्चात् राष्ट्रीय शिक्षा नीति 1968 का सूत्रपात हुआ। स्वतन्त्र भारत में यह पहली शिक्षा नीति थी जिसके कार्यान्वयन के प्रयास भी किए गए।

5

राष्ट्रीय शिक्षा नीति (1986) तथा संशोधित नीति 1992 (कार्यवाही योजना)

[National Policy on Education (NPE) 1986 as Amended in 1992: Programme of Action (POA)]

5.1 राष्ट्रीय शिक्षा नीति (1986) के निर्माण की भूमिका
[Formulation of The National Policy on Education (1986)]

संक्षेप में यहाँ पर शिक्षा में सुधार हेतु गतिविधियों का विवरण दिया जा रहा है। इससे पता चलता है कि किस प्रकार की परिस्थितियों के सन्दर्भ में राष्ट्रीय शिक्षा नीति का निर्माण हुआ:

1. भारत का संविधान जनवरी 1950 में लागू किया गया था। संविधान में देश की शिक्षा नीतियों का मोटे तौर पर उल्लेख किया गया था। केन्द्रीय शिक्षा सलाहकार बोर्ड (सैंट्रल एडवाइजरी बोर्ड ऑफ एजूकेशन) ने 1951 में हुई अपनी 18वीं बैठक में, देश में माध्यमिक शिक्षा की प्रचलित प्रणाली की जाँच और इसके पुनर्गठन और सुधार के उपाय सुझाने के लिए एक आयोग की स्थापना करने पर जोर दिया था। तद्नुसार भारत सरकार ने 23 सितंबर, 1952 के एक प्रस्ताव द्वारा माध्यमिक शिक्षा आयोग की स्थापना की। इस आयोग के अध्यक्ष, मद्रास विश्वविद्यालय के उपकुलपति डॉ. ए. लक्ष्मणस्वामी मुदालियर थे। उन्होंने अपनी रिपोर्ट जून 1953 में पेश की।

2. शिक्षा आयोग की रिपोर्ट (1964-66) में बीस वर्षों के लिए शिक्षा के विकास की रूपरेखा दी गई थी और उसमें सरकार को सभी चरणों में और सभी पहलुओं में, शिक्षा के सामान्य सिद्धांतों तथा नीतियों पर सलाह दी गई थी। आयोग ने सिफारिश की थी कि भारत सरकार को शिक्षा की राष्ट्रीय नीति पर वक्तव्य जारी करना चाहिए जिसमें राज्य सरकारों और स्थानीय अधिकारियों का उनके कार्यक्षेत्र में शिक्षा नीतियों को तैयार व कार्यान्वित करने की दिशा में मार्गदर्शन किया जाए।

3. 1967 में, भारत सरकार ने शिक्षा पर संसद सदस्यों की एक समिति गठित की थी, जिसका काम शिक्षा संबंधी राष्ट्रीय नीति पर एक वक्तव्य का मसौदा तैयार करना था। हमारे हाल के इतिहास में यह पहला अवसर था जब समिति देश के विभिन्न राजनीतिक दलों

के सदस्यों को एक जगह लाई। वे सर्वाधिक समान उपायों पर सहमत हुई और उन्होंने शिक्षा पर एक राष्ट्रीय नीति का मसौदा तैयार किया। इस मसौदे को केन्द्रीय शिक्षा सलाहकार बोर्ड के सामने पेश किया गया, जिसकी बैठक 1967 में हुई। बैठक में राष्ट्रीय नीति तैयार करने पर विचार-विमर्श किया गया। बोर्ड के विचार-विमर्श के दौरान शिक्षा की राष्ट्रीय नीति पर आम सहमति पाई गई। विचार-विमर्श और समझौते के फलस्वरूप, भारत सरकार ने शिक्षा की राष्ट्रीय नीति 1968 पर प्रस्ताव जारी किया। अन्य बातों के अलावा इस प्रस्ताव में कहा गया था, "देश के सभी भागों में मोटे तौर पर एक जैसा शैक्षिक ढाँचा होना लाभदायक रहेगा।" अंतिम उद्देश्य 10+2+3 प्रणाली को अपनाना होना चाहिए, दो साल का उच्चतर माध्यमिक चरण जो स्थानीय परिस्थितियों के अनुसार स्कूलों, कॉलेजों या दोनों में जोड़ा जा सकता है।

4. नवम्बर 1973 में भारत सरकार के शिक्षा मंत्रालय ने 10+2+3 शिक्षा के ढाँचे पर एक राष्ट्रीय समिति की नियुक्ति की। इसका उद्देश्य देश के सभी राज्यों और संघीय क्षेत्रों के स्कूल और कॉलेजों में 10+2+3 की एक जैसी प्रणाली को अपनाने के लिए व्यावहारिक कदम सुझाना था।

5. शिक्षा के केन्द्रीय सलाहकार बोर्ड ने अपनी नवम्बर 1974 की बैठक में एक प्रस्ताव पास किया जिसमें पाँचवीं पंचवर्षीय योजना अवधि में शिक्षा की 10+2+3 प्रणाली को अपनाने की सिफारिश की गई।

6. 1974 में बच्चों के उचित विकास पर पर्याप्त ध्यान देने के लिए शिक्षा और कल्याण मंत्रालय, समाज कल्याण विभाग ने बच्चों के लिए राष्ट्रीय नीति दस्तावेज प्रकाशित किया।

7. 1975 में राष्ट्रीय शैक्षिक अनुसंधान तथा प्रशिक्षण ने '*द करीकुलम फोर द टेन इयर स्कूल–ए फ्रेमवर्क*' (दस साल की स्कूली अवधि का पाठ्यक्रम–एक ढाँचा) (Curriculum for Ten Year School—A Framework) का प्रकाशन किया। राष्ट्रीय शैक्षिक अनुसंधान तथा प्रशिक्षण परिषद् ने अपने निर्धारित ढाँचे के अंतर्गत, अनुभवी अध्यापकों, विषय-विशेषज्ञों तथा शिक्षा व विज्ञान शिक्षा के राज्यों, संस्थानों के प्रतिनिधियों के साथ सलाह-मशवरे के बाद पाठ्यक्रम, पाठ्यपुस्तकें तथा अन्य सामग्री तैयार की। केन्द्रीय माध्यमिक शिक्षा बोर्ड ने परिषद् द्वारा तैयार की गई कुछ पाठ्यपुस्तकें कक्षा 9 और 10 के छात्रों के लिए निर्धारित कीं, जिन्हें बोर्ड द्वारा ली जाने वाली दसवीं कक्षा के अंत में अप्रैल 1977 में माध्यमिक परीक्षा में बैठना था।

8. राष्ट्रीय शैक्षिक अनुसंधान तथा प्रशिक्षण परिषद् द्वारा तैयार किए गए पाठ्यक्रम और पुस्तकों की, जो विशेष रूप से कक्षा 9 और 10 के लिए तैयार की गई थीं, जनता, अध्यापक, अभिभावक और बच्चों द्वारा आलोचना की गई। आलोचना के प्रमुख मुद्दे थे कि परीक्षा में अध्ययन के लिए बहुत अधिक विषय रखे गए थे, पाठ्यपुस्तकें भी बहुत अधिक थीं और थीं भी बहुत मोटी, जिससे बच्चों को अपने आप अध्ययन करने और शारीरिक गतिविधियों के लिए कुछ समय नहीं बच पाता था। दूसरी मुख्य आलोचना यह थी कि नई शिक्षा प्रणाली के लागू होने के बाद अध्यापन-अध्ययन में कार्य-अनुभव (वर्क ऐक्सपीरियन्स) को कोई स्थान नहीं दिया गया था, जिसे कि सभी चरणों में पाठ्यक्रम के एक अभिन्न अंग के रूप में माना गया था।

1977-78 के अंत तक नई शिक्षा प्रणाली 19 राज्यों/केन्द्रशासित प्रदेशों में, यानि असम, आंध्र प्रदेश, गुजरात, जम्मू-कश्मीर, कर्नाटक, केरल, महाराष्ट्र, सिक्किम, तमिलनाडु, त्रिपुरा, पश्चिम बंगाल, अण्डमान और निकोबार द्वीप समूह, अरुणाचल प्रदेश, चण्डीगढ़, दादरा और नगर हवेली, दिल्ली, दमन और दीव, लक्षद्वीप और पाण्डिचेरी में लागू की गई।

9. अब सभी राज्यों और केन्द्र शासित प्रदेशों ने 10+2+3 वाली शिक्षा प्रणाली (10+2+3 Pattern of Education) अपना ली है। हरियाणा और हिमाचल प्रदेश ने इस प्रणाली को शैक्षिक सत्र 1985-86 के दौरान अपनाया।

10. केन्द्र के तत्कालीन शिक्षा तथा समाज कल्याणमंत्री डॉ. पी.सी. चुंदर ने अनुभव किया कि पाठ्यक्रमों और पाठ्यपुस्तकों का वस्तुनिष्ठ मूल्यांकन किया जाए और इसीलिए जून 1977 में उन्होंने गुजरात विश्वविद्यालय के उपकुलपति श्री ईश्वर भाई जे. पटेल की अध्यक्षता में एक समीक्षा समिति की नियुक्ति की। इस समीक्षा समिति में 30 सदस्य थे जो निम्नलिखित का प्रतिनिधित्व करते थे–केन्द्रीय माध्यमिक शिक्षा बोर्ड, माध्यमिक शिक्षा के राज्य बोर्ड, राज्य सरकारें, अध्यापकों के संघ, अभिभावक-अध्यापक संघ, शिक्षाशास्त्री, सेवारत अध्यापक तथा राष्ट्रीय शैक्षिक अनुसंधान तथा प्रशिक्षण परिषद्। इस समिति ने अपनी सिफारिशें नवम्बर 1977 में पेश कीं। इसने 10 वर्षीय स्कूल पाठ्यक्रम पर विचार किया।

11. राष्ट्रीय शैक्षिक अनुसंधान तथा प्रशिक्षण परिषद् ने 1976 में 'हायर सेकेण्डरी एजूकेशन एण्ड वोकेशनलाइजेशन' (उच्चतर माध्यमिक शिक्षा तथा व्यावसायीकरण) नामक पुस्तक का प्रकाशन किया, जिसमें अनेक महत्त्वपूर्ण और प्रगतिशील विशेषताएँ थीं; जैसे–व्यवसाय के चयन में लचीलापन, किसी जिले या कुछ जिलों के समूह के संदर्भ में व्यवसाय का निर्णय करना, आर्थिक गतिविधियों तथा सम्भावनाओं का जिलेवार सर्वेक्षण और फलस्वरूप काम के अवसर, जिला स्तर पर सूक्ष्म योजना, जनशक्ति की आवश्यकताओं का मूल्यांकन, ग्रामीण क्षेत्रों में जीवन-स्तर को सुधारना व सुविधाएँ देना, विद्यार्थियों आदि के लिए दिशा-निर्देश की व्यवस्था और उन्हें उनके भावी पेशे और पाठ्यक्रमों के बारे में सलाह देना। जिस पर पुनर्विचार की आवश्यकता थी।

12. अक्टूबर 1977 में तत्कालीन शिक्षा मंत्री, डॉ. पी.सी. चुंदर ने राष्ट्रीय शैक्षिक अनुसंधान व प्रशिक्षण परिषद् के अध्यक्ष की हैसियत से, मद्रास विश्वविद्यालय के उपकुलपति डॉ. मैलकाम एस. आदिशेषैया की अध्यक्षता में राष्ट्रीय शिक्षा समिति की नियुक्ति की, जिसका उद्देश्य शिक्षा में व्यावसायीकरण के विशेष संदर्भ में स्कूली शिक्षा के +2 चरण के पाठ्यक्रम की समीक्षा करना था। इसके सदस्य संयोजक केन्द्रीय माध्यमिक शिक्षामंडल के अध्यक्ष डॉ. आर.पी. सिंहल थे। समिति ने अपनी रिपोर्ट 'लर्निंग टु डू-टुवर्डस ए लर्निंग एण्ड वर्किंग सोसाइटी' (*Learning to Do-Towards a Learning and Working Society*) प्रस्तुत की।

13. उपर्युक्त विकास के फलस्वरूप राष्ट्रीय शिक्षा नीति के मूल्यांकन की आवश्यकता अनुभव की गई। केन्द्रीय सरकार ने फरवरी 1979 में राज्यों को 'शिक्षा पर राष्ट्रीय नीति का मसौदा' भेजा, जिसका उद्देश्य अगले दशक में सर्वव्यापी साक्षरता फैलाना था तथा शिक्षा को प्रभावपूर्ण बनाना था।

14. राज्य सरकारों और केन्द्रीय मंत्रियों की टिप्पणियों को ध्यान में रखते हुए नीति

के मसौदे की समीक्षा की गई और उसे 30 अप्रैल, 1979 को संसद् के सामने रखा गया। परन्तु इस पर कोई निर्णय नहीं लिया जा सका।

5.2 तत्कालीन प्रधानमंत्री श्री राजीव गाँधी की शिक्षा नीति बनाने की घोषणा (Announcement by the Prime Minister Sh. Rajiv Gandhi for the Formulation of National Policy)

श्री राजीव गाँधी ने प्रधानमंत्री बनते ही राष्ट्र के नाम अपने संदेश में 5 जनवरी, 1985 को एक ऐसी शिक्षा नीति का वचन दिया जो कि राष्ट्र को 21वीं सदी में प्रवेश के लिए वैज्ञानिक तथा आर्थिक दृष्टि से तैयार करे।

तत्कालीन शिक्षा मंत्री श्री कृष्णचंद्र पंत ने प्रधानमंत्री को 20 अगस्त, 1985 को शिक्षा पर '*स्टेटस रिपोर्ट* (*Status Report*)' पेश की, जिसका शीर्षक था 'शिक्षा की चुनौती–नीति संबंधी परिप्रेक्ष्य' (Challenge of Education: A Perspective)। इस दस्तावेज की प्रतियाँ संसद में रखी गईं तथा सभी राज्य सरकारों और संघीय क्षेत्र प्रशासनों को परिचालित की गईं। यह परिप्रेक्ष्य 29–30 अगस्त, 1985 को हुए राज्यों के शिक्षा मंत्रियों के सम्मेलन में विचार-विमर्श का आधार भी बना।

5.3 राष्ट्रीय शिक्षा नीति की घोषणा (Announcement of the National Policy)

नई शिक्षा नीति के निर्माण के लिए अप्रैल 1986 में राज्यों के शिक्षा मंत्रियों का सम्मेलन हुआ जिसमें मानव संसाधन विकास मंत्रालय, भारत सरकार (शिक्षा विभाग) द्वारा 'राष्ट्रीय शिक्षा नीति, 1986–एक प्रस्तुति' नामक दस्तावेज पर विचार-विमर्श हुआ।

नई राष्ट्रीय शिक्षा नीति प्रारूप पर राष्ट्रीय विकास परिषद् (National Development Council) तथा केन्द्रीय सलाहकार बोर्ड (Central Advisory Board of Education) द्वारा विचार किया गया।

लोकसभा ने शिक्षा नीति के प्रारूप को तीन दिन की बहस के बाद 8 मई 1986 को स्वीकृति दी। तत्पश्चात् दो दिन की बहस के उपरान्त राज्यसभा ने 13 मई 1986 को शिक्षा नीति के प्रारूप को मंजूरी दी। इस प्रकार नई शिक्षा नीति 1986 का निर्माण हुआ।

5.4 राष्ट्रीय शिक्षा नीति 1986 की प्रमुख विशेषताएँ (Salient Features of The National Policy on Education—NPE 1986)

1. *शिक्षा का सार और उसकी भूमिका* (*Essence and Role of Education*): हमारे राष्ट्रीय परिप्रेक्ष्य में "सबके लिए शिक्षा" हमारे भौतिक और आध्यात्मिक विकास की बुनियादी आवश्यकता है।

शिक्षा सुसंस्कृत बनाने का माध्यम है। यह हमारी संवेदनशीलता और दृष्टि को प्रखर करती है, जिससे राष्ट्रीय एकता पनपती है, वैज्ञानिक तरीके से अमल की सम्भावना बढ़ती है और समझ और चिंतन में स्वतंत्रता आती है। साथ ही शिक्षा हमारे संविधान में प्रतिष्ठित समाजवाद, धर्मनिरपेक्षता और लोकतंत्र के लक्ष्यों की प्राप्ति में अग्रसर होने में हमारी सहायता करती है।

शिक्षा के द्वारा ही आर्थिक व्यवस्था के विभिन्न स्तरों के लिए जरूरत के अनुसार

जनशक्ति का विकास होता है। शिक्षा के आधार पर ही अनुसन्धान और विकास को सम्बल मिलता है जो राष्ट्रीय आत्मनिर्भरता की आधारशिला है।

कुल मिलाकर, यह कहना सही होगा कि शिक्षा वर्तमान तथा भविष्य के निर्माण का अनुपम साधन है। इसी सिद्धान्त को राष्ट्रीय शिक्षा नीति के निर्माण की धुरी माना गया है।

2. *शिक्षा में समानता* (*Equality in Education*): बिना किसी जाति, धर्म, वर्ग अथवा लिंग के भेदभाव के शिक्षा सुलभ होनी चाहिए। महिलाओं, अनुसूचित जाति, अनुसूचित जनजाति, पिछड़े वर्ग, अल्पसंख्यकों एवं विकलांगों की विशेष शिक्षा की इस नीति में व्यवस्था है। पाठ्यक्रम तथा पुस्तकों में लिंग-भेद को समाप्त करके महिला-शिक्षा को विशेष प्रोत्साहन दिया जाएगा। 15-35 वर्ष के आयुवर्ग के प्रौढ़ों के लिए साक्षरता-कार्यक्रम और सतत शिक्षा की व्यवस्था के अन्तर्गत वाचनालयों का विस्तार, रेडियो, दूरदर्शन, फिल्म, दूर-शिक्षा आदि सम्मिलित हैं।

3. *कमजोर वर्गों के लिए शिक्षा व्यवस्था* (*Education for the Weaker Sections*): समाज के कमजोर वर्गों में महिलाएँ, अनुसूचित जाति, अनुसूचित जनजाति, विकलांग आदि सदस्य आते हैं। इस शिक्षा नीति में इनके लिए विकास हेतु विशेष व्यवस्थाएँ की गई हैं। शिक्षा संस्थानों में स्थान आरक्षित किए गए हैं, नये खुलने वाले नवोदय विद्यालयों में भी इस बात का ध्यान रखा गया है।

4. *देश के सभी राज्यों के लिए एक समान शैक्षिक संरचना* (*Uniform Structure of Education*): 10+2+3 की व्यवस्था का प्रयास किया जाएगा।

5. *राष्ट्रीय कोर पाठ्यक्रम* (*National Core-Curriculum*): राष्ट्रीय पाठ्यक्रम की ओर ध्यान दिया गया है। सम्पूर्ण देश के लिए 'कोर पाठ्यक्रम' की कल्पना की गई है जिसमें आवश्यकतानुसार स्थानीय माँगों के आधार पर छोटे-मोटे परिवर्तन किए जा सकते हैं। कोर पाठ्यक्रम के अन्तर्गत भारतीय स्वातन्त्र्य संघर्ष का इतिहास, राष्ट्रीय पहचान के तत्त्व, यथा-लोकतन्त्र, धर्मनिरपेक्षता, समाजवाद, पर्यावरण, राष्ट्रीय एकता आदि का समावेश होगा।

6. *दिवा देखभाल केन्द्रों की स्थापना* (*Establishment of Day Centres*): प्राथमिक शिक्षा को जन-जन तक पहुँचाने के लिए सहायता सेवा के रूप में शिशुओं की देखभाल के लिए 'दिवा देखभाल केन्द्र' खोले जायेंगे जिससे छोटे भाई-बहनों की देखभाल करने वाली लड़कियों को स्कूल जाने की सुविधा मिल सके। साथ ही निर्धन तबके की कामकाजी महिलाओं को भी इन केन्द्रों से सहायता मिल सकेगी। इस कार्यक्रम में स्थानीय समुदाय का पूरा सहयोग लिया जाएगा।

7. *शिक्षा का सार्वभौमीकरण* (*Universalisation of Education*): संविधान में लिए गए निर्णय के बावजूद चार दशक बीत जाने के बाद भी हम देश में शिक्षा का लोकव्यापीकरण नहीं कर पाए हैं। नई राष्ट्रीय शिक्षा नीति में इसे गम्भीरता से लिया गया है तथा इस बात का संकल्प लिया गया है कि सन् 1990 तक 6 से 11 वर्ष तथा 1995 तक 11 से 14 वर्ष तक की आयुवर्ग के सभी बच्चों के लिए निःशुल्क अनिवार्य शिक्षा की व्यवस्था कर दी जाएगी। यही नहीं, नई शिक्षा नीति उन बच्चों के लिए, जो बीच में ही पढ़ाई छोड़कर शाला से चले जाते हैं, शाला में ठहराव को प्राथमिकता देती है तथा 14 वर्ष तक की शिक्षा को सफलतापूर्वक पूर्ण कराने के प्रयास करती है।

8. *औपचारिकेतर शिक्षा* (*Non-formal Education*): 9 से 14 वर्ष के ऐसे बच्चे,

जिन्होंने बीच में शाला छोड़ दी या जो काम में लग जाने के कारण शाला में नहीं जा पाए अथवा जो इसलिए शाला नहीं गए कि जहाँ वे रहते थे, वहाँ स्कूल ही नहीं थे, नई शिक्षा नीति में औपचारिकेतर शिक्षा-केन्द्रों के माध्यम से शिक्षित किए जाएँगे। इन्हें आधुनिक तकनीकी सामग्री की सहायता से स्थानीय योग्यता एवं निष्ठावान युवा पुरुष अथवा महिलाओं के द्वारा शिक्षा दी जाएगी। नई राष्ट्रीय शिक्षा-व्यवस्था में उदारतापूर्वक अनुदान देकर इन केन्द्रों को विकसित करने की योजना है।

9. *'ऑपरेशन ब्लैक बोर्ड'* (*Operation Blackboard*): नई राष्ट्रीय शिक्षा नीति में प्राथमिक विद्यालयों को दी जाने वाली सुविधाओं के अन्तर्गत "ऑपरेशन ब्लैक बोर्ड" शब्द का प्रयोग किया गया है। सीधे-सादे अर्थ में इससे तात्पर्य है–"न्यूनतम शैक्षिक साधनों एवं उपकरणों का प्रावधान"। इसके अन्तर्गत प्राथमिक शालाओं में कम से कम दो सामान्यत: बड़े आकार के कमरे, टाटपट्टी, नक्शे, चार्ट, श्यामपट्ट तथा अन्य शैक्षिक सामग्री की व्यवस्था आवश्यक होगी।

10. *महिला शिक्षा* (*Women Education*): नई राष्ट्रीय शिक्षा नीति में महिला शिक्षा को बहुत प्रोत्साहन दिया गया है। विभिन्न स्तरों पर तकनीकी और व्यावसायिक शिक्षा में भी महिलाओं की भागीदारी पर जोर दिया जाएगा ताकि पुरुषों और महिलाओं के बीच किसी प्रकार के भेदभाव की स्थिति न रह जाए। पाठ्यक्रम तथा पुस्तकों में भी जो लिंग-भेद दिखाई देता है, नई शिक्षा नीति में उसे समाप्त किया जाएगा।

11. *प्रौढ़ शिक्षा* (*Adult Education*): 15 से 35 वर्ष के आयु-वर्ग के प्रौढ़ों के लिए साक्षरता-कार्यक्रम के साथ-साथ सतत शिक्षा का एक व्यापक कार्यक्रम नई राष्ट्रीय शिक्षा नीति के अन्तर्गत निर्धारित किया गया है। इसके अन्तर्गत ग्रामीण क्षेत्रों में सतत शिक्षा-केन्द्रों की स्थापना, नियोक्ताओं द्वारा श्रमिकों की शिक्षा, पुस्तकों तथा वाचनालयों का विस्तार, रेडियो, दूरदर्शन तथा फिल्मों के माध्यम से शिक्षा, दूर-शिक्षण कार्यक्रम तथा आवश्यकता और रुचि पर आधारित व्यावसायिक प्रशिक्षण कार्यक्रमों का आयोजन किया जाएगा।

12. *व्यावसायिक शिक्षा* (*Vocational Education*): राष्ट्रीय शिक्षा नीति में स्पष्ट रूप से प्रस्तावित किया गया है कि 10+2 में प्रवेश लेने वाले कुछ छात्रों में से 10% व्यावसायिक शिक्षा की ओर मोड़ दिए जाएंगे। सातवीं योजना के अन्त तक औसतन प्रत्येक जिले में 10 अतिरिक्त विद्यालय खोले जाएंगे जो +2 स्तर पर व्यावसायिक शिक्षा प्रदान करेंगे। प्रत्येक विद्यालय में ऐसे छात्रों की प्रवेश क्षमता 40 होगी। राज्य के व्यावसायिक विभागों की सहायतार्थ पाठ्यक्रम-आधारित उपयुक्त मॉडल एन. सी. ई. आर. टी. द्वारा उपलब्ध कराए जाएँगे तथा 100 अतिरिक्त औद्योगिक प्रशिक्षण केन्द्र स्थापित किए जाएंगे।

13. *नवोदय विद्यालयों की स्थापना* (*Establishment of Navoadya Schools*): राष्ट्रीय शिक्षा नीति के दस्तावेज में कहा गया है कि जिन बालक-बालिकाओं में विशेष प्रतिभा या अभिरुचि हो, उन्हें अच्छी शिक्षा उपलब्ध कराकर द्रुत गति से आगे बढ़ने के अवसर दिए जाने चाहिए। कहीं ऐसा न हो कि आर्थिक स्थिति के कारण प्रतिभावान छात्र अच्छी शिक्षा से वंचित रह जाएँ। इन उद्देश्यों की पूर्ति के लिए देश के विभिन्न भागों में गति-निर्धारक (पेस सेटिंग) विद्यालयों की स्थापना की जाएगी, जो नवोदय विद्यालय कहलाएँगे। इन विद्यालयों में नवाचार की छूट रहेगी। अनुसूचित जातियों तथा अनुसूचित उपलब्ध जनजातियों के लिए इनमें आरक्षण रहेगा। देश के विभिन्न भागों में मुख्यत:

ग्रामीण क्षेत्रों में रहने वाले प्रतिभाशाली बालक-बालिकाएँ एक साथ रहकर पढ़ेंगे जिससे उनमें राष्ट्रीय एकता की भावना का संचार होगा।

14. *परीक्षा प्रणाली में सुधार* (*Improvement in the Examination System*): सम्पूर्ण शिक्षा में परीक्षा प्रणाली में सुधार महत्त्वपूर्ण स्थान रखता है। नई शिक्षा नीति में अंकों के स्थान पर ग्रेड दिया जाएगा। एक वार्षिक परीक्षा पर ही परीक्षाफल निर्भर नहीं करेगा–कई सामयिक परीक्षाएँ ली जाती रहेंगी–इससे विद्यार्थी में नियमित रूप से पढ़ने की आदत का विकास होगा। बाह्य परीक्षाओं के महत्त्व को कम करने पर भी आग्रह है।

15. *शिक्षण-प्रशिक्षण* (*Teacher-Education/Training*): शिक्षकों में विश्वास किया गया है। यह कहा गया है कि शिक्षकों की चुनाव-विधि में सुधार करना है, उनके कार्य करने एवं सेवा-शर्तों में सुधार करना है, शिक्षक-प्रशिक्षण संबंधी प्रभावी मशीनरी का विकास करना है, शिक्षा-नियोजन में शिक्षकों को भागीदार बनाना है, शिक्षक-संघों को व्यावसायिक दुराचरण पर रोक लगाने एवं व्यावसायिक गरिमा में वृद्धि करने के लिए प्रोत्साहित करना है, शिक्षकों की एक आचार-संहिता का विकास करना है तथा शिक्षकों में नवाचार की स्थितियों का विकास करना है। क्रियात्मक शोध तथा प्रयोग की व्यवस्था तथा जिला शिक्षा एवं प्रशिक्षण संस्थान (डी.आई.ई.टी.) के संगठन पर नई शिक्षा में बल दिया गया है।

16. *तकनीकी एवं प्रबन्ध शिक्षा* (*Technical and Management Education*): अखिल भारतीय तकनीकी शिक्षा परिषद् द्वारा गठित बोर्ड ऑफ स्टडीज को इतना सशक्त बनाया जाएगा कि हमारी अर्थव्यवस्था, उद्योग व्यवस्था तथा सामाजिक पर्यावरण में आने वाले समस्त परिवर्तनों और उत्पन्न नवीन आवश्यकताओं को हमारी तकनीकी शिक्षा आत्मसात् कर सके।

17. *प्रतिभावान छात्रों के लिए अवसर* (*Opportunities for the Talented Students*): उच्च शिक्षा, विशेषकर, तकनीकी शिक्षा के संदर्भ में हर प्रतिभावान छात्र को बराबरी का अवसर दिए जाने की व्यवस्था की जाएगी और एक क्षेत्र से दूसरे क्षेत्र में अध्ययन करने की सुविधा दी जाएगी। इस बात पर विशेष ध्यान दिया जाएगा कि विश्वविद्यालयों और उच्च शिक्षा संस्थाओं का सार्वभौमिक रूप बरकरार रहे।

18. *शोधकार्य* (*Research Work*): शोध व विकास तथा विज्ञान व तकनीकी शिक्षा के विषयों में देश की विभिन्न संस्थाओं के बीच व्यापक तानाबाना स्थापित करने के लिए विशेष उपाय किए जाएँगे ताकि ये राष्ट्रीय महत्त्व की परियोजनाओं में अपने-अपने संसाधन जुटाकर भाग ले सकें।

19. *जीवनपर्यन्त शिक्षा* (*Life Long Education*): जीवनपर्यन्त शिक्षा, शैक्षिक-प्रक्रिया का मूलभूत लक्ष्य है। इस दृष्टि से सार्वजनिक साक्षरता–युवा-वर्ग, गृहणियों, किसानों, मजदूरों, व्यवसायियों आदि को अपनी पसन्द व सुविधा के अनुसार शिक्षा प्राप्त करने के लिए अवसर प्रदान करवाए जाएँगे। भविष्य में खुली शिक्षा एवं दूर-शिक्षण की दिशा में अधिक ध्यान दिया जाएगा।

20. *राष्ट्रीय संस्थाओं को मजबूत बनाना* (*Strengthening National Institutions*): विश्वविद्यालय अनुदान आयोग, अखिल भारतीय तकनीकी शिक्षा परिषद्, भारतीय कृषि अनुदान परिषद् और भारतीय चिकित्सा परिषद् जैसी संस्थाओं को और अधिक मजबूत

बनाया जाएगा ताकि वे नई राष्ट्रीय शिक्षा व्यवस्था को सँवारने में महत्त्वपूर्ण भूमिका अदा कर सकें। इन सभी संस्थाओं को एक समेकित योजना द्वारा जोड़ा जाएगा ताकि इनमें आपस में कार्यात्मक सहयोग स्थापित हो और अनुसंधान और स्नातकोत्तर शिक्षा के कार्यक्रम मजबूत बन सकें। इन संगठनों तथा राष्ट्रीय शिक्षा शोध एवं प्रशिक्षण परिषद् और शैक्षणिक योजना एवं प्रशासन संस्थान को शिक्षा नीति के कार्यान्वयन में सहभागी बनाया जाएगा।

21. *सार्थक सहभागिता* (*Purposeful Partnership*): वर्ष 1976 में संवैधानिक संशोधन के द्वारा शिक्षा को समवर्ती सूची में शामिल किया गया। इसमें यह निहित है कि शैक्षिक, वित्तीय तथा प्रशासनिक दृष्टि से राष्ट्रीय जीवन के इस महत्त्वपूर्ण पहलू के सम्बन्ध में केन्द्र और राज्यों के बीच एक नए प्रकार की सहभागिता स्थापित हो। शिक्षा के क्षेत्र में राज्यों की भूमिका और उत्तरदायित्व में मूलत: कोई परिवर्तन नहीं होगा, परन्तु शिक्षा के राष्ट्रीय तथा समाकलनात्मक (Integrative) रूप को बल देने, गुणवत्ता एवं स्तर बनाए रखने जिसमें सभी स्तरों पर शिक्षकों के शिक्षण प्रशिक्षण की व्यवस्थाएँ शामिल हैं। विकास के निमित्त जनशक्ति की आवश्यकताओं के लिए शैक्षिक व्यवस्थाओं के अध्ययन और उसकी देख-रेख रखने, शोध एवं उच्च अध्ययनों की जरूरतों को पूरा करने, शिक्षा, संस्कृति और मानव संसाधन विकास के अन्तर्राष्ट्रीय पहलुओं की देखभाल करने और सामान्य तौर पर शिक्षा में प्रत्येक स्तर पर उत्कृष्टता लाने के लिए केन्द्रीय सरकार अधिकांश दायित्व स्वीकार करेगी। समवर्तता एक ऐसी सहभागेदारी है जो स्वयं में सार्थक व चुनौतीपूर्ण है और राष्ट्रीय शिक्षा नीति इसे हर मामले में पूरा करने की ओर उन्मुख रहेगी।

22. *राष्ट्रीय परीक्षण सेवा* (*National Testing Service*): नई शिक्षा नीति में यह परिकल्पना की गई है कि उम्मीदवारों की उपयुक्तता निर्धारित करने के लिए और पूरे देश में तुलनीय सक्षमता के प्रतिमान तैयार करने के लिए स्वैच्छिक आधार पर परीक्षा लेने के उद्देश्य से एक राष्ट्रीय प्रशिक्षण सेवा की स्थापना की जाए। इस प्रकार की परीक्षा का मुख्य लाभ यह होगा कि भले ही लोगों के पास औपचारिक डिग्रियाँ हों या न हों, वे दिखा सकेंगे कि वे बहुत-सी अनेक नौकरियाँ, जो परम्परागत तौर पर स्नातकों तक सीमित रही हैं, उनको प्राप्त करने के लिए उनमें दक्षता है। ऐसे परीक्षा सेवारत कर्मचारियों को भी पदोन्नति प्राप्त करने के लिए अर्हता प्राप्त करने में सहायक होगी।

विशेष तौर पर इस प्रकार तैयार की हुई परीक्षा विभिन्न स्तरों पर शिक्षा संस्थाओं में प्रवेश के प्रयोजन के लिए भी राष्ट्रीय स्तर पर लागू की जा सकती है।

23. *स्थानीय समुदाय का योगदान* (*People's Involvement in Education*): शिक्षा के प्रसार और विशेषकर अनिवार्य प्राथमिक शिक्षा (Universalisation of Elementary Education) के सभी पक्षों में समुदाय सक्रिय योगदान दे। सभी व्यावहारिक उद्देश्यों के लिए, प्राथमिक स्कूल तथा गैर-औपचारिक केन्द्र इसके प्रति उत्तरदायी हों। यह भी सुनिश्चित करने के लिए अपेक्षित ध्यान दिया जाए कि महिलाएँ, युवक तथा समाज के ऐसे वर्ग जो शैक्षिक लाभों से वंचित रहे हैं उनकी आवाज प्रतिभाशाली हो। ऐसी सभी एजेंसियाँ तथा व्यक्ति जिन्हें समाज का विश्वास प्राप्त है और जो यू. ई. ई. के लिए एक सक्रिय सहयोग दे सकते हैं, शामिल किए जाएँ। इनमें युवा क्लब, महिला मण्डल, स्वैच्छिक एजेन्सियाँ और सामाजिक कार्यकर्त्ता दल तथा स्थानीय, विकास कार्यकर्त्ता,

सेवानिवृत्त शिक्षक, भूतपूर्व कर्मचारी आदि शामिल हों। वे सब कदम से कदम मिलाकर चलें।

24. *दक्षता एवं प्रभावकारिता को प्रोत्साहन* (*Promotion of Efficiency and Effectiveness*): शिक्षा से सभी स्तरों पर दक्षता लाने और प्रभावकारिता को प्रोत्साहन देने के लिए शिक्षा नीति में मानदण्डों का निर्धारण किया गया है। संस्थाओं और व्यक्तियों के उत्कृष्ट कार्य को मान्यता दी जाएगी और पुरस्कृत किया जाएगा, वहीं घटिया स्तर की संस्थाओं का उभरना रोका जाएगा। नई शिक्षा नीति में शैक्षिक स्तरोन्नयन को क्रियान्वित करने पर विशेष बल दिया गया है।

25. *डिग्री को नौकरी से अलग करना* (*Delinking Degrees from Jobs*): कुछ चुने हुए क्षेत्रों में डिग्री को नौकरी से अलग करने के लिए कदम उठाए जाएँगे।

विशिष्ट व्यावसायिक क्षेत्रों, जैसे इंजीनियरी, चिकित्सा, कानून, शिक्षण आदि में इस प्रस्ताव को लागू नहीं किया जा सकता। इसी प्रकार मानविकी, सामाजिक विज्ञान और विज्ञान आदि में, जहाँ विशेषज्ञों की सेवाओं की आवश्यकता होती है, अकादमिक अर्हताओं की आवश्यकता बनी रहेगी।

डिग्री को नौकरी से अलग करने की योजना उन सेवाओं में शुरू की जाएगी जिनमें विश्वविद्यालय की डिग्री आवश्यक नहीं होनी चाहिए। इस योजना को लागू करने से विशेष कार्यों को अपेक्षित कुशलताओं पर आधारित नये पाठ्यक्रम बनने लगेंगे और इससे उन प्रत्याशियों के साथ अधिक न्याय हो सकेगा जिनके पास किसी विशेष काम को करने की क्षमता तो है लेकिन उन्हें वह काम इसलिए नहीं मिल सकता क्योंकि उसके लिए स्नातक प्रत्याशियों को अनावश्यक रूप से तरजीह दी जाती है।

नौकरियों को डिग्री से अलग करने के साथ-साथ क्रमिक रूप में एक राष्ट्रीय परीक्षण सेवा प्रारम्भ की जाएगी। इसके द्वारा स्वैच्छिक रूप से विशिष्ट कामों के लिए प्रत्याशियों की उपयुक्तता की जाँच की जाएगी। और इससे देश-भर में समतुल्य योग्यताओं के मानक स्थापित हो सकेंगे।

26. *भारतीय शिक्षा सेवा* (*Indian Education Service*): भारतीय शिक्षा सेवा का गठन किया जाए जो कि शिक्षा को प्रभावशाली बनाने में महत्त्वपूर्ण भूमिका निभाएगी। भारतीय शिक्षा सेवा लगभग उसी प्रकार की होगी जैसी कि भारतीय प्रशासनिक सेवा (Indian Administrative Service)।

27. *स्वैच्छिक एजेन्सियाँ तथा सहायता प्राप्त संस्थाएँ* (*Voluntary and Aided Institutions*): गैर-सरकारी तथा स्वैच्छिक प्रयासों को, जिनमें समाजसेवी सक्रिय समुदाय भी शामिल हैं, प्रोत्साहन दिया जाएगा और वित्तीय सहायता भी मुहैया करवाई जाएगी बशर्ते कि उनकी प्रबन्ध व्यवस्था ठीक हो। इसके साथ ही ऐसी संस्थाओं को रोका जाएगा जो शिक्षा को व्यापारिक रूप दे रही हैं।

28. *संसाधन* (*Resources*): आठवीं पंचवर्षीय योजना के शुरू में राष्ट्रीय आय का 6 प्रतिशत से अधिक शिक्षा पर खर्च किया जाए।

29. *समीक्षा* (*Review*): नई शिक्षा नीति के विभिन्न पहलुओं के कार्यान्वयन की समीक्षा प्रत्येक पाँच वर्षों में अवश्य की जाएगी। कार्यान्वयन की प्रगति और समय-समय पर उभरती हुई प्रवृत्तियों की जाँच करने के लिए मध्यावधि मूल्यांकन भी होंगे।

5.5 नई शिक्षा नीति की सीमाएँ एवं कमियाँ (Limitations and Drawbacks of the N.P.E.)

1. *नवोदय स्कूलों की आलोचना* (*Criticism of Navoadya Schools*): जहाँ एक ओर नवोदय स्कूलों के प्रस्ताव की सराहना की गई है वहाँ दूसरी ओर उनकी भरपूर आलोचनाएँ भी की जा रही हैं:

(i) क्यों न अपने हर जिले में मॉडल स्कूल (नवोदय स्कूल) परियोजना से 'मॉडल' का दुमछल्ला हटा दें, क्योंकि यह कुछ भ्रामक-सा लगता है।

–प्रधान सम्पादक '*योजना*', 26 जनवरी, 1986 विशेषांक

(ii) जिले में एक मॉडल स्कूल बनाने की योजना से शोषण ही बढ़ेगा, राष्ट्रीय विकास नहीं। – *डॉ. पी.एम. भार्गव*

(iii) स्पष्ट है कि शिक्षा का पूरा केन्द्रीय बजट ही (ये विद्यालय) निगल जाएँगे और 99 फीसदी सामान्य छात्रों के स्कूल आज से भी बुरी स्थिति में पहुँच जाएँगे।

– *डॉ. आर.के. पोद्दार*

2. *आश्वासन का अभाव* (*No Assurance*): नई शिक्षा नीति में इस बात का बहुत ही कम संकेत मिलता है कि 21वीं शताब्दी में हमारे प्रत्येक स्कूल के पास ब्लैक बोर्ड और सही सलामत छत होगी।

3. *उच्च शिक्षा का खर्च* (*Expenditure on Higher Education*): नई शिक्षा नीति में उच्च शिक्षा पर किये जा रहे अत्यधिक खर्च को कम करने की कोई बात नहीं कही गई है।

4. *पड़ोसी विद्यालय* (*Neighbourhood School*) *विचारधारा की अवहेलना*: कोठारी शिक्षा आयोग ने शिक्षा में समानता तथा स्तर सुधारने के लिए पड़ोसी विद्यालय व्यवस्था पर बल दिया था परन्तु नई शिक्षा नीति में इस स्तर पर उचित विचार नहीं किया गया है।

5. *पब्लिक स्कूलों के बारे में चुप्पी* (*Silence on Public Schools*): बड़ी हैरानी की बात है कि इस महत्त्वपूर्ण प्रकरण का शिक्षा नीति में कोई उल्लेख नहीं है।

6. *गैर-सरकारी वित्तीय साधन* (*Non-Government Resources For Education*): नई शिक्षा नीति में धन जुटाने के लिए गैर-सरकारी साधनों की बात की गई है। इसमें कोई सन्देह नहीं कि स्वाधीनता से पहले गैर-सरकारी संस्थाएँ शिक्षा के क्षेत्र में महत्त्वपूर्ण योगदान दिया करती थीं। परन्तु धीरे-धीरे उनका योगदान कम होता गया। स्थिति बिल्कुल स्पष्ट है। आज का दानी वर्ग राजनीतिक कार्य के लिए दान देने के लिए तो अग्रसर है परन्तु शिक्षा के लिए उदासीन है क्योंकि राजनीतिक दान से दानी वर्ग की भौतिक सिद्धि होती है। अत: शिक्षा में खर्च करने का साधन मुख्यत: केन्द्रीय तथा राज्य सरकारें ही होंगी।

5.6 नई शिक्षा नीति, 1986 में संशोधन की आवश्यकता (Need for Modification in NPE)

नई शिक्षा नीति (1986) में कहा गया था कि प्रत्येक पाँच वर्ष के पश्चात् नीति के संदर्भ में किए जा रहे कार्यों की समीक्षा की जाएगी तथा उसमें उचित परिवर्तन किए जाएँगे।

राष्ट्रीय शिक्षा नीति (1986) की समीक्षा 1990-92 के दौरान की गई। इस समीक्षा में राममूर्ति शिक्षा समीक्षा समिति, 1990 तथा जनार्दन शिक्षा समीक्षा समिति (1992) ने अपनी संस्तुतियाँ दीं।

राष्ट्रीय शिक्षा नीति (1986) में जो प्रमुख संशोधन किए गए हैं, उनका उल्लेख नीचे किया जा रहा है।

शिक्षा नीति के कुल भागों की संख्या 12 है। भाग 1, 2, 7, 9 तथा 12 में कोई परिवर्तन नहीं। भाग 4 तथा 5 में दो पैरे जोड़े गए हैं।

5.7 राष्ट्रीय शिक्षा नीति 1986 तथा संशोधित नीति 1992 (भाग 5) में प्राथमिक शिक्षा सम्बन्धी निर्देश (Elementary Education in NPE 1986 and Amended Policy 1992)

1. पैरा 5.5

प्रारम्भिक शिक्षा की नई दिशा में दो बातों पर विशेष बल दिया जाएगा, (क) 14 वर्ष की अवस्था तक के सब बच्चों को विद्यालयों में भर्ती और उनका विद्यालय में टिके रहना, और (ख) शिक्षा की गुणवत्ता में काफी सुधार।

संशोधित (1992)–पैरा 5.5: प्रारम्भिक शिक्षा की नई दिशा में इन तीन पहलुओं पर बल दिया जाएगा: (i) सार्वजनिक पहुँच और नामांकन, (ii) 14 वर्ष के बच्चों को शिक्षा क्षेत्र में बनाए रखना, और (iii) शिक्षा की गुणवत्ता में पर्याप्त सुधार ताकि सभी बच्चे आवश्यक स्तर तक शिक्षा प्राप्त कर सकें।

2. बाल-केन्द्रित दृष्टिकोण (Child Centred Education)

बच्चों को विद्यालय जाने में सबसे अधिक सहायता तब मिलती है जब वहाँ का वातावरण, प्यार, अपनत्व और प्रोत्साहन से भरा हो और विद्यालय के सब लोग बच्चों की आवश्यकताओं पर ध्यान दे रहे हों। प्राथमिक स्तर पर शिक्षा की पद्धति बाल-केन्द्रित और गतिविधि पर आधारित होनी चाहिए। पहली पीढ़ी के सीखने वाले बच्चों को अपनी गति से आगे बढ़ने देना चाहिए और उनके लिए पूरक और उपचारात्मक शिक्षा की भी व्यवस्था होनी चाहिए। ज्यों-ज्यों बच्चे बड़े होंगे उनके सीखने में ज्ञानात्मक तत्व बढ़ते जाऐंगे और अभ्यास के द्वारा वे कुछ कुशलताएँ भी ग्रहण करते चलेंगे। प्राथमिकता स्तर पर बच्चों को किसी भी कक्षा में फेल न करने की प्रथा जारी रखी जायेगी। बच्चों का मूल्यांकन वर्ष भर में फैला दिया जाएगा। शिक्षा की व्यवस्था में से शारीरिक दंड को सर्वथा हटा दिया जाएगा और विद्यालय के समय का और छुट्टियों का निर्णय भी बच्चों की सुविधा को देखते हुए किया जाएगा।

3. विद्यालयों में सुविधाएँ (Facilities in Schools)

राष्ट्रीय शिक्षा नीति (1986)–पैरा 5.7: प्राथमिक विद्यालयों में आवश्यक सुविधाओं की व्यवस्था की जाएगी। इनमें किसी भी मौसम में काम देने लायक कम से कम दो बड़े कमरे, आवश्यक खिलौने, ब्लैक बोर्ड, नक्शे, चार्ट और अन्य शिक्षण सामग्री शामिल हैं। हर स्कूल में कम से कम दो शिक्षक होंगे, इनमें एक महिला होगी। यथासंभव जल्दी ही प्रत्येक कक्षा के लिए एक-एक शिक्षक की व्यवस्था की जाएगी। पूरे देश में प्राथमिक विद्यालयों की दशा को सुधारने के लिए एक क्रमिक अभियान शुरू किया जाएगा जिसका सांकेतिक नाम 'ऑपरेशन ब्लैक बोर्ड' होगा। इस कार्य में शासन, स्थानीय निकाय, स्वंयसेवी संस्थाओं और

व्यक्तियों की पूरी भागीदारी होगी। राष्ट्रीय ग्रामीण रोजगार कार्यक्रम और ग्रामीण भूमिहीन रोजगार गारंटी कार्यक्रम की निधियों का पहला उपयोग स्कूल की इमारतों के बनाने में होगा।

संशोधित (1992)–पैरा 5.7: प्राथमिक विद्यालयों में अनिवार्य सुविधाओं की व्यवस्था की जाएगी। सभी मौसमों में उपयोग योग्य पर्याप्त रूप से तीन बड़े कमरों तथा ब्लैक बोर्डों, नक्शों, चार्टों, खिलौनों, अन्य आवश्यक अध्ययन सहायक सामग्री और स्कूल पुस्तकालय की व्यवस्था करने के लिए ऑपरेशन ब्लैक बोर्ड के क्षेत्र को बढ़ाया जाएगा। कम से कम तीन शिक्षकों को प्रत्येक स्कूल में कार्य करना चाहिए, और यह संख्या यथाशीघ्र एक कक्षा के लिए एक शिक्षक तक बढ़ा दी जाए। भविष्य में भर्ती किए जाने वाले शिक्षकों में कम से कम 50% महिलाएँ होंगी। ऑपरेशन ब्लैक बोर्ड का विस्तार कर उसे उच्च प्राथमिक स्तर पर भी लागू किया जाएगा। स्कूल भवनों के निर्माण को जवाहर रोजगार योजना निधियों में प्राथमिकता दी जाएगी।

4. अनौपचारिक शिक्षा (Non-Formal Education)

राष्ट्रीय शिक्षा नीति (1986)–पैरा 5.8: ऐसे बच्चे जो बीच में स्कूल छोड़ गए हैं, या जो ऐसे स्थानों पर रहते हैं जहाँ स्कूल नहीं है या जो काम में लगे हैं, और वे लड़कियाँ जो दिन के स्कूल में पूरे समय नहीं जा सकतीं, इन सबके लिए एक विशाल और व्यवस्थित अनौपचारिक शिक्षा का कार्यक्रम चलाया जाएगा।

संशोधित (1992)–पैरा 5.8: स्कूल छोड़ने वालों, बिना स्कूलों वाली बस्तियों के बच्चों, कामकाजी बच्चों और पूरे दिन स्कूल में न रह सकने वाली बालिकाओं के लिए तैयार किए गए अनौपचारिक शिक्षा कार्यक्रम को सुदृढ़ बनाया जाएगा तथा उसका विस्तार किया जाएगा।

राष्ट्रीय शिक्षा नीति (1986)–पैरा 5.9: अनौपचारिक शिक्षा केन्द्रों में सीखने की प्रक्रिया को सुधारने के लिए आधुनिक टेक्नॉलोजी के उपकरणों की सहायता ली जाएगी। इन केन्द्रों में अनुदेशक के तौर पर काम करने के लिए स्थानीय समुदाय के प्रतिभावान और निष्ठावान युवकों और युवतियों को चुना जाएगा और उनके प्रशिक्षण की विशेष व्यवस्था की जाएगी। अनौपचारिक धारा में शिक्षा प्राप्त करने वाले बच्चे योग्यतानुसार अनौपचारिक धारा के विद्यालयों में प्रवेश पा सकेंगे। इस बात पर पूरा ध्यान दिया जाएगा कि अनौपचारिक शिक्षा का स्तर औपचारिक शिक्षा के समतुल्य हो।

संशोधित (1992)–पैरा 5.9: अनौपचारिक शिक्षा केन्द्रों के अधिगम वातावरण को सुधारने के लिए आधुनिक प्रौद्योगिकीय साधनों का प्रयोग किया जाएगा। स्थानीय समाज से प्रतिभावान और समर्पित युवकों और युवतियों को अनुदेशकों के रूप में कार्य करने के लिए चुना जाएगा और उनके प्रशिक्षण की ओर विशेष ध्यान दिया जाएगा। यह सुनिश्चित करने के सभी आवश्यक उपाय किए जाएँगे कि अनौपचारिक शिक्षा का स्तर अनौपचारिक शिक्षा के तुलनीय हो। अनौपचारिक शिक्षा पद्धति से पास होकर आने वाले बच्चों के औपचारिक पद्धति में पार्श्वीय प्रवेश को सुकर बनाने के लिए कदम उठाए जाएँगे।

राष्ट्रीय शिक्षा नीति (1986)–पैरा 5.11: अनौपचारिक शिक्षा केन्द्रों को चलाने का अधिकतर कार्य स्वंयसेवी संस्थाएँ और पंचायती राज की संस्थाएँ करेंगी। इस कार्य के लिए इन संस्थाओं को पर्याप्त धन समय पर दिया जाएगा। इस महत्त्वपूर्ण क्षेत्र की कुल जिम्मेवारी सरकार पर होगी।

संशोधित (1992)–पैरा 5.11: इस महत्त्वपूर्ण क्षेत्र की संपूर्ण जिम्मेवारी सरकार अपने ऊपर ले लेगी। गैर औपचारिक शिक्षा कार्यक्रमों को चलाने का अधिकार दायित्व स्वयंसेवी एजेंसियों और पंचायती राज की संस्थाएँ ले लेंगी। इन एजेंसियों को समय पर पर्याप्त धन दिया जाएगा।

5. प्राथमिक शिक्षा संबंधी एक संकल्प
(Resolve on Elementary Education)

राष्ट्रीय शिक्षा नीति (1986)–*पैरा* 5.12: नई शिक्षा नीति में स्कूल छोड़ जाने वाले बच्चों की समस्या के सुलझाने को उच्च प्राथमिकता दी जाएगी। बच्चों को बीच में स्कूल छोड़ने से रोकने के लिए स्थानीय परिस्थितियों के परिप्रेक्ष्य में इस समस्या का बारीकी से अध्ययन किया जाएगा और तद्नुसार प्रभावशाली उपाय खोजकर दृढ़ता के साथ उनका प्रयोग करने हेतु देशव्यापी योजना बनाई जाएगी। इस प्रयत्न का अनौपचारिक शिक्षा की व्यवस्था के साथ पूरा तालमेल होगा। यह सुनिश्चित किया जाएगा कि 1990 तक जो बच्चे 11 वर्ष के हो जाएँगे उन्हें विद्यालय में 5 वर्ष की शिक्षा या अनौपचारिक धारा में इसकी समतुल्य शिक्षा अवश्य मिल जाए। इसी प्रकार 1995 तक 14 वर्ष की अवस्था वाले सभी बच्चों को निःशुल्क और अनिवार्य शिक्षा अवश्य दी जाएगी।

संशोधित (1992)–पैरा 5.12: नई शिक्षा नीति में स्कूल छोड़ जाने वाले बच्चों की समस्या को सर्वोच्च प्राथमिकता दी जाएगी तथा बच्चों को स्कूल में बनाए रखने को सुनिश्चित करने के उद्देश्य से सूक्ष्म आयोजन पर आधारित बारीकी से तैयार की गई कार्यनीतियों की श्रृंखला अपनाई जाएगी जिसे देशभर में निम्न स्तरों पर लागू किया जाएगा। इस प्रयत्न का गैर-औपचारिक शिक्षा के साथ पूरा तालमेल होगा। यह सुनिश्चित किया जाएगा कि इक्कीसवीं सदी में प्रवेश करने से पूर्व 14 वर्ष की अवस्था वाले सभी बच्चों को संतोषप्रद गुणवत्ता वाली निःशुल्क और अनिवार्य शिक्षा प्रदान की जाए। इस उद्देश्य की पूर्ति के लिए एक राष्ट्रीय मिशन शुरू किया जाएगा।

5.8 संशोधित राष्ट्रीय शिक्षा नीति 1992 संबंधी कार्य-योजना का सार (Summary of Programme of Action on Modified National Policy on Education 1992)

1. अन्य बातों के साथ-साथ, कार्यवाही योजना प्रारंभिक शिक्षा जन-जन तक पहुँचाए जाने की रणनीति पर बल देती है जिसमें अलग-अलग लक्ष्य निर्धारण और आठवीं योजना में विकेन्द्रीकृत आयोजना को अपनाए जाने की परिकल्पना की गई है। शैक्षिक रूप से पिछड़े हुए जिलों और उन जिलों में जहाँ कि साक्षरता अभियान सफल रहे हैं, जिनके फलस्वरूप प्राथमिक शिक्षा की माँग बढ़ गई है, प्राथमिक शिक्षा के सुधार के लिए एक नई योजना शुरू की जा रही है। इन जिलों में, प्रारंभिक शिक्षा को जन-जन तक पहुँचाए जाने के लक्ष्यों की पूर्ति के लिए जिला विशेष और जनसंख्या विशेष योजनाएँ तैयार की जा रही हैं। शैक्षिक रूप से पिछड़े हुए लगभग 200 जिलों, जहाँ महिला-साक्षरता राष्ट्रीय औसत से कम है, में से 20 से 25 जिलों को 1993-94 में जिला योजनाएँ तैयार करने के लिए लिया जाएगा।

2. पुन:संरचित ऑपरेशन-ब्लैक बोर्ड के जरिए स्कूली-सुविधाओं में सुधार का भी सुझाव दिया है जिसका विस्तार अपर प्राथमिक स्तर तक कर दिया जाएगा।

3. कार्यक्रम में इस बात का ध्यान रखा गया है कि पूर्ण साक्षरता अभियान व्यवहार्य मॉडल के रूप में उभरकर आया। इसने सार्वजनिक प्रौढ़ साक्षरता की अवधारणा को एक निराशाजनक स्वप्न से एक निष्पाध संभावना में बदल दिया है। ये अभियान क्षेत्र विशिष्ट, समयबद्ध, स्वयंसेवी आधारित, लागत प्रभावी और परिमाणोन्मुखी हैं। 8 राज्यों में हुए 30 जिलों में पूर्ण साक्षरता अभियान पहले ही सफलतापूर्वक पूरे कर लिये गये हैं और 4 करोड़ से अधिक लोगों को शामिल करते हुए 182 जिलों में ये अभियान या तो आंशिक रूप से अथवा पूर्ण रूप से चल रहे हैं।

4. कार्यवाही योजना में प्रारंभिक शिक्षा के सर्वसुलभीकरण की समस्या को मूलत: लड़कियों की समस्या के रूप में परिकल्पना की गई है तथा शिक्षा के सभी स्तरों, विशेषकर विज्ञान, व्यावसायिक, तकनीकी और वाणिज्य शिक्षा की धाराओं में लड़कियों का नामांकन बहुत ही कम है। कार्यवाही योजना ने महिला समानता और शिक्षा को प्रोन्नत करने के लिए शिक्षा पद्धति को नया रूप देने की आवश्यकता पर बल दिया। इस बात को सुनिश्चित करने के लिए कि महिला पुरुष के प्रति संवेदनशीलता में सभी राष्ट्रीय कार्यक्रमों के क्रियान्वयन को प्रतिबंधित करती है, यह संस्थागत तंत्र की आवश्यकता की वकालत करती है।

5. संपूर्ण साक्षरता प्राप्त करने के लिए, प्राथमिक शिक्षा, गैर-औपचारिक शिक्षा एवं प्रौढ़ साक्षरता की त्रिमार्गी कार्यनीति अपनाई गई है।

6. राष्ट्रीय शिक्षा नीति और कार्यवाही योजना में मूल्य शिक्षा तथा देश की सांस्कृतिक परम्पराओं के बारे में उपयुक्त परिप्रेक्ष्य को जेहन में बैठाने पर पर्याप्त बल दिया है।

7. स्कूल छात्रों में राष्ट्रीय, धर्मनिरपेक्ष और मानवीय दृष्टिकोण विकसित करने के लिए, अपेक्षित रवैये और मूल्यों को उनके जेहन में बैठाने की दृष्टि से स्कूली पाठ्यपुस्तकें अत्यधिक प्रभावशाली साधन हैं।

8. अन्य बातों के साथ-साथ, कार्यवाही योजना प्रारंभिक शिक्षा जन-जन तक पहुँचाए जाने की रणनीति पर बल देती है जिसमें अलग-अलग लक्ष्य निर्धारण और आठवीं योजना में विकेन्द्रीकृत आयोजना को अपनाए जाने की परिकल्पना की गई है।

5.9 कार्ययोजना की प्रमुख विशेषताएँ
(Chief Features of Programme of Action)

जैसा कि ऊपर दर्शाया गया है, शिक्षा नीति 1992 के कार्यान्वयन के लिए क्रमबद्ध कार्ययोजना निर्मित की। इसकी मुख्य विशेषताएँ निम्नलिखित हैं:

1. *सार्थक तथा प्रभावी भागेदारी*: शिक्षा में कार्यरत तथा संबंधित पक्षों के तालमेल पर जोर दिया गया है—केन्द्रीय सरकार, राज्य सरकारों, शैक्षिक समुदाय तथा सम्पूर्ण समुदाय के सहयोग पर बल दिया गया तथा मोटे तौर पर कार्यक्षेत्र निश्चित किया गया।

2. *लोचक दृष्टिकोण*: यद्यपि वित्तीय साधन विभिन्न मदों पर निर्धारित किए गए परन्तु फिर भी आवश्यकता के अनुसार उनमें फेरबदल संबंधी छूट का प्रावधान किया गया।

3. *प्रबंध में जवाबदेही* (*Accountability*): हम सब के कुछ उत्तरदायित्व हैं। उत्तरदायित्व निभाने के लिए हमें किसी न किसी रूप में कुछ पारिश्रमिक मिलता है, जिसके बदले में हमारे कुछ दायित्व हैं। इन दायित्वों को निभाना हमारा कर्त्तव्य बन जाता है। शिक्षा के क्षेत्र में विभिन्न क्षेत्रों तथा सत्रों पर जवाबदेही पर बल दिया गया। वृत्तिक प्रतिमान स्थापित करने तथा उनके आधार पर जवाबदेही मापन की आवश्यकता पर जोर दिया गया।

4. *समुदाय की भागेदारी*: प्रौढ़ शिक्षा तथा प्राथमिक शिक्षा में विशेषकर जनता की भागीदारी की महत्ता को स्वीकार किया गया।

5. *शिक्षा तथा अन्य सेवाओं में तालमेल* (*Linkage*): यह अनुभव किया गया कि शिक्षा तथा अन्य सेवाएँ जैसे बच्चों की देखभाल, भोजन तथा स्वास्थ्य आदि में तालमेल की अत्यन्त आवश्यकता है।

6. *शिक्षा द्वारा नारी को सशक्त करना*: स्त्रियों की समानता के लिए शिक्षा को सशक्त साधन माना गया तथा इस दिशा में अनेक कार्यक्रमों की रूपरेखा बनाई गई।

7. *वंचित वर्गों की शिक्षा*: वंचित वर्गों की शिक्षा पर विशेष ध्यान दिया गया तथा योजनाएँ बनाईं गईं।

5.10 राष्ट्रीय शिक्षा नीति 1986 तथा 1992 द्वारा परिकल्पित राष्ट्रीय शिक्षा प्रणाली (National System of Education as Envisaged in the NPE 1986 and 1992)

राष्ट्रीय शिक्षा नीति द्वारा परिकल्पित राष्ट्रीय शिक्षा प्रणाली के मुख्य तत्त्व नीचे दिए जा रहे हैं। तीन-चार राज्यों को छोड़ कर सारे भारत में इस प्रकार से ही राष्ट्रीय शिक्षा प्रणाली को लागू करने के प्रयास किए गए हैं:

1. एक निश्चित स्तर तक प्रत्येक छात्र को बिना किसी जाति-पाति, धर्म, स्थान या लिंगभेद के लगभग एक जैसी अच्छी शिक्षा उपलब्ध कराना।
2. 10+2+3 की शिक्षा संरचना करना (चित्र में ढाँचा दर्शाया गया है)।
3. प्रथम स्कूली दस वर्ष अर्थात् 1 से कक्षा 10 तक सामान्य शिक्षा की व्यवस्था करना।
4. विषयों का चुनाव कक्षा 11 से करना।
5. सामान्य केन्द्रिक अथवा कोर पाठ्यक्रम को अपनाना।
6. सभी को समान अवसर प्रदान कराना।
7. प्रत्येक स्तर पर न्यूनतम शैक्षिक स्तर निर्धारित करना।
8. देश में सम्पर्क भाषा को बढ़ावा देने के प्रयास करना।
9. व्यावसायिक शिक्षा पर स्कूल स्तर पर विशेष बल देना।
10. मूल्यांकन प्रक्रिया में सुधार लाना।
11. पिछड़े वर्गों तथा क्षेत्रों की ओर विशेष ध्यान देना।
12. स्त्री शिक्षा पर बल देना।
13. शिक्षा में असमानताएँ कम करना।

14. प्रौद्योगिकी का शिक्षा में अधिक से अधिक उपयोग करना।
15. दूरस्थ शिक्षा का विकास करना।

5.11 शिक्षा नीति 1992 कार्यान्वयन के सन्दर्भ में विशेष कार्यक्रम (Special Schemes for the Implementation of 1992 NPE)

1. शिक्षक समाख्या योजना। (Teacher Empowerment)।
2. जिला प्राथमिक शिक्षा कार्यक्रम (District Primary Education Programme DPEP)
3. मध्याह्न भोजन योजना (Mid-Day Meals Plan)
4. सर्वशिक्षा अभियान (Sarva Shiksha Abhiyan—Education for All)
5. शिक्षा गारण्टी योजना और वैकल्पिक शिक्षा (Education Guarantee Scheme and Alternative Education)
6. कस्तूरबा गाँधी बालिका विद्यालय (Kasturba Gandhi Balika Vidyalaya)
7. शिक्षा का अधिकार (Right to Education)
8. लोक जुम्बश (Lok Jumbish)।

(सभी योजनाओं का विवरण अलग से दिया गया है)।

6

महत्त्वपूर्ण शैक्षिक संस्थाएँ तथा शिक्षा में उनका योगदान
(Important Educational Institutions and Their Role)

6.1 राष्ट्रीय शैक्षिक अनुसन्धान एवं प्रशिक्षण परिषद् [National Council of Educational Research and Training (NCERT)]

मानव संसाधन विकास मन्त्रालय शिक्षा विभाग का शैक्षिक विंग (Academic Wing of the Department of Education, Ministry of Human Resource Development, Government of India)

भारत सरकार ने 1961 में एक स्वायत्तता प्राप्त संस्था के रूप में राष्ट्रीय शैक्षिक अनुसन्धान परिषद् एवं प्रशिक्षण परिषद् की स्थापना की।

स्कूल शिक्षा के क्षेत्र में राष्ट्रीय स्तर की यह बहुत ही महत्त्वपूर्ण संस्था है। यह संगठन मानव संसाधन विकास मन्त्रालय, भारत सरकार के शैक्षिक विंग के रूप में कार्य करता है। साथ ही यह संगठन राज्यों तथा संघ प्रशासित क्षेत्रों के शिक्षा विभागों को शिक्षा के क्षेत्र में महत्त्वपूर्ण नीतियों को बनाने में तथा उन्हें कार्यरूप में लाने में, विशेषकर स्कूली शिक्षा की गुणवत्ता बढ़ाने के लिए सलाह देता है तथा सहायता करता है।

राष्ट्रीय शैक्षिक अनुसन्धान एवं प्रशिक्षण परिषद् के मुख्य कार्य (Main-Functions of NCERT)

इस संगठन के प्रमुख कार्य निम्नलिखित हैं:

1. विद्यालय शिक्षा से सम्बन्धित अध्ययन एवं पर्यवेक्षण करना।
2. विद्यालय शिक्षकों के लिए उन्नत स्तर के प्रशिक्षण की व्यवस्था करना।
3. शैक्षिक विस्तार सेवाओं को संगठित करना।
4. विद्यालयों में उन्नत शैक्षिक प्रविधियों एवं व्यवहारों को लागू करना।
5. विद्यालय शिक्षा से सम्बन्धित सभी मामलों में विचारों तथा सूचनाओं के लिए एक निकासी-गृह (Clearing House) के रूप में कार्य करना।

यह संगठन उक्त कार्यों को सुचारु रूप से चलाने के लिए राज्यों के शिक्षा विभागों, विश्वविद्यालयों तथा स्कूल शिक्षा से सम्बन्धित अन्य शिक्षा संस्थाओं से सदैव घनिष्ठ

सम्पर्क बनाये रखता है। इसके अतिरिक्त यह परिषद् अन्तर्राष्ट्रीय संगठनों–यूनेस्को (UNESCO), यूनीसेफ (UNICEF) से भी घनिष्ठ सम्पर्क बनाये रखती है। इस परिषद् ने स्कूल शिक्षा तथा शिक्षक-शिक्षा पाठ्यक्रम तथा पाठ्य-पुस्तक निर्माण एवं मूल्यांकन आदि को बहुत प्रभावित किया है।

प्रमुख घटक (Main Constituents)

1. राष्ट्रीय शिक्षा संस्थान, नई दिल्ली [National Institute of Education (NIE), New Delhi.]
2. केन्द्रीय शैक्षिक प्रौद्योगिकी संस्थान, नई दिल्ली [Central Institute of Educational Technology (CIET), New Delhi.]
3. पं. सुन्दरलाल शर्मा केन्द्रीय व्यावसायिक शिक्षा संस्थान, भोपाल [Pandit Sunderlal Sharma Central Institute of Vocational Education (PSSCIVE), Bhopal]
4. रीजनल (क्षेत्रीय) शैक्षिक संस्थान, अजमेर [Regional Institute of Education (RIE), Ajmer]
5. रीजनल (क्षेत्रीय) शैक्षिक संस्थान, भोपाल [Regional Institute of Education (RIE), Bhopal]
6. रीजनल (क्षेत्रीय) शैक्षिक संस्थान, भूवनेश्वर [Regional Institute of Education (RIE), Bhuvaneswar]
7. रीजनल (क्षेत्रीय) शैक्षिक संस्थान, मैसूर [Regional Institute of Education (RIE), Mysore]
8. उत्तर-पूर्व रीजनल (क्षेत्रीय) शैक्षिक संस्थान, शिलांग [North-East Regional Institute of Education (NE-RIE), Shillong]

राष्ट्रीय शिक्षा संस्थान के विभिन्न विभाग तथा उनके मुख्य कार्य (Various Departments of National Institute of Education)

	विभाग	*मुख्य कार्य*
1.	प्राथमिक शिक्षा विभाग (Department of Elementary Education—DEE)	स्कूल जाने वाले तथा न जाने वाले बच्चों की प्राथमिक शिक्षा से सम्बन्धित विभिन्न समस्याओं का समाधान करना–पाठ्यक्रम आदि।
2.	समूहों की विशेष आवश्यकताओं सम्बन्धी शिक्षा विभाग (Department of Education of Groups with Special Needs—DEGSN)	अनुसूचित जातियों, अनुसूचित जनजातियों, अल्पसंख्यकों, विकलांगों तथा अन्य समूहों की विशेष आवश्यकताओं की समस्याओं के बारे में अनुसंधान तथा विकास आदि कार्य करना।

(क्रमशः)

	विभाग	मुख्य कार्य
3.	महिला अध्ययन विभाग (Department of Women's Studies—DWS)	लड़कियों तथा स्त्रियों की शिक्षा सम्बन्धी समस्याओं का अध्ययन, उनकी शिक्षा का विकास तथा उन्हें सशक्त बनाने आदि के कार्य।
4.	विज्ञान तथा गणित शिक्षा विभाग (Department of Education in Science and Mathematics—DESM)	विज्ञान तथा गणित की शिक्षा से सम्बन्धित विषयों तथा समस्याओं पर अनुसंधान–पाठ्यक्रम निर्माण, उपकरण निर्माण, शिक्षण विधियाँ आदि।
5.	अध्यापक शिक्षा तथा विस्तार विभाग (Department of Teacher Education and Extension—DTEE)	अध्यापक शिक्षा संस्थानों के विभिन्न स्तरों सम्बन्धी अकादमिक सहायता–केन्द्रीय सहायता योजनाएँ, अध्यापक शिक्षा में खोज आदि, राष्ट्रीय अध्यापक शिक्षा परिषद् से तालमेल।
6.	सामाजिक विज्ञान और मानवीय शिक्षा विभाग (Department of Education in Social Science and Humanities—DESH)	अपर प्राथमिक शिक्षा से उच्चतर माध्यमिक स्तर तक भाषा और सामाजिक विषयों, जैसे–अर्थशास्त्र, नागरिकशास्त्र, इतिहास, भूगोल आदि के पाठ्यक्रमों आदि की रचना।

अन्य विभाग इस प्रकार हैं–

7. शिक्षा मनोविज्ञान तथा शिक्षा के आधार विभाग (Department of Educational Psychology and Foundations of Education—DEPEE)
8. शैक्षिक मापन तथा मूल्यांकन विभाग (Department of Educational Measurement and Evaluation—DEME)
9. शैक्षिक सर्वेक्षण तथा आँकड़ा प्रक्रिया विभाग (Department of Educational Surveys and Data Processing Department—DES and DPP)
10. शैक्षिक अनुसन्धान और नीति संदर्श विभाग (Department of Educational Research and Policy Perspection—DERPP)
11. कम्प्यूटर शिक्षा और प्रौद्योगिकीय सहायता विभाग (Department of Computer Education and Technological Aids—DCETA)
12. प्रकाशन विभाग (Department of Publication)
13. योजना, प्रोग्रामिंग, परिवीक्षण और मूल्यांकन प्रभाग (Planning, Programming, Monitoring and Evaluation Division—PPMED)
14. अन्तर्राष्ट्रीय सम्बन्ध प्रभाग (International Relations Division—IRD)
15. पुस्तकालय, प्रलेखन और सूचना प्रभाग (Division of Library, Documentation and Information—DLDI)

पंडित सुन्दरलाल शर्मा व्यावसायिक शिक्षा संस्थान, भोपाल (मध्य प्रदेश) में स्थापित यह संस्थान औपचारिक तथा अनौपचारिक दोनों स्तरों पर व्यावसायिक शिक्षा अनुसन्धान, प्रशिक्षण, सूचनाओं का आदान-प्रदान करता है।

क्षेत्रीय शिक्षा संस्थान (RIEs): अजमेर, भोपाल, भुवनेश्वर, मैसूर तथा शिलांग में स्थित ये संस्थान सेवापूर्व व सेवाकालीन शिक्षकों की शैक्षिक आवश्यकताओं व समस्याओं का समाधान करते हैं।

राष्ट्रीय शैक्षिक अनुसंधान तथा प्रशिक्षण परिषद् की संगठनात्मक संरचना (Organisation Structure of NCERT)

1. अध्यक्ष (पदेन) मानव संसाधन विकास मन्त्री परिषद् के महानिकाय (General Body of NCERT)।
2. सभी राज्यों के शिक्षा मन्त्री, सभी संघशासित क्षेत्रों के शिक्षा मन्त्री।
3. अध्यक्ष, विश्वविद्यालय अनुदान अनुयोग (Chairperson, UGC)।
4. चार क्षेत्रों से चार विश्वविद्यालयों के उपकुलपति।
5. अध्यक्ष, केन्द्रीय माध्यमिक शिक्षा बोर्ड।
6. आयुक्त, केन्द्रीय विद्यालय संगठन।
7. निदेशक, केन्द्रीय स्वास्थ्य शिक्षा ब्यूरो।
8. निदेशक प्रशिक्षण, प्रशिक्षण तथा रोजगार महानिदेशालय, दिल्ली।
9. शिक्षा प्रभाग योजना आयोग के एक प्रतिनिधि।
10. भारत सरकार द्वारा मनोनीत छः व्यक्ति जिसमें कम-से-कम एक तथा अधिकतम चार स्कूल अध्यापक हों।

रा.शै.अनु. तथा प्र.परि. के सचिव इस महानिकाय के संयोजक होते हैं।

6.2 राष्ट्रीय शैक्षिक योजना और प्रशासन संस्थान (राष्ट्रीय विश्वविद्यालय शैक्षिक योजना तथा प्रशासन–नया नाम) नई दिल्ली (National Institute of Education Planning and Administration—NIEPA, National University of Educational Planning and Administration — Now Called NUEPA, New Delhi)

संस्थान की स्थापना

इस संस्थान को भारत सरकार ने शैक्षिक एवं प्रशासन के क्षेत्र में राष्ट्रीय स्तर की संस्था के रूप में सन् 1962 में यूनेस्को (UNESCO) के साथ दस वर्षीय संविदा के तहत स्थापित किया। उस समय इसका नाम था–'एशियन इन्स्टीट्यूट ऑफ एजूकेशनल प्लानिंग एण्ड एडमिनिस्ट्रेशन' (Asian Institute of Educational Planning and Administration)। इस संविदा की समाप्ति के बाद भारत सरकार ने शिक्षा आयोग (1964-66) की सिफारिश पर इस संस्थान को अपने हाथों में ले लिया तथा उसका नाम रखा–'नेशनल स्टाफ कॉलेज ऑफ एजूकेशनल प्लानर्स एण्ड एडमिनिस्ट्रेटर्स' (National Staff College for Educational Planners and Administrators)। मई 1979 में भारत सरकार ने इस संस्थान को वर्तमान नाम–'राष्ट्रीय शैक्षिक योजना एवं प्रशासन संस्थान' (National

Institute of Educational Planning and Administration—NIEPA) दिया। यह संस्थान नई दिल्ली में स्थित है।

वर्ष 2006 में इस संस्थान को विश्वविद्यालय स्तर की (Deemed University) का दर्जा मिला।

संस्थान के कार्य

इस संस्थान के कार्यों का विवेचन निम्नलिखित शीर्षकों के अन्तर्गत किया जा रहा है:

1. *शिक्षा-नियोजकों तथा प्रशासकों का प्रशिक्षण* (*Training of Educational Planners and Administrators*): यह संस्थान भारत के शैक्षिक कार्यकर्त्ताओं के प्रशिक्षण के लिए विभिन्न प्रशिक्षण कार्यक्रम संचालित करता है। यह शैक्षिक नीतियों पर विचार-विमर्श करने के लिए विभिन्न सेमीनारों तथा वर्कशॉपों का भी आयोजन करता है। इसने अब तक भारत के विभिन्न राज्यों तथा संघ प्रदेशों के हजारों अधिकारियों को प्रशिक्षित किया है। संस्थान जिला शिक्षा अधिकारियों के लिए डिप्लोमा कोर्स भी संचालित कर रहा है। इनमें से प्रमुख 'DEPA' (Diploma in Educational Planning and Administration) है जिसकी अवधि छः माह की है। इस अविधि में उनकी तीन माह में पाठ्यक्रम कराया जाता है। और शेष तीन माह में व्यवसाय से सम्बन्धित प्रोजेक्ट कार्य कराया जाता है। यह संस्थान विदेशी कर्मचारियों के लिए भी प्रशिक्षण कार्यक्रम संचालित करता है। इस संस्थान द्वारा आयोजित सेमीनार तथा प्रशिक्षण कार्यक्रमों में अफगानिस्तान, भूटान, बंगलादेश, चीन, इथोपिया, हंगरी, इण्डोनेशिया, कोरिया, मलेशिया, नेपाल, मॉरीशस, पाकिस्तान, फिलीपीन्स, श्रीलंका, थाईलैण्ड, संयुक्त राज्य अमेरिका, यूगोस्लाविया आदि देशों ने भाग लिया है।

2. *अनुसन्धान* (*Research*): यह संस्थान प्रबन्धात्मक अनुसन्धान के क्षेत्र में महत्त्वपूर्ण भूमिका अदा करता है। इसकी अनुसन्धानात्मक क्रियाएँ विभिन्न प्रकार की हैं। इनमें सर्वेक्षण, विश्लेषणात्मक अध्ययन तथा अनुसन्धान प्रायोजनाएँ प्रमुख हैं।

3. *नवाचारों का प्रसार* (*Promotion of Innovations*): यह संस्थान नवाचारों के प्रसार के लिए महत्त्वपूर्ण कार्य कर रहा है। इसके लिए सन् 1983 ने इस संस्थान में अन्तर्राज्यीय भ्रमणों (Visits) का आयोजन किया। इसके साथ ही उसने विभिन्न राज्यों में प्रयुक्त नवाचारों को प्रसारित करने के लिए अन्य माध्यमों का प्रयोग किया।

4. *परामर्शदात्री सेवा* (*Advisory Service*): यह संस्थान विभिन्न राज्यों तथा संघ शासित प्रदेशों के लिए परामर्शदात्री सेवाएँ प्रदान करता है। इसने जम्मू व कश्मीर, सिक्किम, दादरा व नगर हवेली, हरियाणा आदि में सेवाएँ प्रदान की हैं। संस्थान ने हरियाणा की प्रार्थना पर विद्यालयों की स्थापना तथा विद्यालयों को प्रोन्नत करने के मानकों का निर्माण किया।

5. *प्रकाशन कार्यक्रम* (*Publication Work*): संस्थान शैक्षिक नियोजन तथा प्रशासन से सम्बन्धित विभिन्न प्रकाशनों को प्रकाशित कर रहा है। इनमें पुस्तकें, पत्र-पत्रिकाएँ, प्रतिवेदन आदि प्रमुख हैं।

6. *सहयोग* (*Co-operation*): यह संस्थान विभिन्न राष्ट्रीय संगठनों–विश्वविद्यालय अनुदान आयोग, राष्ट्रीय शैक्षिक अनुसन्धान एवं प्रशिक्षण परिषद् विज्ञान एवं औद्योगिक अनुसन्धान परिषद् (Council of Scientific and Industrial Research–CSIR). योजना

आयोग, इण्डियन इन्स्टीट्यूट ऑफ पब्लिक एडमिनिस्ट्रेशन, इण्डियन सामाजिक विज्ञान अनुसन्धान परिषद्, नेशनल इन्स्टीट्यूट ऑफ एप्लाइड मेनपॉवर रिसर्च, केन्द्रीय विद्यालय संगठन, प्रौढ़ शिक्षा निदेशालय आदि से सहयोग एवं संबंध रखती है। यह संस्थान अन्तर्राष्ट्रीय संगठनों से भी घनिष्ठ सम्बन्ध रखता है। इनमें यूनेस्को, रीजनल ऑफिस बैंकॉक, इन्स्टीट्यूट ऑफ एजूकेशन प्लानिंग, पेरिस, कॉमनवेल्थ सचिवालय, लन्दन आदि प्रमुख हैं।

7. *सर्वशिक्षा अभियान* (*Sarva Shiksha Abhiyan*): इस क्षेत्र में यह संस्थान प्राथमिक शिक्षा के विकास के सम्बन्ध में बहुमूल्य जिलावार रिपोर्ट कार्ड (District Report Cards) तथा राज्यवार रिपोर्ट कार्ड (State Report Cards) प्रकाशित करता है।

6.3 केन्द्रीय शैक्षिक प्रौद्योगिकी संस्थान, नई दिल्ली
(Central Institute of Educational Technology, New Delhi)

राष्ट्रीय शैक्षिक अनुसंधान एवं प्रशिक्षण परिषद् ने शैक्षिक प्रौद्योगिकी को बढ़ावा देने के लिए 1972-73 में शैक्षिक प्रौद्योगिकी केन्द्र (Centre of Educational Technology) की स्थापना की। 1984 में परिषद् ने इस केन्द्र तथा शैक्षिक साधन विभाग को मिलाकर केन्द्रीय शैक्षिक प्रौद्योगिकी की स्थापना की।

केन्द्रीय शैक्षिक प्रौद्योगिकी संस्थान के उद्देश्य (Objectives of CIET)

केन्द्रीय शैक्षिक प्रौद्योगिकी संस्थान के प्रमुख उद्देश्य निम्नलिखित हैं:

1. शैक्षिक स्तरों के उन्नयन एवं प्रसार हेतु शैक्षिक तकनीकी की अवधारणा का स्पष्टीकरण एवं उपयोग करना।

2. शिक्षा के व्यय में कमी, अपव्यय का निराकरण तथा उपलब्ध मानवीय एवं भौतिक साधनों के अधिकतम प्रभावी उपयोग हेतु प्रभावी का विकास करना।

3. शैक्षिक सम्प्रेषण अर्थात् शिक्षण अधिगम प्रणाली को प्रभावी बनाने हेतु विभिन्न सस्ते शिक्षण साधनों एवं जनसंचार साधनों का विकास एवं उपयोग करना।

4. शैक्षिक तकनीक सिद्धान्तों के उपयोग द्वारा शिक्षण अधिगम आवश्यकताओं के अनुरूप कोमल यन्त्रेतर सामग्री का विकास एवं उत्पादन करना।

5. प्रशिक्षण, सलाह एवं प्रसार कार्यक्रमों द्वारा देश में शैक्षिक तकनीकी साधनों के उपयोग हेतु चेतना एवं उपयोग की क्षमता का विकास करना।

6. विभिन्न शोध एवं मूल्यांकन कार्यक्रमों की रूपरेखा तैयार करना तथा उन्हें कार्यरूप देना।

7. देश में शैक्षिक तकनीकी से सम्बन्धित उपलब्ध साधनों एवं कार्यक्रमों से सम्बन्धित ज्ञान के प्रसार हेतु साहित्य उपलब्ध कराना।

केन्द्रीय शैक्षिक तकनीकी संस्थान के कार्यक्रम (Programmes of CIET)

इस संस्थान के प्रमुख कार्य निम्नलिखित हैं:

1. शिक्षा की समस्याओं के निराकरण हेतु विभिन्न शिक्षण प्रणालियों का विकास किया जाता है।

2. शैक्षिक नियोजकों, प्रशासकों एवं शिक्षकों को शैक्षिक तकनीकी की सम्भावनाओं

एवं प्रक्रिया का प्रारम्भिक ज्ञान प्रदान करने हेतु पाठ्यक्रमों को आयोजित किया जाता है।

3. विभिन्न श्रव्य-दृश्य साधनों, जैसे-रेडियो, टी.वी., फिल्म, टेप स्लाइड कार्यक्रम, फिल्मस्ट्रिप, चार्ट्स, मॉडल आदि के उत्पादन तथा उपयोग एवं उपकरणों के उपयोग में सक्षम बनाने हेतु विशिष्ट प्रशिक्षण कार्यक्रमों को आयोजित किया जाता है।

4. प्रभावी शिक्षण-अधिगम प्रक्रिया हेतु आवश्यक शिक्षण सामग्री का उत्पादन किया जा रहा है।

5. शिक्षण प्रणालियों, विधियों एवं शैक्षणिक उत्पादनों के सुधार हेतु प्रयोग एवं शोधकार्य किया जा रहा है।

6. शैक्षिक फिल्म उपलब्ध कराने हेतु केन्द्रीय फिल्म लाइब्रेरी का संचालन किया जा रहा है।

7. शैक्षिक तकनीकी एवं प्रौद्योगिकी के सम्बन्ध में उत्पन्न समस्याओं के निराकरण हेतु सलाह सेवा एवं समन्वय कार्य किया जा रहा है।

केन्द्रीय शैक्षिक तकनीकी संस्थान के विभाग (Department of IET)

इस संस्थान के निम्न विभाग हैं:

1. शैक्षिक प्रौद्योगिकी–नियोजन एवं सिस्टम्स डिजाइन प्रभाग,
2. शैक्षिक तकनीकी एवं प्रशिक्षण विभाग,
3. ग्राफिक्स प्रदर्शनी एवं मुद्रण विभाग,
4. सूचना एवं अनुलेख विभाग,
5. दूरदर्शन प्रभाग,
6. फिल्म एवं फोटो प्रभाग,
7. शोध, मूल्यांकन एवं समन्वय प्रभाग,
8. तकनीकी नियोजन तथा रख-रखाव विभाग,
9. श्रव्य रेडियो प्रभाग,
10. दूर शिक्षा विभाग,
11. विशिष्ट परियोजना प्रभाग।

6.4 राष्ट्रीय शिक्षक शिक्षा परिषद्
(National Council for Teacher Education—NCTE)

राष्ट्रीय शिक्षक शिक्षा परिषद् की स्थापना (Establishment of NCTE)

कोठारी शिक्षा आयोग की संस्तुतियों के पश्चात् 1973 में केन्द्रीय और राज्य सरकारों को अध्यापक शिक्षा के क्षेत्र में व्याप्त समस्याओं एवं विभिन्न कठिनाइयों के निराकरण हेतु आवश्यक सुझाव देने के लिए ही मूलतः इस परिषद् का गठन किया गया। सन् 1993 में 'National Council for Teacher Education Act' बनाया गया तथा इसका मुख्यालय दिल्ली में स्थापित किया गया। 1995 में इस परिषद् को वैधानिक दर्जा दिया गया और एन.सी.ई.आर.टी. के समान ही स्वायत्तशासी होने का अधिकार भी मिल गया। नई दिल्ली में आज इस परिषद् का अपना पृथक् कार्यालय है।

1993 से पूर्व राष्ट्रीय अध्यापक परिषद् के मुख्य कार्य (Main Functions of NCTE before 1993)

1. अध्यापक शिक्षा से सम्बन्धित समस्त विषयों में भारत सरकार को सुझाव एवं परामर्श प्रदान करना और सेवापूर्व तथा सेवाकालीन अध्यापक शिक्षा पाठ्यक्रम का मूल्यांकन करना और सुधार हेतु योजना निर्माण करना।

2. राज्य सरकारों को भी आवश्यकतानुसार अध्यापक शिक्षा के क्षेत्र में किसी योजना के गठन में सहायता एवं सुझाव प्रदान करना।

3. पंचवर्षीय योजनाओं में जिन योजनाओं को अध्यापक शिक्षा के परिप्रेक्ष्य में तैयार किया गया हो, उनकी निरन्तर प्रगति की समीक्षा करना।

4. सरकार को इस बारे में निर्णय ग्रहण में सहयोग करना कि देश में अध्यापक शिक्षा के स्तर को किस प्रकार से अपेक्षित एवं अभीष्ट वर्गीय बनाया जाए।

5. परिषद् से किसी सम्बन्धित आयाम के सन्दर्भ में यदि सरकार के द्वारा राय माँगी जाती है तो उपयुक्त सुझाव एवं अभिमत प्रस्तुत करना।

1995 के अधिनियम के अनुसार कार्य

1995 के एन.सी.टी.ई. अधिनियम के तहत इस परिषद् के कार्यक्षेत्र में विस्तारण हो पाया जिन्हें निम्नानुसार प्रस्तुत किया जा सकता है:

1. *मान्यता प्रदान करना*: अध्यापक शिक्षा के विभिन्न स्तरीय पाठ्यक्रमों के संचालन के लिए विश्वविद्यालय, महाविद्यालय या संस्थानों के शिक्षा विभागों को परिषद् द्वारा मान्यता प्राप्त करना आवश्यक माना गया और संसाधन एवं सुविधाओं की उचित जाँच करने के बाद जो कि सम्बन्धित विभाग में उपलब्ध हो, परिषद् का कार्य उन्हें मान्यता प्रदान करना है।

2. *प्रमाणीकरण करना*: अध्यापक शिक्षा हेतु निर्धारित मानकों को ध्यान में रखते हुए परिषद् का कार्य अध्यापक शिक्षा संस्थानों की निरीक्षण समितियों के माध्यम से जाँच करने के बाद उनका प्रमाणीकरण करना भी है। मान्यता में जहाँ उपाधि को वैध करार दिया जाता है वहीं पर प्रमाणीकरण में संस्थान को अध्यापक शिक्षा के किसी भी स्तरीय पाठ्यक्रम को संचालित करने के लिए योग्य माना जाता है जो कि शिक्षण-प्रशिक्षण सम्बन्धी आवश्यक साधन एवं सुविधाओं की पर्याप्तता पर निर्भर करता है।

3. *अधिकार-पत्र प्रदान करना*: इसके तहत परिषद् को उपयुक्त उपाधिधारी किसी व्यक्ति को शिक्षण कार्य को करने के लिए अधिकार-पत्र प्रदान करना आता है। पहले इसे दो वर्ष तक के लिए और पुनः बाद में 5 या 10 वर्ष की अवधि हेतु और अन्ततः आजीवन वैध अधिकार प्रदान किये जाने का प्रावधान किया गया है।

4. *अन्य कार्य*: इन प्रमुख कार्यों के अतिरिक्त जिन अन्य कार्यों को परिषद् के लिए निर्दिष्ट किया गया है उनमें से अध्यापक शिक्षा के क्षेत्र में विभिन्न वैषयिक सर्वेक्षण को कराना और प्राप्त परिणामों का प्रकाशन करना, अध्यापक शिक्षा कार्यक्रमों के लिए समन्वयन और नियमन (Coordinating and Monitoring) करना, अध्यापक-शिक्षकों के लिए न्यूनतम योग्यता सम्बन्धी दिशा-निर्देश तैयार करना; किसी स्तर पर अध्यापक शिक्षा पाठ्यक्रम में सम्मिलित होने के लिए मानक (न्यूनतम शैक्षिक योग्यता, कुशलता, दक्षता आदि) को निर्धारित करना, अध्यापक शिक्षा में नवीन पाठ्यक्रम एवं कार्यक्रमों के

प्रारम्भीकरण के लिए उपयुक्त दिशा-निर्देश और विशिष्ट आवश्यकताओं की सूची तैयार करना जिनमें सामान्य तथा विशिष्ट दोनों ही स्तरीय अध्यापक शिक्षा शामिल हों (वर्तमान में विशिष्ट अध्यापक शिक्षा के क्षेत्र में भारतीय पुनर्वास परिषद् के द्वारा सम्बन्धित दिशा-निर्देशन तथा अपेक्षा सूची तैयार की गई)। नियमित रूप से नवाचारिक और शोध सम्बन्धी गतिविधियों को अध्यापक शिक्षा के क्षेत्र में संचालित करना, समस्त अध्यापक शिक्षा कार्यक्रमों का निरीक्षण एवं अनुदान हेतु प्रबन्ध करना, अध्यापक शिक्षा के क्षेत्र में अन्तर्राष्ट्रीय सम्बन्धों को विकसित करना, सेवाकालीन अध्यापक शिक्षा योजना निर्माण और उनका क्रियान्वयन करना ताकि सेवारत अध्यापक/अध्यापिकाओं को नवीनतम अनुसंधान और सूचनाओं के बारे में अभिज्ञता प्राप्त हो सके, अन्य संगठनों की सहभागिता को अध्यापक शिक्षा के क्षेत्र में सुनिश्चित करना ताकि व्यवस्था का विकेन्द्रीकरण हो सके, अध्यापक शिक्षा के क्षेत्र में वाणिज्यीकरण को रोकते हुए गुणवत्ता स्तर के उन्नयन एवं नियन्त्रण को सुनिश्चित करना, अध्यापक शिक्षा कार्यक्रमों को उत्तम अध्यापक/अध्यापिकाओं की तैयारी के लिए दायित्वशील बनाना आदि प्रमुख हैं।

अध्यापक परिषद् के क्षेत्रीय कार्यालय (Regional Offices of NCTE)

परिषद् ने निम्नलिखित क्षेत्रीय कार्यालय स्थापित किये हैं:

1. उत्तरी क्षेत्रीय कार्यालय, जयपुर।
2. पश्चिमी क्षेत्रीय कार्यालय।
3. दक्षिणी क्षेत्रीय कार्यालय।
4. पूर्वी क्षेत्रीय कार्यालय।

परिषद् के सदस्य (Members of the NCTE)

इस अधिनियम द्वारा परिषद् में निम्नलिखित को प्रतिनिधित्व प्रदान किया गया है:

1. भारत सरकार द्वारा नियुक्त चेयरमैन।
2. भारत सरकार द्वारा नियुक्त वाइस चेयरमैन।
3. भारत सरकार द्वारा सदस्य सचिव (Member Secretary)।
4. शिक्षा विभाग में भारत सरकार का सचिव, पदेन सदस्य।
5. विश्वविद्यालय अनुदान आयोग का चेयरमैन, या उसके द्वारा मनोनीत सदस्य, पदेन सदस्य।
6. राष्ट्रीय शैक्षिक आयोजन एवं प्रशासन (NEPA) का निदेशक, पदेन सदस्य।
7. आयोजन आयोग का (शिक्षा) सलाहकार, पदेन सदस्य।
8. केन्द्रीय माध्यमिक शिक्षा बोर्ड (CBSE) का चेयरमैन, पदेन सदस्य।
9. शिक्षा विभाग में भारत सरकार का वित्त सलाहकार, पदेन सदस्य।
10. अखिल भारतीय तकनीकी शिक्षा परिषद् का सदस्य सचिव, पदेन सदस्य।
11. क्षेत्रीय समितियाँ (पूर्वी, उत्तरी, दक्षिणी तथा पश्चिमी) के चेयरमैन, पदेन सदस्य।
12. शिक्षा या प्रशिक्षण के क्षेत्र के 13 व्यक्ति जिनको भारत सरकार द्वारा इस प्रकार नियुक्त किया जायेगा–

(i) 4 शिक्षा संकाय तथा प्रोफेसर,
(ii) माध्यमिक शिक्षक-शिक्षा का एक विशेषज्ञ,
(iii) तीन पूर्व-प्राथमिक तथा प्राथमिक शिक्षक शिक्षा के विशेषज्ञ,
(iv) दो प्रौढ़ शिक्षा एवं गैर-औपचारिक (Non-Formal) शिक्षा के विशेषज्ञ तथा
(v) तीन प्राकृतिक विज्ञानों, समाज विज्ञानों, भाषाशास्त्री, व्यावसायिक शिक्षा, कार्य-अनुभव, शैक्षिक तकनीकी तथा विशेष शिक्षा के विशेषज्ञ।

13. भारत सरकार द्वारा नियुक्त तीन संसद सदस्य जिनमें से दो लोकसभा तथा एक राज्य सभा का सदस्य।

6.5 क्षेत्रीय शैक्षिक संस्थान (Regional Institutes of Education)

वर्ष 1963 में राष्ट्रीय शैक्षिक अनुसन्धान तथा प्रशिक्षण (NCERT) ने एक एकीकृत चार वर्षीय शिक्षक प्रशिक्षण पाठ्यक्रम का कार्यक्रम तैयार किया। जिन प्रार्थियों ने उच्च माध्यमिक शिक्षा पास की, वे इन पाठ्यक्रमों में प्रवेश ले सकते थे। ये पाठ्यक्रम उस समय चार क्षेत्रीय कॉलेजों में आरम्भ किए गए। बाद में उनका नाम बदल कर क्षेत्रीय शिक्षा संस्थान कर दिया गया। 21वीं शताब्दी के आरम्भ में उसी प्रकार का एक और संस्थान शिलांग में खोला गया। ये क्षेत्रीय संस्थान देश के पाँच भागों के विशिष्ट शिक्षक प्रशिक्षण आवश्यकताओं की पूर्ति करते हैं:

1. क्षेत्रीय शैक्षिक स्थान, अजमेर।
2. क्षेत्रीय शैक्षिक संस्थान, भोपाल।
3. क्षेत्रीय शैक्षिक संस्थान, भुवनेश्वर।
4. क्षेत्रीय शैक्षिक संस्थान, मैसूर।
5. क्षेत्रीय शैक्षिक संस्थान, शिलांग।

ये शैक्षिक संस्थान भाषा अध्यापक तथा विज्ञान विषयों के अध्यापकों के लिए विशेष प्रशिक्षण का कार्य करते रहते हैं।

समय-समय पर इन शैक्षिक संस्थाओं में चलाए जा रहे कार्यक्रमों में परिवर्तन आता रहा है।

ये संस्थाएँ सेवारत्त अप्रशिक्षित अध्यापकों के प्रशिक्षण की भी व्यवस्था करते हैं।

इन संस्थानों में अनेक शैक्षिक नवाचारों सम्बन्धी शोधकार्य किए जा रहे हैं।

प्रत्येक शैक्षिक स्थान के साथ-साथ एक प्रदर्शन स्कूल (Demonstration School) भी जोड़ दिया गया है।

अध्यापक शिक्षा के क्षेत्र में ये संस्थान बहुमूल्य योगदान दे रहे हैं।

6.6 हरियाणा प्राथमिक शिक्षा परियोजना परिषद्, चंडीगढ़ (Haryana Prathmik Shikskhsa Pariyojna Parishad, Chandigarh)

परिषद् का ढाँचा (Structure of the Organisation)

हरियाणा राज्य में सर्वशिक्षा अभियान के क्रियान्वयन के लिए यह परिषद् 1960 के संस्थाओं के पंजीकृत अधिनियम के अन्तर्गत स्थापित की गई। यह एक स्वायत्त (Autonomous) संस्था है।

परिषद् की निम्नलिखित दो समितियाँ है:

1. *जनरल परिषद्* (*General Council*): मुख्य मंत्री-प्रधान।

जनरल परिषद् सर्वशिक्षा अभियान की परियोजना के क्रियान्वयन की समीक्षा करती है तथा आवश्यक दिशा निर्देश देती है।

2. *कार्यकारी समिति* (*Executive Committee*): मुख्य सचिव-प्रधान।

कार्यकारी समिति के सदस्य निम्न प्रकार से हैं:

(i) राज्य मुख्य सचिव	:	प्रधान
(ii) वित्त आयुक्त	:	सदस्य
(iii) प्रिंसिपल सचिव शिक्षा विभाग	:	उप-प्रधान
(iv) राज्य का परियोजना निदेशक	:	सदस्य

यह समिति मॉनीटरिंग तथा निरीक्षण के साथ-साथ परियोजना का निर्देशन तथा मार्गदर्शन करती हैं।

राज्य का परियोजना निदेशक परिषद् के कार्यों का संचालन करता है तथा वित्तीय व्यवस्था की देखभाल करता है।

जिला स्तर पर जिला शिक्षा अधिकारी सर्वशिक्षा अभियान का क्रियान्वयन करते हैं। जिला स्तर पर जिला परियोजना समितियाँ बनी हुई हैं तथा मण्डल स्तर पर मण्डल समितियाँ जो मण्डल शिक्षा अधिकारी के नेतृत्व में कार्य करती है। मण्डल शिक्षा अधिकारी अध्यापकों के प्रशिक्षण, नि:शुल्क पाठ्य-पुस्तकों के वितरण तथा मॉनीटरिंग आदि की व्यवस्था करता है।

ग्राम स्तर पर ग्राम शिक्षा समितियाँ (Village Education Committees) तथा ग्राम निर्माण समितियाँ (Village Construction Committees) कार्य करती है।

लेखा-परीक्षण उद्देश्य (Audit Objectives)

लेखा परीक्षण का मुख्य उद्देश्य है।–निष्पादन (Performance) का मूल्यांकन करना कि प्रोग्राम सार्वभौमिक प्राथमिक शिक्षा के निधार्रित लक्ष्यों की पूर्ति करता है।

अन्य उद्देश्य इस प्रकार है:

1. कार्यक्रमों के विभिन्न घटकों का आवश्यकता अनुसार होना।
2. राज्य में क्रियान्वयन के लिए वाँछित वातावरण निर्माण करना।
3. विधियों की जिन कार्यों के लिए मंजूरी मिली हुई है, उन्हीं पर खर्च करना।
4. विशेष समूहों जैसे लड़कियों तथा अनुसूचित जातियों/जनजतियों के बच्चों का नामांकन संतोषजनक मात्रा में हो रहा है।
5. सर्वशिक्षा अभियान के अन्तर्गत गुणवत्ता में सुधार हो रहा है।

6.7 राज्य शैक्षिक अनुसंधान तथा प्रशिक्षण परिषद् (State Council of Education Research and Training, SCERT)

राष्ट्रीय शैक्षिक अनुसंधान और प्रशिक्षण परिषद् के समान ही राज्य स्तर पर एस.सी. ई.आर.टी. द्वारा कार्य किया जाता है। कई राज्यों में इसे राज्य शिक्षा संस्थान (State Institute of Education, SIE) के नाम से जाना जाता है। यह क्षेत्रीय शिक्षा अधिकारियों, जिला शिक्षा अधिकारियों, ब्लॉक शिक्षा अधिकारियों तथा विद्यालय के प्राचार्यों को

दिशा-निर्देश देती है। इसका मुख्य अधिकारी इसका निदेशक व संयुक्त निदेशक होता है। शिक्षा के क्षेत्र में जिन लक्ष्यों तथा अनुसंधान कार्यों को NCERT द्वारा निश्चित किया जाता है, उन्हें प्रत्येक राज्य अपनी भौगोलिक स्थिति, आवश्यकताओं तथा प्राप्त संसाधनों के अनुसार अपनाता है।

एस.सी.ई.आर.टी. के कार्य (Functions of SCERT)

1. राज्य के प्राथमिक से लेकर उच्चतर माध्यमिक स्तर की पाठ्यचर्या का निर्माण करना।
2. पाठ्य-पुस्तकों का निर्माण तथा प्रकाशन करना।
3. प्रत्येक विषय हेतु शिक्षण सामग्री का निर्माण व अध्यापकों की शिक्षा हेतु प्रशिक्षण कार्यक्रमों का आयोजन करना।
4. विशिष्ट समूहों जैसे जनजातियों की अधिकता वाले क्षेत्र में अलग से इकाइयों को खोलकर उनके विशेषज्ञों की नियुक्ति करना व उनकी शिक्षा व्यवस्था करना।
5. राष्ट्रीय शैक्षिक अनुसन्धान शिक्षण परिषद् तथा राष्ट्रीय अध्यापक शिक्षा परिषद् व अन्य केन्द्रीय संगठनों से शैक्षिक सम्बन्ध स्थापित करना।
6. विभिन्न नवाचारों, शिक्षण व मूल्यांकन की आधुनिक प्रविधियों व शिक्षण-सहायक सामग्री के विकास का ज्ञान अध्यापकों को प्रशिक्षण द्वारा प्रदान करना।
7. अनुसूचित जाति, जनजाति व पिछड़ी जाति के बच्चों व अल्पसंख्यकों हेतु छात्रवृत्तियाँ, भत्ते आदि की परियोजनाएँ बनाना।
8. सेवारत स्कूल निरीक्षकों का उन्मुखीकरण करना।
9. स्कूल शिक्षा से सम्बन्धित क्षेत्रों में स्वयं अथवा अन्य संस्थाओं के माध्यम से शोधकार्य करना।
10. शिक्षक प्रशिक्षण कार्यक्रम में सहयोग, विशेषकर शिक्षक-प्रशिक्षक मण्डल के कार्यक्रमों की संकल्पना और क्रियान्वयन करना।
11. अध्यापकों के लिए पत्राचार पाठ्यक्रम की व्यवस्था करना।
12. शैक्षणिक साहित्य पत्रिका का प्रकाशन करना।
13. शिक्षा विभाग द्वारा सौंपे गये कार्यक्रमों का मूल्यांकन करना।
14. पाठ्यक्रमों/पाठ्य-पुस्तकों के पुनर्निरीक्षण व सुधार के लिए सुझाव देना।
15. प्रतिभावन छात्रों को छात्रवृत्ति अथवा आवासीय विद्यालयों में प्रवेश हेतु विभिन्न प्रकार की चयन परीक्षाओं का आयोजन करना अथवा इस प्रकार की परीक्षाओं में शिक्षा विभाग को सहयोग देना।
16. ग्रामीण छात्रवृत्ति योजना का राज्य स्तर पर संचालन व प्रशासन करना।
17. आदर्श विद्यालयों के विकास में सहायता प्रदान करना।
18. स्कूल सतर पर विज्ञान शिक्षण हेतु चल रहे कार्यक्रमों में मार्गदर्शन एवं पर्यवेक्षण के रूप में सहयोग प्रदान करना।
19. इन कार्यों के अतिरिक्त समय-समय पर केन्द्र, एन.सी.ई.आर.टी. तथा अन्य शैक्षिक संस्थाओं द्वारा जो कार्य सौंपे जायें, उन्हें पूरा करना।

6.8 राज्य शैक्षिक प्रबन्धन एवं प्रशिक्षण संस्थान (State Institute of Educational Management and Training—SIEMAT)

भूमिका: राज्य शैक्षिक प्रबन्धन एवं प्रशिक्षण संस्थान की अवधारणा बिल्कुल नयी अवधारणा है। इस प्रकार के संस्थान का उल्लेख किसी भी प्रमुख राष्ट्रीय आयोग तथा समिति में नहीं मिलता है।

राज्य शैक्षिक प्रबन्धन एवं प्रशिक्षण संस्थान के मुख्य उद्देश्य (Chief Objectives of SIEMAT)

1. प्रधानाचार्यों के लिए तीन-चार महीनों की अवधि वाले कार्यक्रम चलाना। प्राय: यह देखा गया है कि प्रधानाचार्यों की नियुक्ति के लिए बी.एड. उपाधि तथा अन्य जो शर्तें अध्यापकों की नियुक्ति के लिए होती हैं, कुछ अनुभव के साथ उसी प्रकार की शर्तें प्रधानाचार्यों की सीधी नियुक्ति के लिए निर्धारित की जाती हैं। अत: यह आवश्यक हो जाता है कि उनकी नियुक्ति होने पर उन्हें विशेष उत्तरदायित्व निभाने के लिए प्रशिक्षण प्रोग्रामों का आयोजन किया जाए।
2. इसी प्रकार उपप्रधानाचार्यों के लिए कोर्सों का प्रबन्ध किया जाए।
3. शैक्षिक योजना अधिकारियों के लिए योजना सम्बन्धी विशिष्ट जानकारी देना।
4. वरिष्ठता के आधार पर बने अधिकारियों के लिए विभिन्न कार्यक्रमों का आयोजना का करना।
5. प्राय: यह देखा गया है कि राज्य में शिक्षा प्रबन्ध के लिए शिक्षा निदेशालय में राज्य सिविल सेवा (Provincial Civil Service) के अनेक अधिकारी नियुक्त किये जाते हैं। ऐसे अधिकारियों के लिए शिक्षा के विभिन्न पक्षों से परिचित कराने के लिए कोर्सों का प्रबन्ध किया जाए।
6. शैक्षिक प्रबन्ध तथा नियोजन पर पुस्तकों का संग्रह करना तथा शैक्षिक प्रबन्ध में कार्यरत अधिकारियों को उनसे परिचित कराना।
7. शैक्षिक प्रबन्ध तथा नियोजन पर सेमीनारों तथा गोष्ठियों आदि का आयोजन करना।

संस्थान के प्रमुख विभाग (Main Departments of SIEMAT)

इस संस्थान में निम्नलिखित विभाग होंगे:

1. नीति एवं आयोजन विभाग (Department of Policy and Planning)
2. प्रबन्धन विभाग (Department of Management)
3. शैक्षिक वित्त विभाग (Department of Education Finance)
4. शोध, मूल्यांकन तथा शैक्षिक नवाचार विभाग (Department of Research, Evaluation and Educational Innovation)
5. प्रबन्धन सूचना प्रणाली विभाग (Department of Management Information System—MIS)।

6.9 राज्य शैक्षिक प्रौद्योगिकी संस्थान (State Institute of Educational Technology—SIETs)

शैक्षिक प्रौद्योगिकी को बढ़ावा देने के लिए कुछ राज्यों में राज्य शैक्षिक प्रौद्योगिकी संस्थान किये गये हैं।

राज्य शैक्षिक प्रौद्योगिकी संस्थानों के कार्य (Functions of SIETs)

1. शैक्षिक स्तरों के उन्नयन तथा प्रसार हेतु शैक्षिक तकनीकी की अवधारणा का स्पष्टीकरण करना।

2. शिक्षा के व्यय की कमी, अपव्यय का निराकरण तथा उपलब्ध मानवीय एवं भौतिक साधनों के अधिकतम प्रभावी उपयोग हेतु प्रभावी प्रणाली का विकास करना।

3. शैक्षिक सम्प्रेषण अर्थात् शिक्षण अधिगम प्रणाली को प्रभावी बनाने हेतु विभिन्न सस्ते शिक्षण साधनों एवं जनसंचार साधनों का विकास तथा उत्पादन करना।

4. शैक्षिक तकनीकी सिद्धान्तों के उपयोग द्वारा शिक्षण अधिगम तथा शिक्षा के विभिन्न पक्षों के अनुरूप कोमल सामग्री का विकास करना।

5. प्रशिक्षण, सलाह एवं प्रसार कार्यक्रमों द्वारा देश में शैक्षिक तकनीकी साधनों के उपयोग हेतु चेतना एवं उपयोग की क्षमता का विकास करना।

6. विभिन्न शोध एवं मूल्यांकन कार्यक्रमों की रूपरेखा तैयार करना।

7. देश में शैक्षिक तकनीकी से सम्बन्धित उपलब्ध साधनों एवं कार्यक्रमों से सम्बन्धित ज्ञान के प्रसार हेतु साहित्य उपलब्ध कराना।

राज्य शैक्षिक प्रौद्योगिकी संस्थान के विभाग
(Department of State Institute of Education Technology)

1. शैक्षिक प्रौद्योगिकी का नियोजन एवं सिस्टम्स डिजाइन विभाग।
2. प्रशिक्षण विभाग।
3. शैक्षिक प्रौद्योगिकी का उत्पादन विभाग।
4. शैक्षिक प्रौद्योगिकी का संग्रह विभाग।
5. शैक्षिक ग्राफिक्स प्रदर्शनी एवं मुद्रण विभाग।
6. सूचना एवं अनुलेख विभाग।
7. दूरदर्शन विभाग।
8. फिल्म एवं फोटो विभाग।
9. शोध तथा मूल्यांकन विभाग।
10. तकनीकी नियोजन तथा रख-रखाव विभाग।
11. श्रव्य-दृश्य विभाग।
12. दूर शिक्षा विभाग।
13. विशिष्ट परियोजना विभाग।

6.10 जिला शिक्षा एवं प्रशिक्षण संस्थान
(District Institute of Education and Training—DIETs)

भूमिका: जिला शिक्षा प्रशिक्षण संस्थान–जि.शि.प्र.सं. की अवधारणा शिक्षा नीति 1986 की उपज है। शिक्षा नीति में प्राथमिक स्तर पर अध्यापक शिक्षा को सुदृढ़ करने के लिए इस अभिकरण की संस्तुति की गयी। इस सन्दर्भ में क्रियान्वयन कार्यक्रम (Programme of Activity) में कहा गया कि प्रत्येक जिले में एक डाइट की स्थापना की जायेगी।

वर्ष 2004 तथा 599 जिलों में से 498 जिलों में ये संस्थान स्थापित किये गये थे।

जिला शिक्षा एवं प्रशिक्षण संस्थान के मुख्य कार्य (Main Functions of DIETs)

1. प्राथमिक स्तर पर सेवाकालीन तथा सेवापूर्व अध्यापक शिक्षा कार्यक्रमों को व्यवस्थित करना।

2. अनौपचारिक और साक्षरता शिक्षण कार्यकर्ताओं के लिए प्रारम्भिक तथा निरन्तर प्रशिक्षण/शिक्षा का प्रबन्ध करना।

3. संख्या के मुख्यालयों के लिए शैक्षिक आयोजन तथा प्रबन्धन से सम्बन्धित प्रशिक्षण प्रदान करने के लिए प्रबन्ध करना।

4. ऐच्छिक संगठन तथा सामाजिक कार्यकर्ताओं के लिए जागरूकता सम्बन्धी प्रशिक्षण/शिक्षण प्रदान करना।

5. राज्य शिक्षा बोर्ड जैसी शैक्षिक संस्थाओं को अपेक्षित सहयोग तथा सहायता आदि प्रदान करना।

6. क्रियात्मक अनुसंधान (Action Research), प्रायोगिक कार्य (Project Work), प्राथमिक तथा अनौपचारिक शिक्षा केन्द्रों का मूल्यांकन करना, संसाधन सेवा, अधिगम केन्द्रगत सुविधा को उपलब्ध कराना आदि।

राज्यवार डाइटों की संख्या (Statewise Number of DIETs)

क्र. सं.	*राज्य*	*संख्या*	*क्र. सं.*	*राज्य*	*संख्या*
1.	आन्ध्रप्रदेश	23	2.	अरूणाचल प्रदेश	11
3.	असम	19	4.	बिहार	24
5.	छत्तीसगढ़	07	6.	गोवा	01
7.	गुजरात	07	8.	हरियाणा	17
9.	हिमाचल प्रदेश	12	10.	जम्मू तथा कश्मीर	04
11.	झारखण्ड	10	12.	कर्नाटक	20
13.	केरल	14	14.	मध्यप्रदेश	38
15.	महाराष्ट्र	30	16.	मणिपुर	08
17.	मेघालय	07	18.	मिजोरम	08
19.	नागालैण्ड	06	20	उड़ीसा	17
21.	पंजाब	17	22.	राजस्थान	30
23.	सिक्किम	03	24.	तमिलनाडु	29
25.	त्रिपुरा	04	26.	उत्तरप्रदेश	70
27.	उत्तरांचल	10	28.	पश्चिम बंगाल	16
29.	अण्डमान व निकोबार	01	30.	चण्डीगढ़	–
31.	दादरा और नगर हवेली	–	32.	दमन और दीव	–
33.	दिल्ली	07	34.	लक्षद्वीप	01
35.	पाण्डिचेरी	1		कुल	**498**

6.11 राज्य संसाधन केन्द्र (State Resource Centre—SRC)

राज्य संसाधन केन्द्र का अर्थ (Meaning of State Resource Centre)

राज्य संसाधन केन्द्र से तात्पर्य उस केन्द्र से है जो राज्य में शिक्षा के क्षेत्र में शैक्षिक तकनीकी, शैक्षिक मार्गदर्शन तथा प्रौढ़ शिक्षा के क्षेत्र में इन सभी को प्रभावी बनाने के लिए अनेक प्रकार के साधन उपलब्ध कराता है।

कुछ विद्वान राज्य संसाधन केन्द्र का कार्यक्षेत्र बहुत ही सीमित मानकर चलते हैं। उनके विचार में प्रत्येक राज्य संसाधन केन्द्र शिक्षा के एक विशेष रूप से सम्बन्धित रहता है।

संशोधित राष्ट्रीय शिक्षा नीति, 1992 सम्बन्धी कार्य-योजना में राज्य संसाधन केन्द्र की चर्चा प्रौढ़ शिक्षा के प्रसार के सन्दर्भ में की गयी है।

राज्य संसाधन केन्द्र में शैक्षिक सिद्धान्तों तथा विभिन्न सहायक साधनों के उत्पादन अर्थात् शैक्षिक परिस्थिति के अनुरूप शिक्षण-सामग्री के निर्माण सम्बन्धी ज्ञान आवश्यक रूप से उपलब्ध रहता है। संसाधन केन्द्रों में शैक्षणिक सामग्री का छात्रों द्वारा शिक्षकों के लिए उपलब्ध रहना ही पर्याप्त नहीं है अपितु शैक्षिक तकनीकी विशेषज्ञों का अन्य विषय विशेषज्ञों के सहयोग से नेतृत्व प्रदान करना भी अपेक्षित है, तभी शैक्षिक तकनीकी शैक्षिक अभिनव की विचारधारा को परिपुष्ट कर सकेगी।

ज्ञान के क्षेत्र, कुशलताओं के विकास और अधिगम अनुभवों के निर्धारण में शिक्षक को शिक्षा के उद्देश्यों, विभिन्न उद्देश्यों के व्यवहार उद्देश्यों, सीखने के सिद्धान्तों, पाठ्यक्रम निर्धारण, अधिगम अनुभवों के निर्धारण तथा उनके मूल्यांकन एवं विभिन्न प्रकार की शिक्षण युक्तियों एवं श्रव्य-दृश्य उपादानों का चयन करना पड़ता है। आज शिक्षक का उत्तरदायित्व मात्र कक्षा-शिक्षण न रहकर विभिन्न प्रकार की अधिगम सामग्री का निर्माण, चार्ट्स, मॉडल्स, प्रसार कार्यक्रमों जैसे रेडियो, टेलीविजन, शैक्षिक दूरदर्शन कार्यक्रम, फिल्म्स तथा टेप स्लाइड कार्यक्रम आदि का शिक्षण परिस्थितियों के अनुरूप निर्माण तथा मूल्यांकन भी करना है। इस प्रकार हम देखते हैं कि आज के शिक्षण का विभिन्न प्रकार की शिक्षण-सामग्री एवं उपकरणों की जानकारी तथा उनका क्रमश: व्यवस्थापन कर उपयोग का उत्तरदायित्व भी बहुत बढ़ गया है। पुस्तकों के अतिरिक्त उपलब्ध अन्य अपरिमित शैक्षणिक साधनों के व्यवस्थापन हेतु पुस्तकालय विज्ञान की विधियों के अतिरिक्त अन्य तकनीकियों की आवश्यकता अनुभव की जा रही है। इसी आवश्यकता ने संसाधन केन्द्रों की विचारधारा को जन्म दिया है।

राज्य संसाधन केन्द्र के उद्देश्य (Objectives of State Resource Centre)

संसाधन केन्द्र का प्रमुख उद्देश्य प्रभावी शिक्षण और अधिगम हेतु विभिन्न सहायक सेवाओं को उपलब्ध कराना तथा प्रेरणा देना है।

1. अधिग्रहण, उत्पादन, व्यवस्था तथा उचित रख-रखाव द्वारा संस्था में प्रभावी अधिगम साधनों का विकास।

2. उपयुक्त वांछनीय सेवाओं द्वारा विभिन्न उपलब्ध शिक्षण-अधिगम सामग्री को छात्रों तथा अध्यापकों को सुलभ कराना।

3. विभिन्न शैक्षणिक साधनों के उत्पादन तथा उत्पादन हेतु सलाह सेवा के माध्यम

से शिक्षकों को शिक्षण परिस्थिति के अनुरूप शैक्षणिक सामग्री के विकास हेतु प्रोत्साहित करना तथा सहायता प्रदान करना।

4. अध्ययन तथा आशुरचित शिक्षण साधनों के निर्माण हेतु छात्रों को प्रोत्साहित करना।

5. अधिगम संसाधनों के विकास हेतु विभिन्न प्रशिक्षण कार्यक्रमों का आयोजन।

6. विभिन्न संसाधन केन्द्रों के साथ सम्पर्क तथा सहयोग।

संसाधन केन्द्रों का उद्देश्य शैक्षिक विचारों को मूर्त रूप प्रदान कर उन पर श्रव्य-दृश्य शिक्षण-सामग्री का निर्माण करना भी है।

राज्य संसाधन केन्द्र के कार्य (Functions of State Resource Centre)

अपने उद्देश्यों के अनुरूप विभिन्न कार्यों के सम्पादन हेतु समाधान केन्द्र मुख्य रूप से निम्न कार्य सम्पादित करता है:

I. शैक्षिक संस्थाओं को सेवा प्रदान करना।
II. शैक्षिक सेवाओं से सम्बन्धित व्यक्तियों को प्रशिक्षण प्रदान करना।
III. संसाधन केन्द्र तथा शैक्षिक सेवाओं से सम्बद्ध व्यक्तियों की व्यावसायिक ज्ञान वृद्धि।
IV. शैक्षिक सामग्री का उत्पादन।
V. शोधकार्य।

I. *राज्य संसाधन केन्द्र द्वारा प्रदान की जाने वाली सेवाएँ (Services Rendered by State Resource Centre)*

राज्य संसाधन केन्द्र मुख्य रूप से निम्न सेवाएँ प्रदान करता है:

1. *साधन संग्रह*: शैक्षणिक महत्त्व के विभिन्न साधनों के संग्रह हेतु राज्य संसाधन केन्द्र उपलब्ध शैक्षिक सामग्री को देखकर तथा विवेचना के पश्चात् ही साधन संग्रह करता है।

2. *संस्था के स्तर पर विभिन्न सूचनाओं का प्रसारण अधिगम*: अध्यापन के सुधार हेतु प्राप्त एवं विकसित सूचनाओं के प्रसारण हेतु यह केन्द्र प्रदर्शनी, प्रदर्शनी पट्टी, प्रदर्शनों, बुलैटिन कैटलॉग का उपयोग करता है।

3. *उत्पादन सेवा*: विभिन्न प्रकार की शिक्षण-सामग्री जैसे चार्ट्स, मॉडल्स, ग्राफिक्स, मल्टीमीडिया पैकेजेस, स्लाइड, फिल्म स्ट्रिप्स के उत्पादन हेतु आवश्यक श्रव्य-दृश्य सेवाओं को उपलब्ध संसाधन केन्द्र उपलब्ध कराता है।

4. *वितरण कार्य*: अधिगम हेतु अधिगम पैकेजेस का उत्पादन तथा वितरण करता है।

5. *सलाह सेवा*: संसाधन केन्द्र से सम्बन्धित विभिन्न विभागों तथा संस्थाओं को उपलब्ध शैक्षणिक उपादानों की खरीद से पूर्व साधनों की उपयोगिता के आधार पर सलाह देता है।

6. *परीक्षण एवं मूल्यांकन सेवा*: संसाधन केन्द्र विभिन्न व्यावहारिक, प्रतिष्ठानों, विद्यालयों तथा अन्य केन्द्रों द्वारा निर्मित शिक्षण-सामग्री का शैक्षणिक परिस्थितियों की आवश्यकता के अनुरूप पूर्व-निर्धारित उद्देश्यों के सन्दर्भ में परीक्षण एवं मूल्यांकन सेवा प्रदान करता है।

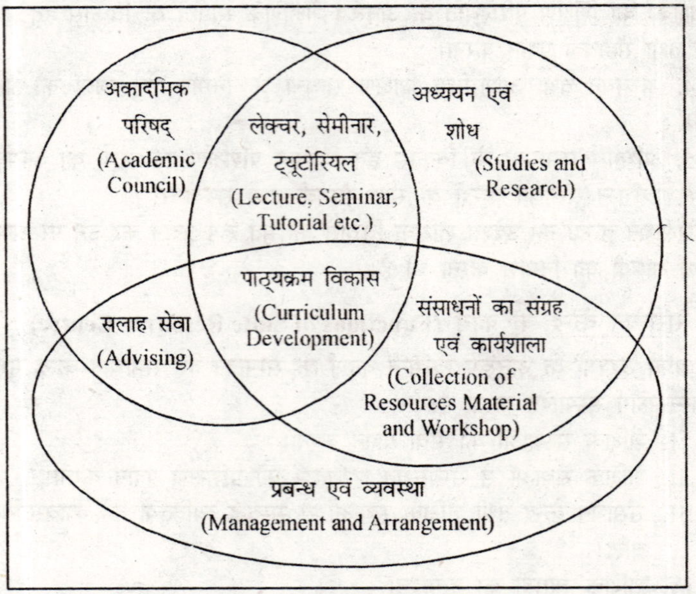

चित्र 6.1: राज्य संसाधन केन्द्र के कार्य
(Functions of State Resource Centre)

7. *सम्पर्क सेवा:* संसाधन केन्द्र अध्यापकों, लेखकों, उत्पादकों, तकनीकी विशेषज्ञों, छात्रों एवं अन्य उपयोगकर्ताओं के साथ सम्पर्क बनाये रखकर, शैक्षणिक संसाधन केन्द्रों के विकास में सहयोग प्रदान करता है।

II. *प्रशिक्षण कार्य (Training Functions)*

संसाधन केन्द्र विभिन्न प्रकार के प्रशिक्षण कार्यक्रमों का भी आयोजन करता है, जैसे–सम्प्रेषणीयता अध्ययन, अध्यापक प्रशिक्षण, श्रव्य-दृश्य कार्यशाला का आयोजन, सेवाकालीन तथा पूर्व-सेवाकालीन प्रशिक्षण कार्यक्रमों का आयोजन, जैसे–कार्यशाला, सेमीनार, सिम्पोजियम आदि। यह केन्द्र अध्यापन व्यवसाय से असम्बन्धित व्यक्तियों के लिए भी विभिन्न प्रकार के प्रशिक्षण कार्यक्रमों का आयोजन करता है।

III. *व्यावसायिक ज्ञान वृद्धि (Professional Growth)*

संसाधन केन्द्र अपने विशेषज्ञों तथा उपयोगकर्ताओं की व्यावसायिक ज्ञान वृद्धि हेतु निम्न कार्यक्रमों का संचालन करता है:

(क) अन्य अधिष्ठानों से सहयोग (Collaboration with other Faculties)
(ख) केन्द्र के विभिन्न विभागों में सक्रिय सहयोग।
(ग) वैयक्तिक सम्बन्ध एवं सहयोग।
(घ) पुस्तकालयों से सम्बन्ध।
(ड़) विभिन्न क्षेत्रों के विशेषज्ञों से सहयोग।
(च) शोध एवं विकास गतिविधियाँ।

IV. *अध्ययन तथा शोध (Study and Research)*

शिक्षण युक्तियों, पाठ्यक्रम विकास तथा विभिन्न संसाधनों के एकत्रीकरण एवं संस्थाओं को शैक्षिक संसाधनों के उपयोग में सक्षम बनाने हेतु विभिन्न कार्यशालाओं का आयोजन भी संसाधन केन्द्रों का नियन्त्रित क्रियाकलाप है जिसके लिए संसाधन केन्द्र के विभागों में कार्यरत सदस्यों द्वारा नियमित अध्ययन एवं शोध आवश्यक है।

V. *प्रबन्ध एवं व्यवस्थापन (Management and Arrangement)*

संसाधन केन्द्र शिक्षण-सामग्री उत्पादन हेतु सलाह सेवा, पाठ्यक्रम विकास तथा संसाधनों के संग्रह एवं सेवाकालीन प्रशिक्षणों का आयोजन भी करते हैं और इस हेतु संसाधन केन्द्रों में प्रभावी प्रबन्ध एवं व्यवस्था भी आवश्यक है।

6.12 मण्डल संसाधन केन्द्र (Mandal Resource Centre—MRC)

मण्डलों की स्थापना

राज्यों को प्रशासनिक दृष्टिकोण से अनेक संभागों में बाँटा गया है। इसी प्रकार शिक्षा के प्रशासन के दृष्टिकोण से राज्यों को अनेक जिलों तथा मण्डलों या वृत्तों में बाँट दिया गया है। परन्तु विभिन्न राज्यों में इन्हें अलग-अलग पदों से जाना जाता है। मण्डल अधिकारी अधोमण्डल में शिक्षा प्रशासन के लिए उत्तरदायी होता है।

मण्डल स्तर पर भी संसाधन केन्द्र स्थापित किये जाते हैं। ये केन्द्र सेवारत अध्यापकों की शिक्षा में बहुत योगदान देते हैं। इन केन्द्रों में अनेक प्रकार के शैक्षिक संसाधनों के अतिरिक्त अन्य प्रकार के संसाधनों को भी उपलब्ध कराया जाता है।

संसाधन का अर्थ

किसी वस्तु, पदार्थ या तत्व को उसी समय संसाधन माना जाता है जब उसमें हमारी आवश्यकता-पूर्ति, कार्यसिद्धि अथवा लाभ प्रदान करने की क्षमता हो।

संसाधनों का शिक्षा-क्षेत्र में स्थान

मण्डल संसाधनों का शिक्षा की विभिन्न कार्यविधियों में महत्त्वपूर्ण स्थान है। वे ऐसे साधन हैं जो प्रत्यक्ष अथवा अप्रत्यक्ष रूप में शिक्षा-प्रक्रिया को प्रभावी बनाते हैं, उसे प्रेरणादायक बनाते हैं। अध्यापकों के ज्ञान तथा कौशलों में वृद्धि करते हैं।

ये संसाधन छात्रों के लिए भी बहुत लाभदायक होते हैं। उन्हें व्यावहारिक ज्ञान प्राप्त होता है।

मण्डलीय संसाधनों का वर्गीकरण

मण्डलीय संसाधनों को जैसा कि ऊपर लिखा गया है, शैक्षिक साधनों के रूप में प्रयोग में लाया जाता है। सुगमता की दृष्टि से इन्हें निम्न वर्गों में बाँटा जाता है:

1. *मानव सम्बन्धी संसाधन*: जैसे, हमारे रीति-रिवाज, परम्पराएँ।

2. भौगोलिक संसाधन: भूगोल की शिक्षा देने के लिए तथा भूगोल विषय सम्बन्धी साधन, वस्तुएँ, चार्ट आदि।

3. आर्थिक संसाधन: जैसे बैंकों, कारखानों आदि पठन तथा कार्य सम्बन्धी सामग्री।
4. ऐतिहासिक संसाधन: इतिहास शिक्षा से सम्बन्धी साधन–स्मारक आदि।
5. सांस्कृतिक संसाधन: कलाकृतियाँ आदि।

मण्डल संसाधनों के उपयोग में सहायक बातें

मण्डल अधिकारियों तथा शिक्षा अधिकारियों को मण्डल संसाधनों के उपयोग को प्रभावी बनाने के लिए निम्न बातों पर ध्यान देना चाहिए:

1. प्रत्येक अनुभाग में विषय से सम्बन्धित सूची होनी चाहिए।

2. संसाधन केन्द्रों के प्रयोग की समय सारणी निश्चित की जाए ताकि मण्डलों में कार्यरत अध्यापक तथा छात्र इसका समुचित उपयोग कर सकें।

3. संसाधन केन्द्रों में उपलब्ध सुविधाओं से मण्डल के स्कूलों को परिचित कराया जाए।

4. संसाधन केन्द्रों की देखभाल करने वाले अधिकारी समय-समय पर इन संसाधन केन्द्रों में नवीन सामग्री का समावेश करते रहें।

5. इन संसाधन केन्द्रों को केवल भ्रमण-यात्रा के रूप में न लिया जाए।

6. संसाधन केन्द्रों में उचित बैठने की व्यवस्था हो जाए।

7. संसाधन केन्द्रों में पर्याप्त मात्रा में दृश्य-श्रव्य सामग्री उपलब्ध रहनी चाहिए।

6.13 समूह संसाधन केन्द्र (Cluster Resource Centre)

समूह संसाधन केन्द्र किसी क्षेत्र में स्थित कुछ स्कूलों की विभिन्न प्रकार की शैक्षिक आवश्यकताओं की पूर्ति करते हैं। वास्तव में उनके कार्य मण्डल संस्थान संसाधन केन्द्र तथा राज्य संसाधन केन्द्र के समान ही होते हैं। ये केन्द्र क्षेत्रीय स्कूलों की विशेष प्रकार की शैक्षिक सुविधाओं की व्यवस्था करते हैं।

ये केन्द्र निम्न प्रकार की गतिविधियाँ क्रियान्वयन करते हैं:

1. विभिन्न प्रकार के, शिक्षण-अधिगम सहायक/सामग्री तथा उपकरणों की व्यवस्था।
2. महत्त्वपूर्ण सूचनाओं का प्रसारण।
3. चार्ट्स, मॉडल्स, स्लाइड आदि की व्यवस्था।
4. परामर्श सेवा।
5. कार्यशाला।
6. नवाचारों का प्रसारण।
7. विचारों का आदान प्रदान।
8. अध्यापकों के लिए सन्दर्भ पुस्तकों का संग्रह तथा प्रसार।
9. प्रौढ़ शिक्षा साहित्य का वितरण।
10. दत्तकार्य (Assignments) तैयार करना।

समूह स्तर का अर्थ तथा छात्रवृत्तियों के लिए उपयोग

भारत के शैक्षिक साहित्य में सर्वप्रथम समूह शब्दावली का प्रयोग शिक्षा आयोग (1964-66) ने किया। आयोग ने अध्याय 6.26 में छात्रवृत्तियों की धनराशि के विकेन्द्रीकरण

की प्रक्रिया में 'समूह स्तर' पर बल दिया। आयोग ने छात्रवृत्तियाँ देने के लिए अधिक समतापूर्वक आधार 'समूह स्तर' को माना।

आयोग ने प्रचलित राष्ट्रीय छात्रवृत्तियाँ देने के लिए राज्य को एक इकाई मानने के आधार को दोषी माना। इस सम्बन्ध में आयोग ने विचार प्रकट किया कि स्कूलों में प्रवेशों और सामाजिक-आर्थिक पृष्ठभूमियों के आधार पर उनको अलग-अलग समूहों में रखा जाए। इसके पश्चात् हर समूह में से सबसे अच्छे थोड़े से छात्रों को छात्रवृत्ति देने के लिए छाँट लिया जाए। सम्भव है कि एक समूह के सबसे अच्छे छात्र दूसरे समूह के सबसे अच्छे छात्रों के बराबर न हों। पर वे भविष्य में अच्छे निकल सकते हैं और वे बहुत अच्छे सिद्ध होंगे बशर्ते कि ऐसे छात्रों पर विशेष ध्यान दिया जाए। आयोग ने कहा कि आम नीति यह होनी चाहिए कि पचास प्रतिशत छात्रवृत्तियाँ स्कूल समूहों के आधार पर दी जाएँ और पचास प्रतिशत राज्य को इकाई मानकर।

समूह स्तर पर छात्रवृत्तियाँ देने के लाभ

आयोग के विचार में छात्रवृत्तियाँ समूह स्तर के आधार पर देने से यह पद्धति समतामूलक है और सामाजिक न्याय के मूल्य पर आधारित है। साथ ही प्रतिभा का उपयोग किया जा सकता है।

समूह स्तर का शैक्षिक मार्गदर्शन तथा परामर्श के सन्दर्भ में अर्थ

शैक्षिक मार्गदर्शन तथा परामर्श सुविधाओं का अधिक-से-अधिक लाभ उठाने के लिए "समूह स्तर" पद्धति को लाभदायक माना गया है। चूँकि एक क्षेत्र में स्थित सभी स्कूलों के लिए अलग-अलग मार्गदर्शक तथा परामर्शदाता की नियुक्ति करना सम्भव नहीं हो पाता, इस कारण 5-6 स्कूलों का एक 'समूह' बना दिया जाता है और उनके लिए प्रशिक्षित मार्गदर्शक तथा परामर्शदाता नियुक्त कर दिया जाता है। वह अपना समय एक निश्चित कार्यक्रम के अनुसार इन सभी स्कूलों को देता है।

समूह स्तर पर प्रतियोगिताएँ–'समूह' में शामिल स्कूलों में विभिन्न प्रकार की प्रतियोगिताओं का आयोजन किया जाता है।

इकाई II

7

सभी के लिए शिक्षा
(Education for All)

7.1 'सभी के लिए शिक्षा' का अर्थ
(Meaning of Education for All)

'सभी के लिए शिक्षा का मोटे तौर पर अर्थ है कि कोई भी व्यक्ति निरक्षर न रहे। मुख्यतः इसमें दो प्रकार के वर्ग प्रायः लिए जाते हैं:'

1. पाँच अथवा छः वर्ष तथा 14-15 वर्ष के बीच आयु वाले बच्चे।
2. प्रौढ़ जिनकी आयु 15 वर्ष तथा 35 वर्ष के बीच है।

यहाँ पर यह लिखना भी आवश्यक प्रतीत होता है कि शिक्षा का अर्थ केवल व्यक्ति को साक्षर बनाना ही नहीं है। अपितु उसमें आधारभूत नागरिकों के गुणों का निर्माण करना है।

7.2 सबके लिए शिक्षा क्यों? (Why Education for All?)

शिक्षा का जीवन में अनन्त महत्त्व है। इससे सुखद तथा सन्तुलित जीवन व्यतीत करने की दिशा मिलती है। विवेक शक्ति का विकास होता है। उत्पादन क्षमता में वृद्धि होती है। 'जीने की कला' में प्रशिक्षण मिलता है। आय बढ़ती है। जीवन स्तर ऊँचा उठता है।

यहाँ पर संक्षेप में शिक्षा के महत्त्व पर प्रकाश डाला गया है जिससे स्पष्ट होता है कि शिक्षा सभी के लिए क्यों चाहिए।

7.3 शिक्षा का महत्त्व: वेदों तथा अन्य शास्त्रों में
(Significance of Education in the Vedas and Other Scriptures)

शिक्षा के महत्त्व को शास्त्रों ने निम्न प्रकार से दर्शाया है:

1. शिक्षा अपूर्व धन (Education as Unique Wealth)

न ता नशन्ति न दभाति तस्करो नासामामित्रो व्यथिरो दधर्षति।
देवांश्च याभिर्यजते ददाति च ज्योगित्ताभिः सचते गोपतिः सह।।

—अ० 4/21/3

विद्याएँ कभी नष्ट नहीं होती हैं, ये अनश्वर धन हैं। विद्या-धन को तस्कर चुरा नहीं सकते, दु:खदायी शत्रु भी इसका तिरस्कार नहीं कर सकते। विद्या धन वह धन है जिसके द्वारा देवयज्ञादि पञ्चयज्ञ किये जाते हैं और जिसका दान सर्वोत्तम है तथा इन्द्रियों के स्वामी जीवात्मा गोपति का निरन्तर इस विद्या के साथ सम्बन्ध रहता है अर्थात् मरने पर जीवात्मा के साथ केवल विद्या-धन ही जाता है, अन्य सारे सांसारिक ऐश्वर्य यहीं रह जाते हैं।

2. मन की शुद्धता शिक्षा द्वारा
(Purification of Mind through Education)

अद्भिर्गात्राणि शुद्‌ध्यन्ति मनः सत्येन शुद्‌ध्यति।
विद्यातपोभ्यां भूतात्मा बुद्धिर्ज्ञानेन शुद्‌ध्यति।। —मनु० 5/109

जल से शरीर की शुद्धि होती है, मन सत्य से शुद्ध होता है, विद्या और तप से आत्मा की शुद्धि होती है और बुद्धि ज्ञान से शुद्ध होती है।

3. शिक्षा कामधेनु के रूप में
(Education as an Instrument of Providing Everything)

कामधेनुगुणा विद्या ह्यकाले फलदायिनी।
प्रवासे मातृसदृशी विद्या गुप्तं धनं स्मृतम्।। —चा० 4/5

विद्या में कामधेनु के समान गुण हैं, यह असमय में भी फल देनेवाली है, यह विदेश में माता के समान रक्षक और हितकारिणी होती है, इसलिए विद्या को गुप्त-छिपा हुआ धन कहा गया है।

4. शिक्षा सबसे उत्तम मित्र (Education as the Best Friend)

विद्या मित्रं प्रवासेषु भार्या मित्रं गृहेषु च।
व्याधितस्यौषधं मित्रं धर्मो मित्रं मृतस्य च।। —चा० 5/15

विदेशों में विद्या मनुष्य का सच्चा मित्र होता है। घर में शील-गुण-युक्त नारी मनुष्य की वास्तविक मित्र होती है। रोगी के लिए औषध मित्र होता है और मरे हुए मनुष्य का मित्र उसका धर्म होता है।

5. शिक्षा सबसे मूल्यवान जेवर
(Education as the Most Valuable Ornament)

नक्षत्रभूषणं चन्द्रो नारीणां भूषणं पतिः।
पृथिवी भूषणं राजा विद्या सर्वस्य भूषणम्।।

आकाश का आभूषण चन्द्रमा है, नारी का आभूषण पति है, पृथिवी का आभूषण राजा है, परन्तु विद्या सभी का आभूषण है।

6. शिक्षा आदर का स्रोत (Education as Source of Honour)

विद्वान् प्रशस्यते लोके विद्वान् गच्छति गौरवम्।
विद्यया लभ्यते सर्वं विद्या सर्वत्र पूज्यते।। —चा० 8/20

संसार में विद्वान् ही प्रशंसित होता है, विद्वान् ही सर्वत्र आदर पाता है। विद्या से धन-धान्य, मान-प्रतिष्ठा आदि सब कुछ मिलता है। विद्या का सर्वत्र आदर होता है।

7. शिक्षा गौरव का साधन (Education as an Instrument of Prestige)

रूपयौवनसम्पन्ना: विशालकुलसम्भवा:।
विद्याहीना न शोभन्ते निर्गन्धा इव किंशुका:।। —चा० 3/8

रूप और यौवन से सम्पन्न तथा ऊँचे कुल में जन्म लेने पर भी विद्याविहीन मनुष्य ऐसे ही सुशोभित नहीं होता, जैसे गन्धरहित ढाक के फूल।

8. शिक्षा से जीवन की सार्थकता (Education to Provide Purpose to Life)

शुन: पुच्छमिव व्यर्थं जीवितं विद्यया विना।
न गुह्यगोपने शक्तं न च दंशनिवारणे।। —चा० 7/19

जैसे कुत्ते की पूँछ न तो गुप्तेन्द्रियों को ढाँपने में ही समर्थ है और न ही मच्छर आदि को उड़ाने में। इसी प्रकार विद्याहीन व्यक्ति का जीना व्यर्थ होता है।

9. शिक्षा से आनन्द प्राप्ति (Bliss through Education)

विद्यया विन्दतेऽमृतम्। —केन० 2/2/4

विद्या से परम आनन्द की प्राप्ति होती है।

10. शिक्षा देव लोक का साधन (Education as a Means of Dev Lok)

विद्यया देवलोक: देवलोको वै लोकानां श्रेष्ठस्तस्माद्विद्यां प्रशसन्ति।।
—बृहदा० 1/5/16

विद्या से देवलोक की प्राप्ति होती है। देवलोक सारे लोकों में श्रेष्ठ है, इसलिए विद्या की प्रशंसा की जाती है।

11. शिक्षा द्वारा ब्रह्म लोक की प्राप्ति (God Realisation through Education)

केन ब्रह्मत्वं क्रियते? त्रय्यीविद्ययेति।। —एतरेय 5/5/8

ब्रह्मत्व की प्राप्ति कैसे होती है? त्रयीविद्या के अध्ययन से मनुष्य को ब्रह्मत्व की प्राप्ति होती है।

12. शिक्षा से प्रसिद्धि (Fame through Education)

विद्यया ख्यापिता ख्याति:।। —चा०सू० 297

विद्या से शीघ्र ख्याति मिल जाती है।

13. शिक्षा की सुरक्षा (No Danger of Theft to Education)

विद्या चौरैरपि न ग्राह्या।। —चा०सू० 296

विद्या को चोर भी नहीं चुरा सकते।

14. शिक्षा द्वारा क्रोध पर विजय (Controlling Anger through Education)

शक्यं विद्याविनीतेन लोके संजीवनं शुभम्।
आत्मानं विद्यया तस्मात् पूर्वकृत्वा तु भाजनम्।।
वश्येन्द्रियो जितक्रोधो भूतात्मानं तु भावयेत्।।

—महा० अनु० अ० 145 पृ० 5956

विद्या से विनीत हुआ पुरुष संसार में शुभ जीवन बिता सकता है, अत: अपने-आपको पहले विद्या द्वारा पुरुषार्थ का भाजन बनाकर क्रोध विजयी एवं जितेन्द्रिय पुरुष सम्पूर्ण भूतों के आत्मा-परमात्मा का चिन्तन करे।

15. शिक्षा द्वारा सभी कामनाओं की पूर्ति (Fulfilment of all Desires through Education)

विद्यया स्फीयते ज्ञानं ज्ञानात् तत्त्वनिदर्शनम्।
दृष्टतत्त्वो विनीतात्मा सर्वार्थस्य च भाजनम्।।

—महा० अनु० अ० 145 पृ० 5956

विद्या से ज्ञान बढ़ता है, ज्ञान से तत्त्व का दर्शन होता है और तत्त्व का दर्शन कर लेने के पश्चात् मनुष्य विनीतचित्त होकर समस्त पुरुषार्थों का भाजन हो जाता है।

उपसंहार: एक समय था जब ज्ञान तथा शिक्षा के क्षेत्र में भारत को 'जगत गुरु' माना जाता था। उस समय भारत आर्थिक दृष्टि से भी सम्पन्न था। 'सोने की चिड़िया' माना जाता था। आज जब हम संसार के विकासशील तथा विकसित देशों की तुलना करते हैं तो हम पाते हैं कि विकसित देशों के विकास तथा समृद्धि का कारण वहाँ का शिक्षा स्तर है। विकसित देशों में लगभग शत-प्रतिशत साक्षरता तो है ही, साथ ही इन देशों ने विज्ञान तथा प्रौद्योगिकी में भी बहुत उन्नति की है।

7.4 शिक्षा के महत्त्व पर कुछ पाश्चात्य विद्वानों के विचार (Views of Some Great Western Scholars on the Significance of Education)

एडिसन जोसफ (Addison Josephs 1672-1719 A.D.): "संगमरमर के साथ जो सम्बन्ध मूर्तिकला का है, वही सम्बन्ध आत्मा के साथ शिक्षा का है।"

अरस्तु (Aristotle) (384-322 BC): "जिस प्रकार जीवित व्यक्ति मृतक व्यक्ति से श्रेष्ठ होता है, उसी प्रकार शिक्षित व्यक्ति अशिक्षित व्यक्ति से।"

ऐपीसीटस (Epicetus) (1st-2nd Century BC): "शिक्षित व्यक्ति ही केवल स्वतन्त्र है।"

डायोजिनस (Diagenes) (412-323 BC): "शिक्षा युवकों के लिए अनुशासन की शान, वृद्धों के लिए ढांढस, निर्धन के लिए धन तथा धनियों के लिए आभूषण है।"

लॉके (Locke, 1632-1740): "पौधे का विकास जुताई से तथा मनुष्य का विकास शिक्षा से होता है।"

ड्यूवी, जॉन (Dewey, John 1859-1962)—"शारीरिक जीवन के लिए जिस प्रकार आहार तथा प्रजनन हैं, उसी प्रकार सामाजिक जीवन के लिए शिक्षा।"

7.5 अक्षरता तथा निरक्षरता का अर्थ (Meaning of Literacy and Illiteracy)

वर्ष 2001 की भारत जनगणना में उस व्यक्ति को साक्षर माना गया है जो किसी भाषा को पढ़-लिख सकता हो। दूसरे शब्दों में निरक्षर व्यक्ति वह है जो किसी भाषा को न पढ़-लिख सकता हो इसी प्रकार का अर्थ विश्व संस्था यूनिसेफ (UNICEF) ने लिया है।

7.6 साक्षरता का महत्व (Significance of Literacy)

सामान्यत: यह माना जाता है कि साक्षरता व्यक्ति तथा देश की समृद्धि तथा विकास में विशेष भूमिका निभाती है। इस कारण सभी देश प्रयत्नशील हैं कि देश में साक्षरता का अधिक से अधिक विकास हो। इस पर विस्तृत प्रकाश पहले डाला गया है।

7.7 निरक्षरता उन्मूलन का महत्व (Significance of Removal of Illiteracy)

निरक्षरता किसी भी देश के विकास में एक बहुत बड़ी बाधा है। शिक्षा का देश की सर्वांगीण समृद्धि में विशेष महत्त्व है। निरक्षरता अन्धविश्वास, रुढ़िवादिता, अज्ञानता, संकीर्णता आदि बुराईयों को जन्म देती है। इन कारणों से सभी देश निरक्षरता का उन्मूलन करने का भरसक प्रयास करते हैं। प्राय: यह माना जाता है कि निरक्षरता का प्रति व्यक्ति औसत आय तथा आयु से गहरा सम्बन्ध है।

गाँधीजी ने निरक्षरता को 'पाप' तथा कलंक' की संज्ञा देते हुए कहा है कि इसे समाप्त करना चाहिए।

मुख्यत: निरक्षरता का निम्न कारणों से उन्मूलन करना आवश्यक है:

1. निरक्षर व्यक्ति प्राय: रूढ़िवादी होते हैं। वे प्रगतिशील तत्वों की अवहेलना करते हैं।
2. निरक्षर व्यक्ति प्राय: वांछित आय अर्जित करने में असमर्थ हैं।
3. निरक्षर व्यक्ति सामान्यत: अन्धविश्वासी होते हैं।
4. निरक्षर व्यक्ति आत्महीनता का भाव रखते हैं।
5. निरक्षर व्यक्ति राजनैतिक तथा अन्य समस्याओं की समीक्षा करने की योग्यता नहीं रखते हैं।
6. निरक्षर व्यक्ति संकुचित विचारधारा से शीघ्र प्रभावित हो जाते हैं।
7. निरक्षर व्यक्ति अपने मौलिक अधिकारों के बारे में पर्याप्त जानकारी नहीं रखते हैं।
8. निरक्षर व्यक्ति वैज्ञानिक तथा तकनीकी अन्वेषणों का पूरा लाभ नहीं उठा पाते हैं।
9. निरक्षर व्यक्ति जनतान्त्रिक मूल्यों के विकास में बाधक है।

भारतीय लोकतन्त्र पर निरक्षरता के प्रभाव

भारतीय लोकतन्त्र पर निरक्षरता के निम्नलिखित प्रभाव पड़े हैं:

1. राजनीतिक जागृति का अभाव। 2. संकुचित दृष्टिकोण। 3. उत्पादन क्षमता में कमी। 4. जनसंख्या में बढ़ोतरी। 5. अंध विश्वास आदि का पनपना। 6. वैज्ञानिक सोच की कमी। 7. उचित कौशलों का अभाव।

तालिका 7.1: भारत में निरक्षरता दर (1950 से 2001)

वर्ष	कुल व्यक्ति	पुरुष	महिलाएँ
1951	81.67	72.84	91.14
1961	71.70	59.60	84.65
1971	65.55	54.04	79.24
1981	56.43	43.62	71.24
1991	47.79	35.87	60.61
2001	34.62	24.15	45.84

तालिका 7.2: भारत में साक्षरता दर (1951 से 2001 तक)

वर्ष	व्यक्ति	पुरुष	महिलाएँ
1951	18.33	27.16	8.86
1961	28.30	40.40	15.35
1971	34.45	45.96	21.97
1981	43.57	56.38	29.76
1991	52.21	64.13	39.29
2001	65.38	75.85	54.16

नोट: 1. 1951, 1961 तथा 1971 की जनगणना में साक्षरता दर की गणना करते समय पाँच वर्ष या उससे ऊपर की आयु के व्यक्तियों को सम्मिलित किया गया है। जबकि 1981, 1991 तथा 2001 की जनगणना में साक्षरता दर की गणना में 7 वर्ष या उससे अधिक आयु के व्यक्तियों को सम्मिलित किया गया है अर्थात् 7 वर्ष से कम आयु के सभी बच्चों को निरक्षर माना गया है चाहे वे किसी भी स्तर की शिक्षा ग्रहण किए हैं।

2. 2001 को जनगणना में उस व्यक्ति को साक्षर माना गया है जो किसी भाषा को पढ़-लिख अथवा समझ सकता है। साक्षर होने के लिए यह जरूरी नहीं है कि व्यक्ति ने कोई औपचारिक शिक्षा प्राप्त की है या कोई परीक्षा पास की हो।

समीक्षा: किसी भी देश में वहाँ की कुशल एवं शिक्षित मानव शक्ति अर्थव्यवस्था को महत्त्वपूर्ण ढंग से प्रभावित करती है। साक्षरता एवं देश के सामाजिक तथा आर्थिक विकास में धनात्मक सहसम्बन्ध पाया जाता है। साक्षरता की दृष्टि से भारत अभी भी बहुत पिछड़ा है। यद्यपि स्वतन्त्रता के पश्चात् इस दिशा में व्यापक कार्यक्रम चलाए गए हैं फिर भी अभी यहाँ विकसित देशों की तुलना में साक्षरता अनुपात कम है। यहाँ सन् 1951 से साक्षरता अनुपात में क्रमशः वृद्धि होती जा रही है। 1951 में देश में कुल जनसंख्या का मात्र 8.33 प्रतिशत भाग ही साक्षर था जो क्रमशः बढ़कर 2001 में 65.38 प्रतिशत तक पहुँच गया। परन्तु जैसा कि पहले कहा गया है, अभी भारत संसार में साक्षरता के क्षेत्र में बहुत पीछे है।

तालिका 7.3: निरक्षरता तथा साक्षरता-दर (2001) के अनुसार राज्यों एवं केन्द्र शासित प्रदेशों का क्रम

(State-wise Illiteracy and Literacy Rate)

क्र. सं.	राज्य/केन्द्रशासित प्रदेश	निरक्षरता दर	साक्षरता-दर
1.	केरल	9.08	90.92
2.	मिजोरम	11.51	88.49
3.	लक्षद्वीप*	12.48	87.52
4.	गोवा*	17.68	82.32
5.	दिल्ली*	19.18	81.82
6.	चण्डीगढ़*	18.24	81.76
7.	पाण्डिचेरी*	18.51	81.49
8.	अण्डमान निकोबार द्वीप समूह*	18.82	81.18
9.	दमन एवं द्वीप*	19.91	81.09
10.	महाराष्ट्र	22.73	77.27
11.	हिमाचल प्रदेश	22.87	77.13
12.	त्रिपुरा	26.34	73.66
13.	तमिलनाडु	26.53	73.47
14.	उत्तरांचल	27.72	72.28
15.	गुजरात	30.03	69.97
16.	पंजाब	30.05	69.95
17.	सिक्किम	30.32	69.68
18.	पश्चिम बंगाल	30.78	69.22
19.	मणिपुर	31.13	68.87
20.	हरियाणा	31.41	68.59
21.	नागालैण्ड	32.89	67.11
22.	कर्नाटक	32.96	67.04
23.	छत्तीसगढ़	34.82	65.18
24.	असम	35.72	64.28
25.	मध्य प्रदेश	35.79	64.11
26.	उड़ीसा	36.39	63.61
27.	मेघालय	36.69	63.31
28.	आन्ध्र प्रदेश	39.89	61.11
29.	राजस्थान	39.97	61.03
30.	दादरा और नागर हवेली*	40.97	60.03
31.	उत्तर प्रदेश	42.64	57.36
32.	अरुणाचल प्रदेश	45.26	57.74
33.	जम्मू और कश्मीर	45.54	54.46
34.	झारखण्ड	45.87	54.13
35.	बिहार	52.47	47.53

* (संघशासित क्षेत्र)

समीक्षा: भारत में अधिक जनसंख्या वाले राज्यों में निरक्षरता की स्थिति बहुत चिन्ताजनक है। प्राय: यह अनुभव किया जा रहा है कि उत्तर प्रदेश तथा बिहार में गरीबों की संख्या भी बहुत है। सम्भवत: इन्हीं कारणों से यहां पर शान्ति व्यवस्था पर भी बुरा प्रभाव पड़ा है। इन राज्यों में साक्षरता की वृद्धि के लिए प्रभावी प्रयासों की आवश्यकता है।

तालिका 7.4: भारत का प्रौढ़ साक्षरता दर, प्राथमिक स्तर पर नामांकन दर, औसत आयु तथा प्रति व्यक्ति आय की कुछ देशों से तुलना
(India's Adult Literacy Rate, Enrolment Rate of Primary Education, Average Age and Per Capita Income vis-a-vis Some Countries)

क्र. सं.	*देश*	*प्राथमिक स्तर पर सकल नामांकन*	*प्रौढ़ शिक्षा दर*	*औसत आयु*	*प्रति व्यक्ति आय (अमरीकी डॉलर)*
1.	अफगानिस्तान	53	28	43	250
2.	ऑस्ट्रेलिया	97	लगभग 99	81	36,000
3.	बंग्लादेश	81	48	63	480
4.	भूटान	70	–	65	1410
5.	ब्राजील	95	89	72	4700
6.	कम्बोडिया	75	74	59	480
7.	कनाडा	100	लगभग 99	80	32,600
8.	चीन	99	91	73	1740
9.	मिस्त्र	94	71	71	1350
10.	इथियोपिया	45	36	52	180
11.	फ्रांस	99	लगभग 99	80	36550
12.	जर्मनी	96	लगभग 99	79	36600
13.	**भारत**	**84**	**61**	**64**	**820**
14.	इंडोनेशिया	96	90	70	1420
15.	ईरान	95	82	71	3000
16.	इराक	88	74	58	2200
17.	जापान	100	लगभग 99	82	38,400
18.	नेपाल	87	49	63	290
19.	पाकिस्तान	68	50	65	770
20.	रूसी परिसंघ	92	लगभग 99	65	5780
21.	सिंगापुर	89	93	80	29,000
22.	श्रीलंका	67	91	72	1300
23.	म्यांमार	84	90	61	220
24.	स्विट्जरलैण्ड	93	लगभग 93	81	57,000
25.	यूनाइटिड किंगडम	98	लगभग 98	89	40,000
26.	अमरीका	98	लगभग 98	78	44,900
27.	**विश्व**	**86**	**78**	**68**	**7002**

स्रोत: '*The State of World's Children 2008*, UNICEF.

नोट: (i) वयस्क साक्षरता दर 15 वर्ष और उससे ऊपर के उन लोगों का प्रतिशत जो पढ़ लिख सकते हैं।

समीक्षा: ऊपर के आंकडों से स्पष्ट है कि भारत विकसित तथा औद्योगिक देशों से तो पीछे है ही, कुछ विकासशील देशों से भी साक्षरता तथा प्राथमिक शिक्षा में पीछे हैं। प्राय: यह माना जाता है कि साक्षरता का प्रतिव्यक्ति आय से गहरा सम्बन्ध है यद्यपि इसके अपवाद भी हैं। साक्षरता तथा प्राथमिक शिक्षा के क्षेत्र में भारत में अभी बहुत कार्य करने की आवश्यकता है।

शिक्षित देशों में प्रति व्यक्ति आय भी अधिक है तथा जीवन स्तर भी अच्छा है। जीवन की आवश्यक वस्तुएँ वहाँ पर पर्याप्त मात्रा में उपलब्ध हैं।

7.8 निरक्षरता के बारे में चिन्ताजनक स्थिति
(Illiteracy As a Matter of Concern)

सभी वर्गों तथा आयुवर्गों की निरक्षरता की गिनती की जाए तो इस समय संसार में प्रत्येक तीसरा निरक्षर व्यक्ति भारतीय है; हालाँकि भारत की जनसंख्या संसार की जनसंख्या का छठा भाग है।

पिछले कई वर्षों से चलाए जा रहे शिक्षा कार्यक्रम का अनुभव और स्वयंसेवी संस्थाओं द्वारा किए गए उसके मूल्यांकन से पता चलता है कि पर्याप्त प्रेरणा का अभाव होने के कारण निरक्षर लोग शिक्षा कार्यक्रम में सतत रूप से भाग नहीं ले पाते हैं। विकास एजेंसियाँ इस कार्यक्रम में कोई विशेष सहायता नहीं पायी और स्थानीय स्वैच्छिक एजेंसियों और शैक्षिक संस्थाओं का इसमें मामूली सहयोग ही रहता है। बहुत समय तक साक्षरता को विकास के एक साधन के रूप में न तो प्रयुक्त ही किया गया है और न इस रूप में प्रचार-प्रसार किया गया है। इसका कारण यह है कि गरीबी और निरक्षरता के बीच के सकारात्मक संबंध को अभी तक समझा नहीं गया है। ऐसा नहीं लगता कि नीति निर्माता लोग यह मानते हों कि समुचित रूप से तैयार किया गया शिक्षा का कार्यक्रम देश की जनता को विकास कार्य में बाधा बनने के स्थान पर विकास कार्य को बढ़ाने के लिए प्रभावी बन सकता है या शिक्षा कार्यक्रम उत्पादकता को बढ़ाने में महत्त्वपूर्ण योगदान दे सकता है। यह बहुत आश्चर्य की बात है कि कामकाजी लोगों में से 60 प्रतिशत लोग निरक्षर हैं; फिर भी इनके मालिकों से यह उत्तरदायित्व निभाने के लिए नहीं कहा गया है कि वे निरक्षर श्रमिकों अथवा कर्मियों को प्रयोजनमूलक शिक्षा प्रदान कराकर उत्पादकता बढ़ाने में उनकी उपयोगिता में वृद्धि करें।

7.9 निरक्षरता उन्मूलन की धीमी गति के कारण
(Reasons for the Slow Progress in the Eradication of Illiteracy)

संक्षेप में, प्राथमिक शिक्षा तथा प्रौढ़ शिक्षा की धीमी गति के निम्नलिखित कारण हैं:

1. ऐसा अनुभव किया गया है कि प्रौढ़ शिक्षा को संविधान में बहुत ही कम महत्त्व दिया गया है।

2. शिक्षा के नीति निर्धारण में तथा शिक्षा के विभिन्न स्तरों पर प्रौढ़ शिक्षा पर सैद्धांतिक रूप में तो बल दिया गया है, परंतु व्यावहारिक रूप में उच्च शिक्षा की तुलना में इस पर बहुत ही कम खर्च किया गया है।

3. प्रौढ़ शिक्षा के क्षेत्र में स्पष्ट नीति नहीं रही है। कभी तो इसमें साक्षरता पर बल दिया जाता रहा है और कभी इसका क्षेत्र विस्तृत करके इसमें सामाजिक बिंदु पर जोर दिया गया है।

4. प्रौढ़ शिक्षा के विकास के लिए क्षेत्र ठीक प्रकार से नहीं चुने जाते।

5. राजनीतिक मेनिफेस्टोस में प्रौढ़ शिक्षा की महत्ता पर पर्याप्त जोर नहीं दिया गया।

6. राजनीतिक दलों ने प्रौढ़ शिक्षा की गतिविधियों में बहुत ही कम रुचि ली है।

7. प्रौढ़ शिक्षा के क्षेत्र में काम करने वाली गैर-सरकारी संस्थाओं ने विशेष सहयोग नहीं दिया है। अनेक संस्थाएँ तो केवल कागज पर ही थीं।

8. प्रौढ़ शिक्षा के क्षेत्र में खर्च किए जाने वाले धन का ठीक ढंग से उपयोग नहीं किया गया।

9. प्रौढ़ शिक्षा के क्षेत्र में काम करने वाले कार्यकर्ताओं में उचित उत्साह की कमी थी।

10. प्राय: बेरोजगार लोगों को इस कार्य में लगाया गया और जब उन्हें अच्छा काम मिल गया, तो प्रौढ़ शिक्षा के क्षेत्र को छोड़ गए। इस कार्य में निरन्तरता न आ सकी।

11. प्रौढ़ शिक्षा पर किए जानेवाले खर्च का एक बड़ा भाग सरकारी वाहनों तथा वेतनों में चला जाता है।

12. प्रौढ़ साक्षरता के आँकड़े रखने की एक जैसी विधि का अभाव है।

13. शिक्षण सामग्री प्रौढ़ों के सामाजिक और व्यावसायिक जीवन से प्राय: जुड़ी हुई नहीं रही।

14. प्रौढ़ शिक्षा केन्द्र साधारणतया साधनहीन रहे हैं।

15. प्रौढ़ शिक्षा के कार्यक्रम में नियोजन का अभाव रहा है।

16. आधुनिक विज्ञान तथा प्रौद्योगिकी का प्रयोग साक्षरता कार्यक्रमों में नहीं किया गया है।

17. लोगों की निर्धनता भी प्रौढ़ साक्षरता के कार्यक्रम में बहुत बड़ी बाधा है।

18. प्रौढ़ शिक्षा तथा प्राथमिक शिक्षा एक-दूसरे के पूरक हैं। इन दोनों ही क्षेत्रों में वांछित सफलता नहीं मिली है।

19. व्यावसायिक उद्योगों के मालिकों ने, चाहे उद्योग सरकारी हों, गैर-सरकारी हों अथवा अर्ध सरकारी, अपने ऊपर निरक्षर श्रमिकों को साक्षर बनाने का उत्तरदायित्व नहीं लिया है।

7.10 'सब के लिए शिक्षा' का संक्षिप्त इतिहास (Brief History of 'Education for All')

जॉमटियत घोषणा (Jomtien Declaration)

1949 में संयुक्त राष्ट्र के मानवाधिकार घोषणा पत्र में 'सभी के लिए शिक्षा का आधार, की अवधारणा पर बल दिया गया। तदुपरान्त कुछ कार्य भी हुआ। परन्तु वर्ष 1990 को 'सब के लिए शिक्षा' का महत्त्वपूर्ण वर्ष माना जाता है क्योंकि इसी विषय पर जॉमटियन-थाइलैंड (Jomtien-Thailand) में शिक्षा पर विश्व सम्मेलन (World Conference on Education for All) सम्पन्न हुआ। यह सम्मेलन संयुक्त राष्ट्र संघ के विभिन्न अभिकरणों ने किया। मुख्य तौर पर ये संगठन थे:

1. संयुक्त राष्ट्र विकास कार्यक्रम (United Nations Development Programme UNDP)
2. संयुक्त राष्ट्र शैक्षिक, वैज्ञानिक एवं सांस्कृतिक संगठन (United Nations Educational Scientific and Cultural Organisation (UNESCO)
3. यूनिसेफ (United Nation's Children's Fund-UNICEF)
4. विश्व बैंक (World Bank)

भारत के प्रतिविधियों ने भी विश्व सम्मेलन में भाग लिया।

सम्मेलन के समय विश्व में इसकी प्रौढ़ संख्या का पाँचवा भाग निरक्षर था अर्थात् पढ़-लिख नहीं सकता था। लगभग 100 मिलियन बच्चे (जिसमें 60 मिलियन लड़कियाँ थीं) स्कूल से बाहर थे। सम्मेलन में इस प्रकार की स्थिति पर घोर चिन्ता प्रकट की गई। यह स्वीकार किया गया कि यूरोप, उत्तरी अमरीका, जापान, कोरिया तथा सिंगापुर देशों की प्रगति का मुख्य कारण वहाँ शिक्षा का व्यापक प्रसार था।

इस बात पर भी बल दिया गया कि शिक्षा को दृढ़ निश्चय से एक नयी दिशा दी जाने की आवश्यकता है।

सम्मेलन में 'सभी के लिए शिक्षा का घोषणा पत्र' जारी किया। इसमें निम्नलिखित घटकों पर बल दिया गया:

1. शिक्षा का सार्वभौमिकरण।
2. शिक्षा में समानता के अवसरों पर परावधान करना।
3. सीखने पर बल देना।
4. आधारभूत शिक्षा में विस्तृत विषय सामग्री का होना।
5. सीखने के लिए वाँछित वातावरण का निर्माण।
6. अन्तर्राष्ट्रीय सहभागिता (Partnership) को बढ़ावा देना।
7. शिशु देखभाल तथा शिक्षा की उचित व्यवस्था करना।

वर्ष 2000 की सहस्राब्दी घोषणा (The Millennium Declaration)

21वीं शताब्दी में विका हेतु तथा बेहतर संसार की परिकल्पना को सामने रखकर विश्व के सभी देशों ने एक घोषणा पत्र जारी किया जिसमें शिक्षा तथा अन्य विषयों सम्बन्धी कुछ लक्ष्य निर्धारित किए। शिक्षा में लक्ष्य के बारे में कहा गया कि 'सभी के लिए शिक्षा' 2015 तक उपलब्ध करायी जाएगी। समय समय पर होने वाले विश्व सम्मेलनों में इस घोषणा का अनुमोदन किया गया।

सहस्राब्दी घोषणा में नई संकल्पना के साथ-साथ एक ऐसे विश्व की भी कल्पना की गई जिसमें शान्ति, समानता, सहनशीलता, सुरक्षा, स्वतन्त्रता, एकजुटता, पर्यावरण तथा सांझी जिम्मेवारी की भावना का सम्मान हो।

7.11 राष्ट्रीय शैक्षिक योजना तथा प्रशासन विश्वविद्यालय: नई दिल्ली का दस्तावेज '*सभी के लिए शिक्षा 2000 वर्ष तक*' (*Education for all by 2000 A.D.*)

वर्ष 1990 में हुए विश्व शिक्षा सम्मेलन के तुरन्त पश्चात् भारत में 'सभी के लिए शिक्षा' विषय पर चिन्तन आरम्भ हुआ। इसी सन्दर्भ में 1990 में राष्ट्रीय शैक्षिक योजना तथा प्रकाशन संस्थान (उस समय यह संस्थान इसी नाम से था) ने दस्तावेज प्रकाशित किया जिससे 'सभी के लिए शिक्षा' के विभिन्न पक्षों पर विचार व्यक्त किए गए।

इसमें लक्ष्य निर्धारित किए गए तथा इन लक्ष्यों की प्राप्ति के लिए वित्तीय साधनों का भी अनुमान लगाया गया।

लक्ष्य: प्रस्तावित लक्ष्य नीचे दिए गए हैं:

1. 11 वर्ष के बच्चों की कुल संख्या का 80 प्रतिशत् 1995 तक स्कूल में प्रवेश लेगा। इसमें कम से कम 70 प्रतिशत् बच्चे वंचित वर्गों के होंगे।
2. 11 वर्ष के बच्चों की कुल संख्या का 95 प्रतिशत् 2000 तक स्कूल में प्रवेश लेगा। इसमें कम से कम 85 प्रतिशत् लड़कियाँ वंचित वर्गों से होंगी।
3. 14 वर्ष की आयु के लगभग 60 प्रतिशत् बच्चे 1995 तक स्कूल में प्रवेश लेंगे। इनमें कम से कम 50 प्रतिशत् लड़कियाँ वंचित वर्गों से होंगी।
4. 14 वर्ष की आयु के 75 प्रतिशत् बच्चे वर्ष 2000 तक स्कूल में प्रवेश लेंगे। इनमें कम से कम 65 प्रतिशत् लड़कियाँ वंचित वर्गों से सम्बन्धित होंगी।

प्रौढ़ शिक्षा: 15-35 वर्ष के बीच आयु वाले प्रौढ़ों का 80 प्रतिशत् जिनका सम्बन्ध वंचित वर्गों से होगा, 1995 तक व्यावहारिक रूप से शिक्षित होंगे तथा शेष 2000 तक।

प्राथमिक शिक्षा के लिए वित्तीय अनुमान: अनुमान लगाया गया कि वर्ष 2000 तक 3.2 मिलियन अध्यापकों (2.1 मिलियन प्राथमिक स्तर पर तथा 3.1 मिलियन अपर प्राइमरी स्तर) की आवश्यकता वर्ष 2000 तक पड़ेगी जिन पर लगभग 91.2 हजार मिलियन रूपयों की राशि की आवश्यकता पड़ेगी।

7.12 भारत में 'सभी के लिए शिक्षा' कार्यक्रम (Programme of 'Education for All' in India)

भारत में 'सभी के लिए शिक्षा' कार्यक्रम को दो भागों में बाँटा जा सकता है:

1. प्रौढ़ शिक्षा कार्यक्रम (Adult Education Programme)

इस कार्यक्रम के क्रियान्वयन के लिए मई 1988 में राष्ट्रीय साक्षरता मिशन की स्थापना की गई। इसका उद्देश्य 2000 तक 15 से 35 वर्ष तक की आयु वर्ग को उत्पादक तथा पुर्नउत्पादक समूह के निरक्षर लोगों को व्यावहारिक साक्षरता (Functional) साक्षरता प्रदान करते हुए 75 प्रतिशत् साक्षरता का लक्ष्य प्राप्त करना था। व्यावहारिक साक्षरता के अन्तर्गत पठन, लेखन तथा गणना-बोध के साथ-साथ राष्ट्रीय एकता पर्यावरण संरक्षण, नारी समानता और सीमित परिवार के सिद्धान्त और मूल्य निहित हैं। राष्ट्रीय साक्षरता मिशन में निहित साक्षरता की अवधारणा मात्र साक्षरता तक सीमित नहीं है बल्कि ऊपरलिखित

उद्देश्यों की प्राप्ति के लिए अधिगमोन्मुख समाज (Learning Oriented) समाज के निर्माण का एक कारगर शस्त्र है।

11वीं योजना (2007-2012) में प्रौढ़ साक्षरता तथा शिक्षा
(Targets of Adult Education During the XI Plan-2007-2012)

1. 80 प्रतिशत् साक्षरता दर प्राप्त करना।
2. प्रौढ़ता साक्षरता लिंग अन्तर 10 प्रतिशत् कम करना।
3. क्षेत्रीय, सामाजिक तथा लिंग आदि असमानताओं को कम करना।
4. 35 वर्ष आयु को प्रौढ़ों को राष्ट्रीय साक्षरता मिशन के दायरे में लाना।

प्राथमिक स्तर पर सभी के लिए शिक्षा
(Education for All)

अलग से दिया गया है।

राष्ट्रीय साक्षरता मिशन
(National Literacy Mission)

शुरूआत: 5 मई 1988 में शुरू किया गया।

उद्देश्य: इसका उद्देश्य है, वर्ष 2005 तक पोषणीय न्यूनतम स्तर की 75% साक्षरता दर को प्राप्त कर लेना।

लक्ष्य: इसमें 15-35 आयुवर्ग के निरक्षरों को प्रकार्यात्मक साक्षरता (Functional Literacy) प्रदान करने पर बल दिया गया है।

प्रकार्यात्मक साक्षरता: प्रकार्यात्मक साक्षरता में शामिल हैं:

(i) पढ़ाई-लिखाई और गणित में आत्मनिर्भरता।
(ii) अभाव की स्थिति के कारणों के प्रति जागरूकता।
(iii) विकास प्रक्रिया में संगठित रूप से भाग लेकर अभाव की स्थिति से छुटकारा पाना।
(iv) आर्थिक स्तर और सामान्य कल्याण को ऊँचा उठाने के लिए कौशल विकास।

मूल्य: मूल्यों को आत्मसात् करना, जैसे कि:

(a) राष्ट्रीय अखण्डता
(b) वातावरण संरक्षण
(c) लैंगिक समानता
(d) छोटे परिवार का आदर्श

साधन: रा.सा.मि. ने अपने उद्देश्यों की प्राप्ति हेतु अभियान के उपगमन को अपनाया है जिसके साधन हैं:

(i) सम्पूर्ण साक्षरता अभियान (Total Literacy Mission T.L.M.)
(ii) उत्तर साक्षरता कार्यक्रम (Post-Literacy Progarmme P.L.P.)
(iii) सतत् शिक्षा कार्यक्रम (Education Programme C.L.P.)

रा.सा.मिशन: प्रबन्धात्मक संरचना
(N.L.M. Management Structure)

राष्ट्रीय स्तर पर	सहायक एजेन्सियाँ
राष्ट्रीय साक्षरता मिशन प्राधिकरण सामान्य परिषद्-मानव संसाधन विकास मंत्री कार्यकारिणी समिति – सचिव (प्रारम्भिक शिक्षा एवं साक्षरता विभाग) परियोजना स्वीकृति समिति – सचिव (प्रारम्भिक शिक्षा एवं साक्षरता विभाग) महानिदेशक-राष्ट्रीय साक्षरता मिशन	• प्रौढ़ शिक्षा निदेशालय
राज्य स्तर पर	
राज्य साक्षरता मिशन प्राधिकरण सामान्य परिषद् – मुख्य मंत्री/शिक्षा मंत्री कार्यकारिणी समिति – शिक्षा सचिव प्रौढ़ शिक्षा/जन शिक्षा निदेशक	• राज्य प्रौढ़ शिक्षा/जन शिक्षा निदेशालय • प्रौढ़ शिक्षा का राज्य संसाधन केन्द्र • जन शिक्षण संस्थान • विश्वविद्यालयों के प्रौढ़ और सतत् शिक्षा एवं विस्तार केन्द्रों के विभाग
जिला स्तर पर	
अध्यक्ष-जिलाधीश अधिकारी, गैर सरकारी संगठन, समाजिक कार्यकर्ता, पंचायती राजकार्यकर्ता, शिक्षा शास्त्री, कामजोर वर्गों, अल्पसंख्यकों एवं महिलाओं के प्रतिनिधि	• गैर सरकारी संगठन • पॉलीटेकनिकस, जिला उद्योग केन्द्र, तकनीकी प्रशिक्षण संस्थान • जिला शिक्षा एवं प्रशिक्षण संस्थान/जिला संसाधन इकाई

जिला संगठनात्मक ढाँचा (District Organisational Structure)

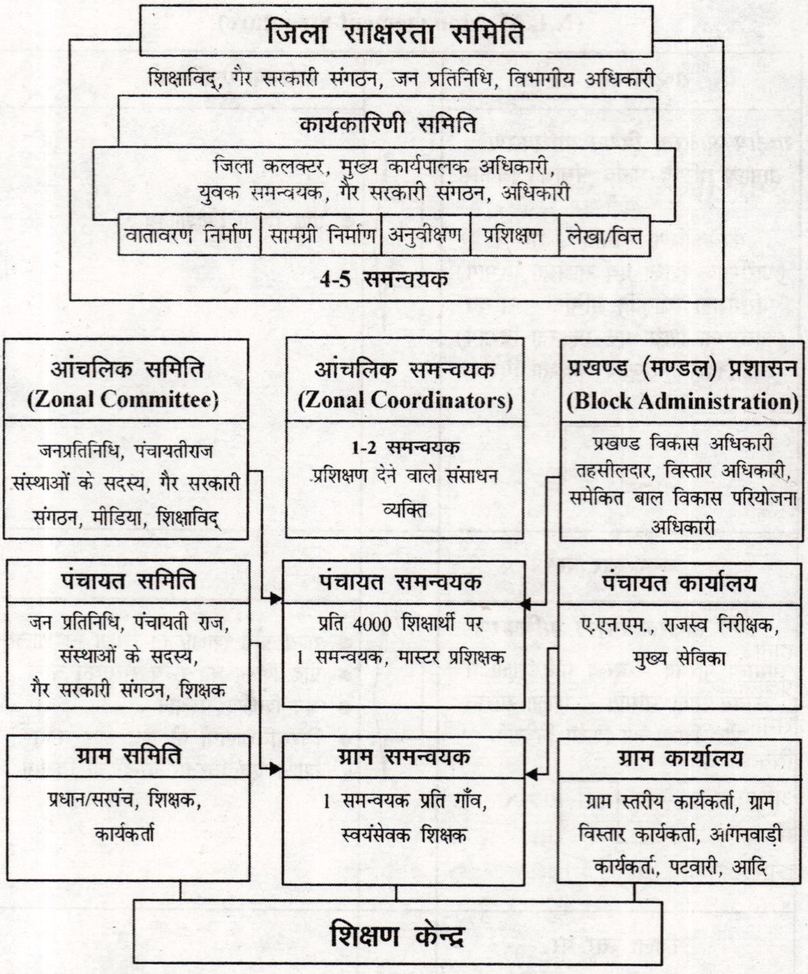

8

आधारभूत मानव अधिकार के रूप में प्राथमिक शिक्षा और संवैधानिक प्रावधान

(Primary Education as Basic Human Right and Constitutional Provisions)

8.1 मानव अधिकार का अर्थ तथा महत्व
(Meaning of Human Right and Significance)

सभ्य मानव समाज वनों में निवास करने वाले जंगली जानवरों के समूह से भिन्न होता है। जंगल में 'शक्तिशाली' का ही आधिपत्य रहता है। परन्तु सभ्य मानव समाज में प्रत्येक व्यक्ति के अधिकारों को मान्यता दी जाती है विशेषकर जनतन्त्र में। अधिकारों की समानता के कारण प्रत्येक मानव अपनी योग्यता तथा क्षमता के कारण अपना अधिकतम विकास कर सकता है। इसी दृष्टिकोण से शिक्षा में अवसरों की समानता को भी मानव अधिकार का दर्जा दिया जाता है। संयुक्त राष्ट्र संघ ने 10 दिसम्बर 1948 के अधिवेशन में मानव अधिकारों पर सार्वभौमिक घोषणा की। इसमें 30 मानव अधिकार दर्शाए गए हैं। इनमें अनुच्छेद 26 में शिक्षा के अधिकार को स्पष्ट किया गया है।

8.2 मानव अधिकार: एक झलक

अनुच्छेद 1 सभी मनुष्य प्रतिष्ठा और अधिकारों की दृष्टि से स्वतन्त्र तथा समान पैदा हुए हैं।

अनुच्छेद 2 प्रत्येक व्यक्ति इस घोषणा में वर्णित सभी अधिकारों और स्वतन्त्रताओं का किसी भी प्रकार के भेदभाव के बिना उपभोग करने का पात्र है।

अनुच्छेद 3 जीवन, स्वतन्त्रता, व्यक्तिगत सुरक्षा का अधिकार।

अनुच्छेद 4 दासता या अधिसेवता से मुक्ति।

अनुच्छेद 5 उत्पीड़न और निम्न कोटि के व्यवहार से मुक्ति।

अनुच्छेद 6 विधि के समक्ष एक व्यक्ति के रूप में मान्यता प्राप्त करने का अधिकार।

अनुच्छेद 7 विधि के समक्ष समानता का अधिकार।

अनुच्छेद 8 अधिकारों का अतिक्रमण होने की स्थिति में सक्षम अधिकरण द्वारा प्रतिकार प्राप्त करने का अधिकार।

अनुच्छेद 9 मनमाने ढंग से गिरफ्तार या निर्वासित किए जाने से मुक्ति।

अनुच्छेद 10 स्वतंत्र तथा निष्पक्ष अधिकरण द्वारा सार्वजनिक सुनवाई का अधिकार।

अनुच्छेद 11 किसी भी दंडनीय अपराध से आरोपित व्यक्ति को यह अधिकार कि विधि के अनुसार दोषी सिद्ध न कर दिए जाने तक उसे निर्दोष माना जाए।

अनुच्छेद 12 किसी भी व्यक्ति को एकान्तता (Privacy), उसके कुटुम्ब, गृह या पत्राचार में मनमाना हस्तक्षेप या आघात के विरुद्ध संरक्षण का अधिकार।

अनुच्छेद 13 किसी भी व्यक्ति को अपने देश की सीमाओं के भीतर संरक्षण तथा निवास और अपने देश से बाहर के देश में जाने और अपने देश में वापस आने का अधिकार प्राप्त है।

अनुच्छेद 14 प्रत्येक व्यक्ति को अपने देश में उत्पीड़न के कारण उससे बचने के लिए दूसरे देशों में शरण माँगने तथा ऐसी शरण का उपभोग करने का अधिकार है।

अनुच्छेद 15 प्रत्येक व्यक्ति को राष्ट्रीयता का अधिकार और अपनी राष्ट्रीयता को बदलने का भी अधिकार प्राप्त है।

अनुच्छेद 16 विवाह करने और कुटुम्ब संस्थापित करने का अधिकार।

अनुच्छेद 17 सम्पत्ति के स्वामित्व का अधिकार।

अनुच्छेद 18 विश्वास और धर्म की स्वतन्त्रता का अधिकार।

अनुच्छेद 19 मत की अभिव्यक्ति की स्वतन्त्रता का अधिकार।

अनुच्छेद 20 शांतिपूर्ण सम्मेलन तथा आपसी मेल-मिलाप तथा किसी भी संस्था (association) से सम्बन्ध होने की स्वतन्त्रता का अधिकार।

अनुच्छेद 21 अपने देश के शासन में तथा निष्पक्ष चुनावों में भाग लेने का अधिकार।

अनुच्छेद 22 सामाजिक सुरक्षा प्राप्त करने का अधिकार।

अनुच्छेद 23 इच्छित कार्य करने तथा अपने हितों के संरक्षण हेतु व्यवसाय संघ (Trade Unions) बनाने और उसका सदस्य बनने का अधिकार।

अनुच्छेद 24 विश्राम और आराम का अधिकार।

अनुच्छेद 25 यथायोग्य जीवन स्तर का अधिकार।

अनुच्छेद 26 शिक्षा का अधिकार।

अनुच्छेद 27 समुदाय के सांस्कृतिक जीवन में निर्बाध रूप से भाग लेने का अधिकार।

अनुच्छेद 28 मानव अधिकारों को सुनिश्चित करने वाली सामाजिक व्यवस्था का अधिकार।

अनुच्छेद 29 व्यक्ति द्वारा समुदाय के प्रति कर्तव्यों का अनिवार्यत: अनुपालन ताकि उसके व्यक्तित्व का निर्बाध एवं पूर्ण विकास हो सके।

अनुच्छेद 30 किसी राज्य द्वारा उपर्युक्त अधिकारों में से किसी को भी नष्ट करने के उद्देश्य से किसी क्रियाकलाप में लगने या ऊपर वर्णित अधिकारों में से किसी को भी नष्ट करने के लिए हस्तक्षेप करने के विरुद्ध संरक्षण का अधिकार।

8.3 शिक्षा स्वयं ही एक मानवाधिकार है (Education Itself as Human Right)

मानवाधिकार संबंधी संयुक्त राष्ट्र घोषण-पत्र के अनुच्छेद 26 द्वारा शिक्षा को एक मौलिक मानवाधिकार की श्रेणी में रखा गया है।

अनुसूची 26–(i) "शिक्षा कम से कम प्राथमिक और बुनियादी स्तर पर नि:शुल्क होगी। तकनीकी तथा व्यावसायिक शिक्षा सभी को योग्यता (Merit) के आधार पर समान रूप से उपलब्ध कराई जाएगी।"

(ii) शिक्षा का उद्देश्य मानव के व्यक्तित्व का पूर्ण विकास करना तथा मानव अधिकारों एवं मूलभूत स्वतन्त्रताओं के प्रति समादर बढ़ाना होगा।

शिक्षा सभी राष्ट्रों, जातियों या धार्मिक समूहों के बीच सद्भावना, सहिष्णुता और मित्रता में वृद्धि करेगी और शान्ति बनाए रखने की दिशा में संयुक्त राष्ट्र संघ के क्रियाकलापों में सहायक सिद्ध होगी।

(iii) "माता-पिता को अपने बच्चों को दी जाने वाली शिक्षा की किस्म का चुनाव करने का पूर्वाधिकार प्राप्त होगा।"

8.4 भारतीय संविधान में प्राथमिक शिक्षा: संक्षिप्त इतिहास (Education in the Indian Constitution: Brief History)

1. गोखले का बिल (Gokhale's Bills 1911)

स्वदेशी आन्दोलन अथवा राष्ट्रीय स्वतन्त्रता आन्दोलन से उत्पन्न हुई राजनैतिक जागृति से राष्ट्र के नेताओं का ध्यान शिक्षा की ओर भी आकर्षित हुआ। भारतीय धारा सभा (Indian Legislative Council) के रूप में देश भक्त गोपाल कृष्ण गोखले ने 1911 में ऐतिहासिक महत्त्व का एक गैर सरकारी बिल प्रस्तुत किया जिसमें देश में प्राथमिक शिक्षा नि:शुल्क तथा अनिवार्य करने की बात कही गई थी। सरकार ने बिल को ठुकरा दिया परन्तु अधिकांश शिक्षित भारतीय समुदाय प्रारम्भिक शिक्षा के महत्त्व को समझने लगा।

2. गांधीजी द्वारा प्रतिपादत बेसिक शिक्षा (1937)

प्राथमिक शिक्षा के महत्त्व को गाँधीजी ने पुन: जोरदार ढंग से उजागर किया। इसका विवरण पहले दिया गया है।

3. कांग्रेसी मंत्रीमण्डल (1937-1939) (Congress Ministries)

1935 के भारत सरकार अधिनियम द्वारा प्रांतों को बड़ी मात्रा में समानता मिली, चुनावों के पश्चात् कांग्रेस की 11 में से 7 राज्यों में सरकार बनीं। दो में मिली जुली। कांग्रेस सरकारों ने प्राथमिक स्तर पर बेसिक शिक्षा को बढ़ावा दिया।

4. संविधान में प्राथमिक शिक्षा (Education in the Indian Constitution)

भारतीय संविधान 1947-1949 में बना तथा 26 जनवरी 1950 को लागू हुआ।

भारतीय संविधान के मूल अनुच्छेद 45 में नि:शुल्क और अनिवार्य शिक्षा संबंधी लक्ष्य इस प्रकार दर्शाया गया है–'राज्य चौदह वर्ष की आयु तक सभी बच्चों के लिए नि:शुल्क तथा अनिवार्य शिक्षा का प्रावधान संविधान लागू होने पर दस वर्ष के भीतर करेंगे।'

इसमें तीन बातें ध्यान देने योग्य बातें–

1. राज्य का अर्थ केन्द्रीय तथा राज्य सरकारों दोनों से है।
2. इसमें 'प्राथमिक शिक्षा' शब्द का प्रयोग नहीं किया गया।
3. इसमें शिक्षा के वर्षों की अवधि का भी उल्लेख नहीं है।

संविधान के इस लक्ष्य की प्राप्ति के लिए भारत सरकार तथा सभी राज्यों ने भरसक प्रयास किए हैं; परंतु बच्चों की बड़ी संख्या अभी भी प्राथमिक शिक्षा से वंचित रही है या पूरा लाभ उठा नहीं पाई।

8.5 प्राथमिक शिक्षा का सर्वीकरण/सर्वसुलभीकरण/सार्वभौमीकरण का अर्थ (Meaning of Universalisation of Education)

विस्तृत रूप से प्राथमिक शिक्षा के सर्वीकरण में निम्नलिखित तत्त्वों का समावेश है:

1. सभी बच्चों के लिए कक्षा 1 से 8 तक नि:शुल्क और अनिवार्य शिक्षा का प्रावधान करना।
2. सभी बच्चों के लिए इस प्रकार की शिक्षा के लिए उनके घर के समीप स्कूल में प्रवेश की व्यवस्था करना।
3. चौदह वर्ष की आयु तक बच्चों का स्कूल में टिके रहना और बच्चों का बीच में स्कूल न छोड़ना।
4. प्राथमिक शिक्षा के वर्गीकरण करने के लिए संवैधानिक अनुच्छेद 45 का पालन करना। अब अनुच्छेद 45 में संशोधन कर दिया गया है।

8.6 अनुच्छेद 21A, 45 और 51A–संविधान में तीन संशोधन 2002 (Section 21A, 45 and 51A—Three Amendments in the Constitution 2002)

वर्ष 2002 में निम्नलिखित तीन संशोधन किए गए:

1. "*अनुच्छेद 21A शिक्षा का अधिकार*': राज्य छह वर्ष से चौदह वर्ष तक की आयु वाले सभी बालकों के लिए नि:शुल्क और अनिवार्य शिक्षा देने का ऐसी रीति में, जो राज्य विधि द्वारा, अवधारित करें उपबंध करेगा।"

"*21A Right to Education*—The State Shall provide free and compulsory education to all children of the age of six to fourteen years in such manner as the state may, by law determine."

इस अनुच्छेद 21A की पूर्ति के लिए यह महत्वपूर्ण परियोजनाएँ:

1. ऑपरेशन ब्लैक बोर्ड
2. शिक्षाकर्मी परियोजना

3. महिला समाख्या योजना
4. लोक जुंबिश परियोजना
5. जिला प्राथमिक शिक्षा कार्यक्रम
6. सर्वशिक्षा अभियान
7. मध्याह्न भोजन स्कीम–प्राथमिक शिक्षा के लिए पोषाहार सहायता राष्ट्रीय कार्यक्रम
8. प्राथमिक शिक्षा का व्यापक उपागम
9. स्कूल अध्यापकों के लिए व्यापक ओरियंटेशन कार्यक्रम
10. प्राथमिक अध्यापकों का विशेष अभिनव ओरियंटेशन
11. शिक्षा गारंटी तथा वैकल्पिक एवं नवाचार शिक्षा
12. कस्तूरबा गाँधी बालिका विद्यालय योजना
13. प्राथमिक स्तर पर बालिका शिक्षा हेतु राष्ट्रीय कार्यक्रम
14. ग्राम शिक्षा समिति

(इनका विवरण अध्याय 12, Page 105 पर विस्तारपूर्वक दिया गया है।)

2. *अनुच्छेद 45 के स्थान पर नया अनुच्छेद* (*Substitution of New Article for Article 45*): "45–छह वर्ष से कम आयु के बालकों के लिए प्रारम्भिक बाल्यावस्था देख-रेख और शिशु का उपबन्ध-राज्य सभी बालकों के लिए छह वर्ष की आयु पूरी करने तक, प्रारम्भिक बाल्यावस्था देख-रेख और शिक्षा देने के लिए उपबंध करने का प्रयास करेगा।"

"45. Provision for early childhood care and education to children below the age of six years: The State shall endeavour to provide early childhood care and education for all children until they complete the age of six years."

3. *अनुच्छेद 51A का संशोधन*: संविधान के अनुच्छेद 51A में खण्ड (j) के पश्चात्, निम्नलिखित खंड जाएगा अर्थात्:

"(K) यदि माता-पिता या संरक्षक है, छह वर्ष से चौदह वर्ष तक की आयु वाले अपने, यथास्थिति, बालक या प्रतिपाल्य के लिए अवसर प्रदान करें।"

Amendment of Article 51A–In Article 51A of the Constitution, after clause (j) the following clause shall be added namely, "(K) who is a parent or guardian to provide opportunities for education to his child or, as the case may be, ward between the age of six and fourteen years."

प्राथमिक शिक्षा सम्बन्धी संविधान में दर्शाए गए लक्ष्यों की पूर्ति के लिए किए जाने वाले प्रयासों का विवरण अलग से दिया जा रहा है।

9

प्राथमिक शिक्षा के सार्वभौमीकरण के परिमाणात्मक (प्रसारात्मक) तथा गुणात्मक पक्ष

(Quantitative and Qualitative Aspects of Universalisation of Elementary Education)

9.1 प्राथमिक शिक्षा का प्रसार तथा संविधान में निर्धारित लक्ष्यों की आपूर्ति (Expansion of Elementary/Primary Education and Non-fulfilment of Constitutional Obligations)

भारत के संविधान में धारा 45 के अन्तर्गत कहा गया था कि दस वर्ष (1960 तक) के भीतर भारत में प्राथमिक शिक्षा का सार्वभौमीकरण/सर्वसुलभीकरण/सर्वीकरण हो जाएगा। परन्तु भरपुर प्रयासों के होते हुए भी यह लक्ष्य पूरा न हो पाया। लक्ष्यों की तिथियाँ समय-समय पर बदलती रहीं। राष्ट्रीय शिक्षा नीति 1986 के भाग 5 'एक संकल्प' (A Resolve) के अन्तर्गत यह कहा गया "यह भी सुनिश्चित किया जाएगा कि वर्ष 1990 तक लगभग 11 वर्ष की आयुवाले सभी बच्चे स्कूल की पांच वर्ष की शिक्षा औपचारिक अथवा गैर-औपचारिक शिक्षा प्रणाली के माध्यम से प्राप्त कर ले। इसी प्रकार से वर्ष 1995 तक 14 वर्ष की आयु तक के सभी बच्चों को नि:शुल्क और अनिवार्य शिक्षा प्रदान की जाएगी। यह उद्देश्य पूरा न हो सका। 1992 की संशोधित नीति में यह लक्ष्य बदल दिया गया और कहा गया, "यह सुनिश्चित किया जाएगा कि इक्कीसवीं सदी में प्रवेश करने से पूर्व 14 वर्ष की आयुवाले सभी बच्चों को संतोषप्रद गुणवत्तावाली नि:शुल्क और अनिवार्य शिक्षा प्रदान की जाए। इस उद्देश्य की पूर्ति के लिए एक राष्ट्रीय मिशन शुरू किया जाएगा" दुर्भाग्यवश यह लक्ष्य भी अधूरा ही रह गया। प्राथमिक शिक्षा के प्रसार की स्थिति तालिका 7.1, 7.2, 7.3 तथा 7.4 में दर्शायी गई है।

वर्ष 2002-2003 में 20 करोड़ बच्चों में जो कि आयुवर्ग 6-14 वर्ष के थे, उनमें से लगभग 13 करोड़ स्कूल में नहीं थे।

2005 में 95 लाख बच्चे स्कूल से बाहर थे। 2001 में इनकी संख्या 321 लाख थी।

जो कार्य वर्ष 1960 तक पूरा किया जाना था, वह 2008 तक भी पूरा न हो पाया।

9.2 प्राथमिक स्तर पर शैक्षिक विस्तार (Expansion of Education at the Elementary Stage)

तालिका 9.1: प्राथमिक स्कूलों में नामांकन (Enrolment at the Elementary Stage)

(मिलियन में)

वर्ष	उच्च प्राथमिक स्तर					
	प्राथमिक स्तर (कक्षा I से V)			कक्षा (VI से VIII)		
	लड़के	लड़कियाँ	कुल	लड़के	लड़कियाँ	कुल
1950-51	13.8	5.4	19.2	2.6	0.5	3.1
1970-71	35.7	21.3	57.0	9.4	3.9	13.3
1990-91	57.4	40.4	97.4	21.5	12.5	34.0
2000-2001	64.4	49.8	113.8	25.3	17.5	42.8
2002-2003	64.9	57.2	122.1	26.3	20.6	46.9
2003-2004	68.3	59.0	128.3	27.3	21.4	48.7
2004-2005	69.7	61.1	130.8	28.5	22.7	51.2

तालिका 9.2: सकल नामांकन दर (Gross Enrolment Ratio)

वर्ष	उच्च प्राथमिक स्तर					
	प्राथमिक स्तर (कक्षा I से V)			कक्षा (VI से VIII)		
	लड़के	लड़कियाँ	कुल	लड़के	लड़कियाँ	कुल
1950-51	60.6	24.8	42.6	20.6	4.6	12.7
1970-71	95.5	60.5	78.6	46.5	20.8	33.4
1990-91	114.0	85.5	100.1	76.6	47.0	62.1
2000-2001	104.9	85.9	95.7	66.7	49.9	58.0
2004-2005	110.7	104.7	107.8	74.3	65.1	69.9

तालिका 9.3: सकल नामांकन दर कक्षा I से VIII (Gross Enrolment Ratio)

वर्ष	लड़के	लड़कियाँ	कुल
1950-51	46.4	17.7	32.1
1960-61	65.2	30.9	48.7
1970-71	75.5	44.4	61.9
1980-90	82.2	52.1	67.5
1990-2000	84.2	70.8	78.5
2000-2001	92.4	73.0	83.3
2004-2005	96.9	89.9	93.5

तालिका 9.4: स्कूल से बाहर रहे अधिसंख्य बच्चों वाले राज्य

राज्य/संघ	स्कूल के बाहर बच्चों की संख्या	स्कूल से बाहर बच्चों का प्रतिशत
बिहार	3176624	17.00
उत्तर प्रदेश	2995208	8.15
पश्चिम बंगाल	1213205	8.67
मध्य प्रदेश	1085096	8.63
राजस्थान	795089	8.67
झारखण्ड	620945	10.88
आन्ध्र प्रदेश	542665	4.29
असम	536220	8.91
महाराष्ट्र	529295	3.17
गुजरात	380444	3.96

9.3 संवैधानिक निर्देशों अथवा शिक्षा के सार्वभौमीकरण की पूर्ति में समस्याएँ (Problems of the Universalisation of Education)

1. प्राथमिक स्तर पर अपव्यय तथा अवरोध।
2. विभिन्न राज्यों, वर्गों तथा लिंगों की शिक्षा के विकास में बहुत अंतर।
3. नामांकन कार्य में कमियाँ।
4. सुविधाओं का अभाव।
5. अरुचिकर पाठ्यक्रम।
6. नीरस शिक्षण विधियाँ।
7. माता-पिता द्वारा उपेक्षा।
8. समुदाय की उदासीनता।
9. एक अध्यापक वाले स्कूलों की कमियाँ।
10. व्यवस्था संबंधी समस्याएँ।
11. लड़कियों का शिक्षा के प्रति कम उत्साह।
12. द्विपारी पद्धति के दोष।
13. निरंतर कक्षाओं का अभाव।
14. स्कूलों के अनुपयुक्त भवन।
15. अध्यापकों का प्रशिक्षण आवश्यकतानुसार न होना।
16. अध्यापकों का कम वेतनमान तथा कम सुविधाएँ, विशेषकर ग्रामीण क्षेत्रों में।
17. पंचायती राज का ढीलापन।
18. अनिवार्य शिक्षा कानून लागू करने के ढंग।
19. राज्य सरकारों तथा स्थानीय संस्थाओं के अधिकारों का त्रुटिपूर्ण वितरण।
20. अर्थ की कमी।
21. भौगोलिक बाधाएँ–दूर-दराज, पहाड़ी क्षेत्र आदि।
22. समुदाय की उदासीनता।
23. राजनीतिक दलों का शिक्षा में अवांछनीय हस्तक्षेप।
24. उचित तथा प्रभावी राजनीतिक इच्छाशक्ति का अभाव।

9.4 सार्वभौमीकरण की पूर्ति के लिए सुझाव (Suggestions for Achieving Universalisation)

1. *उचित मॉनीटरिंग* (*Appropriate Monitoring*): प्रारंभिक शिक्षा के सर्वीकरण की दिशा में होने वाली प्रगति का मॉनीटरिंग इसकी योजना प्रक्रिया का ही एक अभिन्न अंग हो और यह निम्नलिखित तीन स्वतंत्र, किन्तु समन्वित स्तरों पर किया जाए–

(क) अलग-अलग विद्यालयों का उनके शैक्षिक संकुल के भीतर,

(ख) अलग-अलग शैक्षिक संकुलों का, उनके जिले के भीतर, और

(ग) अलग-अलग जिला शिक्षा मंडलों का, उनके राज्यों के भीतर।

मॉनीटरिंग की रिपोर्ट सार्वजनिक रूप से उपलब्ध हो और उन पर विशेष रूप से गठित मंचों द्वारा चर्चा की जाए, जिससे प्रारंभिक शिक्षा के सर्वीकरण का लक्ष्य पूरा करने के लिए जनता का अभीष्ट दबाव पड़ सके।

2. *स्कूलों की जवाबदेही* (*Accountability of Schools*): अपने-अपने क्षेत्र के गाँवों, बस्तियों, मौहल्लों में प्रारंभिक शिक्षा के सर्वीकरण के लिए कार्यनीतियाँ बनाने और उन पर अमल करने के मामले में प्रत्येक विद्यालय को, चाहे वह प्रारंभिक हो अथवा मिडिल, पूरी तरह जवाबदेह बना दिया जाए।

3. *शैक्षिक संकुलन की स्थापना* (*Formation of School Complex*): प्रत्येक विद्यालय को शिक्षा सर्वीकरण के अपने कार्यक्रम पर अमल करने के लिए शिक्षा संकुल के माध्यम से पर्याप्त धनराशि और बौद्धिक संसाधन उपलब्ध कराए जाएँ।

4. *मुख्याध्यापकों को अधिकार देना* (*Power to the Head*): विद्यालय के मुख्य अध्यापक/मुख्य अध्यापिका को यह प्राधिकार दिया जाए कि वह असेवित बस्तियों (Unserved places) में और उन बच्चों तक पहुँचने के लिए, जो दिन के समय विद्यालय नहीं आ सकते, शिक्षाकर्मी भर्ती कर सके।

5. *बाल-केन्द्रित उपागम* (*Child-Centred Education*): शिक्षा के प्रति बाल केन्द्रित उपागम के भिन्न-भिन्न मॉडल तैयार करने में शिक्षकों को नवाचार के लिए प्रोत्साहित किया जाए। शैक्षिक संकुल के बीच शिक्षक समुदाय के बढ़ते अनुभव के परिपालन, समन्वयन और प्रसार के लिए उपयुक्त तंत्र की स्थापना की जाए।

6. *सामुदायिक समारोह* (*Community Functions*): विद्यालयों और अन्य शैक्षिक कार्यक्रमों से जिन अधिगम परिणामों की अपेक्षा की जाती है, उन्हें सुस्पष्ट और सहज संप्रेषणीय ढंग से व्यक्त किया जाए और शिक्षा प्रणाली के तहत मॉनीटरिंग, प्रश्न उठाने और हस्तक्षेप करने की सुविधा हो। इसका एक तरीका यह भी हो सकता है कि मासिक तथा वार्षिक आधार पर सामुदायिक समारोह किए जाएँ।

7. *व्यवसायीकरण शिक्षा* (*Vocational Education*): कामकाजी बच्चों, विशेषकर लड़कियों, की दृष्टि से शिक्षा की प्रासंगिकता में वृद्धि करने के लिए यह आवश्यक हो कि कक्षा आठ के स्तर तक समूची शैक्षिक प्रक्रिया का व्यवसायीकरण कर दिया जाए।

8. दो *चरण* (*Two Stages*): शिक्षा के सर्वीकरण के दो चरण माने जाने चाहिए। पहला चरण प्राथमिक शिक्षा (कक्षा 1 से 5) के सर्वीकरण का और दूसरा चरण प्रारंभिक शिक्षा के सर्वीकरण का। यहाँ विद्यालयों से आशा की जाएगी कि वह पहले ही चरण में शैक्षिक संकुल के साथ मिलकर प्राथमिक शिक्षा के सर्वीकरण के लिए व्यष्टि आयोजना हाथ में लें, वहाँ प्रारंभिक शिक्षा के सर्वीकरण को प्राथमिक शिक्षा के विकास में से सहज रूप से उभरकर आने देना चाहिए। प्राथमिक शिक्षा के सर्वीकरण का लक्ष्य पूरा हो जाने के बाद, दूसरे चरण में प्रारंभिक शिक्षा के सर्वीकरण के लिए भी आयोजना पर काम शुरू करना आवश्यक और व्यवहार्य हो जाए।

9. *विभिन्न समूहों के लिए शिक्षा* (*Education for Different Sections*): प्रारंभिक शिक्षा के सर्वीकरण ध्येय को प्राप्त करने के लिए विभेदित अथवा विसमूहित लक्ष्यों और बहुल शैक्षिक कार्यनीतियों के सिद्धांत को अपनाया जाए।

10. *सर्वशिक्षा अभियान को प्रभावी बनाना* (*Making Sarva Shiksha Abhiyan Effective*): सर्वशिक्षा अभियान एक 'दिखावा' ही न बन जाए, यह सुनिश्चित किया जाए।

11. *पंचायती राज की संस्थाओं की जिम्मेवारी* (*Responsibility for Panchayati Raj Institutions*): इस बात पर बल दिया जाए कि प्रत्येक पंचायत सर्वशिक्षा अभियान में पूर्ण रुचि ले रही है।

12. *अनिवार्य शिक्षा कानून* (*Compulsory Education Law*): शीघ्र से शीघ्र प्राथमिक शिक्षा संबंधी अनिवार्य कानून लागू किया जाए।

9.5 राष्ट्रीय शिक्षा नीति में प्राथमिक शिक्षा सम्बन्धी निर्देश (NPE Directions on Elementary Education)

अध्याय 5 देखें।

9.6 प्राथमिक स्तर पर व्यर्थता तथा अगति (Wastage and Stagnation at the Elementary Stage)

किसी भी शैक्षिक व्यवस्था की यह विशेषता होनी चाहिए कि जो बच्चा प्राथमिक स्कूल में भर्ती हुआ है वह अपनी प्राथमिक शिक्षा–अर्थात् कक्षा 1 से 8 तक शिक्षा–अवश्य पूरी करे। परन्तु हमारी शिक्षा प्रणाली में सबसे बड़ा दोष है कि दाखिल हुए बच्चों की एक बड़ी संख्या कक्षा 8 से पहले ही स्कूल छोड़ जाती है। भारत में यह स्थिति बहुत ही भयानक रूप धारण कर चुकी है। इसी संदर्भ में सबसे बड़ी समस्याएँ हैं अपव्यय और अवरोधन।

अपव्यय का अर्थ: बच्चों का प्राथमिक शिक्षा पूरी करने से पहले किसी स्तर पर अथवा कक्षा में स्कूल छोड़ना अपव्यय है।

अवरोधन का अर्थ: किसी भी बच्चे को एक ही कक्षा में एक से अधिक वर्ष रोकना अवरोधन है। दूसरे शब्दों में, फेल होकर छात्र का उसी कक्षा में एक से अधिक वर्ष रहना।

तालिका 9.5 से स्पष्ट है कि बच्चों के नामांकन का अधिकांश प्रतिशत प्राथमिक स्तरों पर ही स्कूल छोड़ जाता है। लगभग 40 प्रतिशत बच्चे कक्षा 8 से पूर्व स्कूल

तालिका 9.5: प्राथमिक स्तर पर बीच ही में स्कूल छोड़ने वाले छात्रों की दर
(Drop-out Rates at the Elementary Stage)

वर्ष	*उच्च प्राथमिक स्तर*					
	कक्षा I से V			*कक्षा I से VIII*		
	लड़के	*लड़कियाँ*	*कुल*	*लड़के*	*लड़कियाँ*	*कुल*
1960–61	61.7	70.7	64.9	75.0	85.0	78.3
1980–81	51.1	57.3	53.5	68.5	77.7	72.1
1990–91	42.0	47.6	44.3	60.6	67.6	63.4
2002–2003	36.0	33.9	35.0	52.3	53.5	52.8
2004–2005	31.8	25.4	29.0	50.5	51.3	50.8

छोड़ जाते हैं। दूसरे शब्दों में, केवल 51 प्रतिशत कक्षा 8 तक अपनी शिक्षा पूरी कर पाते हैं। कक्षा 1 से कक्षा 10 तक छोड़ने वाले छात्रों की दर लगभग 63 प्रतिशत है। अर्थात् केवल 37 प्रतिशत छात्र कक्षा 10 तक अपनी शिक्षा पूरी कर पाते हैं।

लड़कियों के बारे में स्थिति बहुत ही चिंताजनक है। इसी प्रकार अनुसूचित जाति/अनुसूचित जनजाति समुदायों की स्थिति भयानक है।

परिणामस्वरूप शक्ति, धन तथा मानव संसाधनों को क्षति पहुँचती है।

व्यर्थता तथा अगति के कारण

व्यर्थता तथा अगति के कारणों को मुख्यतः चार भागों में बाँटा जा सकता है–

1. *आर्थिक कारण*: इनके अंतर्गत हैं: (i) अभिभावकों की निर्धनता। (ii) बच्चों का उत्पादन तथा रोजगार संबंधी कार्यों में माता-पिता की सहायता करना।

2. *सामाजिक कारण*: (i) बाल-विवाह तथा बच्चों का स्कूल जल्दी छोड़ जाना तथा शिक्षा में अरुचि, (ii) ग्रामीण तथा पिछड़े क्षेत्रों में लड़कियों को सहशिक्षा संस्थाओं में भेजने में उदासीनता का दृष्टिकोण, (iii) आदिवासियों का अस्थिर सामाजिक ढाँचा, (iv) लड़कियों का घर के घरेलू काम-काज में सहायता प्रदान करना, (v) वर्ण व्यवस्था की सीमाएँ।

3. *शैक्षिक कारण*: इनमें मुख्य इस प्रकार हैं–(i) स्कूल पाठ्यक्रम का समुदाय जीवन से पृथक होना, (ii) स्कूल में रुचिकर वातावरण का अभाव, (iii) दोषपूर्ण शिक्षण विधियाँ, (iv) अध्यापकों की अपने कार्य में उदासीनता, (v) दोषपूर्ण परीक्षा प्रणाली, (vi) प्रवेश के निश्चित नियमों का न होना एवं वर्ष भर प्रवेश का जारी रहना, (vii) असंतुलित आयुवर्ग की कक्षाएँ, (viii) कक्षाओं में अधिक भीड़ का होना, (ix) एक अध्यापक वाले स्कूल, (x) उचित शैक्षिक मार्गदर्शन का अभाव।

4. *विविध कारण*: (i) बच्चों का प्रायः अस्वस्थ रहना, (ii) बच्चों की उपस्थिति में अनियमितता, (iii) प्राथमिक शिक्षा के प्रसार के लिए धन का अभाव, (iv) पौष्टिक आहार की कमी तथा बच्चों का कमजोर होना।

सुधार संबंधी मुख्य सुझाव

1. प्राथमिक स्कूल में भरती से पूर्व के वर्षों में बच्चों को पूर्व प्राथमिक स्कूलों में प्रवेश के लिए सुविधाएँ प्रदान की जानी चाहिएं।
2. छात्रों को पोषक भोजन देने के लिए दोपहर के भोजन की व्यवस्था की जाए।
3. स्कूल वर्ष के आरंभ में प्रथम दो मास के भीतर ही प्रवेश दिया जाए।
4. 'सभी पास' पद्धति को अपनाया जाए।
5. आकर्षक स्कूल भवन बनाए जाएँ तथा स्कूलों में छात्रों के बैठने की समुचित व्यवस्था हो।
6. पाठ्यक्रम लचीला हो।
7. पाठ्य-पुस्तकों का बोझ सामान्य हो।
8. विद्यालयों में शिक्षण के लिए सहायक उपकरण तथा साधन उपलब्ध कराए जाएँ।
9. प्रत्येक स्कूल में जितनी कक्षाएँ हों, उतने ब्लैकबोर्ड अवश्य होने चाहिए।
10. अध्यापक-छात्र अनुपात ऐसा रखा जाए कि अध्यापक छात्रों पर व्यक्तिगत ध्यान दे सकें।
11. जहाँ तक संभव हो, प्रशिक्षित अध्यापक ही प्राथमिक स्कूलों में नियुक्त किए जाएँ।
12. छात्रों के स्वास्थ्य की नियमित जाँच की व्यवस्था हो।
13. निर्धन छात्रों को निःशुल्क पुस्तकें, कापियाँ तथा स्कूली वेशभूषा दी जाएँ।
14. निरीक्षण प्रभावपूर्ण हो।
15. अभिभावकों से स्कूल का उचित संबंध हो।
16. समय-समय पर छात्रों की प्रगति का मूल्यांकन करके उचित कदम उठाए जाएँ, जिससे छात्रों की कमियाँ दूर हो सकें।

समय की माँग: अध्ययनों से स्पष्ट है कि हम प्राथमिक शिक्षा के क्षेत्र में विकासशील देशों की तुलना में बहुत पीछे हैं। हमें शीघ्र-से-शीघ्र छात्रों के स्कूल में टिके रहने के लिए सतत प्रयास करने होंगे।

9.7 प्राथमिक शिक्षा के सार्वभौमीकरण संबंधी प्रमुख कार्यक्रम (Significant Programmes for UEE)

1. ऑपरेशन ब्लैकबोर्ड (Operation Blackboard)
2. न्यूनतम शिक्षा स्तर (Minimum Levels of Learning)
3. मध्याह्न योजना स्कीम/प्राथमिक शिक्षा के लिए पोषाहार सहायता कार्यक्रम (Mid-Day Meals or Programme of Nutritional Support to Primary Education)
4. जिला प्राथमिक शिक्षा कार्यक्रम (District Primary Education Programme)
5. संविधान की धारा 45 में संशोधन (Amendment of Article 45 of the Constitution). धारा 21A को वर्ष 2000 में संविधान में जोड़ना (Insertion of Article 21A in 2002 in the constitution)
6. शिक्षा आश्वासन शिक्षा गारण्टी योजना और वैकल्पिक तथा नवाचार शिक्षा (Education Guarantee Scheme and Alternative and Innovative Education)

7. सर्वशिक्षा अभियान (Sarva Shiksha Abhiyan—Education for All)
8. कस्तूरबा गांधी बालिका विद्यालय (Kasturba Gandhi Balika Vidyalaya)
9. प्राथमिक शिक्षा कोष (Elementary Education Fund)

नोट: विवरण अलग से दिया गया है।

9.8 प्राथमिक शिक्षा की गुणवत्ता में सुधार के लिए सुझाव (Suggestions for Qualitative Improvement of Elementary Education)

समय-समय पर चिंता प्रकट की गई है कि हमारी शिक्षा का स्तर उत्तरोत्तर नीचे गिर रहा है। इस संदर्भ में विशेषकर प्राथमिक स्कूलों को दोषी ठहराया जाता है और कहा जाता है कि इस स्तर पर बच्चों की सर्वांगीण उन्नति के लिए पर्याप्त प्रयास नहीं किए जा रहे हैं। इसमें कोई संदेह नहीं कि जब तक नींव दृढ़ नहीं होगी, भवन भी अस्थिर ही रहेगा। इसलिए शिक्षा स्तर की नींव, जिसका आधार प्राथमिक स्तर पर ही निर्भर होता है, को सुदृढ़ बनाए बिनो शिक्षा के अन्य स्तरों में सुधार लाना बहुत ही कठिन कार्य होगा।

समय-समय पर शैक्षिक समितियों के सुझावों का विवरण पहले ही दिया गया है। यद्यपि प्राथमिक शिक्षा में सुधार हेतु अनेक पग उठाए गए हैं, फिर भी बहुत कुछ करना बाकी है। हमें सदा यह स्मरण रखना होगा कि इस गतिशील संसार में ज्ञान का विस्फोट बहुत शीघ्रता से हो रहा है और इन चुनौतियों का सामना करने के लिए प्राथमिक शिक्षा के पाठ्यक्रम, अध्यापन विधियाँ आदि में सतत् समयानुसार परिवर्तन लाना होगा।

प्राथमिक शिक्षा के विभिन्न घटकों, जिन पर इसका स्तर निर्भर है, के बारे में विस्तारपूर्वक चर्चा करना तो यहाँ संभव नहीं, फिर भी कुछ विशेष घटकों पर प्रकाश डालने का प्रयास किया गया है।

1. प्रभावी पाठ्यक्रम।
2. गतिशील शिक्षण विधियाँ।
3. विद्यालयों में पर्याप्त भौतिक तथा अन्य सुविधाएँ।
4. उपयुक्त, आकर्षक पाठ्य पुस्तकें।
5. उत्साही तथा संतुष्ट अध्यापक वर्ग।
6. लचीली तथा वस्तुनिष्ठ परीक्षा पद्धति।
7. एक अध्यापक वाले स्कूलों को सशक्त बनाना।
8. अध्यानक प्रशिक्षण में सुधार।
9. प्राथमिक स्तर पर अधिक व्यय करना।
10. छात्रों का बोझ कम करना।
11. मीडिया का प्रयोग।

1. प्रभावी पाठ्यक्रम

राष्ट्रीय शैक्षिक अनुसंधान एवं प्रशिक्षण परिषद् ने पाठ्यक्रम संबंधी निम्नलिखित सुझाव दिए हैं:

(i) अधिगम (सीखने) के न्यूनतम स्तर निर्धारित करना।

(ii) निर्धारित अधिगमों की प्राप्ति को सरल बनाने वाले अधिगम अनुभव और विषय-वस्तु की उचित व्यवस्था करना।

(iii) पाठ्यक्रम के कार्य निष्पादन के दौरान शिक्षक केन्द्रित दृष्टिकोण के स्थान पर छात्र केन्द्रित दृष्टिकोण पर बल देना।

(iv) समस्त शैक्षिक अवधि में शिक्षा के शैक्षणिक और गैर शैक्षणिक दोनों पहलुओं को समाविष्ट करने वाले सतत् और व्याख्यापरक मूल्यांकन को शुरू करके परीक्षा प्रणाली को नया रूप देना।

(v) देश भर में तुलनात्मक क्षमता (Comparable competency) के मानदण्डों के विकास और चयन के लिए राष्ट्रीय परीक्षण सेवा जैसी उपयुक्त कार्यप्रणाली की स्थापना करना।

(vi) सभी स्कूलों तथा अनौपचारिक शिक्षा केन्द्रों में पाठ्यक्रम को प्रभावी बनाने के लिए पर्याप्त मात्रा में सुविधाओं का प्रावधान करना।

2. गतिशील शिक्षण विधियाँ

पाठ्यक्रम को ठीक ढंग से कार्यान्वित करने के लिए आवश्यक है कि शिक्षण विधियाँ गतिशील और छात्र केन्द्रित हों। शिक्षण विधियों में छात्र के 'सीखने' न कि 'सिखाने' पर बल दिया जाए। राष्ट्रीय शिक्षा नीति की समीक्षा समिति ने छात्र केन्द्रित शिक्षा को निम्न प्रकार से दर्शाया है:

(i) बाल केन्द्रित कक्षा में ध्यान अध्यापक पर नहीं, बच्चे पर केन्द्रित होता है। इसलिए अध्यापक के लिए जरूरी है कि वह बच्चों की प्रकृति, समस्याओं और अभिवृत्तियों को पहचानने और उनके अनुसार ही उन्हें प्रेरित करने, पढ़ाने तथा अलग-अलग मूल्यांकन की अपनी प्रक्रिया विकसित करे और उनके अवांछनीय समझे जाने वाले व्यवहार के प्रति अपनी प्रतिक्रिया व्यक्त करे।

(ii) बच्चों की तरह अध्यापक भी निरंतर सीखता रहता है और नए-नए अनुभव प्राप्त करता रहता है।

(iii) सीखने की प्रक्रिया के नियम कड़े या स्थिर नहीं होते। कक्षा में पैदा होने वाली स्थितियों और चुनौतियों के अनुसार ही अध्यापक और बच्चे लगातार खोज, अन्वेषण, अनुकूलन और नए-नए नियम बनाते रहते हैं। साथ ही इस बात से भी इन्कार नहीं किया जा सकता कि इस प्रक्रिया में अध्यापक का मार्गदर्शन स्थूल सैद्धान्तिक संरचना ही करती है।

(iv) ज्ञान के साथ-साथ ज्ञान प्राप्ति की पद्धति भी समान रूप से महत्त्वपूर्ण होती है। बच्चों के दैनिक अनुभवों से ही ज्ञान प्राप्ति की पद्धति का निर्माण किया जाता है, जो फिर उन्हीं में समाहित हो जाती है।

3. विद्यालयों में पर्याप्त भौतिक तथा अन्य सुविधाएँ

समय-समय पर किए गए सर्वेक्षणों से पता चलता है कि प्राथमिक स्कूलों में बेसिक सुविधाओं का बहुत अभाव है। जहाँ कुछ सुविधाएँ उपलब्ध हैं, उनका पूरा-पूरा लाभ नहीं उठाया जाता है। कुछ वर्ष पूर्व किए गए सर्वेक्षण से निम्नलिखित तथ्य सामने आए:

अखिल भारतीय स्तर पर केवल 58 प्रतिशत स्कूलों में ब्लैकबोर्ड थे। केवल 28 प्रतिशत स्कूलों में किसी न किसी प्रकार की पुस्तकालय सुविधाएँ थीं और लगभग 46. 6 प्रतिशत स्कूलों में खेल के मैदान थे। विभिन्न राज्यों में तो इस प्रकार की सुविधाएँ

अलग-अलग थीं; उदाहरणार्थ, असम में 19.9 प्रतिशत प्राथमिक स्कूलों में ब्लैकबोर्ड थे, पश्चिम बंगाल में केवल 4 प्रतिशत प्राथमिक स्कूलों में पुस्तकालय सुविधाएँ थीं और बिहार के 15 प्रतिशत प्राथमिक स्कूलों में खेल के मैदान थे। कुछेक राज्यों में पीने के पानी जैसी मूल सुविधाएँ भी देना बाकी था। उदाहरण के लिए, मध्य प्रदेश में 21 प्रतिशत ग्रामीण प्राथमिक स्कूलों में पीने के पानी की सुविधाएँ उपलब्ध थीं। इस प्रकार की कमियाँ उच्चतर माध्यमिक स्कूलों में भी विद्यमान थीं। उदाहरणार्थ, पश्चिम बंगाल के 76 प्रतिशत उच्चतर माध्यमिक स्कूलों में पीने के पानी की सुविधाएँ उपलब्ध थीं। सामान्यत: इस प्रकार की कमियाँ ग्रामीण स्कूलों में अधिक पाई गई हैं; ग्रामीण क्षेत्रों में 79 प्रतिशत प्राथमिक स्कूलों, 70 प्रतिशत मीडिल स्कूल, 27 प्रतिशत माध्यमिक और 10 प्रतिशत उच्चतर माध्यमिक स्कूलों में पेशाबघर/शौचघर जैसी सार्वजनिक् सुविधाओं का अभाव था।

4. उपयुक्त एवं आकर्षक पाठ्यपुस्तकें

राष्ट्रीयकृत पुस्तकें सस्ती अवश्य हैं, परंतु इनमें चित्र आदि की कमी रहती है। छपाई भी कभी-कभी सुंदर नहीं होती है, इसलिए इनमें सुधार लाना अति आवश्यक है।

पाठ्य पुस्तकों में दी गई सामग्री का भी जीवन से इतना संबंध नहीं होता, जितना कि होना चाहिए।

5. उत्साही तथा संतुष्ट अध्यापक वर्ग

प्राय: यह देखा गया है कि अध्यापकों में उचित मात्रा में उत्साह नहीं होता है। इसके कारणों में जाना तो इस स्थान पर उपयुक्त नहीं होगा, परंतु इतना कहना आवश्यक है कि अधिकारी वर्ग प्राथमिक स्कूलों के अध्यापकों की काफी अवहेलना करते हैं।

6. लचीली तथा वस्तुनिष्ठ परीक्षा पद्धति

जब हम सार्वजनिक शिक्षा पर इतना बल देते हैं तो हमें छात्रों को प्राथमिक स्तर पर नीची कक्षा से अगली कक्षा में स्वत: जाने का प्रावधान करना चाहिए। मूल्यांकन में छात्रों का केवल उनकी क्षमताओं के बारे में विवरण हो, ताकि वे तथा उनके अभिभावक त्रुटियों को जानकर उनके सुधार के लिए प्रयत्न करें।

7. एक अध्यापक वाले स्कूलों को सशक्त बनाना

भारत में एक-तिहाई से भी ज्यादा ऐसे स्कूल हैं, जिनमें केवल एक ही अध्यापक होता है। उसके अवकाश पर जाने से स्कूल प्राय: बन्द हो जाता है, परंतु अब इस दिशा में ऑपरेशन ब्लैकबोर्ड के अंतर्गत दो अध्यापकों की नियुक्ति का प्रावधान किया गया है।

8. अध्यापक प्रशिक्षण में सुधार

इसमें कोई संदेह नहीं कि प्राथमिक स्तर पर अध्यापक प्रशिक्षण अभी भी परम्परागत ढंग से किया जा रहा है। इसमें अमूल परिवर्तन की आवश्यकता है।

9. प्राथमिक स्तर पर अधिक व्यय करना

पहली पंचवर्षीय योजना में प्राथमिक शिक्षा पर कुल व्यय का 56 प्रतिशत खर्च था। तीसरी योजना के पश्चात् घटकर यह केवल 24 प्रतिशत रह गया। तालिका से स्पष्ट है

कि प्राथमिक स्तर पर खर्च में बहुत कमी आई है। अत: खर्च बढ़ाए बिना स्थिति संतोषजनक नहीं हो सकती। गुणवत्ता सुधार के कार्यक्रमों में भी खर्चे में अधिक प्रावधान की आवश्यकता है।

10. छात्रों पर बोझ कम करना

इतना कुछ पढ़ाया जाता है, लेकिन फिर भी छात्र इतना कम क्यों सीख-समझ पाते हैं? इस प्रश्न पर 1993 में मानव संसाधन विकास मंत्रालय द्वारा प्रो. यशपाल की अध्यक्षता में नियुक्त की गई राष्ट्रीय सलाहकार समिति ने विचार किया। शारीरिक बोझ के अलावा–जो स्कूल के बस्तों के बोझ के रूप में प्रकट होता है, जो अधिकांश शहरी पब्लिक स्कूलों में औसतन चार किलो वजनवाले होते हैं–समिति ने नीरस पढ़ाई को एक प्रमुख समस्या माना था।

11. मीडिया का प्रयोग

प्राथमिक स्कूल में मीडिया का अधिक से अधिक प्रयोग करके शैक्षिक स्तर को बढ़ाया जाए।

10

राज्य शिक्षा नीति–2000
(State Education Policy–2000)

10.1 हरियाणा राज्य में शिक्षा नीति निर्माण की पृष्ठभूमि (Background for the Formulation of State Education Policy in Haryana)

राष्ट्रीय शिक्षा नीति का निर्माण 1986 में हुआ। वर्ष 1992 में नीति के क्रियान्वयन के सन्दर्भ में इसमें कुछ संशोधन किए गए। सभी राज्यों को केन्द्रीय सरकार की ओर से निर्देश दिए गए कि राज्य भी अपने राष्ट्रीय शिक्षा नीति में दिए गए निर्देशों को ध्यान में रखते हुए अपने राज्य की आवश्यकतानुसार शिक्षा सुधार की नीतियों का निर्माण करें। हरियाणा राज्य सरकार ने भी इसी आशय से राज्य के लिए शिक्षा नीति बनाई।

शिक्षा नीति बनाते समय हरियाणा राज्य की पृष्ठभूमि को भी सरकार ने ध्यान में रखा। याद रहे कि 1966 में पंजाब का विभाजन करके हरियाणा राज्य की 1966 में स्थापना की गई। उस समय हरियाणा देश के पिछड़े राज्यों में माना जाता था।

वर्ष 1966 में हरियाणा में साक्षरता दर राष्ट्रीय औसत दर से कम था। परन्तु 1991 में इससे अधिक था। दूसरे शब्दों में हरियाणा ने अलग राज्य बनने के पश्चात् तेजी से उन्नति की। फिर भी कई जिलों में देहाती क्षेत्रों में लड़कियों का साक्षरता दर कम था।

10.2 हरियाणा में शैक्षिक स्थिति तब तथा अब (Educational Scenario in Haryana: Then and Now)

A. संख्या

क्र. सं.	स्तर	1966-67	1998-99	2004-05
1.	प्राथमिक स्कूल	4499	10399	11800
2.	मिडिल स्कूल	735	1776	2269
3.	हाई तथा हायर सेकेन्डरी	597	3975	5222
4.	महाविद्यालय	45	167	321
5.	विश्वविद्यालय	1	3	8

B. प्राथमिक स्तर पर नामांकन प्रतिशत् (Percentage of School Going Children)

स्तर	लड़के	लड़कियाँ	कुल	लड़के	लड़कियाँ	कुल	लड़के	लड़कियाँ	कुल
(i) प्राथमिक (I-V)	80.7	34.7	58.9	82.6	84.70	83.5	80.0	84.9	82.3
(ii) मिडिल (VI-VIII)	56.2	16.3	37.3	67.9	61.70	65.0	77.7	74.8	76.4

प्राथमिक स्तर पर नामांकन दर (2004-05): हरियाणा और भारत
Enrolment Rate at the Elementary Stage (2004-05): Haryana and India

स्तर/कक्षाएँ	हरियाणा			भारत		
	लड़के	लड़कियों	कुल	लड़के	लड़कियों	कुल
(i) प्राथमिक (कक्षा I-V)	80.0	84.9	82.3	110.7	104.7	107.8
(ii) मिडिल (कक्षा VI-VIII)	77.7	74.8	76.4	74.3	65.1	69.9

C. साक्षरता दर (Literacy Rate)

	कुल	पुरूष	महिला
हरियाणा	68.59	79.25	56.39
भारत	65.38	75.85	54.16

10.3 हरियाणा शिक्षा नीति 2002 के महत्त्वपूर्ण नीति दिशा निर्देश (Significant Policy Directions of Haryana Education Policy 2002)

शिक्षा का नीति के उद्देश्य (Objectives of Education Policy)

I. प्राथमिक शिक्षा का सार्वभौमिकरण (Universalisation of Elementary Education)

(i) राज्य सरकार प्रारम्भिक शिक्षा के सार्वभौमिकरण को अधिकतम प्राथमिकता देगा।

(ii) राज्य सरकार 2 वर्ष 2005 तक सार्वभौमिक अनिवार्य नि:शुल्क के लक्ष्य को प्राप्त करेगी।

(iii) राज्य सरकार भारत सरकार के 'सभी के लिए शिक्षा' के प्रयासों का भरपूर समर्थन करेगी।

II. शिक्षा तथा पंचायती राज्य संस्थाएँ (Education and Panchayati Raj Institutions–PRIs)

(iv) राज्य सरकार प्रारम्भिक शैक्षिक संस्थाओं का हस्तान्तरण पंचायती राज्य संस्थाओं को करने के लिए प्रभावी कदम उठाएगी।

(v) राज्य सरकार ग्राम शिक्षा समितियों को शिक्षा में सक्रिय भागेदारी को आश्वस्त करेगी।

III. गैर-सरकारी संगठन (Non-Govt. Institutions)

(vi) राज्य सरकार शिक्षा के प्रसारात्मक तथा गुणात्मक विकास के लिए गैर सरकारी संगठनों की भागेदारी को बढ़ावा देगी।

IV. समानता (Equality)

(vii) राज्य सरकार लिंग, क्षेत्र वर्ग आदि विषमताओं को कम करेगी।

(viii) राज्य सरकार समता तथा सामाजिक न्याय के सिद्धान्तों के आधार पर उपयुक्त वातावरण निर्माण करेगी।

(ix) राज्य सरकार ऐसा वातावरण निर्माण करेगी जिसमें बच्चे, विशेषकर लड़कियाँ तथा पिछड़े वर्गों के बच्चे अपना पूर्ण विकास के अवसर प्राप्त करके राष्ट्र के विकास में योगदान दे सकेंगे।

V. अध्यापक शिक्षा (Teacher Education)

(x) अध्यापकों के शिक्षा में महत्त्वपूर्ण योगदान को मानते हुए तथा उनमें पूर्ण विश्वास रखते हुए राज्य उनके ज्ञान तथा कौशल जो अधिगमकर्त्ताओं के लिए आवश्यक है, के विकास के लिए प्रयास करेगी तथा उन्हें इस दिशा में सहायता करेगा। ऐसा करने के लिए तथा अध्यापकों को आधुनिकतम जानकारी देने के लिए राज्य वर्तमान अध्यापक शिक्षा/प्रशिक्षण कार्य को प्रभावी बनाएगी।

VI. शिक्षा तथा उत्पादकता (Education and Productivity)

(xi) राज्य शैक्षिक प्रणाली को गुणात्मक, सामाजिक तथा आर्थिक दृष्टि से उत्पादक बनाएगा ताकि वह शीघ्रता से परिवर्तित होने वाले सामाजिक-आर्थिक वातावरण की चुनौतियों का सफलता से मुकाबला कर सके।

(xii) प्रासंगिक ज्ञान, कौशल तथा मूल्यों पर इस प्रकार बल दिया जाएगा जो जीवन की वास्तविक परिस्थितियों में समायोजन स्थापित कर सकें।

VII. शिक्षा में गुणवत्ता (Quality Education)

(xiii) शिक्षा में अपव्यय (Wastage) को कम करने तथा उत्पादकता को बढ़ाने के लिए राज्य प्रभावी कदम उठाएगा। इसके लिए संसाधनों का दक्षतापूर्ण प्रबन्ध किया जाएगा। शिक्षण विधियों की समीक्षा की जाए। पाठ्यक्रम को नवीनतम बनाया जाएगा तथा मूल्यांकन में सुधार लाया जाएगा

VIII. योग्यता पर बल (Merit Consideration)

(xiv) शिक्षा में योग्यता को निर्णायक तत्त्व माना जाएगा।

(xv) शिक्षा के क्षेत्र में राज्य की नीति के सन्दर्भ में योग्यता के आधार पर भर्ती, पदोन्नति तथा स्थानान्त्रण नीति का पालन किया जाएगा।

IX. आर्थिक भूमण्डलीकरण तथा सूचना प्रौद्योगिकी की माँगें (Demands of Globalisation of Economy)

(xvi) शिक्षा में भूमण्डलीकरण की मांगों को ध्यान में रखा जाएगा।

(xvii) शिक्षा के विभिन्न स्तरों विशेषकर उच्च शिक्षा में सूचना तकनीकी के सन्दर्भ पाठ्यक्रमों में बदलाव लाए जाएंगे।

(xviii) विभिन्न प्रकार के व्यावसायिक पाठ्यक्रम आरम्भ किए जाएंगे।

X. ग्रामीण-शहरी विषमताएँ (Rural-urban Disparities)

(xix) प्राथमिक स्तर पर छात्रों के भाषायी कौशलों (Linguistic Skills) की विषमताओं को दूर करने के प्रथम किए जाएंगे।

(xx) प्राथमिक स्तर पर कक्षा 1 से अंग्रेजी का शिक्षण आरम्भ किया जाएगा।

XI. उच्च शिक्षा (Higher Education)

(xxi) उच्च शिक्षा संस्थाओं को स्वायत्ता प्रदान करने में ग्रामीण क्षेत्रों को प्राथमिकता दी जाएगी।

(xxii) नीति नियोजन के लिए तथा उच्च शिक्षा में स्तरों को बनाए रखने के लिए राज्य में उच्च शिक्षा राज्य परिषद् (State Council for Higher Education) की स्थापना की जाएगी जोकि सांविधिक (Statutory) होगी।

(xxiii) अध्यापक शिक्षा संस्थाओं को स्वायत्ती शिक्षा संस्थाएँ बनाने का राज्य प्रयास करेगा।

(xxiv) भविष्य की मांगों को पूरा करने के लिए उचित वातावरण निर्माण करने तथा शैक्षिक नवाचारों (Innovations) के लिए निजी निवेश (Private Investment) तथा स्वयं विज्ञानों तथ्यों को राज्य बढ़ावा देगा।

XII. जवाबदेही (Accountability)

(xv) सभी स्तरों पर जबाब देही के मानदण्ड निर्माण किए जाऐंगे।

(xvi) वृत्तिक आचार संहिता (Professional Code of Conduct) बनायी जाएगी।

XIII. मूल्यांकन (Evaluation)

व्यापक मूल्यांकन पद्धति का निर्माण किया जाएगा। परीक्षा प्रणाली तथा मूल्यांकन को सतत् प्रक्रिया के रूप में बदला जाएगा।

XIV. दूरस्थ शिक्षा/मुक्तशिक्षा (Distance/Open Education)

दूरस्थ तथा मुक्त शिक्षा प्रणाली को बढ़ावा देने के प्रयास किए जाएंगे।

10.4 क्रियान्वयन व्यूह-रचनाएँ (Implementing Strategies)

1. *स्कूल एक योजना इकाई के रूप में (School as a Planning Unit)*: वास्तविक रूप में प्रभावी बनाने के लिए स्कूल को मजबूत बनाया जाएगा। स्कूल के अपने लक्ष्य होंगे। स्कूल को केवल ऊपर से आज्ञाकारी इकाई के रूप में नहीं देखा जाएगा। स्कूल स्तर आयोजन तथा प्रबन्ध को प्रोत्साहित किया जाएगा।

2. *शैक्षिक प्रबन्ध का विकेन्द्रीकण (Decentralization of Educational Administration)*: समुदाय, पंचायती राज संस्थाओं तथा स्थानीय निकायों (Local Bodies) को शैक्षिक संस्थाओं के संचालन हेतु सशक्त बनाया जाएगा। ग्राम शिक्षा समिति शिक्षा ग्राम निर्माण समितियाँ गठित करके अभिभावकों तथा समुदाय को शिक्षा में भागीदार बनाया जाएगा।

3. *प्राथमिक शिक्षा में गुणवत्ता (Quality in Delivery of Primary Education)*: स्कूलों में गुणवत्ता के पक्ष पर विशेष ध्यान दिया जाएगा। उत्कृष्टि तथा छात्र मित्रवत् पुस्तकों का निर्माण किया जाएगा। शिक्षण अधिगम सामग्री में सुधार लाया जाएगा। स्थानीय व्यावहारिक अनुसन्धान को बढ़ावा दिया जाएगा। स्थानीय आवश्यकताओं पर ध्यान केन्द्रित किया जाएगा।

4. *अंग्रेजी कक्षा एक से (Introduction of English from Class I)*: बदलते हुए वातावरण को ध्यान में रखते हुए, विशेषकर ग्रामीण क्षेत्रों के, अंग्रेजी का अध्ययन कक्षा एक से शुरू किया जाएगा। वर्तमान स्टाफ को उपयुक्त प्रशिक्षण दिया जाएगा। जहाँ अध्यापकों की कमी है वहाँ पर बहुकक्षा अध्ययन की व्यवस्था की जाएगी।

5. *अध्यापकों की क्षमता का बदलना (Capacity Building of Teachers)*: सेवारत्त अध्यापकों के लिए विभिन्न प्रकार के अध्यापक शिक्षा के कार्यक्रमों की व्यवस्था की जाएगी। स्कूलों से प्रतिपुष्टि (Feed back) के आधार पर प्रशिक्षण कार्य का क्रियान्वयन किया जाएगा। स्कूलों, डाइटों तथा एस.सी.ई.आर.टी. से निकटतम सम्बन्ध स्थापित करने स्कूलों को सशक्त बनाया जाएगा। इन संस्थाओं को स्वायत्त संस्थाएँ बनाने के प्रयास किए जाएँगे।

6. *अध्यापक स्कूल कड़ी की मजबूत बनाना (Strengthening the Teacher-School Link)*: स्कूलों में अध्यापकों के स्थानान्त्रण की प्रक्रिया को पारदर्शी (Transparent) बनाया जाएगा। साथ ही यह भी आश्वस्त किया जाएगा कि ग्रामीण क्षेत्रों का कोई भी स्कूल अध्यापकों के बिना न रहे। पहली नियुक्ति में सभी अध्यापक पाँच वर्ष ग्रामीण क्षेत्रों में कार्य करेंगे।

प्रशासनिक अपेक्षाओं (Exigencies) को छोड़कर प्रत्येक अध्यापक उसी स्कूल में पाँच वर्ष तक कार्य आवश्यक करेगा।

7. *अध्यापकों के कार्य को मान्यता देना (Recognition of Teachers)*: उत्कृष्ट तथा समर्पित अध्यापकों के कार्य की मान्यता विभिन्न प्रकार के माध्यमों से दी जाएगी।

सार्वभौमिक प्राथमिक शिक्षा तथा प्रौढ़ साक्षरता कार्यक्रमों में सराहनीय कार्य के लिए अध्यापकों को पुरस्कृत करने हेतु एक नयी योजना आरम्भ की जाएगी।

8. *विशिष्ट समूहों को मुख्य धारा में लाना (Main Streaming Special Groups)*: विशिष्ट समूह छात्रों को स्कूल की मुख्य धारा में लाने हेतु विशेष प्रकार के कार्यकलापों की व्यवस्था की जाएगी।

9. *मॉनिटरिंग तथा मूल्यांकन (Monitoring and Evaluation)*: आंकड़ों आदि रखने की समुचित व्यवस्था की जाएगी जिससे मूल्यांकन वस्तुनिष्ठ ढंग से हो सके।

10. *समुदाय की भागेदारी (Partnership of the Community)*: इस बात पर बहुत बल दिया गया है कि समुदाय को शैक्षिक व्यवस्था का महत्त्वपूर्ण घटक बनाया जाए।

11. *संसाधनों में बढ़ोतरी (Increased Allocation/Resource Mobilisation)*: राज्य इस बात को प्रयास करेगा की वर्तमान 2-1 प्रतिशत् बजट के स्थान पर राष्ट्रीय सकल आय का 6.0% प्रति 2010 तक शिक्षा घर व्यय करे। राज्य यह भी प्रयास करेगा कि निजी संसाधनों को प्रेरित करके 10 प्रतिशत् शिक्षा पर खर्च किया जाए।

कॉलेजों में छात्रों तथा अध्यापकों के लिए सुविधाएँ बढ़ाने के लिए तथा विभिन्न विकास कार्यों के लिए कॉलेज स्तर पर पंजीकृत संस्थाएँ स्थापित करने के लिए राज्य

सरकार प्रोत्साहन देगी ताकि ये संस्थाएँ अधिक संसाधन जुटा सकें। इन स्थानीय समितियों में अभिभावक, प्रिंसिपल सामाजिक कार्यकर्ता तथा चुने हुए प्रतिनिधि आदि सदस्य होंगे।

12. *लड़कियों का स्कूलों में प्रतिधारण* (*Retention of Girls in Schools*): लड़कियों के स्कूल में प्रतिधारण के लिए, कॉलेजों में नामांकन के लिए प्रोत्साहित करने के लिए तथा उनकी विशेष आवश्यकताओं की पूर्ति के लिए विशेष कदम उठाए जाएंगे।

13. *सूचना प्रौद्योगिका का प्रयोग* (*Use of Information Technology IT*): राज्य स्कूलों में कम्प्यूटर शिक्षा आरम्भ करेगा ताकि भूमण्डलीकरण (Globalisation) की चुनौतियों का सामना किया जा सके।

14. *स्कूल स्तर पर व्यावसायिक शिक्षा का विकास* (*Promotion of Vocational Education at the School Stage*): परिवर्तित सामाजिक-आर्थिक वातावरण के सन्दर्भ में 10+2 स्तर पर व्यावसायिक शिक्षा पाठ्यक्रमों पर विशेष बल दिया जाएगा। साथ ही कृषि गृह विज्ञान, पशु पालन आदि सामाजिक दृष्टि से उत्पादक विषय आरम्भ लिए जाएँगे।

15. *उच्च शिक्षा में व्यावसायिक विषय* (*Vocational Subjects at the Higher Education Stage*): विश्वविद्यालय अनुदान आयोग (University Grants Commission) द्वारा प्राययोजित (Sponsored) व्यावसायिक पाठ्यक्रम राजकीय तथा गैरराजकीय कॉलेजों में आरम्भ करने के लिए राज्य सहायता करेगा इस दिशा में निजी संस्थाओं को जो स्वयं पोषित हों, उन्हें मान्यता देने के नियम बनाएगा।

16. *वर्तमान संसाधनों का अधिकतम लाभ* (*Maximum Utilisation of Existing Resources*): इस दिशा में भरपूर प्रयास किए जाऐंगे कि शैक्षिक संस्थाओं में विद्यमान संसाधनों का अधिक से अधिक लाभ उठाया जाए। आवश्यकतानुसार शैक्षिक संस्थाओं में दूसरी पाली प्रणाली (Double Shift System) भी आरम्भ किया जाएगा।

17. *उच्च शिक्षा को प्रासंगिक बनाना* (*Making Higher Education Relevant*): उच्च शिक्षा में सुधार निम्न प्रकार से लाया जाएगा:

(i) उच्च शिक्षा को काम की दुनिया (World at Work) से सम्बन्धित किया जाएगा।

(ii) निजी निवेश को उच्च शिक्षा में बढ़ावा दिया जाएगा।

(iii) विभिन्न प्रकार के उत्पादक पाठ्यक्रम शहरी तथा ग्रामीण क्षेत्रों में आरम्भ करने के लिए निजी उद्यम को प्रोत्साहित किया जाएगा।

18. *उपचारिक कोचिंग* (*Remedial Coaching*): इस परियोजना को बढ़ावा दिया जाएगा।

19. *उच्च शिक्षा में सेवारत अध्यापकों की शिक्षा* (*Inservice Education for Higher Education Teachers*): विभिन्न प्रकार के नवाचार पाठ्यक्रमों की व्यवस्था क़ी जाएगी।

कार्यवाही योजना (Programme of Action)

राष्ट्रीय शिक्षा नीति 1992 की कार्यवाही योजना को निर्देशनों के सन्दर्भ में हरियाणा राज्य सरकार ने भी कार्यवाही योजना बनायी।

10.5 नीति की समीक्षा (Review of the Policy)

हरियाणा राज्य की शिक्षा नीति में शिक्षा-सुधार सम्बन्धी अनेक योजनाएँ बड़ी सूझ-बूझ से बनायी गई है। पर्याप्त प्रगति भी हुई है परन्तु नामांकन का लक्ष्य भी अधूरा ही रहा है। प्राथमिक स्तर पर कक्षा I से V सार्वभौमिक अनिवार्य निःशुल्क शिक्षा का लक्ष्य जो 2007 तक पूरा हो जाना चाहिए था वह नहीं हो पाया है। व्यावसायिक शिक्षा के क्षेत्र में वांछित प्रगति का अभाव है। अध्यापक शिक्षा तथा उच्च शिक्षा में प्रसार बढ़ा है परन्तु गुणात्मकता क्षेत्र में कमी है। सतत् प्रयास की आवश्यकता है। विद्यमान स्रोतों का भरपूर लाभ उठाने की अत्यन्त आवश्यकता है।

10.6 हरियाणा राज्य की शिक्षा के क्षेत्र में भारत के सन्दर्भ में स्थिति (State of Education in Haryana vis-a-vis India)

मद (Item)	हरियाणा (Haryana)	भारत (India)
1. जनसंख्या (2001)	2.11 करोड़	102.86 करोड़
2. 6-14 आयु वर्ग (2004)	0.41 करोड़	17.46 करोड़
3. साक्षरता दर (2001)	67.9	64.8
4. सकल नामांकन दर (I-VIII) (2004-2005)	80.01	93.54
5. बीच में स्कूल छोड़ने वालों की दर (कक्षा 1 से 10)	34.48	61.92
6. छात्र-अध्यापक अनुपात		
(a) प्राथमिक स्तर	44	46
(b) अपर प्राथमिक स्तर	30	35
7. लाख की जनसंख्या पर स्कूल		
(i) प्राथमिक स्तर पर	63	97
(ii) सेकन्डरी/उच्च सेकन्डरी	23	14
8. एक संस्था के पीछे जनसंख्या लाखों में		
(i) एक विश्वविद्यालय पर	24.9 लाख	27.4 लाख
(ii) एक कॉलेज पर	1.35 लाख	1.04 लाख
(iii) एक तकनीकी संस्था पर	2.20 लाख	4.36 लाख
9. सर्वशिक्षा अभियान पर प्रति छात्र दसवीं योजना में खर्च	1800 रुपये	1823 रुपये

Source: *Selected Educational Statistics, 2004-2005*.

11

अधिगम के न्यूनतम स्तर: परिचय तथा महत्त्वपूर्ण विशेषताएँ (Minimum Levels of Learning (MLL): Introduction and Important Features)

11.1 अधिगम के न्यूनतम स्तरों का परिचय अथवा अर्थ (Introduction or Meaning of Minimum Levels of Learning)

अधिगम के न्यूनतम स्तर का अर्थ ज्ञानात्मक विकास के उस स्तर से है जिसे सभी छात्रों को प्राप्त करना है। पाठ्यक्रम में अनेक विषय होते हैं। साथ ही उनसे संबंधित अनेक अनुभव तथा क्रियाएँ जिनका प्रभाव छात्र के कौशल तथा भावात्मक पक्षों पर पड़ता है। परम्परागत शिक्षा प्रणाली में छात्रों की ज्ञानात्मक उपलब्धता को जानने के लिए परीक्षा ली जाती है। अब इसका नाम मूल्यांकन दिया जा रहा है। वास्तव में अधिगम तथा परीक्षा सिक्के के दो पक्ष हैं। छात्रों की ज्ञानात्मक उपलब्धता जानने के लिए परीक्षा में प्राय: एक-तिहाई अंक पाने वाले छात्रों को पास घोषित कर दिया जाता था तथा उनको डिवीजन अथवा ग्रेड दे दिए जाते थे। दूसरे शब्दों में, यदि छात्र दो-तिहाई पाठ्यक्रम की विषय-वस्तु से अनजान होता था उसे उत्तीर्ण समझा जाता था। अत: शिक्षाविदों ने परंपरागत शिक्षा प्रणाली तथा परीक्षा प्रणाली का भरपूर विरोध किया। प्राथमिक स्तर पर सुधार के लिए जोरदार आवाज उठाई गई। उन्होंने इस बात पर बल दिया कि पाठ्यक्रम के सभी भागों में से छात्रों की उपलब्धि की जाँच की जाए। इसी संदर्भ में अधिगम के न्यूनतम स्तर की अवधारणा प्रस्तुत की।

संक्षेप में न्यूनतम अधिगम स्तरों के संदर्भ में अध्यापक का यह लक्ष्य होता है कि प्रत्येक छात्र कम से कम 80 प्रतिशत बालक 80 प्रतिशत विषय-वस्तु का अधिगम अवश्य प्राप्त करें। न्यूनतम स्तरों में 30 प्रतिशत अथवा 40 प्रतिशत का कोई स्थान नहीं है।

11.2 अधिगम के न्यूनतम स्तरों की महत्त्वपूर्ण विशेषताएँ (Important Features of Minimum Levels of Learning)

1. *निश्चितता*: न्यूनतम स्तर लक्ष्य निर्धारित करते हैं। शिक्षा से सम्बन्धित सभी

वर्ग-अध्यापक, छात्र तथा अभिभावक जान जाते हैं कि इन लक्ष्यों की प्राप्ति के लिए प्रयत्नशील रहना है।

2. *विषय वस्तु पर संतुलित ध्यान*: विषय सामग्री के सभी भागों तथा पक्षों पर ध्यान दिया जा सकता है।

3. *अधिक से अधिक अधिगम*: सभी छात्रों को विषय सम्बन्धी अधिक से अधिक ज्ञान प्राप्त हो। प्राय: यह माना जाता है कि पाठ्य-सामग्री का लगभग 80 प्रतिशत भाग कक्षा के सभी छात्र भली प्रकार समझें न कि केवल 30/40 प्रतिशत।

4. *सतत् मूल्यांकन*: मूल्यांकन सतत् तथा विस्तृत हो जाता है। मूल्यांकन का उद्देश्य छात्रों का पास-फेल निर्धारण करना नहीं होता। मूल्यांकन द्वारा छात्रों की कमियों को दूर करना होता है। यह भी मूल्यांकन से पता चलता है कि पाठ्य-सामग्री को उचित ढंग से पढ़ाया गया है अथवा नहीं। यदि नहीं, तो अधिगम किस प्रकार प्रभावी बनाया जा सकता है।

5. *अधिगम की गुणवत्ता में बढ़ोतरी*: अधिगम की गुणवत्ता बढ़ती है, क्योंकि मूल्यांकन द्वारा त्रुटियों का पता चल जाता है तथा सुधार के उपाय प्रयोग में किये जाते हैं।

6. *स्तरों में समानता*: सरकारी तथा गैर-सरकारी-सभी प्रकार के स्कूलों के स्तर में समानता लाना।

7. *वस्तुनिष्ठ मूल्यांकन*: मूल्यांकन को वस्तुनिष्ट (Objective) तथा प्रभावी बनाना।

8. *वर्गों में समानता*: बिना किसी जाति, धर्म, क्षेत्र तथा लिंग भेद के सभी छात्रों को लगभग समान स्तर की शिक्षा का प्रावधान किया जा सकता है तथा किया जाना चाहिए। इसे अधिगम के न्यूनतम स्तर का आधार माना गया है। आधार है समता का अर्थात् वर्तमान अन्तर की खाई को कम करना।

9. *वंचित वर्गों पर ध्यान*: स्तरों को निर्धारण करने से वंचित वर्गों की शिक्षा के स्तर को ऊँचा उठाया जा सकता है।

10. *बच्चों को स्कूल में टिकाए रखना*: बीच में स्कूल छोड़ने वाले बच्चों (Drop-out Children) को स्कूल में टिकाए रखा जा सकता है क्योंकि अधिगम के साथ मूल्यांकन भी होता रहता है।

11. *अभिप्रेरणा का घटक*: विभिन्न वर्गों को अभिप्रेरित करना क्योंकि अधिगम के स्तर पहले से निश्चित होते हैं तथा उनकी उपलब्धि के लिए छात्र, अध्यापक तथा अभिभावक भरपूर प्रयास कर सकते हैं।

12. *अधिगम में निरन्तरता (Continuity in Learning)*: न्यूनतम स्तरों को क्रमिक से सीखा जा सकता है। प्रत्येक प्रकरण पर निपुणता तथा दक्षता प्राप्त करने के पश्चात् अगली इकाई सुगमता से समझी जा सकती है।

11.3 अधिगम के न्यूनतम स्तर निर्धारण के लाभ (Merits of Determining Minimum Levels of Learning)

ऊपर दी जा रही विशेषताओं पर अधिगम के न्यूनतम स्तर निर्धारण करने के निम्नलिखित लाभ हैं:

1. प्रत्येक विषय में प्रत्येक प्रकरण तथा घटक के लक्ष्य निर्धारित हो जाते हैं।

2. छात्र, अध्यापक तथा अभिभावकों को यह जानकारी रहती है कि कितने समय में अधिगम सम्बन्धी कार्य की पूर्ति करनी होनी है। अत: वे सतर्क रहते हैं।

3. प्रधानाचार्य को निरीक्षण में सुविधा रहती है।

4. अधिगम का मूल्यांकन सतत् रहता है। अत: छात्रों के अधिगम में सुधाार सतत् लाया जा सकता है।

5. सभी वर्गों के छात्रों के लिए न्यूनतम स्तर एक समान निश्चित किए जाते हैं। इस कारण अधिगम के स्तरों में खाई कम हो जाती है।

6. ग्रामीण तथा शहरी क्षेत्रों में भी एक जैसे अधिगम स्तरों की प्राप्ति की जा सकती है।

11.4 अधिगम के न्यूनतम स्तर को लागू करना (Introduction of Minimum Levels of Learning)

यहां पर भारत में प्राथमिक स्तर पर न्यूनतम स्तरों का संक्षिप्त इतिहास नीचे दिया जा रहा है:

1. *जिला प्राथमिक शिक्षा कार्यक्रम, 1978 (District Primary Education Programme DPEP- 1978)*: रा.शै.अनु.प्र.परि. (NCERT) ने UNICEF से सहायता प्राप्त परियोजना के अंतर्गत अधिगम के न्यूनतम सिद्धांतों पर कार्य आरंभ किया। 1984 में इस कार्य का मूल्यांकन किया गया। इसके आधार पर राष्ट्रीय शिक्षा नीति 1986 में इस अवधारणा पर बल दिया गया।

2. *नई शिक्षा नीति 1986* (NPE 1986): भारत में अधिगम के न्यूनतम स्तर की अवधारणा शिक्षा नीति 1986 में दी गई। इस नीति के भाग 3 अनुच्छेद 7 में कहा गया है, "प्रत्येक स्तर पर दी जाने वाली शिक्षा का न्यूनतम स्तर तय किया जाएगा। ऐसे उपाय भी किए जाएँगे कि छात्र देश के विभिन्न भागों में रहने वाले लोगों की संस्कृति और सामाजिक व्यवस्था को समझ सकें।" नीति में केवल संकेत दिया गया। न्यूनतम स्तर के अर्थ पर कोई प्रकाश नहीं डाला गया। नीति के क्रियान्वयन के लिए 1986 में जो 'कार्यवाही प्रोग्राम' (Programme of Action) बनाया गया, उसमें भी इस विषय पर कोई विशेष चर्चा नहीं की गई है।

भारत सरकार, मानव संसाधन मंत्रालय भारत सरकार के शिक्षा विभाग की समिति 1991 जिनकी संतुतियाँ आगे इस अध्याय में दी गई हैं, ने लिखा है कि अधिगम के न्यूनतम स्तर के अनुसार पढ़ाई गई वस्तु का 80 प्रतिशत भाग कक्षा के 80 प्रतिशत छात्रों को अच्छी तरह समझ में आ जाना चाहिए। आज प्राय: पास-फेल का मूल्यांकन 33-40 प्रतिशत अंकों के आधार पर किया जाता है।

3. *प्रारंभिक माध्यमिक शिक्षा का राष्ट्रीय पाठ्यक्रम: एक रूपरेखा-1988 (National Curriculum for Primary and Secondary Education 1988 : An Outline)*: रा.शै. अनु.प्र.परि. (NCERT) ने राष्ट्रीय शिक्षा नीति के संदर्भ में उक्त दस्तावेज तैयार किया। इस दस्तावेज के अध्याय 2 तथा अनुच्छेद 2 में अधिगम के न्यूनतम स्तर पर चर्चा की गई है। चूँकि इस विषय पर सामग्री का कुछ अभाव रहा है, पाठकों के मार्गदर्शन हेतु इस दस्तावेज का पूरा विवरण यहाँ दिया जा रहा है।

देश-भर में शिक्षा के स्तर में व्यापक समानता लाने के लिए स्कूली शिक्षा के प्रत्येक स्तर पर न्यूनतम अधिगम स्तर के मानदंडों को लागू करने पर बल दिया गया है। पाठ्यक्रम के प्रभावी कार्य निष्पादन के लिए स्कूल में उपलब्ध शैक्षणिक और भौतिक संसाधनों और उनके विकास के विभिन्न स्तर पर विद्यार्थी की बौद्धिक योग्यता से संबंधित अनुसंधान निष्कर्षों को ध्यान में रखते हुए प्रत्येक पाठ्यक्रम क्षेत्र के लिए न्यूनतम अधिगम लाभ निर्धारित किए जाएँगे।

अध्ययन के न्यूनतम स्तर की परिभाषा इस बात के महत्त्व को उजागर करती है कि अध्ययन-मूल्यांकन का समाकलनात्मक स्वरूप बना रहे। दूसरे अर्थों में, अध्ययन और मूल्यांकन इन दोनों को एक ही विद्या के दो अभिन्न पहलू माना गया है। अध्ययनकर्ताओं द्वारा अर्जित ज्ञान का निर्धाीत उद्देश्यों के लिए मूल्यांकन करने का तब तक कोई अर्थ नहीं है जब तक उन्नति और विकास के लिए ईमानदारी के प्रयास नहीं किए जाते। हालाँकि शिक्षा के न्यूनतम स्तर के प्रतिमान लागू करने और स्कूल शिक्षा के विभिन्न स्तर पर एक समान योजना अपनाने पर बल दिया गया है, परन्तु विषय वस्तु के चयन और अध्ययन अनुभवों तथा पाठ्यचर्या के निष्पादन की नीति के चयन में लचीलेपन की परिकल्पना की गई है जिससे कि शिक्षा सामयिक जरूरतों और परिवेश के संदर्भ के लिए अधिक संगत हो सके और अध्यापकों, स्कूलों तथा स्थानीय शिक्षा अधिकारियों को पहल करने तथा अनुभव हासिल करने का अवसर मिल सके। योजना में स्थानीय पहल और लोच के लिए काफी गुंजाइश रहती है। इससे न केवल राज्य शिक्षा-प्राधिकारियों को बल्कि अलग-अलग स्कूलों और अध्यापकों को उपचारात्मक उपाय शुरू करने और कार्यक्रमों तथा सामग्री को समृद्ध बनाने में सहायता मिलेगी। इससे स्कूल में एक ही कक्षा में पढ़ रहे मंदबुद्धि और तीव्रबुद्धि छात्रों की जरूरतें भी पूरी होंगी। तथापि पाठ्यक्रम के निष्पादन की कार्यप्रणाली और दृष्टिकोण में लोच की गुंजाइश का उपयोग अलग-अलग पाठ्यक्रम चलाने में नहीं किया जाना चाहिए जिनसे देश के विभिन्न भागों में शिक्षा के स्तर में विभिन्नता आने की संभावना पैदा होती है।

11.5 अधिगम के न्यूनतम स्तरों पर मानव संसाधन विकास मंत्रालय, शिक्षा विभाग, भारत सरकार द्वारा गठित दवे समिति की संतुतिया (1991) (Recommendations of Dr. H.R. Dave Committee of the Ministry of Human Resource Development, Department of Education on the Minimum Levels of Learning—1991)

समिति के अध्यक्ष डॉ. आर.एच. दवे (Dr. R.H. Dave) थे। अध्यक्ष समेत समिति के 11 सदस्य थे।

समिति ने प्राथमिक स्तर पर कक्षा I से V तक निम्न विषयों के लिए अधिगम के न्यूनतम स्तर पर अपनी सिफारिशें दीं:

1. भाषा में अधिगम के न्यूनतम स्तर (Minimum Levels of Learning in Language)
2. पर्यावरण अध्ययन में अधिगम के न्यूनतम स्तर (Minimum Levels of Learning in Environmental Studies)

3. गणित अध्ययन में अधिगम के न्यूनतम स्तर (Minimum Levels of Learning in Mathematics)

4. इसके अतिरिक्त समिति ने अधिगम नॉन-ज्ञानात्मक क्षेत्रों में (Non-Cognitive Areas of Learning) न्यूनतम स्तर निर्माण किए।

भाषा में शब्द भण्डार (Vocabulary in Language)

कक्षा I = 1500 शब्द
कक्षा II = 2000 शब्द
कक्षा III = 3000 शब्द
कक्षा IV = 4000 शब्द
कक्षा V = 5000 शब्द

भाषा में विभिन्न पक्ष जिनके न्यूनतम अधिगम स्तर निर्धारित किए:

- श्रवण/सुनना (Listening)
- वाचन/बोलना (Speaking)
- पठ्न/पढ़ना (Reading)
- लेखन/लिखना (Writing)
- विचारों का बोध/समझ (Understanding Ideas)
- कार्यात्मक अथवा व्यवहारक व्याकरण (Functional Grammer)
- भाषा-प्रयोग (Language use)
- शब्दाबली नियंत्रण (Vocabulary Control)
- स्व-अधिगम (Self- Learning)

इसी प्रकार समिति ने गणित (Mathematics) तथा पर्यावरण अध्ययन (Environmental Studies) में न्यूनतम स्तर निर्धारित किए हैं।

समिति ने इस नीति के कार्यान्यवन के लिए एक योजना का निर्माण किया। कुछ राज्यों के कुछ भागों में इस संदर्भ में कार्यवाही की जा रही है।

11.6 अधिगम के न्यूनतम स्तर की अवधारणा की आलोचना (Criticism of the Concept of Minimum Levels of Teaching)

1. विभिन्न विषयों के अधिगम के न्यूनतम स्तर जो निर्मित किए गए हैं उन्हें प्राय: सरकारी तथा स्थानीय निकायों के स्कूलों में कुछ विषयों में लागू करने के प्रयास किए गए हैं। इससे भय रहता है कि यह प्रक्रिया अथवा प्रयोग घटिया स्तर का है तथा खाई को बढ़ावा देता है।

2. न्यूनतम स्तर की अवधारणा का पूर्ण रूप से स्पष्टीकरण नहीं हो पाया है। कई प्रकार की भ्रान्तियाँ उत्पन्न हो रही है। व्यापक अनुवर्ती कार्य नहीं हो पाया है।

3. न्यूनतम स्तर तो निर्धारित किए गए परन्तु इनको लागू अथवा प्राप्ति के लिए कोई ठोस नीति नहीं बनाई गई।

4. जब भी शिक्षा में नए सुधारों की चर्चा की जाती है, इसका विरोध होता है। विरोध के कारणों को दूर करने के प्रयास होने चाहिए। सुधारों के लिए उचित वातावरण निर्माण

की आवश्यकता पड़ती है, तथा इन सुधारों के लिए प्रभावी वातावरण की आवश्यकता पड़ती है।

11.7 न्यूनतम अधिगम स्तर की अवधारणा को प्रभावी बनाना (Making Effective of Minimum Levels of Learning)

जैसा कि इस अध्याय के आरंभ में चर्चा की गई है, ज्ञानार्जन के न्यूनतम अधिगम स्तर का प्रयोग 1991 कें प्राथमिक चरण में आरंभ किया गया। देशव्यापी परियोजनाएँ शुरू की गईं, जिनसे एक ओर तो उत्साहवर्धक परिणाम सामने आए और दूसरी ओर ज्ञानार्जन के कठिन स्थलों की पहचान करने में मदद मिली। इस अवधारणा का उपयोग उन राज्यों ने किया है जो जिला प्राथमिक शिक्षा (डी.पी.ई.पी.) कार्यक्रमों का कार्यान्वयन कर रहे हैं। पाठ्यचर्या सामग्री, जैसे पाठ्यपुस्तकें, कार्य-पुस्तकें, शिक्षक मार्ग-निर्देशिकाएँ आदि भी तैयार की गई हैं। प्राथमिक चरण में न्यूनतम अधिगम स्तर के संशोधन करने और उच्चतर प्राथमिक स्तर के लिए न्यूनतम अधिगम स्तर विकसित करने के लिए प्रयत्न किए गए हैं। इन प्रयत्नों के बावजूद न्यूनतम अधिगम स्तर को आलोचनाएँ झेलनी पड़ीं। विद्यार्थियों का एक बहुत बड़ा हिस्सा प्रवीणता के स्तर के न्यूनतम अधिगम स्तर प्राप्त नहीं कर पाया, फिर भी साथ ही कुछ लोग न्यूनतम अधिगम स्तर को और भी उच्चतर ले जाने की माँग करते रहे हैं। मालूम होता है कि न्यूनतम अधिगम स्तर के संबंध में अलग-अलग समूहों के लोगों ने अलग-अलग अर्थ निकाले हैं। आवश्यकता इस बात की है कि इसके एक सर्वानुमत रूप को ध्यान मे रखकर इसकी स्पष्ट व्याख्या की जानी चाहिए और पूरे तंत्र में उसका व्यापक प्रचार किया जाना चाहिए। गैर संज्ञानात्मक क्षेत्रों को प्राप्य रूपों में उपयुक्त रीति से परिभाषित करना चाहिए और उसे विद्यालयी शिक्षा में गुणात्मक सुधार की संपूर्ण नीति का अंग बनाना चाहिए। न्यूनतम अधिगम स्तर के स्पष्ट रूप से परिभाषित कर दिए जाने के बाद विद्यालयों को उपयुक्त अनुभवों का संगठन करना चाहिए, ताकिं प्रवीणता के स्तर पर उस स्तर को प्राप्त किया जा सके। यह कार्य न्यूनतम अधिगम स्तर को न केवल एक अवधारणा के रूप में, बल्कि एक ऐसे दृष्टिकोण के रूप में स्वीकार करके किया जा सकता है जिसमें निम्नलिखित बातें सहज समाहित हों:

(1) प्रवीणता ज्ञानार्जन कार्यनीति।

(2) बच्चों पर केंद्रित और कार्यकलाप आधारित शिक्षण (जिसमें संदर्भ-सापेक्षता, परिवेश से ज्ञानोपार्जन और आनन्दमय ज्ञानोपार्जन के तत्त्व हों।

(3) सतत, सर्वाधिक और व्यापक मूल्यांकन।

(4) विभिन्न कोटियों के विद्यार्थियों के साथ अलग-अलग व्यवहार, जिसमें निदानात्मक और परिमार्जक शिक्षण, साथियों से सीखने, लक्ष्य निर्देशित ज्ञानोपार्जन (संवर्धन) और स्वज्ञानार्जन की प्रवृत्ति को बढ़ावा देने का समावेश हो।

(5) कार्य अनुसंधान।

(6) लचीलापन।

11.8 भाषा में अधिगम के न्यूनतम स्तर कक्षा V तक (Minimum Levels of Learning in Language upto Class V)

कक्षा I

क्षमता	*भाषा में योग्यताएँ (Competencies)*
(i) सुनना (Listening)	1. साधारण, परिचित (पहचानती हुई) तथा लोकप्रिय छन्दों, कविताओं तथा कथाओं को ध्यान से सुनना (Listen with understanding to simple, familiar and popular rhymes, poems and tales) 2. आपसी बातचीत तथा संवाद को पहचानी हुई स्थितियों में समझना। (Understand conversation and dialogues in familiar situations) 3. सामान्य स्थितियों में मौखिक निवेदन तथा साधारण निर्देशों को समझना। (Understand oral requests and simple)
(ii) बोलना (Speaking)	1. साधारण वाक्यों को ठीक से दोहराना (Repeat simple sentences correctly) 2. साधारण कविताओं, तुकान्त छन्दों, कविताओं तथा गानों को समूह में हाव-भाव द्वारा गाना। (Recite simple rhymes, poems and songs in a group with gestures and actions) 3. साधारण प्रश्नों का हाँ या ना में जवाब देना। (Answer simple questions in yes/no answers) 4. साधारण प्रश्न पूछना। (Ask simple Questions)
(iii) पढ़ना (Reading)	1. साधारण वर्गों को अकेले या संयुक्त रूप में पहचानना। (Recognise common letters in com-bination and singly) 2. श्यामपट या फ्लेशकार्ड पर बड़े प्रिंट में हाथ से लिखे शब्दों को पढ़ना। (Read large print and handwriting on blackboard, flash-card etc.) 3. जाने पहचाने साधारण शब्दों को ऊँची आवाज में पढ़ना। (Read aloud simple known words)

(क्रमशः)

क्षमता	*भाषा में योग्यताएँ (Competencies)*
(iv) लिखना (Writing)	1. स्वर, व्यंजन, मात्राओं तथा क्रिया रूपी शब्दों को लिखना/उतारना। (Copy consonant, vowels, '*matras*') 2. स्वर, व्यंजन, मात्राओं तथा क्रिया रूपी शब्दों का श्रुतलेख लिखना। (Write from dictation consonants, vowels, '*matras*' and conjunct letters) 3. साधारण जाने-पहचाने शब्दों तथा वाक्यों को लिखना। (Write simple familiar words and simple sentences)
(v) विचारों को समझना (पढ़कर तथा सुनकर)	1. साधारण लिखी हुई सूचना का स्मरण करना। (Recall simple information given in a short spoken text) 2. सुनने के बाद, 'कौन,' 'कहाँ', कब का जवाब दे पाना। (After listening be able to answer questions of 'who', 'when' and 'where')
(vi) व्याकरण (व्यावहारिक)	1. अन्तिम शब्दों के आधार पर शब्दों की समानता को जानना। (Become aware of similarities between words on the basis of word ending)
(vii) स्वयं अधिगम (Self Learning)	साधारण चित्र शब्दावली का ठीक प्रयोग करना। (Be able to use simple picture glossary)
(viii) भाषा प्रयोग (Language Use)	साधारण सिद्धान्तों को ठीक प्रकार से समझना तथा प्रयोग करना। (Understand and use simple principles)
(ix) शब्दावली नियंत्रण (Vocabulary control)	लगभग 1500 शब्दों तक शब्दावली को पढ़ना व समझना। (Be able to acquire reading comprehension vocabulary of approx. 1500 words.)

कक्षा II

क्षमता	*भाषा में योग्यताएँ (Competencies)*
(i) सुनना (Listening)	1. अपरिचित कविताओं, गानों तथा कहानियाँ को ध्यान से सुनना। (Listen with understanding to simple but familiar poems, songs and stories) 2. आपसी बातचीत तथा संवाद को जानी-पहचानी स्थितियों में समझना। (Understand conver-sation and dialogues in unfamiliar situations) 3. मौखिक निवेदनों, निर्देशों तथा प्रश्नों को साधारण स्थितियों में समझना। (Understand oral reque-sts, instructions commands and question in familiar situations)
(ii) बोलना (Speaking)	1. भाषा शब्दों का सही ध्वनि उच्चारण (Pronounce all sounds of the language) 2. कविताओं तथा गानों को अकेले तथा समूहों में गाना। (recite poems and songs in a group and individually) 3. साधारण प्रश्नों का पूर्ण उत्तर देना (Answer simple questions requiring full answers) 4. पहचानी हुई चीजों के बारे में जानकारी प्राप्त करना। (Seek information about familiar things)
(iii) पढ़ना (Reading)	1. असामान्य तथा संयुक्त अक्षरों को पहचानना। (Recognise in frequent letter and conjunct letters) 2. बड़ी तथा छोटी छपाई को पढ़ना। (Read large and small prints) 3. कहानियों, कविताओं, गानों तथा तुकांत कविताओं का ऊँचा उच्चारण। (Read aloud stories, songs, rhymes etc.)
(iv) लिखना (Writing)	1. शब्दों तथा वाक्यों की नकल उतारना। (Copy words and sentences) 2. साधारण पहचाने हुए शब्दों का श्रुतलेख लेना। (Take simple dictation of known words) 3. विस्तारपूर्वक समझाए हुए वाक्यों को लिखना। (Write simple guided descriptive sentences)

(*क्रमशः*)

क्षमता	*भाषा में योग्यताएँ (Competencies)*
(v) विचारों को समझना (पढ़कर तथा सुनकर) (Comprehension of Ideas through Listening and Reading)	1. घटनाओं का लिखित अथवा मैखिक रूप से स्मरण करना। (Recall sequence of events in a short spoken or written text)
(vi) व्यावहारिक व्याकरण (Functional Grammar)	1. शब्दों के उपसर्ग, प्रत्यय तथा मूल रूप के आधार पर शब्दों की समानता से परिचित होना। (Become aware of Similarities between words on the basis of word beginning, word ending and word roots (prefixes, suffixes and stems)
(vii) स्व-अध्ययन (Self-learning)	1. उपलब्ध साधारण चित्रों के विश्वकोष का प्रयोग कर पाना। (Be able to use simple picture encyclopaedia where available)
(viii) भाषा प्रयोग (Language use)	1. विनम्र ढंग से बोलना तथा ध्यान से सुनना। (Speak politely and be attentive while listening)
(ix) शब्दावली नियंत्रण (Vocabulary Control)	1. 2000 शब्दों तक की शब्दावली को पढ़ सकना तथा समझ सकना। (Be able to acquire reading comprehension vocabulary of approx 2000 words)

कक्षा III

क्षमता	*भाषा में योग्यताएँ (Competencies)*
(i) सुनना (Listening)	1. आख्यानों, विवरणों, शब्द क्रियाओं तथा पहेलियों को समझ से सुनना। (Listen with understanding to narrations, descriptions, word play and riddles) 2. आपसी बातचीत तथा संवाद को अपरिचित स्थितियों में समझना। (Understand conversation and dialogues in unfamiliar situations) 3. खेलों तथा क्रियाओं के क्रियान्वयन के मौखिक निर्देशों को समझना। (Understand oral instructions for playing games and carrying out activities)

(*क्रमशः*)

क्षमता	भाषा में योग्यताएँ (Competencies)
(ii) बोलना (Speaking)	1. शब्दों का सही उच्चारण (Speak with correct pronunciation) 2. साधारण जानी पहचानी कहानियों को सस्वर प्रस्तुत करना। (Narrate simple known stories with proper modulation) 3. जानी-पहचानी हुई चीजों को समझाना। (Describle familiar things) 4. उलझे हुए प्रश्न पूछना। (Ask more complex questions)
(iii) पढ़ना (Reading)	1. सड़कों के चिह्नों तथा विज्ञानों को ठीक ढंग से पढ़ना। (Read correctly road signs, hoardings) 2. अन्य विद्यार्थियों के हस्तलेखन को पढ़ना। (Read handwriting of other students) 3. बच्चों की साधारण कहानियों की किताबों तथा अन्य बच्चों के लिए पुस्तकों का पढ़ना। (Read simple books and other children's books)
(iv) लिखना (Writing)	1. अक्षरों तथा शब्दों के अन्तराल को समझना। (Understanding correct spacing of letters and words) 2. अपरिचित शब्दों का श्रुतलेख लेना। (Take direction with unknown words) 3. साधारण निर्देशित रचना करना। (Write simple guided composition)
(v) विचारों को समझना (पढ़कर तथा सुनकर) (Comprehension of Ideas through Listening and Reading)	1. मुख्य विचार को बोले गए वाक्य या लिखे गए वाक्य में ढूँढ़ पाना। (Locate main ideas in a spoken or written) 2. पाठ को पढ़ने तथा सुनने के पश्चात 'क्यों' आदि प्रश्नों का उत्तर बता पाना।
(vi) व्यावहारिक व्याकरण	1. शब्दों के बीच संबंधों के अर्थ को समझना। (Became aware of meaning of relationship between words)

(क्रमश:)

क्षमता	भाषा में योग्यताएँ (Competencies)
(vii) स्व-अध्ययन (Self-learning)	1. बच्चों के लिए उपलब्ध सचित्र शब्द कोष का प्रयोग करना। (Be able to use children's illustrated dictionary where available)
(viii) भाषा प्रयोग (Language Use)	1. समूह में अपनी बारी से बोलना। (Take turn while speaking in a group)
(ix) शब्दावली नियंत्रण (Vocabulary Control)	1. 3000 शब्दों तक की शब्दावली को पढ़ तथा समझ सकना। (Be able to acknowledge reading comprehension vocabulary of approx. 3000 words)

कक्षा IV

क्षमता	भाषा में योग्यताएँ (Competencies)
(i) सुनना (Listening)	1. साधारण को पहचानी हुई स्थिति में ध्यान से समझना। (Listen with understanding to simple speeches in familiar situations) 2. आपसी बातचीत तथा संवाद को अपरिचित स्थिति में समझना। (Understand conversation and dialogues in unfamiliar situations) 3. किसी कार्य को करने के लिए क्रमवार दिए गए मौखिक निर्देशों को समझना। (Understand series of oral instructions for performing an activity)
(ii) बोलना (Speaking)	1. बिना रुके बोलना। (Speck without stopping unnaturally) 2. ठीक ढंग से सुनना। (Recite with proper delivery) 3. अपरिचित चीजों तथा वस्तुओं के विषय में विवरण देना। (Describe familiar things) 4. कक्षा के साधारण वार्तालाप में भाग लेना। (Take part in simple classroom discussion)
(iii) पढ़ना (Reading)	1. कॉमिक तथा पोस्टरों को पढ़ना। (Read comics and posters) 2. हाथ द्वारा लिखे पत्रों को पढ़ना। (Read handwritten letters) 3. बच्चों की पत्रिकाएँ पढ़ना। (Read Children's magazines)

(क्रमशः)

क्षमता	*भाषा में योग्यताएँ (Competencies)*
(iv) लिखना (Writing)	1. सफाई से पढ़ने योग्य लेखन कार्य करना। (Write neatly and legibly) 2. श्रुतलेख को आसान विराम आदि चिन्हों से शुद्ध लिखना। (Take dictation with simple punctuation marks) 3. रचनात्मक निबंधों को अनुच्छेद तथा विराम चिन्ह लगाकर लिखना। (Write guided composition using paragraphs and punctuations)
(v) विचारों को समझना (पढ़कर तथा सुनकर) (Comprehension of Ideas through Listening and Reading)	1. साधारण विचारों तथा गतिविधियों के कारण तथा नतीजों को लिखित या मौखिक ढंग से पहचानना। (Recognise simple cause and effect relationship between ideas and events in a spoken or written text) 2. पाठ को पढ़कर या सुनकर उत्तर दे पाना 'क्योंकि' 'या' 'जब से' इत्यादि शब्दों का इस्तेमाल करके। (After listening or reading a text, be able to answer questions using 'because' and 'since')
(vi) व्यावहारिक व्याकरण (Functional Grammar)	1. वाक्यों की रचना के व्यावहारिक नियमों को समझ पाना। (Understand simple functional rules of sentence construction)
(vii) स्व-अध्ययन (Self Learning)	1. साधारण भाषा कोश का प्रयोग कर पाना। (Be able to use simple dictionary)
(viii) भाषा प्रयोग (Language use)	1. औपचारिक तथा अनौपचारिक भाषा के भेद को समझना। (Understand about difference between formal and informal language)
(ix) शब्दावली नियंत्रण (Vocabulary Control)	1. लगभग 4000 शब्दों तक की शब्दावली को पढ़ तथा समझ सकना। (Be able to acquire reading vocabulary of approx. 4000 words)

कक्षा V

क्षमता	*भाषा में योग्यताएँ (Competencies)*
(i) सुनना (Listening)	1. स्कूल प्रतियोगिताओं में कविता, नाटक, वाद-विवाद को ध्यान से सुनना। (Listen with understanding to recitations, plays and debates during a school function or competition)

(*क्रमशः*)

क्षमता	*भाषा में योग्यताएँ (Competencies)*
	2. आपसी बातचीत, संवाद, वार्तालाप को अपरिचित स्थितियों में समझना। (Understand conversation, dialogues and discussion in unfamiliar situations.) 3. सामूहिक रूप से कार्य करने के निर्देशों को समझना। (Understand instructions for performing a group activity.)
(ii) बोलना (Speaking)	1. प्रवाहपूर्वक तथा प्राकृतिक ढंग से बोलना। (Speak fluently and naturally.) 2. जाने हुए विषयों पर बोलना। (Speak on simple themes.) 3. विभिन्न स्थितियों तथा अवसरों का विवरण देना। (Describe situations and events.) 4. नाटक वाद-विवाद में भाग लेना तथा औपचारिक घोषणाओं का ऐलान करना। (Take part in plays, debates and formal announcements.)
(iii) पढ़ना (Reading)	1. साधारण चित्रों, नक्शा, चार्ट तथा अन्य चीजों को पढ़ना। (Read simple figures, charts and maps etc.) 2. छपे हुए तथा हाथ से लिखे लेख को सुगमतापूर्वक पढ़ना। (Read print and hand writing freely.) 3. अखबार तथा अन्य छपी हुई चीजें पढ़ना। (Read newspapers and other printed matter.)
(iv) लिखना (Writing)	1. ठीक प्रकार से जगह छोड़कर लिखना। (Write with correct spacing) 2. श्रुतलेख को ठीक विराम चिन्हों से लिखना। (Take dictation with all punctuation marks.)
	3. अनौपचारिक निबन्ध तथा पत्र लिखना, रचनात्मक कार्य करना। (Write informal compositions and letters.)
(v) विचारों को समझना (पढ़कर तथा सुनकर) (Comprehension of Ideas through Listening and reading)	1. दी गई सूचनाओं से पढ़कर व सुनकर निष्कर्ष निकालना। (Draw inferences from the information given in a spoken or written text.)

(*क्रमशः*)

क्षमता	*भाषा में योग्यताएँ (Competencies)*
	2. 'अगर', 'तब', या 'मगर', 'तब नहीं' इत्यादि शब्दों का प्रयोग करके पाठ को सुन या पढ़ कर उसका उत्तर दे पाना। (After listening or reading a text be able to answer and question using 'if', 'then' etc.)
(vi) व्यावहारिक व्याकरण (Functional Grammar)	1. साधारण व्यावहारिक नियमों को समझना। (Understand simple functional rules.)
(vii) स्व-अध्ययन (Self Learning)	1. बच्चों के विश्वकोश (ज्ञानकोश) का प्रयोग कर पाना। (Use children's Encyclopaedia.)
(viii) भाषा प्रयोग (Language use)	1. औपचारिक या अनौपचारिक परिस्थितियों में ठीक भाषा का इस्तेमाल करना।
(ix) शब्तावली नियंत्रण (Vocabulary Control)	1. 5000 शब्दों तक की शब्दावली को पढ़ तथा समझ सकना। (Be able to acquire vocabulary of approx. 5000 words.)

12

स्कूलों का खाका खींचना, सूक्ष्म नियोजन तथा पाठ्यक्रम का विकेन्द्रीकरण

(School Mapping, Micro Planning and Decentralisation of Curriculum)

12.1 भूमिका (Introduction)

प्रारम्भिक शिक्षा के विस्तार तथा गुणात्मक सुधार के लिए अनेक प्रकार के सुझाव दिए गए हैं। उनमें से तीन का यहाँ पर विवरण दिया जा रहा है। ऐसा समझा जाता है कि यदि इन सुझावों को दृढ़ संकल्प से कार्यान्वयन किया जाए तो कोई कारण नहीं है कि संविधान में निदेशों की शीघ्र पूर्ति न हो सके। आवश्यकता है, वांछित राजनीतिक इच्छा शक्ति की।

12.2 स्कूल मैपिंग (School Mapping)

शैक्षिक योजना का विकेन्द्रीकरण (Decentralisation of Planning)

शैक्षिक योजना का एक महत्त्वपूर्ण पक्ष है, शैक्षिक सुविधाओं का प्रावधान करना। ऐसा पाया गया है कि राष्ट्रीय स्तर पर निर्धारित प्राथमिकताएँ बहुधा 'कागजी कारवाई' बन कर रह गई हैं। इस प्रकार से निर्धारित प्राथमिकताऐं स्थानीय, शहरी, ग्रामीण तथा अन्य समूहों में अनेक प्रकार की असमानताओं को जन्म देती हैं। इन असमानताओं को दूर करने के लिए यह आवश्यक है कि शैक्षिक नियोजन का विकेन्द्रीकरण किया जाए। इसके लिए स्कूल मैंपिंग सबसे उत्तम साधन है।

स्कूल मैपिंग की अवधारणा (Concept of School Mapping)

स्कूल मैपिंग का अर्थ है, उन स्थानों तथा समूहों की पहचान करना जहाँ पर कि शैक्षिक सुविधाओं का प्रावधान करना है। ऐसा करने के लिए क्रमानुसार प्रयत्न करना ताकि प्राथमिकता के आधार पर शिक्षा से वंचित आयु-समूहों के लिए उचित मात्रा में शिक्षा की व्यवस्था की जा सके।

मैपिंग का कार्यक्षेत्र (Scope of Mapping)

स्कूल मैपिंग प्रक्रिया में सुविधाओं के विस्तार तथा सुधार में निम्न पक्ष आते हैं;

1. वर्तमान सुविधाओं को निम्न द्वारा अधिक से अधिक युक्ति संगत बनाना;
   (क) शैक्षिक संस्थाओं का स्थानान्तरण करना, बन्द करना अथवा मिलाना;
   (ख) शैक्षिक तथा गैर शैक्षिक स्टाफ का अधिक से अधिक लाभ उठाना;
   (ग) स्कूल भवन, फर्नीचर तथा अन्य सामग्री का अधिक से अधिक लाभ उठाना;
2. नयी अथवा अतिरिक्त सुविधाएँ उपलब्ध कराना।
   (क) नयी शैक्षिक संस्थाएँ खोलना अथवा वर्तमान संस्थाओं का विस्तार करना;
   (ख) अतिरिक्त शैक्षिक तथा गैर शैक्षिक स्टाफ का प्रबन्ध करना;
   (ग) नये भवन, फर्नीचर तथा अन्य सामग्री की शैक्षिक संस्थाओं में व्यवस्था करना।

स्कूल मैपिंग के मुख्य लक्ष्य (Objectives of School Mapping)

1. अधिक से अधिक शैक्षिक समानता के लक्ष्य की प्राप्ति करना।
2. वर्तमान शैक्षिक संस्थाओं के कार्य को युक्ति संगत बनाना।
3. सीमित मानवीय तथा भौतिक साधनों का अधिक से अधिक लाभ उठाना।
4. स्थानीय समुदाय को शैक्षिक आयोजना में भागीदार बनाना।
5. स्कूल परिसरों (School Complexes) का निर्माण करना।

स्कूल मैपिंग के लिए आवश्यक बातें (Essentials of School Mapping)

नियमित तौर से स्कूल मैपिंग प्रक्रिया को क्रियान्वयन करने के लिए आवश्यक है कि निम्न बातों पर ध्यान दिया जाए:

1. जनसंख्या में वृद्धि तथा क्षेत्रों में कमी।
2. विद्यालय जाने वाले बच्चों की संख्या।
3. जनसंख्या का भौगोलिक वितरण।
4. आयुवर्ग।
5. लड़के-लड़कियों की संख्या।
6. वर्तमान उपलब्ध शैक्षिक सुविधाएँ।
7. भावी शैक्षिक सुविधाएँ।
8. स्कूलों तथा कक्षाओं का आकार।
9. भौगोलिक परिस्थितियों-पहाड़ी, रेगिस्तानी, झुग्गी झोपड़ी आदि।
10. उपलब्ध मानवीय तथा भौतिक साधन।
11. मैपिंग का इकाई–ग्राम, तहसील, जिला अथवा राज्य।
12. माप दण्डों का निर्धारण करना।

12.3 सूक्ष्म आयोजना (Micro Planning)

प्रारम्भिक शिक्षा को सर्वसुलभ बनाने के लिए केवल प्राथमिक स्कूलों की आधारभूत सुविधाओं में सुधार लाना, गैर–औपचारिक अथवा अनौपचारिक शिक्षा की व्यवस्था करना और अध्यापकों की गुणवत्ता में सुधार लाना ही काफी नहीं है। इस बात की आवश्यकता है कि निम्नतम स्तर (Grass-root level) पर जो शिक्षा पाने वाले हैं, उन्हें शिक्षा में अधिक से अधिक सहयोगी तथा भागीदार बनाया जाए। इस प्रयोजन के लिए जो नीति अपनाई जानी चाहिए, वह सूक्ष्म आयोजना की नीति है।

राष्ट्रीय शैक्षिक आयोजना एवं प्रशासन संस्थान (National Institute of Educational Planning and Administration—NIEPA) ने इस क्षेत्र में महत्त्वपूर्ण कार्य किया है। इस सन्दर्भ में मुख्य बातें निम्नलिखित हैं:

1. स्थानीय प्राथमिक स्कूलों के अध्यापकों, गैर-औपचारिक शिक्षा केन्द्रों के अनुदेशकों, महिलाओं, अनुसूचित जातियों, अनुसूचित जनजातियों आदि के समुचित प्रतिनिधित्व वाली ग्राम शिक्षा समितियों की स्थापना करके समाज के निम्न स्तर को सहयोजित करना और समर्थ बनाना।

2. एक पारिवारिक दृष्टिकोण अपना कर ऐसे पात्र बच्चों की पहचान करना जो कि इस समय शिक्षा से जुड़े हुए नहीं है और उन्हें स्कूलों में तथा गैर-औपचारिक केन्द्रों में दाखिला लेने तथा शिक्षा में निरन्तर जुड़े रहने तथा इस प्रकार शिक्षा से जुड़े रहकर न्यूनतम ज्ञान प्राप्त करने के लिए प्रेरित करना।

3. औपचारिक और गैर-औपचारिक शिक्षा की आधारभूत सुविधाओं की व्यवस्था और उन्हें सुदृढ़ बनाने के लिए सामुदायिक सहायता जुटाना, स्वैच्छिक एजेंसियों और सामाजिक कार्यकर्त्ताओं को सहयोजित करना।

4. सूक्षम आयोजना का पंचायती राज की विकेन्द्रीकृत प्रशासनिक प्रणाली के साथ तालमेल बैठाना।

12.4 पाठ्यक्रम का विकेन्द्रीकरण (Decentralisation of Curriculum)

पाठ्यक्रम का विकेन्द्रीकरण क्यों? (Why Decentralisation of Curriculum?)

भारत जैसे विशाल देश में पाठ्यक्रम के केन्द्रीकरण की प्रक्रिया में अनेक दोष हैं। प्राय: यह देखा गया है कि इस प्रकार से बनाया गया पाठ्यक्रम छात्रों के जीवन तथा उनके पर्यावरण से बिल्कुल मेल नहीं खाता है।

शिक्षा प्रक्रिया को 'बाल-केन्द्रित' (Child-Centred) तभी बनाया जा सकता है जबकि स्कूल का सम्पूर्ण कार्यक्रम छात्रों की आवश्यकताओं तथा प्रकृति पर केन्द्रित हो। आदर्श रूप में कहा जाए तो किसी भी बाहरी एजेंसी का इस प्रकार के मामलों जैसे–सीखने का लक्ष्य, शैक्षणिक व्यवहार, पाठ्यक्रम या सीखने के साधन, बैठने की व्यवस्था में कोई सार्थक निर्देशन तथा अधिकार नहीं हो सकता। यह अध्यापकों पर निर्भर है कि वे उन्हें स्वीकार करें, आत्मसात करें, परिवर्तित करें, आवश्यक हो तो अस्वीकार कर दें।

एक बार हम सीखने की गति की स्वतन्त्रता को स्वीकार कर लें तो प्रत्येक कक्षा में बच्चों का विकास स्तर भिन्न होगा। अत: पाठ्यक्रम का विकेन्द्रीकरण आवश्यक है।

पाठ्यक्रम के विकेन्द्रीकरण करने के परिणामस्वरूप बच्चों के भिन्न-भिन्न समूह विद्यालय में अलग-अलग समय पर आ सकते हैं। यदि हमारे पास ऐसा पाठ्यक्रम हो जो पूरी तरह से बंधा हुआ न हो और पूर्णत: निर्धारित न हो तो अध्यापकगण विद्यार्थियों के विभिन्न समूहों के लिए उनकी विशेष समस्याओं जिसमें नियमित रूप से विद्यालय में उपस्थित होने के लिए समय का अभाव भी सम्मिलित है, विभिन्न प्रकार के अधिगम कार्यक्रम (Learning Programmes) चला सकते हैं। छात्रों को शिक्षा के सुधार में

भागीदार तभी बनाया जा सकता है जबकि पाठ्यक्रम का विकेन्द्रीकरण किया जाए। चूँकि बच्चों के सीखने की गति और शैलियाँ अलग-अलग होती हैं अत: उन्हें अलग-अलग तरह से समूहबद्ध (Grouping) किया जा सकता है कभी किसी विषय विशेष में उनकी योग्यता अथवा उपलब्धि के आधार पर, कभी उनकी रूचियों के आधार पर और कभी इस रूप में कि धीरे सीखने वाले बच्चे तेजी के साथ सीखने वाले बच्चों से सहायता ले सकें।

विकेन्द्रीकरण पाठ्यक्रम का अर्थ तथा क्रियान्वयन (Meaning and Implementation of Decentralized Curriculum)

पाठ्यक्रम के विकेन्द्रीकरण का अर्थ होगा कि प्रत्येक स्कूल शिक्षा के स्तर में सुधार का भागीदार होगा। बच्चों की सक्रिय भागीदारी उनकी अपनी स्वतन्त्र इच्छा और उनके अपने स्तर पर ही सम्भव है। इसका अभिप्राय: है एक 'अश्रेणीकृत कक्षा' (Ungraded Class) जिसमें 'सीखने की गति और प्रश्न करने की स्वतन्त्रता' ही मुख्य सिद्धान्त बन जाता है–बच्चों के लिए सीखने की प्रबलतम प्रेरणा है कुछ नया सीख लेने या किसी नये कौशल पर अधिकार पा लेने का बौद्धिक आनन्द। इसलिए ऐसी श्रेणीकृत कक्षा जो इस प्रकार आयोजित की गई हो कि बार-बार कुछ नया सीखने के अनुभवों के अवसर प्रदान करे, स्कूल में बच्चों की रूचि को बनाए रखेगी। यह उन्हें भी सम्भाल लेगी जो रूचि के अभाव में स्कूल छोड़ देते हैं।

पाठ्यक्रम के विकेन्द्रीकरण करने से अध्यापक का ध्यान बच्चे पर केन्द्रित होगा। अध्यापक के लिए जरूरी है कि वह बच्चों की प्रकृति, समस्याओं और अभिवृत्तियों को पहचानने और उनके अनुसार ही उन्हें प्रेरित करने, पढ़ाने तथा अलग-अलग मूल्यांकन की अपनी प्रक्रिया विकसित करे और उनके अवांछनीय समझे जाने-वाले व्यवहार के प्रति अपनी प्रतिक्रिया व्यक्त करे।

विकेन्द्रीकृत पाठ्यक्रम में सीखने की प्रक्रिया के नियम कड़े या स्थिर नहीं होते। कक्षा में पैदा होने वाली स्थितियों और चुनौतियों के अनुसार ही अध्यापक और बच्चे लगातार खोज, अन्वेषण, अनुकूलन और नये-नये नियम बनाते रहते हैं। साथ ही इस बात से भी इन्कार नहीं किया जा सकता कि इस प्रक्रिया में अध्यापक का मार्ग-दर्शन स्कूल सैद्धान्तिक संरचना ही करती है।

बच्चों के दैनिक अनुभवों से ज्ञान-प्राप्ति की पद्धति का निर्माण किया जाता है और फिर वह उन्हीं में समाहित हो जाती है।

विकेन्द्रीकरण पाठ्यक्रम प्रक्रिया की विशेषताएँ (Characteristics of the Process of Decentralisation)

पाठ्यक्रम के विकेन्द्रीकरण की प्रक्रिया की मुख्य विशेषताएँ इस प्रकार होंगी:

1. पाठ्यक्रम के विकास की प्रक्रिया में सभी पक्षों का विकेन्द्रीकरण किया जाना है ताकि इसमें समुदाय की आवश्यकताओं की तथा स्थानीय वातारवरण की छाप स्पष्ट दिखाई दे।

2. पाठ्यक्रम के विकास की विकेन्द्रीकरण प्रक्रिया में अध्यापकों का विशेष योगदान होगा।

3. पाठ्यपुस्तकों तथा अन्य सहायक पठनसामग्री तथा दृश्य-श्रव्य सामग्री आदि का निर्माण अध्यापक स्वयं करें परंतु इस प्रक्रिया में विशेषज्ञों तथा कार्यरत संस्थाओं से सहायता तथा वांछित मार्गदर्शन प्राप्त करें।

4. राज्य-स्तर पर बनाई गई शैक्षिक सामग्री का अध्यापक अपनी आवश्यकता के अनुसार प्रयोग करे।

5. पाठ्क्रम के विकेन्द्रीकरण का अर्थ होगा कि प्रत्येक स्कूल को, चाहे वह प्राथमिक हो या मिडिल, अपने इलाके के सभी गाँवों, बस्तियों आदि में शिक्षा के सर्वीकरण के लिए पूरी तरह जिम्मेदार और उत्तरदायी बनाना होगा।

पाठ्यक्रम के विकेन्द्रीकरण की सीमाएँ
(Limitations of Decentralised Curriculum)

सैधान्तिक रूप में तो पाठ्यक्रम के विकेन्द्रीकरण की धारणा बहुत उपयुक्त प्रतीत होती है परन्तु वास्तविक रूप में इस धारणा का क्रियान्वयन करना एक बहुत ही कठिन कार्य होगा। यह एक ऐसा क्रान्तिकारी कदम है जिस के लिए कई प्रकार के विशेष कदम उठाने होंगे जिसके लिए सम्भवत: हम तैयार नहीं हैं।

बीसवीं शताब्दी के प्रारम्भ में तथा इसके पहले अर्धभाग में कई प्रकार के बालकेन्द्रित पाठ्क्रमों का निर्माण किया गया परन्तु सामान्य परिस्थितियों में और विशेषकर भारत जैसे विकासशील देश, जिसमें स्कूलों में अनेक सुविधाओं का अभाव है, बालकेन्द्रित अथवा विकेन्द्रीकृत पाठ्यक्रमों का आयोजन करना अत्यन्त कठिन है। परन्तु प्रयास किया जाना चाहिए कि बाल-केन्द्रित शिक्षा तथा विकेन्द्रीकृत पाठ्यक्रम के सिद्धान्तों को जहाँ तक सम्भव हो, व्यावहारिक रूप दिया जाए।

स्कूलों तथा कक्षाओं में इतनी भीड़ है कि छात्रों की व्यक्तिगत रूचियों के विकास के बहुत कम अवसर मिल पाते हैं।

पाठ्यक्रम के विकेन्द्रीकरण की धारणा अध्यापकों से जरूरत से ज्यादा आशाएँ रखती हैं। अध्यापकों की पहल की भी अपनी सीमाएँ हैं।

13

ऑपरेशन ब्लैक बोर्ड/प्राथमिक शिक्षा के सार्वभौमिकरण तथा अन्य व्यूह रचनाएँ

[Operation Blackboard (O.B.): Strategies to Obtain UEE and Other Schemes]

13.1 ऑपरेशन ब्लैक बोर्ड (Operation Black Board)

राष्ट्रीय शिक्षा नीति (1986) के सन्दर्भ में यह पाया गया कि अनाकर्षक स्कूली वातावरण, स्कूल भवनों की असंतोषजनक स्थिति या प्राथमिक स्कूलों में अपर्याप्त शिक्षण सामग्री आदि बातें बच्चों के नामांकन तथा उन्हें स्कूलों में निरंतर रूप से बनाए रखने में बाधक बनती हैं।

इस सम्बन्ध में निम्नलिखित तथ्य सामने आए:

(1) *स्कूल भवन (School Buildings)*: अखिल भारतीय पाँचवें शैक्षिक सर्वेक्षण (1986) के अनुसार प्रारम्भिक स्कूलों के भवनों की स्थिति इस प्रकार थी।

भवन की स्थिति	*प्राथमिक कक्षा 1 से 5*	*उच्च प्राथमिक कक्षा 6 से 8*
खुला स्थान	29,305	2,969
कच्चे भवन	72,777	11,280
छप्पर युक्त	39,644	2,417
टैंट	2,546	314
जोड़	**1,44,272**	**16,980**
कुल जोड़ (प्राथमिक तथा उच्च प्राथमिक स्कूल)	**1,61,252**	

(2) *एक तथा दो शिक्षकों वाले स्कूल (One or Two-Teacher School)*:

वर्ष	एक शिक्षक वाले स्कूलों की प्रतिशतता		दो शिक्षकों वाले स्कूलों की प्रतिशतता	
	ग्रामीण	शहरी	ग्रामीण	शहरी
1965	40.72	8.37	28.50	11.22
1973	30.76	7.90	27.57	10.84
1978	35.69	5.90	28.24	10.17
1986	31.27	6.29	34.07	11.92

(3) *शिक्षक-छात्र अनुपात* (Pupil-Teacher Ratio):

प्राथमिक		मिडिल	
1971-72	1986-87	1971-72	1986-87
39	43	31	37

(4) प्राथमिक स्कूल प्रणाली में विभिन्न सुविधाओं की उपलब्धि 1986-87 (Facilities Available in Schools):

क्रमांक	विवरण	कुल संख्या में से स्कूलों का प्रतिशत
1.	उपयोगी खेल-मैदान	34.5
2.	पेय जल सुविधा वाले	46.6
3.	मूत्रालय सुविधा वाले	15.0
4.	लड़कियों के लिए पृथक मूत्रालय वाले	4.9

इन बातों को ध्यान में रखते हुए प्राथमिक स्कूलों के स्तर में उल्लेखनीय सुधार करने के लिए प्रतीक रूप से कहे जाने वाले 'ऑपरेशन ब्लैकबोर्ड' नामक अभियान शुरू करने की बात कही गई। यह योजना देश के सभी मौजूदा प्राथमिक स्कूलों में निम्नलिखित मूलभूत भौतिक सुविधाएँ प्रदान करने के लिए वर्ष 1987-88 में आरंभ की गई:

(i) कम-से-कम दो बड़े कमरे, जो सभी मौसमों के अनुकूल हों और उनमें लड़के तथा लड़कियों के लिए अलग-अलग शौचालय संबंधी सुविधाएँ उपलब्ध हों।
(ii) कम-से-कम दो शिक्षक, उनमें यथासंभव एक महिला शिक्षक हो।
(iii) कार्यानुभव के लिए ब्लैकबोर्ड, नक्शे, चार्ट, छोटा-सा पुस्तकालय, खिलौने तथा खेल-कूद के कुछ सामान सहित आवश्यक पठन-पाठन सामग्री हो। मद संख्या (ii) तथा (iii) के लिए केन्द्रीय सहायता प्रदान की जाती है।

विस्तारित ऑपरेशन ब्लैकबोर्ड *(Expanded Operation Blackboard)*

इस योजना का क्षेत्र सौ से अधिक नामांकन वाले प्राथमिक स्कूलों में तीन कक्षा-कक्ष तथा तीन शिक्षक उपलब्ध कराने के लिए बढ़ा दिया गया है। इस योजना के अंतर्गत उच्च प्राथमिक स्कूलों को भी सम्मिलित करने की अनुमति प्रदान कर दी गई है।

उच्च प्राथमिक स्कूलों की उपयोजना के जो घटक हैं, उनमें प्रत्येक उच्च प्राथमिक स्कूलों को शामिल किया जाता है। इनके लिए निम्नलिखित प्रावधान किए गए हैं:

(i) प्रत्येक कक्षा के लिए कम-से-कम एक कमरा,
(ii) एक प्रधानाध्यापक तथा कार्यालय कक्ष,
(iii) शौचालय की आवश्यक सुविधाएँ,
(iv) प्रतिवर्ष एक हजार रुपए का आकस्मिक अनुदान,
(v) पुस्तकालय की सुविधाएँ,
(vi) आवश्यक सामग्री,

(vii) प्राथमिक स्कूलों की प्रत्येक कक्षा के लिए कम-से-कम एक शिक्षक। सौ से अधिक नामांकन तथा दो शिक्षक वाले प्राथमिक स्कूलों को अब तृतीय शिक्षक उपलब्ध कराए जा रहे हैं।

ऑपरेशन ब्लैकबोर्ड योजना के अधीन उपलब्धियाँ
(Achievements Under O.B.)

ऑपरेशन ब्लैकबोर्ड योजना के अधीन, अध्यापन-अधिगम उपस्कर की प्राप्ति के लिए अभी तक 5.23 लाख प्राथमिक स्कूलों को और 1.38 लाख उच्च प्राथमिक स्कूलों को आर्थिक सहायता प्रदान की गई है। एकल अध्यापक प्राथमिक स्कूलों के लिए अतिरिक्त अध्यापकों के लगभग 1.49 लाख पद, जिन प्राथमिक स्कूलों में नामांकन 100 से अधिक हो गया था, वहाँ तीसरे अध्यापक के 0.83 लाख पद तथा उच्च प्राथमिक स्कूलों के लिए अतिरिक्त अध्यापकों के 0.77 लाख पद मंजूर किए गए। राज्यों/संघ राज्य क्षेत्रों द्वारा योजना के अधीन 1.85 लाख क्लासरूमों का निर्माण किया गया है।

1 अप्रैल, 2002 से इस योजना को सर्वशिक्षा अभियान में मिला दिया गया।

ऑपरेशन ब्लैकबोर्ड के अन्तर्गत प्राथमिक स्तर पर अनिवार्य सुविधाएँ
(Essential Facilities for Elementary Schools Under O.B.)

1. शिक्षक उपकरण (Teacher's Equipment)
   (i) पाठ्य-विवरण (Syllabus)
   (ii) पाठ्य-पुस्तकें (Text Books)
   (iii) शिक्षक गाइडें (Teachers' Guides)
2. कक्षा शिक्षण सामग्री (Class-room Teaching Material)
   (i) नक्शे–जिला, राज्य, देश (Maps—District, State and Country)
   (ii) प्लास्टिक ग्लोब (Plastic Globe)
   (iii) शैक्षिक चार्ट (Educational Charts)
3. खेल सामग्री और खिलौने (Play Material and Toys)
   (i) विजडम ब्लाक (Wisdom Blocks)
   (ii) पृष्ठ-तनाव (Surface Tension)
   (iii) पक्षी तथा पशु पहेली (Birds and Animal Puzzle)
   (iv) पशु जगत् (Animal World)
   (v) तराजू तथा बाट (Balance and Weights)
   (vi) आवर्धक लैंस (Magnifying Glasses)
   (vii) चुम्बक (Magnets)
   (viii) माप टेप (Measuring Tapes)
   (ix) स्वच्छता, पोषण, भाषा तथा अंक चार्ट (Cleanliness, Nutrition, Language and Number Charts)
4. खेल उपकरण (Games Equipment)
   (i) कूदने की रस्सी (Skipping Rope)

(ii) बॉल्स–फुटबाल, वालीबाल, रबड़ बॉल (Balls—Foot-ball, Volley-ball, Rubber Ball)

(iii) वायु पम्प (Air Pump)

(iv) रिंग (Ring)

(v) टायर सहित झूला रस्सी (Swing Rope with Tyre)

5. प्राथमिक विज्ञान किट (Primary Science Kit)
6. लघु औजार किट (Mini Tool Kit)
7. टू-इन-वन ऑडियो उपकरण (Two-in-one Audio Equipment)
8. पुस्तकालय के लिए पुस्तकें (Books for Library)

(i) सन्दर्भ पुस्तकें–शब्दकोष, विश्वकोष (Reference Books, Dictionaries, Encyclopaedias)

(ii) बच्चों की पुस्तकें (कम से कम 200)–(Children's Books atleast 200)

(iii) शिक्षकों तथा बच्चों के लिए पत्रिकाएँ, जर्नल तथा समाचार-पत्र (Magazines, Journals-Newspapers)

9. स्कूल के लिए घंटी (School Bell)
10. वाद्य यंत्र (Musical Instruments)

(i) ढोलक अथवा तबला (Dholak or Tabla)

(ii) हारमोनियम (Harmonium)

(iii) मंजीरा (Manjira)

11. शिक्षक के पास आकस्मिक व्यय के लिए धन (Contingency Money with Teacher)
12. सर्व-ऋतु कक्षाएँ (All Weather Class-Rooms)

(i) कक्षा-कक्ष (Class-rooms)

(ii) प्रसाधन–एक लड़कों के लिए और एक लड़कियों के लिए (Toilets for Boys and Girls)

(iii) छात्रों तथा शिक्षकों के लिए चटाइयाँ तथा फर्नीचर (Mats and Furniture for Students and Teachers)

13. श्यामपट्ट (Black Boards)
14. चाक और झाड़न (Chalk and Duster)
15. पानी की सुविधा (Water Facility)
16. कूड़ादान (Trash Can)

13.2 शिक्षाकर्मी परियोजना (Shiksha Karami Project)

विदेशी सहायता

शिक्षाकर्मी परियोजना राजस्थान में 1987 से 1998 तक स्वीडिश अंतर्राष्ट्रीय विकास प्राधिकरण (Sweden International Development Authority) की सहायता से चलाई गई।

योजना के उद्देश्य

1. राजस्थान के कुछ जिलों में शिक्षा का सार्वभौमिकरण करना।
2. बीच में स्कूल छोड़ने वाले बच्चों की संख्या कम करना।
3. प्राथमिक शिक्षा में गुणवत्ता लाना।

विशेष कार्यक्रम

1. प्रहर पाठशालाएँ खोलना अर्थात् बच्चों की सुविधानुसार स्कूल का समय होना।
2. *शिक्षाकर्मी नियुक्त करना:* शिक्षाकर्मी गांव में शिक्षित व्यक्ति होता है जो प्रशिक्षित तो नहीं होता है परन्तु थोड़े से प्रशिक्षण के बाद बच्चों को प्राथमिक स्तर पर पढ़ाने में सक्षम हो जाता है। उसे कम वेतन पर नियुक्त कर लिया जाता है। प्रायः वह दसवीं पास होते हैं।
3. शिक्षाकर्मी परियोजना के अन्तर्गत नवीन प्रेरक कार्य-कलापों के रूप में प्रहर पाठशालाएँ, आंगन पाठशालाएँ, महिला शिक्षाकर्मी प्रशिक्षण केन्द्रों की व्यवस्था की जाती है इस योजना में साधारण स्थानीय पाठ्यक्रम विकसित किए जाते हैं।

राज्य सरकार तथा गैर-सरकारी संगठनों की साझेदारी

बुनियादी स्तर पर परियोजना के लक्ष्य को प्राप्त करने के लिए पंचायत समिति, शिक्षाकर्मी सहयोगी, गैर सरकारी संगठनों के विशेषज्ञ, शिक्षाकर्मी तथा ग्राम समुदाय लगातार एक दूसरे से सम्पर्क करते हैं।

शिक्षाकर्मी परियोजना से लाभ

इस योजना से निम्नलिखित लाभ प्राप्त हुए हैं:

1. शिक्षकों की अनुपस्थिति से जो क्षति होती थी, वह 'शून्य' के बराबर हुई।
2. सामाजिक विषमता में कुछ कमी आई। पिछड़े वर्गों के बच्चे अधिक संख्या में स्कूल जाने लगे।
3. विषमता घटी। लड़कियों की शिक्षा को बढ़ावा मिला।
4. इस परियोजना द्वारा शामिल किए गए स्कूलों के दाखिले में लगभग तीन गुणा वृद्धि हुई।
5. शिक्षा के प्रति जागरूकता तथा उत्साह में बढ़ौतरी हुई।

13.3 महिला समाख्या योजना (Mahila Samakhya School)

यह योजना 1989 में ग्रामीण क्षेत्रों में रहने वाली, विशेषकर सामाजिक और आर्थिक रूप से कमजोर वर्ग की महिलाओं की समानता हेतु शिक्षा के लिए आरम्भ की गई है। अब यह योजना देश के 9 राज्यों के लगभग 80 जिलों तथा 21,000 गांवों में चलाई जा रही है। ये राज्य हैं-आन्ध्रप्रदेश, असम, बिहार, गुजरात, झारखण्ड, कर्नाटक, केरल, उत्तरप्रदेश तथा उत्तरांचल। 2006-2007 में मध्यप्रदेश तथा छत्तीसगढ़ के दो जिलों में भी आरम्भ किया गया।

योजना के उद्देश्य

1. महिलाओं की छवि को बढ़ाना।
2. महिलाओं में आत्मविकास बढ़ाना।

3. ऐसा वातावरण तैयार करना जिसमें महिलाओं को वे सूचनाएँ तथा ज्ञान प्राप्त हो सके जो उन्हें समाज में सकारात्मक भूमिका निभाने की शक्ति दे।
4. महिला संघों से गांवों की शैक्षिक गतिविधियों की सक्रियतापूर्वक निगरानी और मूल्यांकन का काम लेना।
5. विकेन्द्रीकरण तथा सहभागितापूर्ण प्रबन्धन का गठन करना।
6. महिलाओं तथा किशोरियों को शिक्षा के अवसर उपलब्ध कराना।

महिला संघ ऐसे केन्द्र बिन्दु है, जहाँ महिलाएँ बैठ कर अपनी समस्याओं पर चर्चा करती हैं तथा समस्त गतिविधियों की योजनाएँ तैयार करती है।

महिला संघों के लिए निर्धारित राशि बैंक या डाकघर के खाते में जमा करायी जाती है।

महिला संघ की सहयोगनियाँ 10 गाँवों के समूह की देखभाल करती हैं। महिला समाख्या योजना की सबसे महत्त्वपूर्ण उपलब्धि है कि इससे महिला सशक्तिकरण की नींव ग्रामीण क्षेत्रों में डाली जा सकी है।

13.4 लोक जुंबिश परियोजना (Lock Jumbish Project)

परियोजना के उद्देश्य

लोक जुंबिश योजना (सभी के लिए शिक्षा) योजना है जो राजस्थान में चलायी गई। इसके निम्नलिखित उद्देश्य हैं:

1. 14 वर्ष की आयु के सभी बच्चों को जहाँ तक संभव हो, स्कूल प्रणाली के माध्यम से तथा जहाँ आवश्यक हो, अंशकालिक अनौपचारिक शिक्षा के माध्यम से प्राथमिक शिक्षा प्रदान करना।
2. यह सुनिश्चित करना कि सभी नांमाकित बच्चे स्कूल/अनौपचारिक शिक्षा केन्द्र में नियमित रूप से उपस्थित हों तथा प्राथमिक शिक्षा पूरी करें।
3. यह सुनिश्चित करना कि शिक्षा की गुणवत्ता में सुधार हो तथा सभी बच्चे लगभग न्यूनतम स्तर को प्राप्त करते हैं।
4. उन प्रक्रियाओं को स्थापित करना जिससे महिलाओं को शक्ति प्रदान हो सके।
5. सामाजिक तथा शैक्षिक दृष्टि से पिछड़े वर्गों तथा उनके बच्चों की शिक्षा में रूचि का विकास करना।
6. पाठ्यक्रम में आवश्यक संशोधन करना तथा इसे स्थानीय पर्यावरण लोक-संस्कृति रहन-सहन तथा कार्य अवस्थाओं (Work Environment) से सम्बन्ध करना।

लोक जुंबिश परियोजना का ढांचा

यह परियोजना, सोसाइटी रजिस्ट्रेशन अधिनियम के अन्तर्गत पंजीकृत एक स्वायत्त समिति 'लोक जुंबिश परिषद' द्वारा चलायी जा रही है।

विकेन्द्रीकरण प्रबन्ध संरचना लोक जुंबिश परियोजना का महत्त्वपूर्ण अंग है।

13.5 जिला प्राथमिक शिक्षा कार्यक्रम (District Primary Education Programme)

यह कार्यक्रम 1994 में 7 राज्यों के 42 जिलों में प्रारम्भ किया गया तथा धीरे-धीरे 27 राज्यों के लगभग सभी जिलों में आरम्भ किया गया। यह कार्यक्रम प्राथमिक शिक्षा के

सार्वभौमीकरण के लक्ष्य की पूर्ति पर बल देने वाली एक केन्द्र-प्रायोजित योजना है। इस कार्यक्रम के घटक इस प्रकार हैं:

(i) शिक्षण कक्षाओं तथा स्कूल का निर्माण।
(ii) अनौपचारिक/वैकल्पिक स्कूली केन्द्रों की स्थापना करना।
(iii) अध्यापन-अधिगम सामग्री का निर्माण।
(iv) अनुसंधान आधारित उपाय।
(v) लड़कियों, अनुसूचित जातियों/जनजातियों के बच्चों की शिक्षा पर विशेष ध्यान।

कार्यक्रम की रूपरेखा

यह कार्यक्रम इस ढंग से तैयार किया गया है कि प्रारम्भिक शिक्षा के लिए राज्य सरकारों द्वारा किए गए प्रावधानों के अलावा अतिरिक्त निवेश प्रदान किए जाएँ। यह कार्यक्रम प्राथमिक शिक्षा की उन्नति में मौजूदा प्रणाली में नए प्राण फूँकने का भी प्रयास करता है। डी.पी.ई.पी. एक परिस्थिति विशिष्ट कार्यक्रम है तथा इसमें लड़कियों पर स्पष्ट रूप से ध्यान दिया जाता है। कार्यक्रम के घटक इस प्रकार हैं–शिक्षण कक्षों और नए स्कूलों का निर्माण, अनौपचारिक/वैकल्पिक स्कूली शिक्षा केन्द्रों की स्थापना, नए शिक्षकों की नियुक्ति, ब्लॉक संसाधन केन्द्रों/संकुल संसाधन केन्द्रों की स्थापना, शिक्षक प्रशिक्षण, अध्यापन-अधिगम सामग्री का निर्माण, अनुसंधान आधारित उपाय, लड़कियों, अनुसूचित जातियों/जनजातियों आदि के बच्चों की शिक्षा के निमित विशेष उपाय। विकलांग बच्चों की समाकलित शिक्षा और शिक्षक प्रशिक्षण में सुधार के लिए दूरस्थ शिक्षा घटकों को भी इस कार्यक्रम में शामिल किया गया है।

लक्ष्य

कार्यक्रम का लक्ष्य मुख्यत: यह है कि सभी बच्चों को प्राथमिक शिक्षा की सुविधाएँ सुलभ कराई जाएँ, प्राथमिक शिक्षा बीच में छोड़ने वाले बच्चों के अनुपात को घटा कर 10 प्रतिशत से कम पर लाया जाए, प्राथमिक स्कूलों के छात्रों की अधिगम उपलब्धि में कम से कम 25 प्रतिशत का संवर्धन किया जाए तथा लड़के-लड़कियों एवं सामाजिक वर्गों के अंतर को घटाकर 5 प्रतिशत से भी कम पर लाया जाए।

जिला चयन मापदण्ड

कार्यक्रम कार्यान्वयन की इकाई के रूप में जिले का चयन निम्न आधार पर किया जाता है–(1) शैक्षिक दृष्टि से पिछड़े ऐसे जिले जिनमें साक्षरता राष्ट्रीय औसत से कम है, और (2) ऐसे जिले जिनमें समग्र साक्षरता अभियान (टी.एल.सी.) सफल रहे हैं और जिनके फलस्वरूप प्रारम्भिक शिक्षा की माँग बढ़ी है।

वित्तपोषण

एक केन्द्रीय प्रायोजित योजना के रूप में डी.पी.ई.पी. परियोजना की लागत का 85 प्रतिशत भारत सरकार द्वारा तथा 15 प्रतिशत सम्बन्धित परियोजना राज्य द्वारा वहन किया जाता है। भारत सरकार के हिस्से का वित्तपोषण बाह्य एजेंसी द्वारा किया जाता है। आज र्क। स्थिति में डी.पी.ई.पी. को लगभग 6938 करोड़ रुपये की विदेशी सहायता प्राप्त है

जिसमें से 5137 करोड़ रुपये अन्तर्राष्ट्रीय विकास संघ से ऋण के रूप में हैं और 1801 करोड़ रुपये यूरोपीय आयोग (ई.सी.), अन्तर्राष्ट्रीय विकास विभाग, यूके (डी.एम.आई.ई) यूनीसेफ तथा नीदरलैण्ड सरकार के अनुदान के रूप में हैं।

कवरेज (विस्तार)

यह कार्यक्रम, 1994 में 7 राज्यों के 42 जिलों में प्रारम्भ कर दिया गया था, अब उसका विस्तार 18 राज्यों के 271 जिलों तक कर दिया गया है। ये 18 राज्य इस प्रकार हैं–असम, हरियाणा, कर्नाटक, केरल, महाराष्ट्र, तमिलनाडु, मध्य प्रदेश, छत्तीसगढ़, गुजरात, हिमाचल प्रदेश, उड़ीसा, आन्ध्र प्रदेश, पश्चिम बंगाल, उत्तर प्रदेश, उत्तरांचल, बिहार, झारखण्ड तथा राजस्थान। मध्य प्रदेश और छत्तीसगढ़ के 26 जिलों में यह परियोजना 31 दिसम्बर 2002 को पूरी हो गई जबकि डी.पी.ई.पी. चरण-I और II के 178 जिलों में परियोजना 30 जून 2003 को समाप्त हुई। इसके बाद यह परियोजना 9 राज्यों, अर्थात् आन्ध्र प्रदेश, बिहार, गुजरात, उड़ीसा, उत्तर प्रदेश, पश्चिम बंगाल, राजस्थान, झारखण्ड तथा उत्तरांचल के 129 जिलों में जारी है।

डी.पी.ई.पी. के तहत प्रमुख उपलब्धियाँ

1. डी.पी.ई.पी. के तहत अभी तक 1,60,000 से अधिक नए स्कूल खोले गए हैं, जिनमें लगभग 84,000 वैकल्पिक स्कूल केन्द्र शामिल हैं। एसएस केन्द्रों के अन्तर्गत लगभग 3.5 मिलियन बच्चे कवर हैं, तथा 2 मिलियन और बच्चे विभिन्न प्रकार के संक्षिप्त पाठ्यक्रमों द्वारा कवर हैं।

2. डी.पी.ई.पी. चरण-I जिलों में दाखिला, जो 1997-98 में 79.33 लाख था, 2001-2002 में बढ़कर 90.26 लाख हो गया। बाद वाले चरणों में डी.पी.ई.पी. के तहत कवर जिलों में समग्र दाखिला, जो 1997-1998 में 185.31 लाख था, बढ़कर 2002-2003 में 600.00 लाख हो गया।

3. डी.पी.ई.पी. के अंतर्गत काफी स्कूली अवस्थापना का सृजन हुआ है। पूरे हो गए कार्यों में 52758 स्कूली इमारतें, 58604 अतिरिक्त कक्षा कमरे, 16619 संसाधन केन्द्र, 29307 मरम्मत कार्य, 64592 शौचालय और 24909 पेय जल सुविधाएँ सम्मिलित हैं। 3285 और स्कूली इमारतें, 5348 अतिरिक्त कक्षा कमरों, 1027 संसाधन केन्द्रों, 2599 शौचालयों, 2119 पेय जल सुविधाओं का निर्माण कार्य व 766 मरम्मत कार्य 9 राज्यों के 129 जिलों में प्रगति पर है, यहाँ की परियोजना अभी भी चल रही है।

4. पिछले वर्षों के दौरान दाखिले में वृद्धि के बावजूद, डी.पी.ई.पी. के अंतर्गत कवर स्कूलों के संबंध में औसत छात्र-कक्षा अनुपात (एससीआर) 2002-03 में 42 था जबकि 1996-97 में यह लगभग 50 था।

5. पुनर्गठित तालमेलपूर्ण पद्धति का इस्तेमाल करते हुए दाखिले और दोहराने वालों के संबंध में 2000-01 और 2001-02 ईएमआईएस डाटा से बीच में पढ़ाई छोड़ देने वालों की दर का अनुमान लगाने के लिए एक अध्ययन आयोजित किया गया। ग्रेड-I और प्राथमिक स्कूल के अंतिम ग्रेड के बीच पढ़ाई छोड़ देने वाले बच्चों का प्रतिशत 102 जिलों में से 20 जिलों में 10 प्रतिशत से कम पाया गया तथा एक-तिहाई जिलों में 20 प्रतिशत से कम पाया गया। 62 प्रतिशत जिलों में लिंग अंतर 5 प्रतिशत से कम था किन्तु

बड़ी संख्या में ज़िलों के बीच में पढ़ाई छोड़ देने वालों की ऊँची दर अभी भी एक चिन्ता का विषय है।

6. लड़कियों के दाखिले में पर्याप्त सुधार हुआ है। डी.पी.ई.पी.-I जिलों में, कुल दाखिले की दृष्टि से लड़कियों के दाखिले का हिस्सा 48 प्रतिशत से बढ़कर 49 प्रतिशत हो गया जबकि डी.पी.ई.पी. जिलों के बाद वाले चरण में यह वृद्धि 46 प्रतिशत से 47 प्रतिशत थी।

7. लगभग सभी परियोजना ग्राम/बस्तियों/स्कूलों में ग्राम शिक्षा समितियाँ/स्कूल प्रबंधन समितियाँ स्थापित की गई हैं।

8. लगभग 1,77,000 नए अध्यापक नियुक्त किए गए हैं जिनमें परा-अध्यापक/शिक्षाकर्मी सम्मिलित हैं।

9. ब्लॉक स्तर पर लगभग 3380 संसाधन केन्द्र और संकुल स्तर पर 29725 केन्द्र शैक्षिक सहायता और शिक्षक प्रशिक्षण सुविधाएँ प्रदान करने के लिए, स्थापित किए गए हैं।

10. 2001 में 49 चरण-I जिलों में और 2003 में 83 चरण-II जिलों में किए गए टर्मिनल मूल्यांकन सर्वेक्षण के अनुसार, 95 प्रतिशत से अधिक जिलों में भाषा और गणित दोनों में कक्षा-III/IV परीक्षाओं में औसत अंक 60 प्रतिशत से अधिक थे, जबकि कक्षा में उन जिलों में प्रतिशत जहाँ औसत अंक 100 में से 60 प्रतिशत से अधिक थे, उनके अंक भाषा में 43.2 प्रतिशत और गणित परीक्षाओं में 28.8 प्रतिशत थे।

13.6 सर्वशिक्षा अभियान (Sarva Shiksha Abhiyan)

सर्वशिक्षा अभियान का अर्थ

जैसा कि इस अभियान का नाम है, यह अभियान प्राथमिक स्तर पर 'सभी को शिक्षा' देने के लिए चलाया गया है। इस अभियान का आरम्भ 2001 में किया गया।

अभियान को चलाने के कारण

संविधान की धारा 45 के अनुसार देश में नि:शुल्क प्राथमिक शिक्षा का प्रबन्ध 6-14 वर्ष के बीच सभी बच्चों के लिए किया जाना था, परन्तु इसमें प्रगति ढीली थी। इस लक्ष्य की प्राप्ति के लिए यह अभियान चलाया गया।

प्राथमिक शिक्षा के क्षेत्र में उल्लेखनीय प्रगति के बावजूद वर्ष 2000 में लगभग 2.4 करोड़ बच्चे स्कूल नहीं जाते थे।

लगभग 50 प्रतिशत बच्चे आठवीं कक्षा तक स्कूल छोड़ जाते थे।

सर्वशिक्षा अभियान के लक्ष्य

(i) 2003 तक 6-14 वर्ष के सभी बच्चे स्कूल में हों।

(ii) 6-14 वर्ष के आयु के सभी बच्चे 2007 तक पाँच वर्षों की प्रारम्भिक शिक्षा पूरी कर लें।

(iii) 6-14 वर्ष आयु के बच्चों के 2010 तक आठ वर्षों की प्रारम्भिक शिक्षा की ओर ध्यान केन्द्रित करना।

(iv) जीवन के लिए शिक्षा पर बल देते हुए संतोषजनक स्तर की प्रारम्भिक शिक्षा की ओर ध्यान केन्द्रित करना।

(v) प्राथमिक स्तर पर 2007 तक तथा प्रारम्भिक स्तर पर 2010 तक लड़के और लड़कियों के बीच अंतराल और सामाजिक वर्ग विशेषताएँ समाप्त करना।

(vi) 2010 तक यह सुनिश्चित करना कि सभी बच्चे शिक्षा जारी रखें।

सर्वशिक्षा अभियान के मुख्य कार्यक्रम

1. ऐसी बस्तियों में स्कूल स्थापित करना जहाँ कोई स्कूली सुविधाएँ नहीं हैं।
2. अतिरिक्त कक्षाएँ खोलना।
3. शौचालय बनाना।
4. पेयजल की व्यवस्था करना।
5. अनुरक्षण अनुदान देना।
6. स्कूलों के बुनियादी ढाँचे को दृढ़ करना।
7. शिक्षकों की कमी को दूर करना।
8. अध्यापन-अधिगम सामग्री जुटाना।
9. कमजोर वर्गों की लड़कियों पर विशेष ध्यान देना।
10. नि:शुल्क शिक्षा सहित अनेक प्रोत्साहन योजनाएँ चलाना।

विभिन्न राज्यों तथा निकायों की भागेदारी

सर्वशिक्षा अभियान कार्यक्रम के अंतर्गत सहायता नौवीं योजना के दौरान केन्द्र और राज्य सरकार के बीच 85 : 15 की भागीदारी के आधार पर थी, दसवीं योजना के दौरान यह 75 : 25 के आधार पर है और इसके बाद 50 : 50 के आधार पर होगी।

तालिका 13.1: 2005-2006 के दौरान एस.एस.ए. के अन्तर्गत जारी निधियाँ (करोड़ रुपए में)

वर्ष	*केन्द्रीय सरकार द्वारा जारी निधियाँ*	*राज्य सरकार द्वारा जारी निधियाँ*	*उपलब्ध कुल निधियाँ*	*व्यय*
2004-2005	5139.75	1747.51	7732.08	6598.39
2005-2006	4181.55	1025.81	6165.55	3361.33

तालिका 13.2: सर्वशिक्षा अभियान के तहत प्रगति (सितम्बर 2007 तक)

क्र. सं.	*मद*	*प्रगति*
1.	नए स्कूल खोल गए	1,86,000
2.	नए स्कूल भवनों का निर्माण	1,70,000
3.	अतिरिक्त कक्षा कमरों का निर्माण	7,13,000
4.	नए अध्यापकों की नियुक्ति	8,10,000
5.	बच्चे जिन्हें पाठ्यपुस्तकें दी गईं	6,64,000

सर्वशिक्षा अभियान की समीक्षा

शिक्षा के सार्वभौमीकरण के सन्दर्भ में सर्वशिक्षा अभियान का विशेष महत्त्व है। इस अभियान की सफलता के लिए एक विशेष संगठनात्मक ढाँचे की स्थापना की गई है। लक्ष्यों की पूर्ति के लिए तथा राज्य और अभिभावकों की जवाबदेही बढ़ाने के लिए संसद ने 2002 में प्राथमिक शिक्षा संबंधी संशोधन भी संविधान में किया। पिछड़े वर्गों के बच्चों, तथा दूरस्थ क्षेत्रों के बच्चे तथा लड़कियों की शिक्षा पर विशेष बल दिया गया है। लक्ष्यों की मॉनीटरिंग के लिए विशेष सैल स्थापित किए गए हैं। 2004 में सर्वशिक्षा अभियान के लिए राष्ट्रीय मिशन की स्थापना की।

नियमित स्कूल के बुनियादी ढाँचे को दृढ़ बनाने के प्रयास किए जा रहे हैं। सुविधाओं का विस्तार किया है।

स्कूल में जाने वाले बच्चों की संख्या जो 2002 में 320 लाख थी, वह 2007 में घटकर 70 लाख रह गयी।

उपलब्धियाँ

1. *अनुपात*: स्कूल दाखिला अनुपात (जीईआर) जो 1950-51 में 31.1 था, 2004-2005 में बढ़कर 93.5 प्रतिशत हो गया।

2. *लिंग असमानता*: प्रारम्भिक स्तर पर जीईआर में लिंग असमानता जो 2001-2002 में 17.1 प्रतिशत थी, कम होकर 2004-2005 में 6.5 प्रतिशतांक हो गई।

3. *स्कूल न जा सकने वाले बच्चे*: 2001 में 3.2 करोड़ से घटकर अक्टूबर 2005 में 70 लाख हो गए।

4. *प्राथमिक स्तर पर बीच में पढ़ाई छोड़ने वालों की दर*: 7.7 प्रतिशत तक कम हो गई, 2001-2002 में 39.03 प्रतिशत से 2003-2004 में 31.36 प्रतिशत हो गई। लड़कियों के मामले में बीच में पढ़ाई छोड़ने की दर इसी अवधि के दौरान 11 प्रतिशतांक तक कम हो गई।

5. *स्कूलों की संख्या*: 2001 के बाद से 1,86,000 नए स्कूल खोले गए। 94 प्रतिशत ग्रामीण आबादी के पास एक किलोमीटर की दूरी के अन्दर एक स्कूल है।

6. *स्कूली इमारतें*: 1,70,000 नए स्कूल बनाए गए।

7. *अतिरिक्त अध्यापक*: 8.10 लाख अतिरिक्त अध्यापक नियुक्त किए गए।

8. *निःशुल्क पाठ्यपुस्तकें*: कक्षा I से VIII तक पढ़ने वाली सभी लड़कियों और अनुसूचित जाति/अनुसूचित जनजाति के लगभग 6 करोड़ 64 लाख बच्चों को निःशुल्क पाठ्यपुस्तकें वितरित की जाती हैं।

सर्वशिक्षा अभियान को सशक्त तथा प्रभावी बनाने के सुझाव

1. आँकड़ों का उचित संग्रह, आँकड़ा विश्लेषण और आँकड़ों का प्रयोग प्रगति को मापने के लिए महत्त्वपूर्ण है, अतः इस प्रणाली को मजबूत किया जाए।

2. सभी क्रियाकलापों को मिशन के लक्ष्यों के साथ जोड़ना कार्यान्वयन प्रक्रिया की गति और प्रभाविता में तेजी लाने के लिए महत्त्वपूर्ण है। उस बल दिया जाए।

3. सकल नामांकन अनुपात 100 प्रतिशत के स्तर पर पहुँचाने के बाद ध्यान उपस्थित और शिक्षा बीच में छोड़ने वालों पर रोक लगाने की तरफ लगाया जाना चाहिए।

4. बच्चों की शिक्षा में रुचि बनाए रखने के लिए क्लासरूम प्रक्रियाएँ सबसे अधिक महत्त्वपूर्ण हैं अतः इसलिए उन्हें और अधिक गहराई से समझे जाने तथा गुणवत्तात्मक दृष्टि से बेहतर बनाए जाने की दिशा में प्रयास किए जाने की आवश्यकता है।

5. प्रणाली के सभी महत्त्वपूर्ण क्षेत्रों में क्षमता निर्माण की दशा में बहुत कुछ किया जाना बाकी है ताकि सभी की अधिगम उपलब्धियों में सुधार लाया जा सके।

6. प्रशासनिक क्रियाविधियों की समीक्षा आवश्यक है ताकि विभिन्न बाधाओं और क्रियाविधियों का उन्मूलन करके स्कूल में बच्चों का प्रवेश और उन्हें शिक्षा में बनाए रखने का काम सुगम बन सके।

7. सिविल कार्य, जिस पर एसएसए निधियों का लगभग एक तिहाई व्यय किया जाता है, को अध्ययन परिवेश के अभिन्न अंग के रूप में लिया जाना चाहिए। इस प्रकार संदर्भ विशिष्ट स्कूल भवन डिजाइन पर ध्यान देना काफी महत्त्वपूर्ण है।

8. अभियान में लगे हुए गैर सरकारी संगठनों की सतत् समीक्षा की जाए और यह आश्वस्त किया जाए कि दिया गया अनुदान ठीक प्रकार से खर्च किया जा रहा है।

9. समुदाय की भागेदारी बढ़ाई जाए।

13.7 मध्याह्न भोजन स्कीम–प्राथमिक शिक्षा के लिए पोषाहार सहायता राष्ट्रीय कार्यक्रम (Programme of Nutritional Support to Primary Education)

प्राथमिक शिक्षा के लिए पोषाहार समर्थन का राष्ट्रीय कार्यक्रम, जिसे मध्याह्न भोजन स्कीम के नाम से जाना जाता है, लगभग 12 करोड़ बच्चों को कवर करता है। यह विश्व के एक सबसे बड़े स्कूल खाद्य कार्यक्रम के रूप में उभरा है। अगस्त 1995 में शुरू की गई इस स्कीम को सितम्बर 2004 में संशोधित किया गया था, जिसके मुख्य उद्देश्य निम्नलिखित हैं:

(i) विशेष रूप से सुविधाविहीन वर्गों से संबंधित बच्चों के दाखिले, उपस्थिति, प्रतिधारण और अध्ययन स्तरों में सुधार करके प्राथमिक शिक्षा (कक्षा I–V) के व्यापीकरण को बढ़ावा देना;

(ii) प्राथमिक स्तर के छात्रों की पोषाहार स्थिति को सुधारना;

(iii) सूखा प्रभावित क्षेत्रों में, ग्रीष्मावकाश के दौरान भी प्राथमिक स्तर के छात्रों को पोषाहार प्रदान करना।

कार्यक्रम और कवरेज

स्कीम के अन्तर्गत, निम्नलिखितों में कक्षा I–V में अध्ययन करने वाले सभी बच्चों को कम-से-कम 300 कैलोरी और 8–12 ग्राम प्रोटीन के साथ पके हुए मध्याह्न भोजन की व्यवस्था करने की परिकल्पना की गई है।

(i) राजकीय, स्थानीय निकाय और सरकार से सहायताप्राप्त स्कूल, और

(ii) शिक्षा गारंटी स्कीम तथा वैकल्पिक और नूतन शिक्षा केन्द्र।

केन्द्रीय सहायता के संघटक और मापदण्ड

राज्य सरकारों/संघ राज्य क्षेत्र प्रशासनों को केन्द्रीय सहायता निम्नलिखित संघटकों के लिए प्रदान की जाती है:

- खाद्यान्नों (गेहूं/चावल) की मुफ्त आपूर्ति-निकटवर्ती एफसीआई गोदाम से प्रति बच्चा प्रति स्कूल दिन 100 ग्राम के हिसाब से।
- निकटवर्ती एफसीआई गोदाम से प्राथमिक स्कूल तक खाद्यान्न की ढुलाई पर आई वास्तविक लागत जिसकी अधिकतम सीमा निम्न प्रकार है (1-10-2004 से लागू):
    - 11 विशेष श्रेणी राज्यों (अर्थात् अरुणाचल प्रदेश, असम, मेघालय, मिजोरम, मणिपुर, नागालैंड, त्रिपुरा, सिक्किम, जम्मू और कश्मीर, हिमाचल प्रदेश और उत्तरांचल) के लिए 100 रुपए प्रति क्विंटल; और
    - अन्य राज्यों और संघ राज्य क्षेत्रों के लिए 75 रुपए प्रति क्विंटल।

इस कार्यक्रम के अन्तर्गत पका-पकाया पौष्टिक भोजन उपलब्ध कराया जाता है। यह कार्यक्रम देश के सारे राज्यों तथा संघशासित क्षेत्रों में चलाया जा रहा है।

इस योजना के अन्तर्गत वर्ष 1995-96 में 3.34 करोड़ बच्चों को भोजन दिया गया। वर्ष 2006-2007 में यह संख्या बढ़कर 12 करोड़ हो गई।

वर्ष 2007-2008 में इस योजना पर लगभग 7,300 करोड़ रूपये खर्च किए गए। 2004-2005 में खर्च लगभग 3,000 रूपये था।

वर्ष 2006 से संशोधित मापदण्ड

1. कैलोरी की मात्रा 300 से बढ़ा कर 450 कर दी गई (कक्षा 1 से 5)
2. कक्षा VI से VIII तक कैलोरी की मात्रा 700 कर दी गई।
3. कक्षा I से V में प्रोटीन की मात्रा 8-12 ग्राम से बढ़ाकर 12 ग्राम की गई।
4. कक्षा VI से VIII में प्रोटीन की मात्रा 20 ग्राम की गई।

कार्यक्रम को कारगर बनाना

मध्याह्न भोजन कार्यक्रम को कारगर बनाने के लिए राष्ट्रीय, राज्य, जिला तथा ब्लॉक स्तर पर स्थायी निगरानी समितियों का गठन किया गया है। कई स्थानों पर खाना पकाने का कार्य महिलाओं के स्वसहायता समूह करते हैं। शहरी क्षेत्रों में कई स्थानों पर स्वयं सेवी संगठनों ने यह कार्य सम्भाला है।

उपलब्धियाँ

1. स्कूलों में नामांकन में बढ़ोतरी हुई है।
2. प्राथमिक स्तर पर बीच में स्कूल छोड़ने वाले बच्चों की संख्या में कमी आई है।
3. लड़कियों को नामांकन में अपेक्षाकृत बढ़ोतरी हुई है।
4. बच्चों के पौष्टिक भोजन में बढ़ोतरी हुई है।
5. ग्रामीण क्षेत्रों तथा पिछड़े क्षेत्रों में शिक्षा के प्रति अधिक जागृति आयी है।

13.8 प्राथमिक शिक्षा का व्यापक उपागम
(Comprehensive Access to Primary Education)

योजना का उद्देश्य

यह कार्यक्रम प्राथमिक शिक्षा के क्षेत्र में 1970 के दशक में चलाया गया। इसका मुख्य

लक्ष्य प्राथमिक शिक्षा के सार्वजनीकरण लक्ष्य की प्राप्ति था। 6-14 वर्ष के बच्चों, विशेषतया सुविधा वंचित वर्गों के बच्चों और अनूसूचित जातियों, जनजतियों आदि पिछड़े वर्गों के बच्चों को पूर्णकालिक तथा अंशकालिक शिक्षा प्रदान करना था। इसमें पाठ्यक्रम का विकास करते समय बच्चों तथा समाज की आवश्यकताओं के अनुरूप लचीलापन स्थानीय विशिष्टताएँ, सामाजिक दृष्टि से उपयोगी उत्पादक अधिगम सामग्री का निर्माण किया गया।

13.9 स्कूल अध्यापकों के लिए व्यापक ओरियंटेशन कार्यक्रम (Programme of Mass Orientation of School Teachers PMOST)

1986 राष्ट्रीय शिक्षा नीति के क्रियान्वयन के सम्बन्ध में सेवाकालीन अध्यापकों के लिए 1986-90 में व्यापक स्तर पर यह कार्यक्रम चलाया गया। राष्ट्रीय शैक्षिक अनुसन्धान और प्रशिक्षण परिषद ने इस कार्यक्रम की रूप रेखा तैयार की। 10 दिवसी शिविर लगाए गए। इस कार्यक्रम में लगभग 5 लाख अध्यापकों ने भाग लिया। विशेष शिक्षण अधिगम सामग्री तैयार की गई। राष्ट्रीय शिक्षा नीति के विभिन्न पक्षों पर विशेषज्ञों ने अध्यापकों की कार्यशालाओं में प्रकाश डाला।

दूरदर्शन पर भी अनेक प्रोग्राम प्रसारित किए गए।

13.10 प्राथमिक अध्यापकों का विशेष अभिनव ओरियंटेशन (Special Orientation of Primary Teachers SOPT)

प्राथमिक स्कूलों में कार्यरत अध्यापकों का ज्ञान तथा कौशल बढ़ाने के लिए उक्त कार्यक्रम आठवीं पंचवर्षीय में (1993-97) के दौरान चलाया गया।

इस कार्यक्रम के तीन विशेष घटक थे:

1. ऑपरेशन ब्लैक-बोर्ड (Operation Black Board) के अन्तर्गत दी जाने वाली सामग्री का उचित उपयोग तथा रख-रखाव।
2. सीखने के न्यूनतम स्तर (Minimum Levels of Learning) की अवधारणा के अर्थ, महत्त्व द्वारा स्थानीय सामग्री का शिक्षण-अधिगम प्रक्रिया में अधिकतम प्रयोग।

राष्ट्रीय शैक्षिक अनुसन्धान और प्रशिक्षण परिषद् इन्दिरा गाँधी राष्ट्रीय मुक्त विद्यालय तथा भारतीय अन्तरिक्ष संगठन ने मिलकर सैटेलाइट द्वारा चालित कार्यक्रम के अन्तर्गत 60,000 प्राथमिक स्कूल अध्यापकों को प्रशिक्षण दिया।

13.11 शिक्षा गारंटी तथा वैकल्पिक एवं नवाचार शिक्षा (Education Guarantee and Alternative and Innovative Education)

यह योजना स्कूल न जाने वाले बच्चों के लिए है तथा सर्वशिक्षा अभियान का महत्त्वपूर्ण घटक है। योजना वर्ष, 2001 में शुरू की गई।

इस योजना के अन्तर्गत ऐसे दुर्गम आभाववादी-क्षेत्रों (Inaccessible Habitation) पर ध्यान दिया जाता है, जहाँ एक किलोमीटर के घेरे में कोई औपचारिक स्कूल न हो और स्कूल न जाने वाले 6-14 वर्ष के आयु वर्ग के कम से कम 15-25 बच्चे हो। पर्वतीय क्षेत्रों के दुर्गम क्षेत्रों में यह संख्या 10 बच्चों की भी हो सकती है। इस योजना में बालिकाओं की शिक्षा की और विशेष ध्यान दिया जाता है।

शहरी क्षेत्रों में जहाँ स्कूल तो हैं परन्तु या तो उनमें बच्चों ने प्रवेश ही नहीं लिया

प्रवेश लेने के बाद बीच में ही पढ़ाई छोड़ दी, बच्चों ऐसे सम्भवतया पारंपरिक स्कूल प्रणाली में सांमजस्य नहीं बैठा पाते। इन बच्चों को स्कूल में पुनः लाने हेतु स्कूल वापसी शिविरों का आयोजन और सेतु, पाठ्यक्रम (Bridge Curriculum) चालू किए गए हैं। इस प्रकार के पाठ्यक्रमों के लिए शिविर बच्चों की जरूरतों के अनुसार आवासीय तथा गैर आवासीय हो सकते हैं।

इस योजना के अन्तर्गत लगभग 100 लाख बच्चे शिक्षा प्राप्त कर रहे हैं। 60 लाख शिक्षा गारन्टी योजना केन्द्रों के माध्यम से तथा 40 लाख स्कूल शिविर तथा निज पाठ्यक्रमों प्रतिवर्ष बच्चों की संख्या में अन्तर आता रहता है।

यह योजना देश के लगभग सभी राज्यों तथा केन्द्र प्रशासित क्षेत्रों के सभी जिलों में चलाई जा रही है।

ई.जी.एस. तथा ए.आई.ई. कार्यक्रम में नमनशील कार्यनीतियों की परिकल्पना की गयी है, जिनमें ये शामिल हैं--प्रवासी बच्चों के लिए स्कूलविहीन बस्तियों में स्कूल अथवा संक्षिप्त पाठ्यक्रम, सेतु पाठ्यक्रम, आवासी शिविर, आवारा तथा मलिन बस्तियों के बच्चों के लिए अल्पकालीन केन्द्र, औपचारिक स्कूलों में दाखिल बच्चों के लिए उपचारात्मक शिक्षण, अल्पकालीन ग्रीष्मकालीन शिविर आदि।

दसवीं योजना के बाद से यह योजना यू.ई.ई. के लिए समग्र कार्यक्रम अर्थात् एस.एस.ए. का एक अंग बन गयी है। इस स्कीम का कार्यान्वयन और अनुश्रवण राज्य/संघ शासित क्षेत्र की सरकारों द्वारा स्थापित/अभिज्ञात राज्य स्तरीय सोसाइटियों द्वारा किया जाता है, जिनको राज्य और समाजार्थिक क्षेत्रों के अधीन इन प्रस्तावों का मूल्यांकन और अनुमोदन करने के अधिकार प्राप्त हैं। केन्द्र और राज्यों के बीच खर्च का अनुपात क्रमशः 75 : 25 है। तथापि, स्वैच्छिक एजेन्सियाँ 100 प्रतिशत सहायता (समग्र लागत सीमाओं के भीतर) की पात्र हैं।

क्योंकि ई.जी.एस. तथा ए.आई.ई., एस.एस.ए. का एक अंग है, इसलिए इस सम्बन्ध में कोई अलग बजट का प्रावधान नहीं किया गया है लेकिन इस योजना से सम्बन्धित खर्च एस.एस.ए. के समग्र बजट में से किया जाता है।

13.12 कस्तूरबा गाँधी बालिका विद्यालय योजना (Kasturba Gandhi Balika Vidyalaya Yojna)

कस्तूरबा गांधी बालिका विद्यालय योजना के अन्तर्गत मुख्य रूप से प्राथमिक स्तर पर अनुसूचित जाति, अनुसूचित जनजाति, अन्य पिछड़े वर्ग और अल्पसंख्यकों की बालिकाओं के लिए दुर्गम क्षेत्रों में आवसीय (Residential) सुविधाओं के साथ विद्यालय खोलने की योजना है। यह योजना जुलाई 2004 में चालू की गई। अप्रैल 2007 में यह सर्वशिक्षा अभियान का अंग बन गई। मार्च 2007 तक भारत सरकार ने लगभग 2200 ऐसे विद्यालय खोलने की स्वीकृति प्रदान की इनमें से 270 विद्यालय उन क्षेत्रों में जिनमें मुसलमानों की संख्या अधिक है, खोलने का प्रावधान किया गया।

13.13 प्राथमिक स्तर पर बालिका शिक्षा हेतु राष्ट्रीय कार्यक्रम (National Programme for Girls Education at the Elementary Level-NPEGEL)

सर्वशिक्षा अभियान की वर्तमान योजना के अन्तर्गत यह योजना चलाई जा रही है।

इसका मुख्य उद्देश्य वंचित/पिछड़ी बालिकाओं की शिक्षा हेतु अतिरिक्त संसाधन उपलब्ध कराना है। यह कार्यक्रम शैक्षिक दृष्टि से पिछड़े उन विकास खण्डों में चलाया जा रहा है, जहाँ ग्रामीण महिला साक्षरता की दर राष्ट्रीय औसत से कम है तथा लैंगिक भेदभाव राष्ट्रीय औसत से अधिक है।

इस योजना के अन्तर्गत लगभग 35200 आदर्श स्कूलों की स्थापना की गई है। इसके अतिरिक्त लगभग 25,500 शिशु देखभाल तथा शिक्षा केन्द्रों (ECCE) को सहायता ही गई है। लगभग 9.67 लाख लड़कियों को उपचारिक शिक्षा (Remedial Education) प्रदान की गई है। लगभग 71.46 लाख लड़कियों को निःशुल्क स्कूल यूनिफॉर्म दी गई है।

13.14 ग्राम शिक्षा समिति (Village Education Committee - VEC)

पंचायती राज संस्थाओं का संविधान में प्रावधान (Provision of Panchayati Raj Institutions in the Constitution)

भारतीय संविधान के भाग IX में पंचायती राज संस्थाओं के गठन तथा शक्तियों (Powers) सम्बन्धी धारा 245 दी गई है। इन संस्थाओं को सामान्य प्रशासन विशेषकर ग्रामीण क्षेत्रों में शिक्षा सम्बन्धी अनेक उत्तरदायित्व सौंपने का प्रावधान है।

पंचायती राज संस्थाओं का त्रिस्तरी (Three-Tier System) है: ग्राम पंचायत, मण्डल अथवा मध्यवर्ती स्तर तथा जिला स्तर। संशोधित शिक्षा नीति 1992 के पश्चात् शिक्षा प्रशासन में त्रिकेन्द्रीकरण की नीति पर विशेष बल दिया गया। इसके कार्यान्वयन के लिए एक समिति का गठन शिक्षा विभाग, मानव संसाधन मंत्रालय, भारत सरकार ने किया। समिति के अध्यक्ष कर्नाटक के मुख्य मंत्री थे। समिति ने 1993 में अपनी संतुतियाँ दी।

ग्राम शिक्षा समिति का गठन (Constitution/Formation of Village Education Committee)

1. ग्राम शिक्षा समिति का गठन ग्राम पंचायत द्वारा किया जाए।
2. ग्राम शिक्षा समिति ग्राम पंचाबत की उप-समिति होगी।
3. ग्राम शिक्षा समिति के कम से कम 7 तथा अधिक से अधिक 15 सदस्य होंगे।
4. सदस्य इस प्रकार से होंगे।

(i)	पंचायत का सरपंच (मुखिया) अथवा सदस्य	1
(ii)	अनुसूचित जाति/अनुसूचित जनजाति/अल्पसंख्यक	1
(iii)	अभिभावक शिक्षक संघ (PTA)	1
(iv)	आंगनवाड़ी कार्यकर्ता	1
(v)	ग्राम का निवासी जो शिक्षा में रूचि रखता है।	1
(vi)	शिक्षा विभाग का प्रतिनिधि	1
(vii)	प्राथमिक अथवा अपर प्राथमिक स्कूल का मुख्याध्यापक	1

नोट: नारी सदस्यों की संख्या कुल सदस्यों का 1/3

ग्राम शिक्षा समिति के कार्य (Functions of VEC)

ग्राम शिक्षा समिति के प्रायः निम्नलिखित कार्य होते हैं:

1. प्राथमिक शिक्षा का प्रसार करना।
2. क्षेत्र/गाँव के 6-14 आयु वर्ग के बच्चों का स्कूल में नामांकन बढ़ाना।
3. दोपहर के भोजन की व्यवस्था की देखभाल करना।
4. छात्रों के दिए जाने वाले प्रेरकों (Incentives) की आवश्यकतानुसार स्वीकृति देना तथा आश्वस्त करना कि ये उन तक पहुँच रहे हैं।
5. शिशु देखभाल तथा शिक्षा (ECCE) का निर्देशन करना।
6. अनौपचारिक तथा प्रौढ़ शिक्षा की व्यवस्था करना।
7. ग्रामीण समुदाय में शिक्षा के प्रति जागृति का विकास करना।
8. प्राथमिक स्कूल तक की शिक्षा बीच में छोड़ने वाले बच्चों की संख्या कम करने के प्रयास करना।
9. स्कूल के निर्माण सम्बन्धी कार्यों की देखभाल करना।
10. स्कूल में कमरों, शौचालयों आदि की आवश्यकताओं का अनुमान लगाना।
11. स्कूल विकास विधि (School Development Fund) की स्थापना करना।
12. स्कूल की विभिन्न गतिविधियों के लिए धन इकट्ठा करना।
13. बैंक अथवा डाकघर में स्कूल फण्ड का संचालन करना।
14. स्कूल की सामान्य गतिविधियों का संचालन करना।
15. स्कूल के भावी विकास की योजनाएँ बनाना।
16. ग्राम में समाज सेवारत अन्य संस्थाओं से परस्पर सहयोग बनाए रखना।
17. पंचायत समिति तथा अन्य अधिकारियों के लिए विभिन्न प्रकार के अभिलेख तैयार करना।

ग्राम शिक्षा समिति की निधियाँ (Funds of the VEC)

1. पंचायत समिति तथा मण्डल समिति द्वारा दिया गया धन।
2. सम्बन्धित विभागों द्वारा दिया जाने वाला धन।
3. स्वयं द्वारा एकत्रित की गई धन राशि।
4. सर्वशिक्षा अभियान के अन्तर्गत दी जाने वाली राशि।

14

शिक्षा में अवसरों की समानता
(Equalising Educational Opportunity)

14.1 शिक्षा में समानता का अर्थ (Meaning of Equality in Education)

समानता का अर्थ है कि समाज में प्रत्येक व्यक्ति को आत्मविकास के समान अवसर मिलने चाहिए। अवसरों के अभाव में किसी भी व्यक्ति की प्रतिभा अथवा योग्यता अविकसित न रह जाए।

समानता का अर्थ यह नहीं है कि सभी लोगों के साथ बिल्कुल एक जैसा बर्ताव किए जाए। इस सन्दर्भ में यह लिखना न्याय संगत है कि व्यक्तियों में विभिन्न योग्यताएं होती हैं। एक जैसी सुविधाओं से प्रत्येक व्यक्ति की आवश्यकताएं पूरी नहीं की जा सकती हैं। इस बात को स्पष्ट करने के लिए हम कुछ उदाहरणों को लेते हैं। शिक्षा में 'समान अवसरों' का अर्थ यह है कि सभी बच्चों को स्कूल जाने तथा शिक्षा प्राप्त करने का अवसर मिले, यह नहीं है कि किसी की उपलब्धि देखे बिना सभी को सभी कक्षाओं में पास किया जाए या सभी को एक जैसे ग्रेड या अंक दिए जाएँ। इसका यह भी अर्थ नहीं कि प्रत्येक छात्र को वाणिज्य अथवा विज्ञान विषय कक्षा 11 में दिए जाएं। 'समान अवसरों' का वास्तविक अर्थ यह है कि सभी को पर्याप्त अवसर मिलें जिससे उनका अधिकतम विकास हो। यदि कुछ क्षेत्रों में शिक्षा की सुविधाएं न हों तो सुविधाएं उपलब्ध करायी जाएं। यदि कुछ छात्र पढ़ाई आदि में कमजोर हैं तो उसके लिए उचित व्यवस्था की जाए।

14.2 समान अवसर का अर्थ समान शिक्षा नहीं है (Equality of Opportunity does not Mean Same Education)

वैयक्तिक भिन्नता सृष्टि का व्यापक नियम है। दो व्यक्ति, चाहे वे जुड़वाँ भाई या बहिन ही क्यों न हों, बिल्कुल समान नहीं होते, उनमें भी कुछ-न-कुछ अन्तर रहता ही है। भौतिक शरीर की बनावट के अतिरिक्त उनकी मानसिक शक्ति, उनके विचार, उनकी रुचि, ढंग, अभिवृत्ति, विश्वास आदि के कारण उनमें अंतर होना स्वाभाविक है। अत: सभी को एक ही प्रकार की शिक्षा देने और समान अवसर प्रदान करने से यह आवश्यक नहीं है कि सबका विकास एक समान हो। अवश्य ही कोई तो उस अवसर का लाभ उठाकर उस शिक्षा से लाभान्वित होगा और कोई सर्वथा विफल होगा। समान अवसर का केवल यही

तात्पर्य है कि धनी-गरीब दोनों को एक प्रकार की शिक्षा प्राप्त करने का समान अवसर मिलेगा और आर्थिक कठिनाई उसमें बाधक न होगी। इसके लिए अन्य प्रकार की भौतिक बाधाएँ भी दूर कर देनी चाहिए। जाति-भेद, रंग भेद, धार्मिक विश्वास, लिंग भेद इत्यादि किसी प्रकार का अवरोध नहीं होना चाहिए, जिससे प्रत्येक युवक-युवती को अपनी रुचि की संस्था एवं पाठ्य विषय चुनने को पूरी स्वतंत्रता होनी चाहिए।

14.3 शिक्षा में समान अवसरों का महत्त्व
(Significance of Equality of Opportunity in Education)

पं. जवाहरलाल नेहरू ने समानता के बारे में कहा, ''हमें ऐसे समाज का निर्माण करना है, जिसमें प्रत्येक व्यक्ति को अपने गुण और योग्यता के अनुसार उन्नति करने के अवसर मिलें। मैं चाहता हूँ कि शिक्षा का इस उद्देश्य की प्राप्ति के लिए विकास किया जाए।''

कोठारी शिक्षा आयोग (1964-66) ने इस विषय में अपना मत इस प्रकार व्यक्त किया है: ''शिक्षा का एक महत्त्वपूर्ण उद्देश्य है सबको समान अवसर प्रदान करना, जिससे पिछड़े हुए तथा सामाजिक सुविधाओं से वंचित वर्गों के बच्चे भी अपनी आर्थिक एवं सामाजिक दशा सुधारने के लिए शिक्षा को साधन के रूप में प्रयुक्त कर सकें। जिस समाज में सामाजिक न्याय को महत्त्व दिया जाता है और जो सामान्य व्यक्ति की दशा सुधारने के लिए इच्छुक है एवं सभी उपलब्ध प्रतिभाओं का उपयोग करना चाहता है उसे देश के प्रत्येक वर्ग के लोगों को क्रमशः अवसर की समानता प्रदान करनी चाहिए। कल्याणकारी साम्यवादी समाज की स्थापना के लिए एकमात्र यही उपाय है जिससे सबल द्वारा दुर्बल का शोषण कम-से-कम हो सके।

हमारा देश अब प्रजातांत्रिक गणराज्य है। इसके संविधान में प्रत्येक नागरिक को कुछ मौलिक अधिकार दिए गए हैं, जिनमें स्वतंत्रता ''विचार भाषण एवं लेखन की, समानता'' एवं भ्रातृत्व प्रमुख मौलिक अधिकार हैं। अतः शिक्षा में भी समान अवसर की माँग करने का प्रत्येक नागरिक का अधिकार है। अब जाति-पाँति, धर्म-संप्रदाय, राजनैतिक विचार या लिंग भेद के कारण शिक्षा प्राप्त करने से वंचित नहीं किया जा सकता। प्रजातांत्रिक देश में प्रत्येक नागरिक को, जो मतदाता है, शिक्षित होना आवश्यक है। अतः राज्य का यह कर्त्तव्य है कि वह सबकी शिक्षा के लिए निःशुल्क व्यवस्था करे, जिससे आर्थिक बाधा के कारण कोई व्यक्ति शिक्षा से वंचित न रह जाए। प्रजातंत्र की सफलता मतदाताओं पर है और मतदाता जब तक शिक्षित नहीं है वे अपना उत्तरदायित्व और अपने मत का महत्त्व नहीं समझ सकते। अतः कम-से-कम प्रारंभिक शिक्षा (वरन् अब तो माध्यमिक स्तर तक) सबके लिए अनिवार्य होनी चाहिए। अनिवार्य शिक्षा तभी सफल हो सकती है जब वह निःशुल्क भी हो, क्योंकि शिक्षा यदि खर्चीली होगी तो बहुत से वर्गों के बच्चे क्षमता, रुचि एवं आकांक्षा होते हुए शिक्षा प्राप्त करने से वंचित रह जाएंगे। अतः शिक्षा के अवसर की समानता प्रजातांत्रिक देश की अनिवार्य आवश्यकता है।

14.4 शिक्षा में अवसरों की समानता क्यों?
(Why Equality of Opportunity in Education?)

निम्नलिखित बातों से शिक्षा में समानता की आवश्यकता है:

1. *शिक्षा में मानवतावाद*: सभी धर्म मानवता की बराबरी में विश्वास रखते हैं। अतः शिक्षा में बराबरी का अवसर मिलना चाहिए।

2. *लोकतन्त्र के लिए अनिवार्य*: शिक्षा का एक महत्त्वपूर्ण उद्देश्य है, लोकतन्त्र समाज की रचना। अतः शिक्षा में समानता का अधिकार देना आवश्यक है।

3. *कल्याणकारी समाज*: संविधान में एक कल्याणकारी समाज की परिकल्पना की गई है। कल्याणकारी समाज का लक्ष्य तभी प्राप्त किया जा सकता है जब कि शिक्षा में समानता हो।

4. *शिक्षा का उद्देश्य सर्वांगीण विकास*: सर्वांगीण उद्देश्य की प्राप्ति की मांग है कि शिक्षा में समान अवसर उपलब्ध हों।

5. *देश का आर्थिक विकास*: देश के आर्थिक विकास में सभी नागरिकों की भागीदारी चाहिए। इसमें सन्देह नहीं है कि यदि सभी को शिक्षा में समान अवसर प्राप्त नहीं होंगे तो सभी लोग अपनी क्षमता तथा प्रतिभा के अनुरूप देश के विकास में अपना योगदान नहीं दे सकते।

6. *मानव अधिकार*: संयुक्त राष्ट्र संघ के मानव अधिकार के सार्वभौमिक घोषणा-पत्र (1948) में 'शिक्षा के अधिकार' का समर्थन किया है।

7. *प्रतिभा की खोज*: समाज में विभिन्न प्रकार की प्रतिभा वाले व्यक्ति होते हैं। परन्तु प्रतिभा की खोज बिना शिक्षा के हो नहीं सकते। शिक्षा में जब समान अवसरों की व्यवस्था होगी तो छिपी हुई प्रतिभा को विकसित होने का अवसर मिलेगा।

14.5 शिक्षा में अवसरों की असमानता के कारण (Reasons for Inequalities in Education)

कोठारी शिक्षा आयोग के अनुसार 'शिक्षा में अवसर की समानता' न मिलने के निम्नलिखित प्रमुख कारण हैं:

1. *शैक्षिक सुविधाओं का अभाव:* देश के अनेक भागों में माध्यमिक और उच्च शिक्षा की संस्थाओं की तो बात ही दूर है प्रारम्भिक शिक्षा की संस्थाओं का भी अभाव रहा है। ऐसे क्षेत्रों के बच्चों को वे शैक्षिक सुविधाएँ कैसे प्राप्त हो सकती हैं जो बड़े-बड़े नगरों में (अथवा छोटे नगरों में भी) सरलता से प्राप्त हो जाती हैं। यही कारण है कि भारत के विभिन्न राज्यों में शिक्षा का प्रसार असमान गति से हुआ है और अब भी हो रहा है। बहुत से वन्य एवं पहाड़ी क्षेत्रों में मीलों तक कोई विद्यालय नहीं पाया जाता रहा है। इस प्रकार देश के भिन्न-भिन्न भागों में शिक्षा प्राप्त करने के अवसर भिन्न-भिन्न हैं।

2. *जनसंख्या के बड़े अंश की गरीबी:* देश में गरीबी बहुत बड़े पैमाने पर है और भरसक प्रयत्नों के साथ स्वतन्त्र शासन इस गरीबी को मिटाने में सफल नहीं हुआ। अतः गरीब परिवारों के बच्चे भला धनी परिवारों के बच्चों के समान शिक्षा का अवसर कैसे प्राप्त कर सकते हैं? बहुत से अभागे बच्चों को होश सँभालते ही अपनी जीविका अर्जन करने में लग जाना पड़ता है।

3. *शिक्षा-संस्थाओं के स्तर में अन्तर:* कुछ शिक्षा संस्थाएँ आर्थिक दृष्टि से सम्पन्न होती हैं। उनके अध्यापक-अध्यापिकाएँ अधिक शिक्षित, योग्य एवं प्रतिभा सम्पन्न परिवारों से सम्बद्ध होती हैं। उनकी आर्थिक स्थिति अच्छी होने के कारण वे

शिक्षा में अधिक रुचि एवं परिश्रम से कार्य कर सकते हैं। ऐसी संस्थाओं में शिक्षा पाने वाले छात्र अवश्य ही भाग्यशाली कहे जाएँगे। उनको उत्तम कोटि का वातावरण, दृश्य-श्रव्य साधन तथा अनौपचारिक शिक्षा एवं पाठ्येत्तर कार्यकलापों के लिए अच्छे अवसर प्राप्त होते हैं। गाँव के या शहर के ही सामान्य विद्यालयों के छात्र उनकी बराबरी कैसे कर सकते हैं?

4. *घरेलू परिवेश में अन्तर:* सभी बच्चों का घरेलू परिवेश एक समान नहीं होता। गरीब घरों के बच्चों को घर पर पढ़ाई की सुविधा प्राय: नहीं के बराबर होती है। जिस परिवार में अनेक पीढ़ियों से शिक्षा की प्रथा चली आ रही है, उसके बच्चों से उस परिवार का बच्चा क्या तुलना कर सकता है जिसके पूर्व पुरुष तो क्या, माता-पिता भी निरक्षर हैं और जिसका सामाजिक स्तर भी अत्यन्त निम्न है?

5. *भारतीय समाज में बालक-बालिकाओं की असमानता:* प्राय: देखा जाता है कि सामाजिक कारणों से बालक को परिवार में जो महत्त्व प्राप्त होता है वह बालिका को नहीं प्राप्त होता। बालक से परिवार भविष्य में आर्थिक लाभ की आशा रखता है जबकि बालिका को परिवार बोझ मानता है। अत: बालक की शिक्षा पर स्वभावत: अधिक व्यय किया जाता है और बालिकाओं की शिक्षा उपेक्षित-सी रहती है। अत: दोनों को समान अवसर नहीं मिलते। बालकों को इधर-उधर जाने और जीवन में अनेक प्रकार के अनुभव प्राप्त करने की जो स्वतन्त्रता होती है वह बालिकाओं को नहीं प्राप्त होती। अत: दोनों की शैक्षिक उपलब्धियों में अन्तर होता है।

6. *वर्गीय असमानता:* सम्पन्न वर्ग एवं निर्धन वर्ग में पर्याप्त अन्तर होता है। संपन्न घरों के बच्चों को घर पर भी अनेक सुविधाएँ (पढ़ने के लिए स्थान, उपकरण, अध्यापक, पुस्तकें, सन्दर्भ ग्रन्थ, पढ़े-लिखे सदस्यों का सम्पर्क इत्यादि) होती हैं। वे पब्लिक या सैनिक स्कूलों में प्रवेश पा जाते हैं अथवा अपेक्षाकृत अच्छे स्तर के विद्यालयों में उन्हें स्थान मिल जाता है। इसके विपरीत गरीब घरानों के बच्चों को अपेक्षाकृत पिछड़े स्कूलों में स्थान मिलता है। घर पर कोई सुविधा तो होती ही नहीं, कभी-कभी खाने-पहनने और पठन सामग्री में भी कटौती करनी पड़ती है।

14.6 असमानता के दुष्प्रभाव (Harmful Effects of Inequality)

अवसरों की असमानता के कारण निम्नलिखित सामाजिक प्रभाव दिखाई दे रहे हैं:

1. समाज में सामाजिक असमानता बढ़ रही है।
2. विभिन्न क्षेत्रों में असमानता बढ़ रही है।
3. राजकीय तथा राजकीय सहायता प्राप्त स्कूलों में बच्चों के शिक्षा के अवसर तो मिल रहे हैं परन्तु शैक्षिक सुविधाओं की कमी के कारण शिक्षा के स्तर गिर रहे हैं। इस कारण सामाजिक खाई पाटने के स्थान पर बढ़ रही है।
4. असमानता के कारण प्रजातान्त्रिक व्यवस्था में भी कई प्रकार की विषमताएँ आ गई हैं।
5. असमानता के कारण समाज में असामाजिक तत्त्व पनप रहे हैं।
6. असमानता के कारण अलगाववाद बढ़ रहा है।
7. असमानता के कारण राष्ट्रीय समाकलन में बाधाएँ आ रही हैं।

14.7 शैक्षिक असमानता से ग्रस्त वर्ग
(Sections of the Society Effected by Inequality in Education)

ये वर्ग विशेषकर इस प्रकार हैं:

1. स्त्रियाँ।
2. जन-जातियाँ।
3. अनुसूचित जातियाँ।
4. पहली पीढ़ी के छात्र।
5. झुग्गी-झोपड़ी आदि में रहने वाले।
6. दूर दराज स्थानों पर रहने वाले।
7. गन्दी बस्तियों में रहने वाले।
8. आर्थिक दृष्टि से पिछड़े वर्ग।
9. कुछ अल्पसंख्यक वर्ग।

14.8 शिक्षा आयोग (1964-66) की शिक्षा में समानता सम्बन्धी संतुतियां (Recommendations of the Education Commission 1964–66 on Providing Equality in Education)

1. समान शिक्षा प्रणाली (Common School System)*:* पब्लिक स्कूल तथा साधारण स्कूल प्रणाली के बारे में शिक्षा आयोग ने कहा, "दोहरी शिक्षा" शिक्षा प्रणाली बहुत बड़ी कमजोरियों में से है। सभी बच्चों या समाज के हर स्तर के सभी योग्य बच्चों को अच्छी शिक्षा सुलभ कराने के स्थान पर अच्छी शिक्षा केवल उन मुट्ठी-भर लोगों को उपलब्ध है, जिनका चुनाव प्रतिभा के आधार पर नहीं, अपितु फीस चुकाने की क्षमता के आधार पर किया जाता है। इससे योग्यता का समग्र राष्ट्रीय पूल (National Pool of Talent) बनाने और उसकी वृद्धि करने में रुकावट आती है। इस प्रकार यह स्थिति अलोकतान्त्रिक है तथा एक समतापूर्ण समाज के आदर्श से मेल नहीं खाती। साधारण जनता के बच्चों को घटिया प्रकार की शिक्षा लेने के लिए विवश होना पड़ता है। चूँकि छात्रवृतियों की योजना भी बहुत लम्बी-चौड़ी नहीं है, अत: कभी-कभी इन बच्चों से योग्य बच्चे भी अच्छे स्कूलों में प्रवेश पाने में असमर्थ रहते हैं, जबकि आर्थिक सुविधा प्राप्त माता-पिता अपने बच्चों के लिए अच्छी शिक्षा खरीदने में समर्थ होते हैं। यह बात न केवल गरीबों के बच्चों के लिए बुरी है अपितु अमीर और सुविधा प्राप्त वर्गो के बच्चों के लिए भी बुरी है। थोड़े समय के लिए इन्हें इससे यह सुविधा अवश्य मिल जाती है कि वे अपनी स्थिति बनाए रखें और उसे सुदृढ़ कर सकें। किन्तु यह अनुभव किया जाना चाहिए कि अन्ततोगत्वा उनका स्वयं का हित इसी में है कि वे साधारण जनता के साथ अपने को एक करें। अपने बच्चों को अलग-अलग रखकर वे गरीबों के बच्चों के जीवन और अनुभवों में शामिल होने से तथा जीवन की वास्तविकताओं के सम्पर्क में आने से रोकते हैं। सामाजिक संश्लेषण को कमजोर बनाने के अतिरिक्त वे अपने बच्चों की शिक्षा को भी बलहीन तथा अपूर्ण बनाते हैं।''

शिक्षा आयोग 1964-66 ने स्पष्ट कहा कि यदि इन बुराइयों को दूर करना है और शिक्षा प्रणाली को सामान्य राष्ट्रीय विकास तथा सामाजिक और राष्ट्रीय एकीकरण का

विशेष रूप से एक शक्तिशाली साधन बनाना हैं, तो हमें लोक शिक्षा की ऐसी स्कूल पद्धति की ओर कदम बढ़ाना चाहिए, जिसकी निम्नलिखित विशेषताएँ हों:

1. जो जाति, सम्प्रदाय, समाज, धर्म, आर्थिक परिस्थितियों और सामाजिक प्रतिष्ठा का विचार किए बिना सभी बच्चों को सुलभ हो।

2. जिसमें अच्छी शिक्षा का अवसर प्राप्त करना, धन या वर्ग पर निर्भर न होकर प्रतिभा पर निर्भर हों।

3. जो सभी स्कूलों में एक समुचित स्तर बनाए रखे तथा कम-से-कम एक युक्तिसंगत संख्या में अच्छे स्तर की संस्थाएँ सुलभ कराए।

4. जिसमें पढ़ाई की कोई फीस नहीं ली जाए।

5. जो औसत पिता की आवश्यकताओं की पूर्ति करे ताकि उसे इस प्रणाली से बाहर के खर्चीले स्कूलों में अपने बच्चों को भेजने की आवश्यकता साधारणत: अनुभव न हो।

2. *योग्यता के आधार पर शिक्षा* (*Merit as the Basis of Education*): आयोग ने इस बात पर बल दिया है कि अच्छी शिक्षा व्यवस्था आर्थिक अथवा वर्गभेद के स्थान पर नहीं, अपितु योग्यता पर निर्भर करे तथा जहाँ कोई शुल्क न लिया जाए।

3. *पड़ोसी स्कूल* (*Neighborhood School*): सामान्य स्कूल-प्रणाली अपनाने की दिशा में आयोग ने 'पड़ोस के स्कूल' का सुझाव दिया है, जिसमें प्रत्येक बच्चे को अपने निकटतम स्थित स्कूल में जाना चाहिए।

4. *छात्रवृत्तियाँ* (*Scholarships*): छात्रों की असमानता दूर करने के लिए छात्रवृत्तियों की व्यवस्था होनी चाहिए। यदि प्रतिभाशाली छात्रों को प्रतियोगिता द्वारा चुन कर पब्लिक या सैनिक स्कूलों में प्रविष्ट किया जाए और उन्हें इतनी पर्याप्त छात्रवृत्ति दी जाए कि वे संपन्न घरों के बच्चों के समान ही रहन-सहन का स्तर बनाए रख कर पढें।

5. *अध्ययन केन्द्र* (*Study Centres*): कहीं-कहीं बच्चों को घर पर पढ़ने की सुविधाएँ नहीं होतीं। यदि दिन भर को आने जाने वालों का तांता घर में अथवा घर के कामों में फसांव और रात को एकान्त एवं रोशनी की व्यवस्था न हो तो ऐसे छात्रों के लिए घर के पास ही अध्ययन केन्द्र खोले जाएँ। इससे छात्रों की अनेक कठिनाइयाँ दूर हो सकती हैं।

6. *'पढ़ो और कमाओ' की सुविधा* (*Facility of Learning and Earning*): जो गरीब परन्तु परिश्रमी छात्र स्वावलम्बी होकर पढ़ना चाहते हों उन्हें ऐसे कार्य उपलब्ध कराने चाहिए जिनके द्वारा वे अपनी पढ़ाई का खर्च अंशत: या पूर्णत: चला सकें।

7. *पिछड़े वर्गों की शिक्षा* (*Education of the Deprived Sections*): अनुसूचित जातियों एवं जनजातियों के अतिरिक्त कुछ और भी पिछड़ी जातियाँ हैं जिनके बच्चों की शिक्षा पर विशेष ध्यान देने की आवश्यकता है। उनमें से कुछ तो अपनी गरीबी के कारण, कुछ अज्ञान के कारण तथा कुछ सुविधाओं के अभाव में विद्यालय नहीं जा पाते। सर्वेक्षण द्वारा उनकी कठिनाईयों का पता लगाना चाहिए और उन्हें विद्यालयों में भेजने का उपाय करना चाहिए। कुछ परिवारों में शिक्षा के प्रति उपेक्षा का भाव होता है। वे कई सुविधाएँ देने पर भी अपने बच्चों को स्कूल भेजना पसन्द नहीं करते। ऐसे माता-पिता को शिक्षा के लाभों से परिचित कराना और कुछ आकर्षण देना आवश्यक है–जैसे दिन का नि:शुल्क भोजन और जलपान, नए कपड़े, पढ़ने की सामग्री इत्यादि।

8. *नि:शुल्क शिक्षा* (*Free Education*): गरीब छात्रों के लिए सभी प्रकार की नि:शुल्क शिक्षा का प्रावधान लिया जाना चाहिए।

14.9 राष्ट्रीय शिक्षा नीति 1986 तथा संशोधित नीति 1992 में शिक्षा में समानता संबंधी प्रावधान (Provisions for Equality in Education in the NPE 1986 and 1992)

भाग 4 के शीर्षक '*शिक्षा द्वारा समानताएँ* (Education for Equality)' के अन्तर्गत विभिन्न वर्गों सम्बन्धी निम्नलिखित बातों का उल्लेख है:

विषमताएँ (Disparity)

पैरा 4.1 नई नीति में विषमताएँ दूर करने पर विशेष बल दिया जाएगा। उन व्यक्तियों की विशेष आवश्यकताओं पर ध्यान दिया जाएगा जिन्हें अब तक समानता के स्तर से वंचित रखा गया है और इस काम के लिए शिक्षा के अवसरों को बराबर बनाया जाएगा।

महिलाओं की समानता हेतु शिक्षा (Education for Women's Equality)

पैरा 4.2 शिक्षा को, महिलाओं के स्तर में बुनियादी परिवर्तन लाने के लिए एक साधन के रूप में इस्तेमाल किया जाएगा। अतीत से चली आ रही विकृतियों और विषमताओं को खत्म करने के लिए महिलाओं को सुविचारित समर्थन दिया जाएगा। महिलाओं को शक्ति-सम्पन्न बनाने के लिए शिक्षा पद्धति द्वारा एक ठोस भूमिका निभाई जाएगी और यह हस्तक्षेप का रूप होगी। नए पाठ्यक्रम पाठ्यपुस्तकों तथा शिक्षकों, निर्णयकर्ताओं और प्रशासकों के प्रशिक्षण और अनुस्थापन एवं शिक्षा संस्थाओं के सक्रिय सहयोग द्वारा नए मूल्यों के विकास को बढ़ावा दिया जाएगा। यह काम विश्वास और सामाजिक निर्माण के माध्यम से संभव हो सकेगा। महिलाओं से संबंधित अध्ययनों को विभिन्न पाठ्यक्रमों के अंतर्गत प्रोत्साहन दिया जाएगा और शिक्षा संस्थाओं को महिला विकास से संबंधित सक्रिय कार्यक्रम शुरू करने के लिए प्रेरित किया जाएगा।

पैरा 4.3 महिला निरक्षरता को दूर करने के काम को सर्वोच्च प्राथमिकता दी जाएगी। इसी प्रकार उन रुकावटों को दूर करने की भी हर संभव कोशिश की जाएगी जिनके कारण महिलाएँ प्रारंभिक शिक्षा भी पूरी नहीं कर पातीं। इस काम के लिए विशेष सहायक सेवाओं की व्यवस्था की जाएगी। लक्ष्य निर्धारित किए जाएँगे और निरीक्षण कारगर बनाया जाएगा। विभिन्न स्तरों पर जीविका संबंधी तकनीकी और व्यावसायिक शिक्षा में महिलाओं की भागीदारी पर प्रमुख जोर दिया जाएगा। भेदभाव न बरतने की नीति पर जोरदार तरीके से अमल किया जाएगा, ताकि जीविका संबंधी तथा व्यावसायिक पाठ्यक्रमों में लिंग के आधार पर भेदभाव को खत्म किया जा सके तथा गैर-परंपरागत काम-धंधों में महिलाओं की हिस्सेदारी को बढ़ाया जा सके। इसी प्रकार पहले से मौजूद और नई टेक्नोलॉजी में भी महिलाओं की हिस्सेदारी बढ़ाई जाएगी।

अनुसूचित जातियों की शिक्षा

पैरा 4.4 अनुसूचित जातियों के शैक्षिक विकास में मुख्य जोर इस बात पर दिया जाएगा कि सभी स्तरों पर उन्हें उन लोगों के बराबर लाया जा सके जो अनुसूचित जातियों से संबंधित नहीं हैं।

इस मकसद के तहत नई नीति में निम्न प्रस्ताव रखे गए हैं:

(i) गरीब परिवारों को इतना प्रोत्साहन दिया जाए कि वे अपने बच्चों को 14 साल की उम्र तक नियमित रूप से स्कूल भेज सकें।

(ii) सफाई कार्य, चर्म उतारने तथा चर्म कमाने जैसे व्यवसायों में लगे परिवारों के बच्चों के लिए मैट्रिक-पूर्व छात्रवृत्ति योजना पहली कक्षा और उसके आगे शुरू की जाए। ऐसे परिवारों की आय पर ध्यान दिए बिना, सभी बच्चों को इस योजना में शामिल किया जाएगा तथा उनके लिए समयबद्ध लक्ष्य-कार्यक्रम शुरू किए जाएँगे।

(iii) अनुसूचित जातियों के बच्चों के प्रवेश, पढ़ाई जारी रखने और सफलतापूर्वक पढ़ाई पूरी करने की प्रक्रिया में गिरावट रोकने को सुनिश्चित करने के लिए सूक्ष्म आयोजना और निरंतर पड़ताल होनी चाहिए।

(iv) अनुसूचित जातियों से शिक्षकों की नियुक्ति पर विशेष ध्यान दिया जाए।

(v) जिला मुख्यालयों में अनुसूचित जनजातियों के छात्रों के लिए छात्रावास सुविधाएँ क्रमिक रूप से बढ़ाई जाएँ।

(vi) स्कूल भवनों, बालवाड़ी और प्रौढ़ शिक्षा केन्द्र का स्थान चुनते समय अनुसूचित जाति की पूर्ण भागीदारी की संभावना पर पूरा ध्यान रखा जाए।

(vii) अनुसूचित जाति को भरपूर शैक्षणिक सुविधाएँ दिए जाने में एन.आर.ई.पी. और आर.एल.ई.जी.पी. संसाधनों का उपयोग किया जाए।

(viii) शिक्षा के प्रति अनुसूचित जाति में पूरा उत्साह पैदा करने के लिए लगातार नए तरीके खोजने की कोशिशें जारी रखी जाएँ।

अनुसूचित जनजातियों की शिक्षा (Education of the Scheduled Tribes)

पैरा 4.6 आदिवासियों को अन्य लोगों की बराबरी पर लाने के लिए अग्रलिखित कदम उठाए जायेंगे:

(i) आदिवासी इलाकों में प्राथमिक शालाएँ खोलने के काम को पहला महत्त्व दिया जाएगा। शिक्षा के लिए सामान्य निधि तथा एन.आर.ई.पी. और आर.एल.ई.जी.पी. जनजातीय कल्याण योजनाओं आदि के अंतर्गत प्राथमिकता के आधार पर इन क्षेत्रों में स्कूल भवनों का निर्माण-कार्य शुरू किया जाएगा।

(ii) आदिवासियों के माहौल का अपना अलग रंग होता है। उनकी विशिष्टता प्राय: अन्य बातों के साथ अपनी बोलियों में निहित है। पाठ्यक्रम में इनकी अहमियत को नहीं भुलाया जाना चाहिए। पढ़ाई की शुरुआत ही उनकी अपनी भाषा से होनी चाहिए। आगे चलकर प्रादेशिक भाषा की खाई को पाटा जा सकता है।

(iii) पढ़े-लिखे और प्रतिभाशाली आदिवासी युवकों को प्रशिक्षण देकर अपने क्षेत्र में ही शिक्षक बनने के लिए प्रोत्साहित किया जाए।

(iv) बड़ी तादाद में आवासीय विद्यालय और आश्रम विद्यालय खोले जाएँ।

नोट: विभिन्न वर्गों के लिए शिक्षा में अवसरों की समानता हेतु प्रकरण पर अलग से चर्चा की गई है।

15

लड़कियों की शिक्षा
(Girl's Education)

15.1 लैंगिक असमानता/भेदभाव का अर्थ तथा लैंगिक असमानता का भयानक रूप
(Meaning of Gender Bias and Dreadful Nature of Gender Inequality)

लैंगिक असमानता का अर्थ है, नारियों के साथ पुरुषों के समान विभिन्न क्षेत्रों में एक जैसा बर्ताव न करना। उन्हें विभिन्न पदों पर नियुक्ति के लिए योग्य न समझना। उनको समान अवसर न देना। उन्हें समान कार्य के लिए वेतन आदि न देना। उन्हें एक प्रकार से 'भार' समझना। पुत्र की उत्पत्ति में प्रसन्नता दिखाना आदि।

इसमें कोई सन्देह नहीं है कि संसार में हर क्षेत्र में महिलाएँ तथा लड़कियाँ संसाधनों, अवसरों, प्रशासनिक तथा राजनैतिक सत्ता पाने के समान अवसरों से वंचित हैं। महिलाओं और लड़कियों में भेदभाव के प्रमुख तरीके इस प्रकार हैं: (i) लड़कियों के स्थान पर लड़कों को प्राथमिकता देना। (ii) महिलाओं और लड़कियों के लिए सीमित व्यक्तिगत तथा व्यावसायिक विकल्प। (iii) आधारभूत मानव अधिकारों से वंचित रखना। (iv) महिलाओं तथा लड़कियों से मार पीट। (v) दहेज सम्बन्धी मांगें। (vi) भ्रूण गर्भपात आदि।

यहाँ पर संक्षेप में लिंग असमानता के कुछ उदाहरण दिए जा रहे हैं:

1. संसार में विकसित, प्रगतिशील तथा जनतान्त्रिक देश अमरीका में राष्ट्रपति पद कभी किसी नारी को प्राप्त नहीं हुआ। समानता का दावा करने वाले रूस में भी यही स्थिति रही है। यूरोप के लगभग सभी देशों में भी इसी प्रकार की स्थिति है।

2. अमरीका में महिलाओं को मताधिकार 1920 में, फ्रांस में 1945, इटली में 1948 तथा स्विट्जरलैंड में 1973 में दिया गया।

15.2 संसार में प्रशासन, संसद तथा अन्य क्षेत्रों में महिलाएँ
(Women in Parliament, Administration and Other Fields in the World)

(i) संसद में महिलाएं (Women in Parliament)	17%
(ii) महिला मंत्री (Women Ministers)	14%
(iii) महिला शासनाध्यक्ष (Women Heads of Government)	6%

तालिका 15.1: विभिन्न क्षेत्रों में राष्ट्रीय संसदों में महिलाओं की भागीदारी
(Women Participation in National Parliaments Across Regions)

क्षेत्र	सभी सांसदों के % के रूप में महिला सांसद	
	जनवरी 1997	*मई 2000*
(1) नॉर्डिक देश (Nordic Countries)	36	40
(2) उत्तर व दक्षिण अमरीका (North & South America)	13	21
(3) यूरोप (नॉर्डिक देशों को छोड़कर) (Europe Excluding Nordic Countries)	14	19
(4) उपसहारीय अफ्रीका (Sub-Saharan Africa)	10	17
(5) एशिया (Asia)	13	16
(6) प्रशान्त (Pacific)	10	12
(7) अरब देश (Arab Countries)	3	8

स्रोत: आँकड़े वूमन इन नेशनल पार्लियामेन्ट्स के बारे में अन्तर–संसदीय संघ के डाटा बेस से लिए गए हैं http://www.ipu.org/wmn-e/classif.htm जून 2006 में अभिलिखित।

तालिका 15.2: महिलाओं के लिए सामान्य वेतन पुरुषों से बहुत कम
(Significantly Lower Nominal Wages for Women than Men)

देशों की संख्या (*No. of Countries*)	*खेती के अलावा पुरुषों के वेतन से महिलाओं के वेतन का अनुपात* (Proportion of Women's Wages to Men's Wages Outside of Agriculture)
1. मध्य पूर्व और उत्तर अफ्रीका में 4 देश (Middle East and North Africa)	81
2. पूर्व एशिया व प्रशान्त में 6 देश (East Asia and Pacific)	80
3. 22 औद्योगिक देश (Industrialised Countries)	80
4. संक्रमणकालीन 10 देश (Countries in Transition)	76
5. लैटिन अमरीका व कैरेबियन में 8 देश (Latin America and Caribean)	73
6. उपसहारीय अफ्रीका में 4 देश (Sub-Saharan Africa)	70

तालिका 15.3: प्रौढ़ महिला साक्षरता दरें सामान्यत: पुरुषों से कम: पुरुषों की तुलना में प्रतिशत

(Generally Adult Women's Lower Literacy Rate than Men: Female as a % of Male)

	महिला साक्षरता दर (Women's Literacy Rate)
(1) अल्पतम विकसित देश (Less Developed Countries)	68
(2) विकासशील देश (Developing Countries)	83
(3) सीईई/सीआईएस (CEE/CIS)	96
(4) लैटिन अमरीका व कैरेबियन (Latin America and Caribbean)	99
(5) पूर्व एशिया व प्रशांत (East Asia and Pacific)	92
(6) दक्षिण एशिया (South Asia)	66
(7) मध्य पूर्व व उत्तर अफ्रीका (Middle East and North Africa)	77
(8) पश्चिम व मध्य अफ्रीका (West and Central Africa)	69
(9) पूर्वी व दक्षिणी अफ्रीका (Eastern and South Africa)	74

स्रोत: दुनिया में बच्चों की स्थिति 2008, यूनिसेफ

संसार में नोबेल पुरस्कार विजेता (*Recipients of Nobel Prize*): नारियों का प्रतिशत: 4.5, पुरुषों का प्रतिशत: 95.5

तालिका 15.4 स्वतन्त्रता प्राप्ति के पश्चात् भारत में प्रशासन तथा संसद में नारियों की भागेदारी

(Participation of Women in Administration and Parliament in India)

क्र. सं.	पद	पुरुष	*महिला*
1.	राष्ट्रपति	14 (कार्यवाहक सहित)	1 (2007 में) श्रीमती प्रतिभा पाटिल
2.	उपराष्ट्रपति	12	–
3.	प्रधानमंत्री	18	1
4.	भारत के मुख्य न्यायधीश	36	–
5.	भारत के मुख्य निर्वाचन आयुक्त	13	1
6.	संघ लोक सेवा आयोग के अध्यक्ष	24	–
7.	थल सेना अध्यक्ष	22	–
8.	नौसेना अध्यक्ष	21	–
9.	वायुसेना अध्यक्ष	20	–

(*क्रमश:*)

क्र. सं.	पद	पुरुष	महिला
10.	लोक सभा अध्यक्ष	19	–
11.	संसद में सदस्य	92.7 %	8.3 %
12.	भारतीय प्रशासनिक सेवा (IAS)	90 %	10 %
13.	जनसंख्या (2001) का औसत	1000 के पीछे	933

15.3 धार्मिक क्षेत्र में लैंगिक भेदभाव
(Gender Discrimination in Religious Field)

1. हिन्दुओं के सभी शंकराचार्य पुरुष हैं।
2. ईसाईयों में पोप का स्थान पुरुषों के पास रहा हैं।
3. मुसलमानों में प्राय: सभी धार्मिक नेता पुरुष हैं।
4. अन्य धर्मों की लगभग यही स्थिति है।
5. सभी धर्मों के प्रवर्तक पुरुष रहे हैं।

15.4 वेदों में नारी का गौरवपूर्ण स्थान
(Place of Pride of Women in the Vedic Period)

वेदों में नारी की शिक्षा, शील, गुण, कर्त्तव्य और अधिकारों का विशद वर्णन है। इस प्रकार का वर्णन संभवत: संसार के किसी भी धर्मग्रंथ में नहीं है। चारों वेदों में सैकड़ों नारी विषयक मंत्र दिए गए हैं, जिनसे स्पष्ट होता है कि वैदिक काल में नारी का समाज में विशेष स्थान था तथा पुरुषों की भाँति उन्हें जीवन के हर क्षेत्र में बराबर का स्थान प्राप्त था। वैदिक साहित्य के अध्ययन से ज्ञात होता है कि भारतवर्ष के समाज में नारियों को बहुत गौरवपूर्ण स्थान प्राप्त था। स्त्रियों की शिक्षा-दीक्षा की उत्तम व्यवस्था थी। स्त्रियाँ राजनीतिक, सामाजिक तथा प्रशासनात्मक कार्यों में महत्त्वपूर्ण भूमिका निभाती थीं।

ऋग्वेद में 24 और अथर्ववेद में 5 वैदिक विदुषियों का उल्लेख है। ऋग्वेद में इनके 422 मंत्र हैं। इनके नाम इस प्रकार हैं–सूर्यासावित्री (47 मंत्र), घोषाकाक्षीवती (28 मंत्र), सिकता निवावरी (20 मंत्र), इंद्राणी (17 मंत्र), यमी वैवस्वती (11 मंत्र), दक्षिणा प्रजापात्या (11 मंत्र), अदिति (10 मंत्र), वाक आम्मृणी (8 मंत्र), अपाला आत्रेयी (7 मंत्र), जुहू ब्रह्मजायो (7 मंत्र), अगस्त्यस्वसा (6 मंत्र), विश्ववारा आत्रेयी (6 मंत्र), उवर्वी (6 मंत्र), सरमा देवशुनी (6 मंत्र), देवजामय: इंद्रमातर: (5 मंत्र), श्रद्धा कामायनी (5 मंत्र), नदी (4 मंत्र), सर्पराज्ञी (3 मंत्र), गोधा (22 मंत्र), शश्वती आंगिरसी (23 मंत्र), वसुक्रपत्नी (24 मंत्र), रोमशा ब्रह्मवादिनी (5 मंत्र)।

अथर्ववेद में इनके नाम इस प्रकार हैं–सूर्यासावित्री (139 मंत्र), मातृनामा (40 मंत्र), इंद्राणी (11 मंत्र), देवजामय: (5 मंत्र) तथा सर्पराज्ञी (3 मंत्र)।

वेदों में नारी के गौरव का अनेक वर्णन है। नारी को ज्ञान-विज्ञान में निपुण होने के कारण ब्रह्मा बताया गया है। वेदों में कहा गया है–

गृहिणी ही गृह है। (ऋग्वेद, 3-53-46)
सुशील पत्नी गृहलक्ष्मी है। (ऋग्वेद, 10-3-5)
नारी कुलपालक है। (अथर्ववेद, 1-14-3)

नारी कुटुंब की पालक है। (यजुर्वेद, 14-2)
नारी परिवार की स्वामिनी है। (ऋग्वेद, 10-85-46; अथर्ववेद, 14-1-44)
नारी समाज में अग्रणी है। (ऋग्वेद, 10-159-2)
नारी अबला नहीं, सबला है। (अथर्ववेद, 20-16-9)
नारी सरस्वती के तुल्य प्रतिष्ठित हो। (अथर्ववेद, 14-2-15)
नारी शील, राष्ट्रीय रक्षा तथा कर्त्तव्य की खान है। (अथर्ववेद, 5-17-3)

ब्राह्मण ग्रंथों में नारी का गौरवः नारी को ब्राह्मण ग्रंथों में सावित्री कहा गया है।
(जैमिनीय उप. ब्राह्मण, 27-10-17)

पत्नी के बिना जीवन अधूरा है। (शतपथब्राह्मण, 5-2-1-11)
स्त्रियों का अपमान निदंनीय है। (शतपथब्राह्मण, 11-4-3-2)
पत्नी गृहलक्ष्मी है, साक्षात् श्री है। (तैत्तिरीयब्राह्मण, 3-9-4-7)

यत्र नार्यस्तु पूजयन्ते रमन्ते तत्र देवताः।
यत्रैतास्तु न पूज्यन्ते सर्वास्तजाफलाः क्रियाः।।

"जहाँ नारियों की पूजा होती है, वहाँ देवताओं का निवास होता है। जहाँ इनका आदर नहीं होता या इनका अपमान होता है, वहाँ सारे धर्म-कर्म निष्फल हो जाते हैं।"
(मनुस्मृति, 3-56)

जो अपने परिवार का कल्याण चाहते हैं, वे स्त्रियों का सदा सम्मान करें।
(मनुस्मृति, 3-59)

यजुर्वेद (36-2) में कहा गया है कि स्त्रियों को वेद पढ़ने का पूरा अधिकार है। अथर्ववेद (11-16-3-18) में उल्लेख है कि लड़कियाँ लड़कों के समान ब्रह्मचर्य को धारण करके शिक्षा ग्रहण करें।

ऋग्वेद (2-19-17) में वर्णित है कि स्त्रियों पर ही जीवन आधारित है और वे शिक्षा प्रदान करती हैं।

बौद्ध धर्म तथा जैन धर्म ने भी स्त्री शिक्षा का समर्थन किया है।

प्राचीन काल नारी शिक्षा की दृष्टि से समृद्ध युग था।

15.5 भारतीय संविधान में नारी समानता सम्बन्धी प्रावधान (Constitutional Provisions in India for Women's Equality)

(1) अनुच्छेद 14 के द्वारा महिलाओं को पुरुषों के समान ही कानून के समक्ष समानता (Equality before Law) तथा कानून के अनुसार संरक्षण का अधिकार दिया गया है।

(2) अनुच्छेद 15(1) के अनुसार लिंग के आधार पर राज्य किसी भी नागरिक के साथ भेद-भाव नहीं करेगा। अर्थात् महिलाओं के साथ भेद-भाव नहीं करेगा। इसके साथ ही अनुच्छेद 16 के अधीन रोजगार और नियुक्तियों में महिलाओं को भी बिना भेद-भाव के समान अवसर प्रदान किये गये हैं।

(3) अनुच्छेद 15(3) महिलाओं के विकास के लिए सबसे अधिक महत्त्वपूर्ण संवैधानिक प्रावधान है। इसके अनुसार राज्य को यह शक्ति दी गई है कि वह स्त्रियों व बालकों के लिए विशेष कानून बना सके। महिलाओं के लिए विभेदकारी कानून बनाने की

शक्ति राज्य को इसलिए दी गई है जिससे वे मातृत्व रूपी प्राकृतिक दायित्व को निभा सकें तथा सदियों से पुरुष प्रधान समाज के कारण उन पर हो रहे शारीरिक, मानसिक, आर्थिक व सामाजिक शोषण का सामना कर सकें।

(4) धारा 39(ख) के अनुसार पुरुषों तथा स्त्रियों, दोनों को समान कार्य के लिए समान वेतन।

पंचायती राज में महिला-आरक्षण (Reservation for Women in Panchayati Raj)**:** इस सम्बन्ध में निम्न अनुच्छेदों का उल्लेख करना आवश्यक है:

(a) *पंचायती संस्थाओं में आरक्षित पद*: अनुच्छेद 243घ(4) के अनुसार पंचायती संस्थाओं के प्रत्येक स्तर पर अध्यक्षों के कम से कम एक तिहाई (1/3) पद महिलाओं के लिए आरक्षित होंगे।

(b) अनुच्छेद 243न (4) के द्वारा व्यवस्था की गई है कि नगरपालिका संस्थाओं में अध्यक्षों के पदों की कुल संख्या के कम से कम 1/3 स्थान महिलाओं के लिए आरक्षित रहेंगे।

सभी राज्यों ने 73वें और 74वें संविधान संशोधनों के अनुसार अपने-अपने राज्यों में कानून बनाकर महिलाओं को आरक्षण की व्यवस्था की है।

15.6 लड़कियों/नारी शिक्षा का महत्त्व (Significance of Women's Education)

(1) वेदों में नारी शिक्षा के महत्त्व को स्वीकार किया गया है तथा इस पर बहुत जोर दिया गया है।

(2) *स्वामी दयानन्दजी* ने जोरदार शब्दों में कहा था कि राष्ट्र, समाज, प्रशासन तथा परिवार के क्रिया-कलाप तब तक उचित ढंग से नहीं किए जा सकते, जब तक स्त्रियों को शिक्षा न मिले।

(3) *स्वामी विवेकानन्द* का कहना था कि वही देश उन्नति कर सकते हैं, जहाँ स्त्रियों को उचित स्थान दिया जाता है तथा उनकी शिक्षा का भी उचित प्रबंध किया जाता है।

(4) *गांधीजी* ने स्पष्ट शब्दों में कहा कि स्त्रियों को वही शैक्षिक सुविधाएँ दी जाएँ जो पुरुषों के लिए हों। यदि हो सके तो उन्हें विशेष सुविधाएँ मिलनी चाहिए।

(5) *पंडित जवाहरलाल नेहरू* ने ठीक ही कहा था कि लड़के की शिक्षा केवल एक व्यक्ति की शिक्षा है। किंतु एक लड़की की शिक्षा सारे परिवार की शिक्षा है।

(6) *विश्वविद्यालय आयोग* (1948-49) ने स्त्री शिक्षा का महत्त्व इस प्रकार बताया है: 'स्त्री शिक्षा के बिना लोग शिक्षित नहीं हो सकते। यदि शिक्षा को पुरुषों अथवा स्त्रियों के लिए सीमित करने का प्रश्न हो तो यह अवसर स्त्रियों को दिया जाए; क्योंकि उनके द्वारा ही भावी संतान को शिक्षा दी जा सकती है।'

(7) *श्रीमती हंसा मेहता समिति* (1962) का कथन है कि यदि नए समाज का निर्माण ठोस आधार पर करना है तो स्त्रियों को वास्तविक और प्रभावपूर्ण ढंग से पुरुषों के समान अवसर देने होंगे।

(8) *शिक्षा आयोग* (1964-66) ने लिखा है-'स्त्रियों की शिक्षा पुरुषों की शिक्षा से भी ज्यादा महत्त्वपूर्ण है। लड़कियों की शिक्षा पर जितना भी जोर दिया जाए, उतना थोड़ा है।'

इस शिक्षा आयोग ने स्त्रियों की शिक्षा पर निम्नलिखित कारणों से बल दिया है:

1. स्त्री शिक्षा का हमारे मानवीय संसाधनों के पूर्ण विकास में एक महत्त्वपूर्ण स्थान है।
2. स्त्री शिक्षा से घरों का सुधार होता है।
3. स्त्रियों की शिक्षा का शैशव के सर्वाधिक संस्कारमय वर्षों में चरित्र के निर्माण में अपना विशेष स्थान है।
4. स्त्रियों की शिक्षा प्रसवन-दर को घटाने में काफी सहायता कर सकती है।
5. घर की चारदीवारी के बाहर स्त्रियों का कार्य आज देश के सामाजिक और आर्थिक जीवन का एक महत्त्वपूर्ण अंग बन गया है और आगामी वर्षों में वह और भी बड़ा आकार ग्रहण कर लेगा, जिसका प्रभाव अधिकतर स्त्रियों पर पड़ने लगेगा।

(9) *1986 की राष्ट्रीय शिक्षा नीति* में इस बात पर विशेष बल दिया गया है कि महिलाओं को शैक्षिक तथा सामाजिक दृष्टि से समान स्तर पर लाने के लिए विशेष कार्य-कलापों की आवश्यकता है। राष्ट्र निर्माण के कार्य में सुशिक्षित महिलाएँ महत्त्वपूर्ण भूमिका निभा सकती हैं। लड़कियों तथा महिलाओं की शिक्षा योजना विशेष रूप से तैयार करने की आवश्यकता है और इस कार्य के लिए वित्तीय साधनों की व्यवस्था करनी होगी।

15.7 विश्वविद्यालय शिक्षा आयोग (1948.49) की लड़कियों की शिक्षा के बारे में संतुतियाँ (Recommendations of the University Education Commission on Girls Education)

स्त्रियों का कार्यक्षेत्र एवं उनकी शिक्षा

संसार प्रगतिशील है, अत: स्त्रियों के कार्यक्षेत्र में भी प्रगतिशीलता है। अब वह समय नहीं रहा, जबकि स्त्रियों को घर की चारदीवारी में बंद रखा जाए। इस संबंध में विश्वविद्यालय शिक्षा आयोग (1948-49) ने अपने विचार इस प्रकार व्यक्त किए हैं–

'घर की देखभाल करना स्त्रियों का मुख्य कार्य है और आगे भी रहेगा। फिर भी उनका संबंध सीमित नहीं रहना चाहिए। विभिन्न परिस्थितियों के कारण उन्हें जीवन के विभिन्न क्षेत्रों की ऐसी रूपरेखा बनाएँ जो उनका जीवन सफल बनाने में सहायक हो। एक शिक्षक ने लिखा कि स्त्री शिक्षा तो एक घटना मात्र थी। इसके लिए किसी ने योजना नहीं बनाई थी।

आयोग ने निम्नलिखित संतुतियाँ कीं:

1. कॉलेज में जीवन की जो सुविधाएँ प्रारंभ में लड़कों को दी गई थीं, वे लड़कियों को भी उपलब्ध कराई जाएँ, भले ही वे कॉलेज पहले लड़कों के लिए खोले गए हों।

2. स्त्री शिक्षा में कमी न की जाए, बल्कि इसे बढ़ावा दिया जाए।

3. स्त्रियों को उनकी शिक्षा की वास्तविक अभिरुचियों से अवगत कराने के लिए उचित शिक्षा निर्देशन का कार्य योग्य व्यक्ति करें, जिससे वे पुरुषों का अनुकरण न करें; बल्कि पुरुषों की भाँति अच्छी शिक्षा प्राप्त करें और अपना ध्येय बनाएँ। स्त्रियों और पुरुषों में कुछ समानता होनी चाहिए, परंतु वह एक-सी न हो, जैसी कि आज है।

4. छात्राओं की इस प्रकार साधारणतया सहायता करनी चाहिए कि वे सामान्य समाज में अपना स्थान सभ्य नागरिक के रूप में पहचान लें और अपने को इसके अनुरूप बना सकें। कॉलेज की शिक्षा इस प्रकार की हो कि यह लक्ष्य प्राप्त हो सके।

5. शिक्षा निर्देशन कार्य इस प्रकार किया जाए कि लड़कियाँ गृहविज्ञान के अध्ययन के प्रति उदासीन न रहें।

6. सहशिक्षा वाले कॉलेजों में पुरुषों पर इस बात का दबाव डाला जाए कि वे शालीनता रखें और सामाजिक जिम्मेदारी का अनुभव करें।

7. जहाँ लड़के-लड़कियों के लिए नए कॉलेज बनाए जाएँ। वहाँ इस बात का ध्यान रहे कि वे वास्तव में सहशिक्षा संस्थाएँ हों। इनमें स्त्री और पुरुषों की आवश्यकताओं का पूरा ध्यान रखा जाए।

8. समान कार्य के लिए स्त्री और पुरुष अध्यापकों को समान वेतन दिए जाएँ।

तेरह से अठारह वर्ष की आयु तक के लड़के-लड़कियों के लिए अलग-अलग स्कूल

विश्वविद्यालय शिक्षा आयोग का विचार था कि आम राय ऐसी मालूम होती है कि तेरह या चौदह वर्ष की आयु से लगभग अठारह वर्ष की आयु तक लड़के-लड़कियों के विद्यालय अलग-अलग हों। आयोग ने अनुभव किया कि यह स्पष्ट नहीं होता कि इस विचारधारा का आधार रीति-रिवाज हैं अथवा अनुभव।

कॉलेज में सहशिक्षा

आयोग की सिफारिशों के अनुसार कॉलेज में प्रवेश की आयु लगभग अठारह वर्ष होगी। अतः कॉलेज में सहशिक्षा हो सकती है, जैसा कि आज तक मैडिकल कॉलेजों में है। इस स्तर पर अलग-अलग कॉलेजों के बनाने में आवश्यक रूप से व्यय की वृद्धि होगी। लड़के-लड़कियों के लिए अलग-अलग कॉलेज बनाने से दोहरे उपकरणों की आवश्यकता होगी, जो अभी पर्याप्त नहीं हैं और इनका भार हमारे सीमित साधनों पर पड़ेगा। लड़कियों के अलग कॉलेजों में साधारणतया निम्न कोटि के उपकरण, अपेक्षाकृत कम योग्यतावाले अध्यापक और अनुपयुक्त विद्यालय भवन होते हैं। यथासंभव कॉलेज स्तर पर सहशिक्षा को प्रोत्साहन दिया जाए।

15.8 राष्ट्रीय शिक्षा नीति (1986) तथा संशोधित शिक्षा नीति (1992) में लड़कियों तथा नारियों की शिक्षा (Girls and Women Education in 1986 and Modified NPE, 1992)

राष्ट्रीय शिक्षा नीति (1986) के भाग चार में नारी शिक्षा के बारे में निम्नलिखित बातों का उल्लेख है:

महिलाओं की समानता हेतु शिक्षा

पैरा 4.2 शिक्षा को महिलाओं के स्तर में बुनियादी परिवर्तन लाने के लिए एक साधन के रूप में इस्तेमाल किया जाएगा। अतीत से चली आ रही विकृतियों और विषमताओं को खत्म करने के लिए महिलाओं को सुविचारित समर्थन दिया जाएगा। महिलाओं को शक्तिसंपन्न बनाने के लिए शिक्षा पद्धति द्वारा एक ठोस भूमिका निभाई जाएगी और यह हस्तक्षेप के रूप में होगी। नए पाठ्यक्रम, पाठ्य पुस्तकों तथा शिक्षकों, निर्णयकर्ताओं और प्रशासकों के प्रशिक्षण और अनुस्थापन एवं शिक्षा संस्थाओं के सक्रिय सहयोग द्वारा नए मूल्यों के विकास को बढ़ावा दिया जाएगा। यह काम विश्वास और सामाजिक निर्माण के

माध्यम से संभव हो सकेगा। महिलाओं से संबंधित अध्ययनों को विभिन्न पाठ्यक्रमों के अंतर्गत प्रोत्साहन दिया जाएगा और शिक्षा संस्थाओं को महिला विकास से संबंधित कार्यक्रम शुरू करने के लिए प्रेरित किया जाएगा।

पैरा 4.3 महिला निरक्षरता को दूर करने के काम को सर्वोच्च प्राथमिकता दी जाएगी। इसी प्रकार उन रुकावटों को दूर करने की हर संभव कोशिश की जाएगी, जिनके कारण महिलाएँ प्रारंभिक शिक्षा भी पूरी नहीं कर पातीं। इस काम के लिए विशेष सहायक सेवाओं की व्यवस्था की जाएगी, लक्ष्य निर्धारित किए जाएँगे और निरीक्षण को कारगर बनाया जाएगा। विभिन्न स्तरों पर जीविका संबंधी तकनीकी और व्यावसायिक शिक्षा में महिलाओं की भागीदारी पर प्रमुख जोर दिया जाएगा। भेदभाव न बरतने की नीति पर जोरदार तरीकों से अमल किया जाएगा, ताकि जीविका संबंधी तथा व्यावसायिक पाठ्यक्रमों में लिंग के आधार पर भेदभाव को खत्म किया जा सके तथा गैर-परंपरागत काम-धंधों में महिलाओं की हिस्सेदारी को बढ़ाया जा सके। इसी प्रकार पहले से मौजूद और नई टेक्नोलॉजी में भी महिलाओं की हिस्सेदारी बढ़ाई जाएगी।

15.9 लड़कियों की शिक्षा में असमानता (Inequality in Girls Education)

लड़कियों की शिक्षा में असमानता का सबसे प्रमुख उदाहरण है कि स्वतन्त्रता के पश्चात् केन्द्रीय स्तर पर शिक्षा मंत्रालय/मानव संसाधन विकास मंत्रालय का मंत्री पद किसी नारी को नहीं मिला है। इसी प्रकार भारत सरकार में शिक्षा सचिव/शिक्षा सलाहकार का पद भी पुरुषों को मिलता रहा है। लगभग यही स्थिति राज्यों में रही है।

राष्ट्रीय शैक्षिक अनुसंधान और प्रशिक्षण परिषद् (National Council of Educational Research and Training–NCERT), राष्ट्रीय शैक्षिक नियोजन एवं प्रशासन संस्थान (2006 से शैक्षिक नियोजन एवं प्रशासन विश्वविद्यालय–NIEAP now NUEPA), प्रौढ़ शिक्षा निदेशालय (Directorate of Adult Education), नवोदय विद्यालय समिति (Navodaya Vidhyalaya Samiti) आदि राष्ट्रीय स्तर के संगठनों तथा संस्थाओं में प्रायः पुरुषों की ही सर्वोच्च पदों पर नियुक्तियाँ होती रही हैं।

यहाँ पर नारी शिक्षा में विकास की स्थिति पर प्रकाश डाला गया है।

तालिका 15.5: स्वतंत्रता पूर्व भारत में लड़कियों की शिक्षा: नामांकन

वर्ष	*लड़कियों की शिक्षा का प्रतिशत*	*प्राथमिक स्कूल नामांकन*	*उच्च प्राथमिक स्कूल नामांकन*	*माध्यमिक विद्यालय नामांकन*	*यूनिवर्सिटी एवं कॉलेज नामांकन*	*अन्य संस्थाएँ नामांकन*	*योग*
1881-82	0.2	124481	–	2054	6	515	127066
1901-02	0.7	345397	34386	10309	264	2812	393168
1921-22	1.8	1198550	92466	36698	1529	11599	1340842
1946-47	6.0	3475165	321508	280772	23207	56090	4156742

तालिका 15.6: नारी साक्षरता दरों में विकास (1951 से 2001)

जनगणना वर्ष	कुल दर	पुरुष	महिला	पुरुष-नारी दर में अन्तर
1951	18.33	27.16	8.86	18.30
1961	28.30	40.40	15.75	24.65
1971	34.45	45.96	21.98	23.98
1981	43.37	56.38	29.76	26.62
1991	52.21	64.13	39.29	24.84
2001	65.38	75.85	54.16	21.69

टिप्पणी: साक्षरता बढ़ने के बावजूद लगभग 19 करोड़ महिलाएँ निरक्षर थीं। (सात वर्ष तथा इसके ऊपर)।

तालिका 15.7: सात वर्ष तथा उससे ऊपर साक्षर तथा निरक्षरों की संख्या (1991 तथा 2001)

साक्षर/निरक्षर	कुल संख्या	पुरुष	महिला
साक्षर			
1991	358,402,626	228,983,134	129,419,492
2001	562,010,745	336,969,695	225,041,048
1991 में 2001 से बढ़ोतरी	203,608,117	107,986,561	95,621,556
निरक्षर			
1991	328,167,288	128,099,211	200,068,077
2001	296,208,952	106,654,066	189,554,886
कमी	31,958,336	21,445,145	10,513,191

तालिका 15.8: लड़कियों का कुल नामांकन में प्रतिशत

वर्ष	प्राथमिक *(I-V)*	मिडिल *(VI-VIII)*	माध्यमिक, उच्च माध्यमिक 10+2/इण्टर	उच्च शिक्षा स्नातक तथा अपर
1950-51	28.1	16.1	13.3	10.0
1960-61	32.6	23.9	20.5	16.0
1970-71	37.4	29.3	25.0	20.0
1980-81	38.6	32.9	29.6	26.7
1990-91	41.5	36.7	32.9	–
2000-2001	44.0	40.5	39.0	38.6
2004-2005	46.7	44.4	41.5	39.4

तालिका 15.9: प्राथमिक स्तर पर लड़कियों के सकल नामांकन दर (1950-51 से)

वर्ष	कक्षा (I-V) लड़कियाँ	कुल	कक्षा (VI-VIII) लड़कियाँ	कुल
1950-51	24.8	42.6	4.6	12.7
1960-61	41.4	62.4	11.3	22.5
1970-71	60.5	78.6	20.8	33.4
1980-81	64.1	80.5	28.6	41.9
1990-91	85.5	100.1	47.0	62.1
2000-2001	85.9	95.7	49.07	58.6
2003-2004	95.6	98.2	57.6	62.0
2004-2005	104.7	110.7	65.1	74.3

तालिका 15.10: लिंगवार तथा स्तरवार 1951 से नामांकन (मिलियन में) -

वर्ष	प्राथमिक			माध्यमिक/उच्च प्राथमिक			उच्च/उच्च माध्यमिक		
	लड़के	लड़कियाँ	योग	लड़के	लड़कियाँ	योग	लड़के	लड़कियाँ	योग
1950-51	13.8	5.4	19.2	2.6	0.5	3.1	1.3	0.2	1.5
1960-61	23.6	11.4	35.0	5.1	1.6	6.7	2.7	0.7	3.4
1970-71	35.7	21.3	57.0	9.4	3.9	13.3	5.7	1.9	7.6
1980-81	45.3	28.5	73.8	13.9	6.8	20.9	7.6	3.4	11.0
1990-91	57.0	40.4	97.4	21.5	12.5	34.0	12.8	6.3	19.12
2000-2001	64.0	49.8	113.8	25.3	17.5	42.8	16.9	10.7	27.6
2003-2004	68.4	59.9	128.3	27.3	21.4	48.7	20.6	14.3	34.9
2004-2005	69.7	61.1	130.8	28.5	22.7	51.2	21.7	15.4	37.1

टिप्पणियाँ: 1.प्राथमिक स्तर पर लड़कियों के नामांकन में लगभग 12 गुणा वृद्धि हुई, जबकि लड़कों की 5 गुणा।

2. मिडिल स्तर पर लड़कियों का नामांकन 34 गुणा। हाई तथा उच्च सेकेण्डरी स्तर पर लड़कियों के नामांकन में 18 गुणा से ऊपर तथा लड़कों के नामांकन में 13 गुणा।

तालिका 15.11: लिंगवार बीच में ही स्कूल छोड़ने वालों की दरें (1960-61 से 2004-2005)

	1960-61	*1970-71*	*1980-81*	*1990-91*	*2001-01*	*2004-2005*
कक्षा I-V						
लड़के	61.7	64.5	56.2	40.1	39.7	31.81
लड़कियाँ	70.9	70.9	62.5	46.0	41.9	25.42
योग	64.9	67.0	58.7	42.6	40.7	29.00
कक्षा I-VIII						
लड़के	75.0	74.6	68.0	59.1	50.3	50.49
लड़कियाँ	83.4	79.4	65.1	65.21	57.7	51.28
योग	78.3	77.9	72.7	60.9	53.7	50.84

तालिका 15.12: कक्षा I से X के बीच लिंगवार बीच में स्कूल छोड़ने वालों की लिंगवार दरें (2004-2005)

बालक	बालिका	कुल
60.41	63.88	61.9

तालिका 15.13: 100 लड़कों पर लड़कियों का नामांकन

वर्ष	*प्राथमिक (I-V)*	*मिडिल (VI-VIII)*	*माध्यमिक (IX-X)*
1950-51	39	18	16
1960-61	48	32	23
1970-71	60	41	35
1980-81	63	49	44
1990-91	71	58	50
2000-01	77	68	61
2004-05	88	80	71

तालिका 15.14: स्कूल-स्तर लिंग-अनुसार अध्यापकों के स्तरवार संख्या (2004-2005)

(000 में)

	पुरुष	*महिला*	*कुल*
प्राथमिक स्तर	1319	842	2161
माध्यमिक स्तर	992	597	1589
माध्यमिक/उच्च माध्यमिक स्तर	1282	801	2083

तालिका 15.15: 100 पुरुष अध्यापकों पर स्त्री अध्यापिकाएँ

वर्ष	*प्राथमिक स्कूल*	*मिडिल स्कूल*	*माध्यमिक/उच्च माध्यमिक स्कूल*
1950-51	21	18	19
1960-61	21	32	27
1970-71	27	38	33
1980-81	33	42	38
1990-91	41	50	46
2000-01	55	62	49
2004-05	64	60	63

उच्च शिक्षा में महिलाओं के नामांकन में वृद्धि (Increase in Women Enrolment at the Higher Education Stage): स्वतंत्रता प्राप्ति के बाद उच्च शिक्षा में नामांकित महिला छात्रों की संख्या में उल्लेखनीय वृद्धि हुई है। स्वतंत्रता प्राप्ति के समय

महिला नामांकन 10 प्रतिशत से कम था। वर्ष 2004-2005 के दौरान महिला नामांकन बढ़कर 40.05 प्रतिशत हो गया।

विशेषत: गत दो दशकों के दौरान महिला नामांकन की गति तेज हो रही है। सारणी में दिए गए आँकड़ों से यह पता चलता है कि वर्ष 1950-51 से 2004-2005 के दौरान पंजीकृत प्रति सौ पुरुष महिलाओं के नामांकन में लगभग पाँच गुना वृद्धि हुई है।

तालिका 15.16: प्रति सौ पुरुष छात्र महिला नामांकन

वर्ष	*कुल महिला नामांकन*	*प्रति सौ पुरुष महिला नामांकन*
1950-51	40,000	14
2004-2005	42,34,000	68

तालिका 15.17: उच्च शिक्षा में महिला नामांकन का स्तरवार वितरण (2004-05)

स्तर	*कुल नामांकन*	*महिला नामांकन*	*महिलाओं की प्रतिशतता*
(क) स्नातक	93,15,808	37,64,328	40.41
(ख) स्नातकोत्तर	9,86,518	3,98,452	40.39
(ग) अनुसंधान	68,838	27,523	39.98
(घ) डिप्लोमा/प्रमाणपत्र	10,48,1042	44,037	40.08
कुल	**1,04,81,042**	**42,34,340**	**40.40**

तालिका 15.18: महिला कॉलेजों की संख्या (1986-87 से 2004-2005)

वर्ष	*महिला कॉलेजों की संख्या*
1986-87	780
1996-97	1195
1998-99	1359
1999-2000	1503
2000-2001	1578
2001-2002	1625
2002-2003	1650
2003-2004	1798
2004-2005	1849

15.10 लड़कियों की शिक्षा की वांछित प्रगति न होने की समस्याएँ तथा कारण (Problems and Reasons for not Desirable Progress of Girls Education and Problems)

1. पुरुष प्रधान समाज,
2. सामान्यत: नारी शिक्षा में रुचि की कमी,
3. समाज में अज्ञानता,

4. बाल विवाह,
5. गरीबी,
6. दोषयुक्त पाठ्यक्रम,
7. सहशिक्षा का विरोध,
8. सुविधाओं का अभाव,
9. अपव्यय,
10. सरकार की नारी शिक्षा के प्रति उदासीन नीति,
11. परदा प्रथा,
12. कई क्षेत्रों में अध्यापिकाओं की कमी,
13. अप्रभावी शैक्षिक व्यावसायिक निदेशन तथा परामर्श।

नारी शिक्षा की अवहेलना के कुछ उदाहरण: राष्ट्रीय शिक्षा नियोजन एवं प्रशासन संस्थान के एक अध्ययन के अनुसार, 2003-2004 में अधिकांश विद्यालयों में लड़कियों के लिए शौचालय तक नहीं थे। बिहार और छत्तीसगढ़ में कुल तीन से पाँच प्रतिशत विद्यालयों में ही यह सुविधा थी। मध्य प्रदेश, महाराष्ट्र, आन्ध्र प्रदेश, गुजरात, राजस्थान और हिमाचल प्रदेश की 12 से 16 प्रतिशत प्राथमिक विद्यालयों में लड़कियों के लिए शौचालय की व्यवस्था थी। पेयजल, ब्लैकबोर्ड, कक्षाओं संबंधी आँकड़े भी आशा नहीं जगाते।

15.11 लड़कियों की शिक्षा के विकास की व्यूहरचनाएँ (Strategies for the Promotion of Girls Education)

1. लड़कियों को स्कूल जाने के लिए विशेष प्रोत्साहन (Incentives) दिए जाएँ।
2. स्कूल स्तर पर लड़कियों की शिक्षा नि:शुल्क की जाए।
3. लड़कियों के लिए यातायात सम्बन्धी विशेष सुविधाएँ की जाएँ।
4. लड़कियों के लिए छात्रवास खोले जाएँ।
5. पाठ्य पुस्तकों, पाठ्यचर्या, शिक्षकों, निर्णयकर्ताओं तथा प्रशासकों के प्रशिक्षण एवं अभिनवन तथा शिक्षा संस्थाओं के सक्रिय सहयोग से नए मूल्यों के विकास को बढ़ावा दिया जाए।
6. औद्योगिक, तकनीकी तथा व्यावसायिक शिक्षा के कार्यक्रमों में महिलाओं की शिक्षा को व्यापक बनाया जाए।
7. महिलाओं से संबंधित विषयों को हाथ में लेने के लिए अध्यापकों और अनुसंधानकर्त्ताओं का अनुस्थापन और सामान्य विषयों में महिलाओं के आयामों को शामिल किया जाए।
8. पाठ्यचर्या की पुन:संरचना करने के लिए कार्यशालाओं का आयोजन किया जाए।
9. शैक्षिक संस्थाओं को उन कार्यक्रमों को आरंभ करने के लिए प्रोत्साहित किया जाए, जो समुदाय को प्रत्यक्ष लाभ पहुँचाए और महिलाओं में सामर्थ्य उत्पन्न करें।
10. प्रत्येक शिक्षा संस्थान द्वारा महिलाओं की स्थिति का अध्ययन करने, जागृति पैदा करने और महिलाओं में संप्रेषण तथा संगठन की प्रोन्नति के लिए तथा उनके विकास के लिए सक्रिय कार्यक्रम शुरू किए जाएँ।

11. सभी शिक्षकों तथा गैर–औपचारिक शिक्षा/प्रौढ़ शिक्षा अनुदेशकों को महिलाओं को अधिकार दिलाने वाले एक एजेंट के रूप में प्रशिक्षित किया जाए। शिक्षकों तथा प्रौढ़ शिक्षा/गैर–औपचारिक शिक्षा के शिक्षकों के सभी प्रशिक्षण कार्यक्रमों को शामिल करने के लिए रा. शै. अ. प्र. प. प्रौ. शि. नि. आदि द्वारा विशेष प्रशिक्षण कार्यक्रम विकसित किए जाएँ, जो उन्हें महिलाओं को अधिकार दिलाने के लिए प्रेरित करें।

12. महिलाओं के विकास के लिए स्वैच्छिक एजेंसियों तथा क्रियात्मक वर्गों को प्रशिक्षण कार्यक्रमों में शामिल किया जाए।

13. महिलाओं के अध्ययनों को विभिन्न पाठ्यक्रम के रूप में प्रोन्नत किया जाए।

14. महिलाओं को अधिकार दिलाने में सही भूमिका निभाने के लिए शिक्षा प्रणाली को अनुकूल बनाया जाए।

15. महिलाओं के विकास के लिए सक्रिय कार्यक्रम चलाने के लिए शैक्षिक संस्थानों को प्रोत्साहन दिया जाए।

16. पाठ्य पुस्तकों से लिंग पक्षपात और महिलाओं के प्रति दुराग्रहवाले अंशों को हटाया जाए।

17. प्रौढ़/गैर–औपचारिक शिक्षा कार्यक्रमों में महिला शिक्षकों तथा महिला अनुदेशकों को विशेष प्रशिक्षण दिया जाए, ताकि वे महिलाओं की समानता के लिए सक्रिय भूमिका अदा कर सकें।

18. अनुसंधान संस्थानों, स्वैच्छिक संस्थाओं और कलाकारों द्वारा महिलाओं में चेतना उत्पन्न करने और अपने व्यक्तित्व को उन्नत करने के लिए विशेष कार्यक्रम तैयार किए जाएँ।

19. प्रचार माध्यम (रेडियो और दूरदर्शन) को योजना की स्पष्ट मार्गदर्शी रूपरेखाएँ तैयार करनी चाहिए।

20. स्कूल स्तर के अध्यापकों की भर्ती के लिए महिलाओं को वरीयता दी जानी चाहिए। इससे ग्रामीण क्षेत्रों में अधिक विश्वास की भावना उत्पन्न होगी और अभिभावक लड़कियों को स्कूल भेजने के लिए प्रेरित होंगे।

21. सामान्य कोर पाठ्यचर्या महिलाओं की नई स्थिति के अनुरूप मूल्यों के संस्थापन के लिए तथा उनकी शक्ति बढ़ाने के लिए एक शक्तिशाली साधन है। रा.शै.अ.प्र.प. की महिला सेल को फिर चालू किया जाए और उसे महिलाओं की समानता से संबंधित पाठ्यक्रम को तैयार करने की जिम्मेदारी दी जाए। इस सेल को स्कूली पाठ्यक्रमों से लिंग पक्षपात को दूर करने के लिए तेजी से कार्य करना चाहिए।

22. रा.शै.अ.प्र.प. और राज्य स्तर की एजेंसियों द्वारा आरंभिक प्रशिक्षण, सेवाकालीन प्रशिक्षण और पुनश्चर्या पाठ्यक्रमों के जरिए अध्यापकों, प्रशिक्षकों, आयोजकों और प्रशासकों को महिलाओं के मामलों में संवेदनशील बनाया जाए।

23. एक बड़ी संख्या में शैक्षिक कार्मिकों को शामिल करने हेतु एक देशव्यापी लिंग संवेदनशीलता का कार्यक्रम आरंभ किया जाए; ताकि शैक्षिक प्रशासकों, शिक्षकों और शिक्षक–प्रशिक्षकों को शामिल किया जा सके। इस रणनीति का अनुपूरक, संचार अभियान और बालिका शिक्षा हेतु सकारात्मक वातावरण तैयार करने के लिए अभिभावक जागरूकता कार्यक्रम होगा। महिलाओं को अधिकार देने और बालिका शिक्षा के बुनियादी मुद्दों पर महिला दलों की गतिशीलता को तीव्र किया जाए।

24. रा.शै.अ.प्र.प. ग्रामीण क्षेत्रों में महिला शिक्षकों की भर्ती और तैनाती की समस्याओं का अध्ययन करे, ताकि अड़चनों और व्यवहार्य समाधानों का पता लगाया जा सके।

25. लिंग रूढ़िबद्धता को तोड़ते हुए सभी स्तरों पर बालिकाओं को अधिकाधिक व्यावसायिक तकनीकी और पेशेवार शिक्षा सुलभ कराने के लिए उपाय किए जाएँ।

26. ऐसी सहायक सेवाओं का सृजन करने के लिए, जिससे बालिकाएँ शिक्षा प्राप्त कर सके, विभिन्न विभागों के कार्यक्रमों और योजनाओं को अभिमुख करने पर बल दिया जाए। महिला एवं बाल विकास विभाग और राज्य सरकारों का सक्रिय सहयोग प्राप्त किया जाए।

27. महिला और बाल विकास विभाग द्वारा विकसित कानूनी साक्षरता सामग्रियों का दूर-दूर तक प्रचार किया जाए, ताकि वे स्कूली पाठ्यचर्या, साक्षरता अभियानों और महिलाओं की गतिशीलता का अंग बन सकें। विशेषकर, सूचना और प्रसारण मंत्रालय की मीडिया (संचार) सहायता माँगी जाए।

28. बालिकाओं की मीडिल और माध्यमिक शिक्षा तक पहुँच को बढ़ाने के लिए दूरस्थ शिक्षा का विस्तार किया जाए। राष्ट्रीय मुक्त स्कूल बालिकाओं को दूरस्थ शिक्षा में लाने में सफल रहे हैं तथा और अधिक मीडिल स्कूल की बालिकाओं को शिक्षा देने में सहायता देने हेतु इस संयोजन को बढ़ाया जाए।

यद्यपि इनमें से कई क्षेत्रों में कार्यवाही की गई है परन्तु गति धीमी है। गति को तेज करने की आवश्यकता है।

15.12 लड़कियों के शैक्षिक स्तर को ऊँचा उठाने के लिए व्यूह रचनाएँ (Strategies for Raising Academic Achievement of Girls Stands)

1. *नवोदय विद्यालयों में लड़कियाँ:* प्रभावी कार्यवाई से नवोदय विद्यालयों में बालिकाओं का दाखिला लगभग 31 प्रतिशत तक सुनिश्चित हो गया है।

2. *छात्रावास योजना:* छात्रावासों के निर्माण की योजना का संचालन इस उद्देश्य से किया जा रहा है कि अधिक-से-अधिक बालिकाएँ माध्यमिक शिक्षा से लाभ उठा सकें।

3. *ऑपरेशन ब्लैकबोर्ड: महिला शिक्षा की विशेष योजनाएँ*–शिक्षा विभाग की विद्यमान योजनाओं के अधीन महिलाओं के लिए विशेष प्रावधान किए गए हैं। ऑपरेशन ब्लैकबोर्ड योजना के अधीन संशोधित नीति निर्धारण में एक शर्त यह है कि भविष्य में नियुक्त किए जाने वाले शिक्षकों में 50 प्रतिशत महिलाएँ होनी चाहिए। इसका स्वभावत: लड़कियों की गुणवत्ता शिक्षा पर प्रभाव पड़ेगा।

4. *अनौपचारिक बालिका शिक्षा केन्द्र:* मानव संसाधन विकास मंत्रालय की अनौपचारिक शिक्षा योजना के अधीन ऐसे अनौपचारिक शिक्षा केन्द्रों को, जो केवल बालिकाओं के लिए हैं, 90 प्रतिशत सहायता दी जाती है। बालिकाओं के अनौपचारिक शिक्षा केन्द्रों का संचित योग 1.18 लाख है। केन्द्रों की कुल संख्या 2.41 लाख है।

5. *कस्तूरबा गाँधी बालिका विद्यालय योजना:* इस योजना के अन्तर्गत मुख्य रूप से प्राथमिक स्तर पर अनुसूचित जाति/अनुसूचित जनजाति, अन्य पिछड़े वर्ग और अल्पसंख्यकों की बालिकाओं के लिए दुर्गम क्षेत्रों में आवासीय सुविधाओं के साथ लगभग 2000 विद्यालयों की व्यवस्था की गई है। यह योजना शैक्षिक रूप से पिछड़े विकास खण्डों में चलाई जा रही है जहाँ महिला साक्षरता की दर राष्ट्रीय औसत से कम है तथा 'लिंग' भेदभाव अधिक है।

6. *महिला साक्षरता अभियान:* पूर्ण साक्षरता अभियानों में महिलाओं को पूर्ण अधिकार देने के उद्देश्य पर विशेष ध्यान दिया गया है। चूँकि देश में महिला साक्षरता दर पुरुषों से काफी कम है, अत: ऐसा प्रतीत होता है कि पूर्ण साक्षरता अभियानों के अंतर्गत महिला अध्येता पुरुष अध्येताओं को पीछे छोड़ जाएंगी। अब तक वंचित वर्गों को अधिकार देने के संबंध में सामाजिक जागरूकता महत्त्वपूर्ण है, जैसा कि कुल जिलों में निर्माण संबंधी कार्य करने वालों को उचित वेतन के सीधे भुगतान, शराब की दुकानें बंद करने, सभी अभियान-जिलों में नामांकन की माँग में वृद्धि आदि जैसे कुछ आन्दोलनों/गतिविधियों में पाया गया है। यह मुख्यत: महिलाओं की शिक्षा की वजह से हुआ है। प्रौढ़ शिक्षा और उत्तर साक्षरता शिक्षा केन्द्रों में महिलाओं के नामांकन पर विशेष ध्यान दिया जा रहा है।

7. *महिला उच्च शिक्षा:* उच्च शिक्षा के क्षेत्र में, सामान्य और तकनीकी दोनों दृष्टियों से महिलाओं के लिए शैक्षिक अवसरों में असाधारण/अद्भुत विस्तार हुआ है। विश्वविद्यालय और कॉलेज स्तरों पर महिला शिक्षा में विविधता आई है और समाज, उद्योग और व्यापार की बदलती आवश्यकताओं के अनुसार उसका प्रबोधन किया गया है।

8. *महिला अध्ययन:* विश्वविद्यालय अनुदान आयोग विश्वविद्यालयों को महिला अध्ययन में अनुसंधान की सु-परिभाषित परियोजनाएँ आरंभ करने और अवर स्नातक और स्नातकोत्तर स्तरों पर पाठ्यचर्या के विकास तथा संबंद्ध विस्तार क्रिया-कलापों के लिए भी वित्तीय सहायता प्रदान कर रहा है। आयोग ने सामाजिक विज्ञान तथा इंजीनियरिंग एवं प्रौद्योगिकी सहित विज्ञान और मानविकी में महिला उम्मीदवारों के लिए अंशकालिक रिसर्च एसोशिएटशिप के अनेक पदों का भी सृजन किया है।

9. *महिला समाख्या: महिलाओं की समानता हेतु शिक्षा* (Mahila Samakhya—Education for Women's Equality)*:* 1989 में शुरू हुआ महिला समाख्या कार्यक्रम (महिलाओं की समानता हेतु शिक्षा) और उनके सशक्तिकरण हेतु एक ठोस कार्यक्रम है। यह योजना नौ राज्यों के 65 जिलों के लगभग 16000 गाँवों में चलाई जा रही है। ये राज्य हैं-आंध्र प्रदेश, असम, बिहार, गुजरात, झारखण्ड, कर्नाटक, केरल, उत्तर प्रदेश और उत्तरांचल।

योजना के उद्देश्य: (i) महिलाओं की छवि और उनके आत्मविश्वास को मजबूत करना। (ii) ऐसा वातावरण तैयार करना जहाँ महिलाओं को वे सूचनाएँ और ज्ञान प्राप्त हो सकें जो उन्हें समाज में सकारात्मक भूमिका निभाने की शक्ति दे। (iii) महिला संघों से गाँवों की शैक्षणिक गतिविधियों की सक्रियतापूर्वक निगरानी और मूल्यांकन का काम लेना। (iv) विकेन्द्रीकृत और सहभागितापूर्ण प्रबन्धन का गठन करना। (v) महिलाओं और किशोरियों को शिक्षा के अवसर उपलब्ध कराना। (v) औपचारिक एवं अनौपचारिक शिक्षा कार्यक्रमों में महिलाओं और लड़कियों की भागीदारी बढ़ाना है।

महिला संघ ऐसे केन्द्र बिन्दु हैं, जहाँ समस्त गतिविधियों की योजना तैयार की जाती है और यहाँ महिलाएँ मिल बैठकर अपनी समस्याओं पर चर्चा करती हैं। संघ के लिए निर्धारित धन बैंक या डाकघर के खाते में जमा कराया जा सकता है। इसका तीन वर्ष के अन्दर सामूहिक कार्यों के लिए महिलाएँ सदुपयोग कर सकती हैं। सहयोगिनियाँ 10 गाँवों के समूह की देखभाल करती हैं और प्रेरणादायक, समर्थक और पथ प्रदर्शक के रूप में कार्य करती हैं।

महिला समाख्या की सबसे महत्वपूर्ण उपलब्धि यह रही है कि इससे आधारभूत स्तर पर महिला सशक्तिकरण की नींव डाली जा सकी है और ग्रामीण महिलाओं के स्वरूप में एक परिवर्तन देखने को मिला है। कानूनी जागरूकता कार्यक्रम के फलस्वरूप नारी अदालतों का जन्म हुआ है। नारी अदालतें मुखरित और प्रभावकारी अनौपचारिक अदालतों के रूप में उभरी हैं। इन्हें लोगों की ओर से मान्यता और सम्मान दोनों मिला है। महिला शिक्षण केन्द्रों ने युवतियों और किशोरियों को शिक्षा प्राप्त करने का अनोखा अवसर प्रदान किया है। इन महिला शिक्षा केन्द्रों को विशेष रूप से नए सघन गुणवत्ता पाठ्यक्रम और दक्षता विकास कार्यक्रमों को ध्यान में रखकर तैयार किया गया है ताकि यहाँ महिलाएँ और किशोरियाँ अपनी शिक्षा जारी रख सकें और जीवन का हुनर सीख सकें।

10. *महिला निरीक्षिका*: कार्यवाई योजना (1992) में शिक्षा के कार्यक्रमों के निरीक्षण के लिए महिला कक्ष की स्थापना करने की व्यवस्था है। इस उद्देश्य के लिए शिक्षा विभाग, भारत सरकार के आयोजना ब्यूरो में एक कक्ष पहले ही स्थापित किया जा चुका है।

11. *योजना तंत्र*: कार्यवाही योजना 1992 के कार्यान्वयन की पुनरीक्षा करने, बालिकाओं की शिक्षा से संबंद्ध नीतियों और कार्यक्रमों पर सरकार को सलाह देने और अनिवार्य सहायक सेवा के प्रावधान, जिससे शिक्षा में बालिकाओं और महिलाओं की सहभागिता बढ़ेगी, को सुनिश्चित करने के लिए और आयोजना तंत्र को गति देने के लिए मानव संसाधन विकास मंत्रालय के शिक्षा विभाग ने महिला शिक्षा के वास्ते एक उच्चस्तरीय अंतर मंत्रालय समिति की भी व्यवस्था की है। ऐसी समिति को विधिवत् गठित किया गया है और राज्यों से भी इसी तरह की समितियाँ गठित करने का अनुरोध किया गया है। लगभग सभी राज्यों में यह समितियाँ गठित की गई हैं।

12. *नारी शिक्षा एवं राष्ट्रीय शैक्षिक अनुसंधान और प्रशिक्षण परिषद्*: रा.शै.अ.प्र.प. ने महिला शिक्षा पर विशेष कार्यक्रम आयोजित किए हैं।

15.13 महिला साक्षरता के विशेष हस्तक्षेप

2001 की जनगणना के अनुसार देश के 47 जिलों में महिला साक्षरता दर 30 प्रतिशत से नीचे है इसलिए राष्ट्रीय साक्षरता मिशन के लिए इतनी कम महिला साक्षरता दर एक चिंता का विषय है। इस बात को ध्यान में रखते हुए 47 जिलों में नीची महिला साक्षरता दर में सुधार का लक्ष्य निर्धारित किया गया। इनमें से अधिकांश जिले उत्तर प्रदेश, बिहार, उड़ीसा और झारखंड जैसे राज्यों में हैं। इन जिलों में महिला साक्षरता को बढ़ावा देने के लिए विशेष प्रवर्तित कार्यक्रम शुरू किए गए हैं। उत्तर प्रदेश और बिहार में यह कार्यक्रम पूरा हो चुका है और इसका मूल्यांकन भी किया जा चुका है।

उड़ीसा में नौ जिलों में महिला साक्षरता दर काफी कम है। इन जिलों को एक विशेष परियोजना के तहत त्वरित साक्षरता कार्यक्रम में शामिल किया गया है। इस कार्यक्रम के तहत 15 से 35 वर्ष आयु वर्ग के करीब (10,43,000) दस लाख तैंतालिस हजार महिलाओं को साक्षर बनाने का कार्य 117 स्वयंसेवी संगठनों के नेटवर्क को सौंपा गया। इस कार्यक्रम का बाह्य मूल्यांकन एजेंसियों द्वारा मूल्यांकन किया जा रहा है।

विशिष्ट महिला साक्षरता कार्यक्रम झारखंड के उन पांच जिलों में भी लागू किया जा रहा है। जहाँ महिला साक्षरता दर बहुत कम है। इन जिलों की 15 से 35 वर्ष आयु वर्ग

की करीब पांच लाख महिलाओं को इस कार्यक्रम में शामिल किया गया। यह कार्यक्रम भी लगभग पूरा हो चुका है। केवल दो जिलों में बाह्य मूल्यांकन का काम बाकी है।

15.14 महिलाओं को सशक्त बनाना (Empowerment of Women)

I. महिलाओं को सशक्त बनाने के अभिकरण

सन् 2001 की जनगणना के अनुसार भारत में महिलाओं की संख्या 48.87 करोड़ थी जो देश की कुल जनसंख्या (102.70 करोड़ थी) का 48.2 प्रतिशत था। भारत में महिलाओं और बच्चों के समग्र विकास को वांछित गति प्रदान करने के लिए 1985 में मानव संसाधन विकास मंत्रालय भारत सरकार के अधीन महिला और बालविकास विभाग (The Department of Women and Child Development) गठित किया गया। यह विभाग निम्न प्रकार के कार्य करता है:

(1) महिलाओं तथा बच्चों के विकास की देखरेख करने वाली प्रमुख एजेंसी के रूप में योजनाएं, नीतियां और कार्यक्रम बनाना।

(2) महिलाओं तथा बच्चों के बारे में कानून बनाना तथा बनाए गए कानूनों में संशोधन करना।

(3) महिलाओं तथा बच्चों के विकास के क्षेत्र में काम करने वाले सरकारी और गैर सरकारी संगठनों को दिशा निर्देश देना।

(4) महिलाओं के लिए रोजगार क्षमता बढ़ाना।

इस विभाग के अन्तर्गत प्रमुख संस्थाएँ निम्नलिखित हैं:

1. राष्ट्रीय महिला आयोग (National Women Commission)
2. राष्ट्रीय जनसहयोग तथा बाल विकास संस्थान (National Institute of Public Corporation and Child Development)
3. केन्द्रीय समाज कल्याण बोर्ड (Central Welfare Board)
4. राष्ट्रीय महिला कोष (Rashtriya Mahila Kosh)

II. महत्वपूर्ण कानून

1. अनैतिक व्यापार (निरोधक) अधिनियम 1959 (1986 में संशोधन) [Immoral Traffic (Prevention) Act, 1986)]
2. दहेज निरोधक कानून, 1961 (1986 तक संशोधित रूप में)
3. सती प्रथा निरोधक अधिनियम 1987 (Prevention of Sati Act, 1987)

III. महिलाओं के सशक्तीकरण सम्बन्धी प्रमुख कार्यक्रम (Main Programmes for the Empowerment of Women)

1. रोजगार तथा प्रशिक्षण के लिए सहायता देने का कार्यक्रम (Employment and Training Programme)
2. स्वावलम्बन (Women's Economic Self-Sufficient Programme)
3. स्वयंसिद्ध (Self Help Groups of Women)–महिलाओं को अल्प ऋण उपलब्ध कराना।

4. स्वशक्ति (Rural Women's Development)–महिलाओं के जीवन स्तर में सुधार लाना।
5. महिला शिक्षा के लिए कंडेंस्ड पाठ्यक्रम (Condensed Courses or Curriculum for Women)।
6. कामकाजी महिलाओं के लिए छात्रावास (Working Women's Hostel)।
7. स्वाधार: कठिन परिस्थितियों में पड़ने वाली महिलाओं के लिए योजना।

15.15 महिला सशक्तीकरण की राष्ट्रीय नीति (National Policy on Empowerment of Women 2001)

इस नीति के उद्देश्य हैं:

(i) महिलाओं की प्रगति, विकास और सशक्तीकरण सुनिश्चित करना।

(ii) महिलाओं के साथ हर प्रकार का भेदभाव समाप्त करना।

(iii) यह सुनिश्चित करना कि वे जीवन के हर क्षेत्र और गतिविधि में खुलकर भागीदारी करें।

संविधान में संशोधन (1993) पंचायती राज में महिलाओं के लिए 1/3 आरक्षण।

महिलाओं के अधिकार

1. *वैवाहिक स्वतन्त्रता* (Freedom of Marriage): बालिका 18 वर्ष की आयु पूरी होने पर अपनी इच्छा से विवाह करने के लिए स्वतन्त्र है।

2. *गर्भधारण की स्वतन्त्रता* (Freedom of Pregnancy): 1971 के कानून के अनुसार यदि गर्भवती महिला के स्वास्थ्य पर विपरीत प्रभाव पड़ रहा है तो वह घर वालों की इजाजत के बिना गर्भपात करा सकती है। गर्भवती महिला जो नौकरी करती है उसे अवकाश अनिवार्य है। इस व्यवस्था को सर्वोच्च न्यायालय के निर्णय के अनुसार मान्यता प्राप्त है।

3. *विवाह-विच्छेद या तलाक* (Divorce): हिन्दू महिला हिन्दू विवाह कानून 1955 और उसका संशोधन (Hindu Marriage Act and its Amendment) के अनुसार कुछ शर्तों के आधार पर (जैसे पति द्वारा क्रूरता) विवाह-विच्छेद न्यायालय से ले सकती है।

4. दहेज *के विरुद्ध संरक्षण* (Safeguards against Dowry): दहेज प्रतिरोध कानून 1961 (Anti-Dowry Act) द्वारा भी वधू से ससुराल-पक्ष द्वारा दहेज की माँग करने पर उन्हें दण्डित किया जा सकता है। यह कानून होते हुए भी महिलाओं पर अत्याचार हो रहे हैं।

15.16 संयुक्त राष्ट्र बालकोष यूनिसेफ की संतुतियां (United Nations Children's Fund–UNICEF)

1. लड़कियों की शिक्षा सम्बन्धी सुझाव

'*दुनिया के बच्चों की स्थिति 2007*' में यूनिसेफ ने लड़कियों की शिक्षा में प्रगति लाने के लिए निम्नलिखित सुझाव दिए:

- स्थानीय स्कूल प्रशासन और शिक्षकों को स्कूल के समय में लचीलापन लाने के लिए बढ़ावा देना।
- विवाहित किशोरों और अविवाहित माता-पिता को कक्षाओं में आने की अनुमति देना।
- स्कूल-सुविधाओं को लिंग-आधारित हिंसा से सुरक्षित बनाना।
- माता-पिता और समुदाय के नेताओं को स्कूल के प्रबन्ध में बढ़-चढ़कर हिस्सा लेने के लिए बढ़ावा देना।

इसके अलावा इस बात पर ध्यान देना भी महत्त्वपूर्ण है कि स्कूल का पाठ्यक्रम बच्चों को लैंगिक समानता का महत्त्व समझाने में मदद करे।

2. महिलाओं के स्तर में सुधार

कानून में लैंगिक समानता दूर *करना:* महिलाओं को जमीन और संपत्ति के अधिकार देने के मामले में लैंगिक भेदभाव समाप्त करने के महत्वपूर्ण उपायों में निम्नलिखित उपाय शामिल होने चाहिएं, लेकिन उन्हें सिर्फ इन्हीं उपायों तक सीमित नहीं रहना चाहिए:

- राष्ट्रीय कानूनों को अंतर्राष्ट्रीय मानव-अधिकार मानदंडों के अनुरूप बनाना।
- भूमि और संपत्ति अधिकारों में सुधार करके महिलाओं के प्रति भेदभाव मिटाना।
- महिलाओं के संपत्ति के अधिकारों के उल्लंघनों का पता लगाने और उनका पर्दाफाश करने तथा सरकारों द्वारा अंतर्राष्ट्रीय मानव अधिकार संधियों के पालन की निगरानी के प्रयासों में अंतर्राष्ट्रीय एजेंसियों और गैर-सरकारी संगठनों को शामिल करना।

3. कामकाजी परिवारों को सहारा देने में सरकार की भूमिका

सरकारों को ऐसे विधायी, प्रशासनिक और वित्तीय कदम उठाने चाहिए जिनसे महिला उद्यमियों और श्रम बाजार में उनकी भागीदारी के लिए सशक्त और सार्थक माहौल बन सके। इन उपायों में शामिल हैं:

- रोजगार की बेहतर परिस्थितियाँ जुटाना।
- करिअर विकास के अवसर पैदा करना।
- सिर्फ लिंग के आधार पर वेतन में अन्तर समाप्त करना।
- बच्चों की देखभाल के लिए सुरक्षित, कम लागत की और उत्तम किस्म की सुविधा प्रदान करना।

4. बेहतर आँकड़ों और विश्लेषण की आवश्यकता

यह साबित करने के लिए पर्याप्त आँकड़े उपलब्ध हैं कि महिलाएँ पुरुषों से ज्यादा काम करती हैं और कम वेतन पाती हैं। फिर भी पुरुषों और महिलाओं के श्रम के बारे में अलग-अलग आँकड़ों की कमी के कारण उनके बीच विषमता के अधिक विस्तृत अध्ययन में रुकावट आती है। सेक्स के आधार पर रोजगार और आमदनी के बारे में बेहतर आँकड़े उपलब्ध होने से नीतियों और कार्यक्रमों के लिए विश्लेषण में सुधार आएगा जिसका लाभ महिलाओं, बच्चों, परिवारों और पूरे देश को मिलेगा।

16

विशिष्ट अथवा विशेष शिक्षा
(Special Education)

16.1 विशिष्ट शिक्षा का अर्थ (Meaning of Special Education)

विशिष्ट शिक्षा का अर्थ प्राय: उस शिक्षा से लिया जाता है जो सामान्य स्कूलों में तथा सामान्य कक्षाओं में नहीं दी जाती बल्कि विशेष अथवा विशिष्ट स्कूलों में दी जाती है। कुछ बच्चे ऐसे होते हैं जिनकी आवश्यकताएँ सामान्य बच्चों से भिन्न होती हैं। उनके सर्वांगीण विकास के लिए विशेष प्रकार के वातावरण की आवश्यकता पड़ती है। अत: उनके लिए विशेष कक्षाओं अथवा विशेष स्कूलों का प्रावधान किया जाता है। आधुनिक विचारधारा के अनुसार प्रयास किए जाते हैं कि विशेष आवश्यकताओं वाले बच्चे जहाँ तक सम्भव हो, दूसरे बच्चों के साथ शिक्षा प्राप्त करें तथा उनके सम्पर्क में आएँ। विशेष शिक्षा सम्बन्धी प्रावधानों के साथ ऐसे बच्चों को सामान्य शिक्षा धारा (General Main Stream) से जोड़ने की सम्भावनाओं की खोज की जा रही है तथा कुछ प्रयास भी हो रहे हैं।

16.2 क्षतिग्रस्त अथवा विशेष बच्चों की परम्परागत परिभाषाएँ (Traditional Definitions of Special Children or Children with Disabilities)

1. हेक (Heck) ने असाधारण बालकों की (Exceptional Child) संज्ञा उन सभी बच्चों से दी है जो शारीरिक, सामाजिक एवं मानसिक दृष्टि से बाधित (Handicapped) हैं, साथ-ही-साथ यह संज्ञा उन बच्चों के लिए भी प्रयुक्त मापदण्ड है जो मानसिक मापन के किसी भी क्षेत्र में प्रतिभाशाली होते हैं।

हेक के अनुसार विशिष्ट शिक्षा का वह शैक्षिक प्रोग्राम है जिसको व्यक्तिगत या सार्वजनिक एजेंसियाँ विभिन्न प्रकार के असाधारण बालकों की शिक्षा के लिए नियोजित करती हैं।

2. *अमेरिकन शिक्षा अध्ययन राष्ट्रीय परिषद* ने असाधारण बालकों को इस प्रकार परिभाषित किया है–''असाधारण बालक वे हैं जो कि सामान्य बच्चों से शारीरिक मानसिक, संवेगात्मक या सामाजिक विशेषताओं में इतना अधिक अलग (deviate) होते हैं कि अपनी उच्चतम योग्यता तक विकसित होने के लिये उन्हें विशेष शैक्षिक सेवाओं की आवश्यकता पड़ती है।''

3. *जे.टी. हण्ट* (J.T. Hunt) ने विशिष्ट बालकों की इस प्रकार परिभाषा दी है–"विशिष्ट बालक वे हैं जो शारीरिक, संवेगात्मक या सामाजिक विशेषताओं में सामान्य बालकों से इतने पृथक् हैं कि उनकी क्षमताओं के अधिकतम विकास के लिए विशिष्ट शिक्षा सेवाओं की आवश्यकता होती है।"

4. *क्रुकशॉक* (Cruickshank) ने अपने विचार इस प्रकार व्यक्त किए–"विशिष्ट बालक वे हैं जो सामान्य बौद्धिक, शारीरिक, सामाजिक तथा संवेगात्मक बुद्धि तथा विकास में इतने भिन्न हैं कि वे नियमित तथा सामान्य विद्यालय-शैक्षणिक कार्यों से अधिकतम लाभ नहीं उठा सकते हैं तथा जिनके लिए विशिष्ट कक्षाओं एवं अतिरिक्त शिक्षण व सेवाओं की आवश्यकता होती है।"

16.3 क्षतिग्रस्त अथवा विशिष्ट बच्चों का वर्गीकरण (Classification of Disabled or Exceptional Children)

I. शारीरिक रूप से विकलांग बालक (Physically Handicapped Children)

(i) दृष्टि-दोष से ग्रस्त बालक (Children with Visual Impairments)
(ii) श्रवण-दोष से ग्रस्त बालक (Children with Hearing Impairments)
(iii) वाणी-दोष से ग्रस्त बालक (Children with Speech Impairments)
(iv) गामक तथा तंत्रिकीय दोषों से ग्रस्त बालक (Children with Loco-motor and Neurological Impairments)
(v) अन्य शारीरिक दोषों से ग्रस्त बालक (Children with other Physical Impairments)

II. व्यक्तिगत संतुलन के क्षेत्र में भिन्नता (Difference in Individual Adjustment)

(i) संवेगात्मक असंतुलित बालक (Emotionally Unbalanced Children), (ii) सामाजिक असंतुलित बालक (Socially Unbalanced Children), (iii) अधिगम मन्द बुद्धि बालक (Learning Retarded Children)

हेक (Heck) द्वारा किया गया क्षतिग्रस्त अथवा असाधारण बच्चों का वर्गीकरण

1. *सामाजिक दृष्टि से बाधित या असाधारण बालक*: इस वर्ग में मुख्यतया बाल-अपराधी (Delinquents) आते हैं।

2. *शारीरिक दृष्टि से बाधित या असाधारण*: इनमें निम्न प्रकार के असाधारण बालक आते हैं:

(i) अपंग (Cripple), (ii) अन्धे (Blind), (iii) बहरे (Deaf), (iv) वाक्-दोषी (Speech Defective), (v) ऊँचा सुनने वाले (Hard of Hearing), (vi) दृष्टि दोषी (Defective Vision), (vii) नाजुक बच्चे (Delicate Children)।

3. *मानसिक दृष्टि से असाधारण*: इस श्रेणी में निम्नलिखित प्रकार के बालक आते हैं:

(i) मन्द बुद्धि (Feeble minded), (ii) विशिष्ट प्रतिभा सम्पन्न (Specially Gifted), (iii) प्रतिभाशाली (Gifted)।

बेकर (Baker) द्वारा किया गया वर्गीकरण

बेकर (Baker) ने असाधारण बालकों का वर्गीकरण निम्नलिखित प्रकार से किया है:

1. वे बालक जो मानसिक स्वास्थ्य और व्यावहारिक गड़बड़ियों से पीड़ित हैं
2. स्नायुविक और मानसिक विकार और रोग से ग्रसित बालक
3. योग्यता एवं अभिक्षमता में सामान्य से दूर बालक जैसे मन्द बुद्धि, प्रतिभाशाली, तथा धीमी अधिगम वाले बालक
4. शैक्षिक उपलब्धि में साधारण से अधिक विचलित बालक
5. संवेदन के विकार एवं दोष से ग्रस्त बालक
6. शारीरिक विकास एवं दोष से युक्त बालक

16.4 क्षतिग्रस्त तथा वंचित वर्गों की सामाजिक तथा भावात्मक समस्याएँ (Socio-Emotional Problems of Disabled and Deprived Groups)

क्षतिग्रस्त तथा वंचित वर्गों की सामाजिक तथा भावात्मक समस्याएँ कई प्रकार से भिन्न होती हैं क्योंकि इनका सम्पूर्ण वातावरण भी अलग होता है। परन्तु फिर भी कुछ समान समस्याएँ हैं जिनका उल्लेख नीचे किया गया है:

1. सामान्यत: समाज का इन वर्गों के प्रति उदासीनता का दृष्टिकोण होना।
2. इन वर्गों का स्वयं का अपने प्रति हीन भावना रखना।
3. समाज में इन वर्गों के प्रति तिरस्कार की भावना का होना।
4. समाज का इन वर्गों के प्रति 'तरस खाने' की भावना रखना तथा दया के तौर पर इनकी सहायता करना।
5. मानव अधिकारों के प्रति विभिन्न आन्दोलनों ने इन वर्गों में अपने अधिकारों के प्रति सज़गता की भावना को बढ़ावा देना तथा 'आशाओं का विस्फोट (Explosion of Expectations)'
6. क्षतिग्रस्त तथा वंचित वर्गों को समाज की मुख्य धारा से जोड़ना।

16.5 विशिष्ट बालकों की शिक्षा के निर्देशक सिद्धांत (Guiding Principles for the Guidance of Special Children)

1. *आत्मविश्वास की भावना*: असाधारण बालकों की शिक्षा का सर्वप्रथम निर्धारक सिद्धांत तो यही होगा कि ऐसे बालकों को इस प्रकार की शिक्षा दी जाए कि उनके जीवन में एक नया अर्थ, एक नया अनुभव और एक नया विश्वास विकसित हो। उन्हें यह अनुभव होने लगे कि वे समाज के लिये आवश्यक हैं। और समाज में उन्हें भी सम्मान की दृष्टि से देखा जाता है। ऐसी शिक्षा में कुछ इस प्रकार की व्यवस्था करनी होगी कि प्रत्येक बालक कोई-न-कोई व्यवसाय करने के लिए सक्षम हो जाए और इसके साथ-ही-साथ उन बालकों का सांस्कृतिक और सामाजिक विकास भी हो सके।

2. *व्यक्तिगत अध्ययन*: असाधारण बालकों की शिक्षा प्रत्येक बालक के व्यक्तिगत अध्ययन (child study) के आधार पर होनी चाहिए। दूसरे शब्दों में हम यह कहेंगे कि प्रत्येक बालक की अपंगता या असाधारणता को भली-भाँति समझने के पश्चात् ही उसकी शिक्षा की व्यवस्था की जाए।

3. *शिक्षा में समान अवसर*: 'शिक्षा में समान अवसर' असाधारण बालकों की शिक्षा का महत्त्वपूर्ण सिद्धांत है। समानता का सिद्धांत इस बात की ओर संकेत करता है कि इन बालकों को केवल कुछ कौशल सिखा देना मात्र पर्याप्त नहीं होगा। व्यावसायिक शिक्षा के साथ-साथ इनके व्यक्तित्व के सर्वांगीण विकास की ओर भी ध्यान देना होगा।

4. *नागरिकता का विकास*: क्षतिग्रस्त बालकों में अच्छी नागरिकता का विकास करना, इनकी शिक्षा का मुख्य उद्देश्य होगा।

5. *संतुलित दृष्टिकोण*: उन्हें ऐसी शिक्षा देनी होगी कि उनका जीवन सरल बन सके। जीवन को सरल बनाने के लिये यह आवश्यक है कि उनमें ऐसी योग्यता विकसित की जाए कि वे अपने दृष्टिकोण के साथ-साथ दूसरे के दृष्टिकोणों को भी समझ सकें।

6. *जीवनयापन में सहायक शिक्षा*: विकलांग तथा अपंग बालकों की शिक्षा के लिए ऐसा प्रशिक्षण आवश्यक होगा जो उनकी अपंगता को दूर कर सके तथा जीवनयापन में उनकी सहायता कर सके।

7. *शैक्षिक तथा प्रशिक्षण सुविधाओं की जानकारी*: भारत सरकार, राज्य सरकारें तथा स्वयं सेवी संस्थाओं ने क्षतिग्रस्त वर्गों के लिए अनेक प्रकार की विशेष सुविधाओं का प्रावधान किया हुआ है। अत: इन वर्गों के बच्चों को इन सुविधाओं से अवगत कराया जाए।

8. *उपराचारात्मक शिक्षा* (Remedial Education): जो बालक शारीरिक अपंगता अथवा सामाजिक असामान्यता एवं मानसिक असामान्यता से पीड़ित हैं उनके लिए उपचारात्मक (remedial) शिक्षा की व्यवस्था करनी होगी। इसका उद्देश्य यही होगा कि ये बालक अपनी कमियों को दूर कर सकें तथा अपने पैरों पर खड़े हो सकें और समाज में सम्मानयुक्त जीवन व्यतीत कर सकें।

9. *निवारक शिक्षा* (Preventive Measures): उपचारात्मक शिक्षा से भी महत्त्वपूर्ण कार्य निवारक शिक्षा का प्रबन्ध करना होगा। इसका उद्देश्य यह होगा कि समाज में ऐसी शिक्षा व्यवस्था की जाए कि बालकों में मनोविकार, अपंगता एवं सामाजिक असमायोजन को रोका जा सके।

16.6 अध्यापकों का उत्तरदायित्व (Role of the Teachers)

(i) अध्यापक अपने व्यवहार को संतुलित बनाए रखे।
(ii) प्रत्येक विशिष्ट छात्र में रूचि लेना।
(iii) अध्यापक प्रत्येक छात्र को सामाजिक स्तर पर एक समान समझें।
(iv) अध्यापक अपने व्यवहार से यह किसी प्रकार से प्रदर्शित न होने दे कि वह कोई कार्य 'तरस खाकर करता है।' अर्थात् क्षतिग्रस्त वर्गों से समानता का व्यवहार करें।
(v) छात्रों के आत्मसम्मान का आदर करें।
(vi) इस प्रकार की शब्दावली का प्रयोग न करें "तुम पढ़ने योग्य नहीं हो", "तुम पिछड़ी जातियों के हो" आदि।

(vii) छात्रों के परस्पर व्यवहार सौहार्दपूर्ण बनाने के प्रयास करें।

(viii) कक्षा के प्रत्येक छात्र की विशिष्ट आवश्यकताओं पर ध्यान दें।

(ix) कक्षा के सामान्य छात्रों को प्रेरित किया जाए कि वे पिछड़े तथा विशिष्ट आवश्यकता वाले छात्रों की यथा सम्भव सहायता करें।

(x) पाठान्तर क्रियाओं में भाग लेने के समान अवसर देने की व्यवस्था करें।

(xi) छात्रों के अभिभावकों से समय-समय पर छात्रों के विकास के संबंध में विचार विमर्श करें।

16.7 विशिष्ट बालकों की शिक्षा तथा राष्ट्रीय शिक्षा नीति: 1986 (Education of the Special Children and National Policy on Education NPE 1986)

राष्ट्रीय शिक्षा नीति 1986 के भाग IV 'अवसरों की समानताएँ' के अन्तर्गत पैरा 4.9 में निम्नलिखित प्रावधानों का उल्लेख किया गया है:

4.9 विकलांगों को शिक्षा देने का उद्देश्य यह होना चाहिए कि वे पूरे समाज के कंधे से कन्धा मिलाकर चल सकें। उनकी उन्नति भी सामान्य लोगों की भान्ति हो। वे भी पूरे भरोसे और हिम्मत के साथ जीवन जिएँ। इस सम्बन्ध में निम्नलिखित उपाए किए जाऐंगे:

(i) विकलांगता यदि चलने-फिरने की या मामूली से हैं, तो ऐसे बच्चों की पढ़ाई आम बच्चों के साथ हो।

(ii) गम्भीर रूप से विकलांग बच्चों के लिए छात्रावास वाले विशेष स्कूलों की जरूरत होगी। इस प्रकार के स्कूल जहाँ तक सम्भव होगा, जिला मुख्यालयों में बनाए जायेंगे।

(iii) सभी स्कूलों के विकलांगों के लिए व्यावसायिक प्रशिक्षण की पर्याप्त व्यवस्था की जाएगी।

(iv) शिक्षकों, विशेषकर प्राथमिक कक्षाओं के शिक्षकों के प्रशिक्षण सम्बन्धी कार्यक्रमों को भी नया रूप देना आवश्यक है, ताकि वे कम उम्र के विकलांग बच्चों की कठिनाइयों को ठीक तरह से समझ सकें।

(v) विकलांगों की शिक्षा के लिए स्वैच्छिक प्रयासों को हरे सम्भव तरीके से प्रोत्साहित किया जाएगा।

16.8 विकलांगों की संख्या (Number of Persons with Disabilities/Handicapped)

राष्ट्रीय सैम्पल सर्वेक्षण संगठन (National Sample Survey Organisation) के सर्वेक्षण (2002) के अनुसार विकलांग व्यक्तियों की संख्या 1.85 करोड़ थी। जो देश की कुल संख्या का 1.8 प्रतिशत था। विभिन्न वर्गों के विकलांगों की संख्या नीचे दी गई है:

1.	लोकोमोटर (Locomotor)	=	106.34 लाख
2.	श्रवण विकलांगता (Hearing Handicapped)	=	30.62 लाख
3.	मूक (Speech)	=	21.55 लाख
4.	दृष्टिहीन (Blindness)	=	20.33 लाख
5.	आंशिक दृष्टिदोष (Low Vision)	=	8.13 लाख
6.	मानसिक अल्पविकास (Mental Retardation)	=	9.95 लाख

2001 की जनगणना के अनुसार विकलांग व्यक्तियों की संख्या 2.19 करोड़ थी जो कुल संख्या का 2.13 प्रतिशत् था।

16.9 विकलांगो की सुविधाओं के लिए सरकारी प्रावधान (Provision of Governmental Facilities for the Handicapped)

यहाँ पर सरकारी सुविधाओं के प्रावधान संक्षेप में दिए जा रहे हैं:

1. *विकलांग व्यक्ति अधिनियम*, 1995 (*Persons with Disabilities Act—1995*): इस पर अलग से विवरण दिया गया है।

2. आत्मविमोह, मस्तिष्क पक्षाघात, मंदबुद्धि और बहु-विकलांगता के शिकार व्यक्तियों के लिए राष्ट्रीय न्यास 1999 (*National Trust for the Welfare of Persons with Autism Cerebral Palsy, Mental Retardation and Multiple Disabilities*): इस न्यास की स्थापना 1999 में की गई। इस न्यास का उद्देश्य विकलांगों को आत्मनिर्भर बनाना है।

3. *विकलांगों के लिए मुख्य आयुक्त का कार्यालय* (*Office of the Chief Commissioner for Persons with Disabilities*): यह कार्यालय विकलांगों के लिए राज्य आयुक्तों के काम में समन्वय स्थापित करता है।

4. *भारतीय पुनर्वास परिषद्* (*Rehabilitation Council of India*): इस परिषद् के निम्नलिखित कार्य हैं:

1. देशभर के सभी प्रशिक्षण संस्थानों में विभिन्न स्तरों पर पाठ्यक्रमों का मानकीकरण और नियमन करना (Standardization and Regulation)।
2. इस प्रकार के पाठ्यक्रम चलाने वाले प्रशिक्षण संस्थानों तथा विश्वविद्यालयों को मान्यता प्रदान करना। लगभग 40 पाठ्यक्रमों का संचालन किया जा रहा है।

5. *राष्ट्रीय संस्थान* (*National Institutes*): विकलांगों की विभिन्न समस्याओं से प्रभावी ढंग से निबटने के लिए निम्नलिखित संस्थाओं की स्थापना की गई है:

1. राष्ट्रीय दृष्टिहीन, संस्थान, देहरादून (National Institute of the Visually Handicapped Dehradun)
2. राष्ट्रीय अस्थिरोग विकलांग संस्थान, कोलकता (National Institute for Orthopaidically Handicapped, Kolkata)
3. अलीयावरजंग राष्ट्रीय बधिर संस्थान, मुम्बई (Ali Yavar Jung National Institute for the Hearing Handicapped, Mumbai)
4. राष्ट्रीय मानसिक विकलांग संस्थान, सिकंदराबाद (National Institute for the Mentally Handicapped, Secundrabad)
5. राष्ट्रीय पुनर्वास प्रशिक्षण एवं अनुसंधान संस्थान, कटक (National Institute of Rehabilitation Training and Research, Cuttack)
6. शारीरिक विकलांग संस्थान, नई दिल्ली (Institute for the Physically Handicapped, New Delhi)
7. बहु-विकलांगता सशक्तिकरण संस्थान, चेन्नई (Institute for Empowerment of Persons with Multiple Disabilities, Chennai)

8. विकलांग बच्चों को पढ़ाने के लिए विशेष शिक्षकों के लिए प्रशिक्षण संस्थाएँ (Special Teacher Training Institutions for Providing B.Ed./M.Ed. (Special Education)–भारत में इस समय इस प्रकार की लगभग 20 प्रशिक्षण संस्थाएं हैं।

6. *दीनदयाल विकलांग पुनर्वास योजना (Deendayal Disabled Rehabilitation Scheme)*: विकलांगों को अनेक प्रकार की सुविधाएँ प्रदान करने के लिए देश में अनेक स्वयंसेवी संगठन कार्य कर रहे हैं। इन संगठनों ने विकलांगों की शिक्षा के लिए शैक्षिक संस्थाएँ स्थापित की हैं। कुछ संगठनों ने विशेष शिक्षा के क्षेत्र में अध्यापकों के प्रशिक्षण हेतु प्रशिक्षण संस्थान भी खोले हुए हैं। विकलांग बच्चों के लिए समेकित शिक्षा योजना (Integrated Education for Disabled Children Scheme) के अन्तर्गत इन संस्थाओं को सहायता दी जा रही है।

'दीनदयाल विकलांग पुनर्वास योजना' के अन्तर्गत भी गैर सरकारी संगठनों को विकलांग व्यक्तियों के कल्याण के लिए विशेष स्कूल, व्यावसायिक प्रशिक्षण केन्द्र तथा समुदाय आधारित पुनर्वास कार्यक्रम (Community Board Rehabilitation Programme) जैसी योजनाएँ चलाने के लिए सहायता दी जाती है।

इस योजना के अन्तर्गत लगभग 480 विशेष स्कूल तथा 190 व्यावसायिक प्रशिक्षण केन्द्र चलाए जा रहे हैं।

7. *भारत सरकार के मन्त्रालय जो विकलांग तथा पिछड़े वर्गों व्यक्तियों की शिक्षा तथा कल्याण के लिए कार्य करते हैं (Ministries of the Government of India Looking After the Education and Welfare of the Handicapped and the Disadvantaged Sections)*

1. मानव संसाधन विकास मंत्रालय, भारत सरकार (Ministry of Human Resource Development)
2. जनजाति कार्य मंत्रालय (Ministry of Tribal Affairs)
3. सामाजिक न्याय और अधिकारिता मंत्रालय (Ministry of Social Justice and Empowerment)

इसी प्रकार से राज्यों में मंत्रालय हैं जो विकलांगों तथा पिछड़े वर्गों की शिक्षा तथा कल्याण सम्बन्धी कार्य करते हैं।

16.10 विकलांग व्यक्ति अधिनियम, 1995 के अन्तर्गत प्रावधान (Provisions Under Person with Disabilities Act, 1995—PWD Act 1995)

विकलांग व्यक्ति (समान अवसर अधिकारों की रक्षा और पूर्ण सहभागिता) अधिनियम, 1995 नामक व्यापक कानून फरवरी 1996 में लागू किया गया। इस कानून के अन्तर्गत केन्द्र और राज्य स्तर पर विकलांगों के पुनर्वास को बढ़ावा देने वाले निम्न प्रकार के कार्यक्रमों का प्रावधान किया गया है:

(i) शिक्षा देना।
(ii) रोजगार तथा व्यावसायिक प्रशिक्षण की व्यवस्था करना।
(iii) अनुकूल वातावरण का निर्माण करना।

(iv) विकलांगों के लिए पुनर्वास सेवाओं का प्रावधान करना।
(v) संस्थागत सेवाओं की व्यवस्था करना।
(vi) सहायक सामाजिक सुरक्षा उपाय जुटाना।
(vii) बेरोजगार भत्ता देना।
(viii) शिकायत निवारण तन्त्र (Machinery) की स्थापना करना।

16.11 विशेष आवश्यकता वाले छात्रों के लिए पाठ्यक्रम समायोजन, शिक्षण अधिगम व्यूह-रचनाएँ तथा कक्षा प्रबन्ध (Curriculum Adjustment, Teaching Learning Strategies and Class Management for Children with Special Needs)

इसमें कोई सन्देह नहीं कि पाठ्यक्रम छात्रों की आवश्यकताओं को ध्यान में रखकर बनाया जाए। शिक्षा में इस प्रकार से क्रियाओं का प्रबन्ध किया जाना चाहिए जिससे कक्षा के सभी बालक लाभ उठा सकें। कुछ बालक तो ऐसे होते हैं, जिनके लिए विशेष स्कूलों अथवा विशेष कक्षाओं का प्रबन्ध करना पड़ता है, परन्तु अनेक बालक ऐसे होते हैं जिनका शिक्षण सामान्य कक्षाओं में ही किया जा सकता है।

हमारी कक्षाओं में ऐसे अनेक छात्र होते हैं जिन्हें सहज रूप से पढ़ने-लिखने में कठिनाई होती है। इन बालकों के उचित ढंग से न सीख सकने के दो कारण होते हैं। उनमें यह दोष जन्मजात होता है अथवा शिक्षण-अधिगम का दोषपूर्ण वातावरण।

जन्मजात दोषों के कारण–छात्रों में कई प्रकार के विकलांग छात्र ऐसे होते हैं, जिनके लिए उपचारात्मक और सुधारात्मक पाठ्यक्रम की आवश्यकता होती है। विकलांगता अथवा विशेष आवश्यकता वाले बच्चों के प्रकार निम्नलिखित हैं:

(i) दृष्टि दोष: नजर कमजोर होना
(ii) श्रवण दोष: सुनने में दोष
(iii) वाक् दोष: हकलाना आदि
(iv) अंग दोष: हाथ-पैरों में कोई दोष होना
(v) बुद्धि दोष।

दृष्टिदोष वाले छात्र (Children with Visual Defects)

दृष्टिदोष वाले छात्रों की पहचान: छात्र के व्यवहार में दिखाई देने वाले लक्षण इस प्रकार हैं:

(i) ठीक से न देख सकना
(ii) पुस्तक आदि को आँखों के निकट रखना
(iii) बार-बार आँखें झपकाना
(iv) बार-बार आँखें मलना
(v) बार-बार आँखों का लाल होना
(vi) एक आँख को ढकना और सिर को आगे झुकाना
(vii) कनखी मारना
(viii) आँखों में पानी भरा रहना
(ix) आँखों पर जोर पड़ने वाले काम के पश्चात् सिरदर्द की शिकायत होना

(x) चीजों या वस्तुओं से टकराना

(xi) ब्लैकबोर्ड से कुछ लिखते समय दूसरे छात्रों से पूछना।

इन छात्रों की पहचान करके उनकी आँखें दिखाने के लिए प्राथमिक स्वास्थ्य-केन्द्र या डाक्टर के पास भेजा जाए तथा माता-पिता से भी सम्पर्क स्थापित किया जाए।

दृष्टिदोष वाले छात्रों की शिक्षा (Education of Children with Visual Defects): अध्यापक ऐसे छात्रों की आगे को आगे की पंक्तियों में बिठाए ताकि वे आसानी से ब्लैकबोर्ड पर लिखी गई सामग्री पढ़ सकें। अध्यापक साफ-साफ तथा बड़े अक्षरों में लिखे। ब्लैकबोर्ड पर लिखते समय अध्यापक बोले तो शिक्षण अधिक प्रभावपूर्ण होगा। पुस्तकालय में 18 प्वांइट या इससे बड़े अक्षरों वाली पुस्तकें पर्याप्त मात्रा में होनी चाहिए। कमजोर दृष्टि वाले छात्रों में एकाग्रता से सुनने और समझने का प्रशिक्षण दिया जाना चाहिए। रेडियो तथा दूरदर्शन पर भी इस प्रकार के कार्यक्रमों का आयोजन किया जाए। यदि सम्भव हो तो छात्रों को कैसेट सुनाए जाने चाहिए। विभिन्न प्रकार के विशेष शारीरिक कार्यक्रमों में भाग लेने के अवसर प्रदान किए जायें।

श्रवणदोष एवं वाक् दोष वाले (Children with Hearing Defects)

श्रवण-दोष एवं वाक्-दोष वाले छात्रों की पहचान (Identification of Children with Hearing Defects): इस प्रकार के दोष वाले बच्चों की पहचान के निम्नलिखित लक्षण हैं:

(i) कान का बहना

(ii) कान में दर्द की शिकायत का होना

(iii) कान खुजाते रहना

(iv) कान में ऊपर दिखाई देने वाली कोई कमी

(v) सुनने के लिए एक ओर सिर झुकाना

(vi) श्रुतलेख में बहुत गलतियाँ करना

(vii) बार-बार अध्यापक से निर्देश, प्रश्न आदि दोहराने का अनुरोध करना

(viii) अध्यापक की बात सुनते समय ध्यानपूर्वक उसका चेहरा देखना

(ix) बोलने में कठिनाई का अनुभव करना

जो बच्चे ऐसा व्यवहार करते हों, उन्हें प्राथमिक स्वास्थ्य-केन्द्र या अस्पताल भेजा जाये ताकि ठीक प्रकार से उनके दोषों की जाँच हो सके। उनके माता-पिता से भी सम्पर्क स्थापित किया जाये।

श्रवणदोष वाले बच्चों की शिक्षा (Education of Children with Hearing Defects): इन बच्चों की समस्या यह होती है कि ठीक से न सुन पाने के कारण उनकी ग्रहण करने की क्षमता पर बुरा प्रभाव पड़ता है। ऐसे बच्चों को कक्षा में अगली पंक्ति में बैठाया जाए ताकि वे अच्छी तरह सुन सकें। अध्यापक शब्दों को बहुत धीमे न बोलें। जल्दी-जल्दी भी न बोलें। अध्यापक को चाहिए कि वह सभी सहपाठियों को आपसी सम्मान, सहायता और सहयोग के आधार पर घुलने-मिलने के लिए प्रेरित करे। उसे स्वयं किसी बच्चे की अपंगता का मजाक नहीं बनाना चाहिए और न ही उसकी कमियों के लिए उसे ताने देने चाहिए। इसके अतिरिक्त जिन बच्चों को ऐसा व्यवहार करते पाया जाए, उन्हें ऐसा करने

से रोका जाए। यदि दूसरे बच्चे विकलांग बच्चे की कमजोरी को समझ लेंगे तो उन्हें आपसी मेल-जोल बढ़ाने में सहायता मिलेगी।

यह भी देखा गया है कि विकलांगता के कारण स्कूल में इन बच्चों के मनोरंजन की आवश्यकता की उपेक्षा की जाती है। इस बात का पूरा ध्यान रखा जाये कि उनकी कार्यक्षमता के अनुसार उन्हें खेलों, शारीरिक क्रियाओं और मनोरंजन के लिए की जाने वाली गतिविधियों में भाग लेने के पर्याप्त अवसर दिए जायें।

अंगदोष वाले छात्र (Orthopaedically Impaired Students)

अंगदोष वाले बच्चों की पहचान (Identification of Children with Orthopaedical Defects)

(i) बैठने, खड़े होने और चलने में परेशानी का होना
(ii) वस्तुओं को उठाने, पकड़ने और जमीन पर रखने में कठिनाई का होना
(iii) प्राय: जोड़ों में दर्द की शिकायत रहना
(iv) लिखने में पैन-पैंसिल आदि पकड़ने में कठिनाई का अनुभव करना
(v) झटके से चलना
(vi) अंगों में अवांछित हलचल का होना
(vii) शरीर के किसी अंग का कटा होना।

अंगदोष वाले छात्रों की शिक्षा (*Education of Orthopaedically Impaired Students*): शारीरिक दोष वाले छात्रों को अंग-संचालन में कठिनाई होती है। इसका सम्बन्ध मांसपेशियों या जोड़ों से होता है। इसका प्रभाव हाथ, पैरों और बाहरी अंगों पर पड़ता है। इन छात्रों को चलने-फिरने में कठिनाई होती है। वैसे उनमें भी सामान्य छात्रों जैसी ही सीखने की क्षमता होती है। हालाँकि उनकी कुछ विशेष समस्याएँ तथा आवश्यकताएँ होती हैं। उदाहरणार्थ यदि किसी छात्र की अंगुलियों की मांसपेशियाँ जकड़ गई हों तो उसे लिखने में कठिनाई होगी। कुछ छात्र ठीक प्रकार से उठने-बैठने या खड़े होने में परेशानी अनुभव करते हैं और वे जल्दी थक जाते हैं। इसके अतिरिक्त कक्षा की अन्य गतिविधियों में भागीदारी सीमिति रह जाती है। ऐसे छात्रों का दूसरे छात्र कभी-कभी मजाक उड़ाते हैं और उनसे अलग-अलग रहते हैं जिससे इन छात्रों को अपने पर्यावरण के अनुकूल ढालने में कठिनाई होती है। ऐसे छात्रों की पहचान करना आसान है क्योंकि उनकी विकलांगता स्पष्ट दिखाई देती है। यह आवश्यक है कि शिक्षक स्वयं ऐसे छात्रों को स्वीकार करे। उसे स्वयं किसी बच्चे की विकलांगता का मजाक नहीं उड़ाना चाहिए। यदि अन्य छात्र विकलांग बच्चों का मजाक उड़ायें तो उन्हें ऐसा करने से रोका जाये। अध्यापक को चाहिए कि वह सभी सहपाठियों को परस्पर सम्मान, सहयोग तथा सहायता के आधार पर घुलने-मिलने के लिए प्रेरित करे। जब दूसरे छात्र विकलांग छात्रों के दोष को संमझ लेंगे तो उन्हें आपसी मेल-मिलाप बढ़ाने में सहायता मिलेगी। कक्षा में बच्चों की विकलांगता के अनुसार उन्हें बैठाने का प्रबन्ध होना चाहिए।

अध्यापक को चाहिए कि वह छात्रों के अभिभावकों के सहयोग से छात्रों की इन कमियों को दूर करने के लिए उचित कदम उठाये तथा उनका मार्गदर्शन भी करें।

विकलांग बच्चों के लिए समेकित शिक्षा (Integrated Education for the Disabled Children): वैज्ञानिक दृष्टि से यह सिद्ध हो चुका है कि आंशिक रूप से विकलांग बच्चे

शैक्षिक और मनोवैज्ञानिक रूप से बेहतर प्रगति कर सकते हैं, यदि वे सामान्य बच्चों के साथ रहकर एक ही स्कूल में अध्ययन करें। विशेष आवश्यकता वाले या विकलांग बच्चों के लिए समेकित शिक्षा की योजना स्कूलों में भारत सरकार द्वारा चलाई जा रही है। आवश्यक सुविधाओं के सृजन के लिए राज्य सरकारों/संघ शासित क्षेत्र प्रशासनों तथा स्वैच्छिक संगठनों को 100% वित्तीय सहायता प्रदान की जाती है। पाठ्य-पुस्तक और लेखन-सामग्री भत्ता, परिवहन भत्ता, पोशाक भत्ता, पाठक भत्ता (दृष्टिहीन बच्चों के लिए) मार्गरक्षण भत्ता न्यूनतम असमर्थताओं सहित शारीरिक रूप से विकलांग बच्चों के लिए। (Escort Allowance), उपस्कर भत्ता, और जहाँ कहीं आवश्यक हो, छात्रावास शुल्क आदि दिए जाते हैं। इसके अतिरिक्त इस स्कीम में शिक्षकों के वेतन और प्रेरकों, संसाधन कमरों की स्थापना, अपंग बच्चों के मूल्यांकन को पूरा करने, शिक्षकों के प्रशिक्षण, स्कूलों में शिल्पगत अवरोधों (Architectural barriers) को दूर करने, अपंग बच्चों के लिए विशेष-सामग्री के उत्पादन और विकास आदि का व्यय प्रदान करने का प्रावधान है। अपंग बच्चों के शिक्षकों के लिए विशेष शिक्षा के प्रशिक्षण के लिए कुछ चुने हुए विश्वविद्यालयों तथा संस्थानों को विश्वविद्यालय शिक्षा आयोग के माध्यम से सहायता दी जाती है। राष्ट्रीय शैक्षिक अनुसंधान एवं प्रशिक्षण परिषद् तथा चार क्षेत्रीय शिक्षा कॉलेजों द्वारा प्रशिक्षण सुविधाएँ भी प्रदान की जाती हैं।

इस समय यह योजना अण्डमान और निकोबार द्वीप समूह, आंध्र प्रदेश, बिहार, दमन और दीव, दिल्ली, गोवा, गुजरात, हरियाणा, हिमाचल प्रदेश, जम्मू व कश्मीर, कर्नाटक, केरल, मध्य प्रदेश, महाराष्ट्र, मिजोरम, नागालैण्ड, उड़ीसा, पंजाब, राजस्थान, सिक्किम, तमिलनाडु और उत्तर प्रदेश के कुछ स्कूलों में लागू है। वर्तमान में 600 स्कूलों के लगभग, 28,000 अपंग बच्चे इस योजना का लाभ उठा रहे हैं।

अपंगों के लिए समेकित शिक्षा की यूनिसेफ द्वारा सहायता प्राप्त एक परियोजना है, जो सामान्य स्कूलों में अपंग बच्चों की शिक्षा के लिए विशिष्ट रणनीतियों के सन्दर्भ के विकास पर बल देती है।

16.12 अभिभावक तथा विशिष्ट बालकों की शिक्षा (Parents/Guardians and Education of Special Children)

विशिष्ट बालकों की शिक्षा में अभिभावकों का विशेष योगदान हो सकता है। सबसे महत्त्वपूर्ण बात यह है कि वे वस्तु स्थिति को अच्छी प्रकार समझ लें। वे बच्चों को भार न समझें। उनका विशिष्ट बालकों से व्यवहार बहुत ही मानवीय होना चाहिए। मनोविज्ञान स्तर पर वे विशिष्ट बालकों के मन में यह धारणा न बैठने दें कि उनके अभिभावक तरस खाकर उनके पालन पोषण तथा शिक्षा आदि की व्यवस्था कर रहें हैं। वे ऐसे बच्चों को परिवार का अभिन्न अंग मानकर उनके साथ समान व्यवहार करें। वे घर में अन्य बच्चों के मन में भी यह धारणा भरने का प्रयास करें कि विशिष्ट बालकों से स्नेह का व्यवहार किया जाए। विशिष्ट बालकों की आवश्यकताओं की पूर्ति के लिए उचित प्रयास करें। घर की गतिविधियों में आवश्यकतानुसार उन्हें भागीदार बनाया जाए। विशिष्ट बालकों में कई क्षेत्रों में क्षमताएँ होती हैं। उनके विकास के अवसर उन्हें प्रदान किए जाने चाहिए।

अभिभावक विभिन्न स्रोतों से विशिष्ट बालकों तथा व्यक्तियों को मिलने वाली सुविधाओं तथा संस्थाओं की पूरी-पूरी जानकारी प्राप्त करें।

17

अनुसूचित जातियों, जनजातियों तथा पिछड़े वर्गों की शिक्षा
(Education of Scheduled Castes/Tribes and Backward Classes)

17.1 अनुसूचित जातियों तथा अनुसूचित जनजातियों का अर्थ (Meaning of SCs and STs)

संविधान में इन जातियों की परिभाषा नहीं दी गई है। संविधान के अनुच्छेद 341 और 342 के अनुसार राष्ट्रपति द्वारा घोषित जातियाँ–अनुसूचित जातियाँ और अनुसूचित जनजातियाँ मानी जाती हैं। सामान्य रूप में इन जातियों का अर्थ निम्नलिखित है:

अनुसूचित जातियों तथा जनजातियों की शिक्षा
(Education of the Scheduled Castes—SCs and Scheduled Tribes—STs)

अनुसूचित जातियों में वे जातियाँ शामिल की गई हैं जो सामाजिक, आर्थिक व शैक्षिक रूप से कमजोर व पिछड़ी समझी जाती है तथा जिन्हें समाज के अन्य उच्च कहे जाने वाले वर्ग ने तिरस्कृत किया हुआ है। धर्म और जन्म पर आधारित सामाजिक व्यवस्था के कारण इन लोगों को अछूत कहा जाने लगा।

अनुसूचित जनजातियों से तात्पर्य एक ऐसे विशेष सामाजिक समूह से है जिसका निश्चित क्षेत्र, अपनी बोली, धर्म, संस्कृति और अलग से एक सामाजिक संगठन होता है।

यहाँ तीन प्रकार के वर्गों के बारे में विवरण दिया जा रहा है:

1. अनुसूचित जातियाँ (Scheduled Castes–SCs),
2. अनुसूचित जनजातियाँ (Scheduled Tribes–STs),
3. अन्य पिछड़े वर्ग (Other Backward Classes–OBCs)

राज्य जहाँ अनुसूचित जनजातियों की संख्या शून्य है: पंजाब, हरियाणा, दिल्ली, पाण्डिचेरी।

17.2 अनुसूचित जातियों तथा जनजातियों की जनसंख्या (Population of Scheduled Castes and Scheduled Tribes)

तालिका 17.1: भारत में अनुसूचित जातियों तथा जनजातियों की संख्या (2001)

रहने का स्थान	*भारत की कुल जनसंख्या*	*अनुसूचित जातियाँ*	*अनुसूचित जनजातियाँ*
ग्रामीण तथा शहरी दोनों	1028,610,328	166,635,700	84,326,240
ग्रामीण	742,490,639	133,010,878	77,338,597
शहरी	286,119,689	33,624,822	6,987,673

तालिका 17.2: भारत में अनुसूचित जातियों तथा जनजातियों की संख्या प्रतिशत में

वर्ग	*कुल प्रतिशत*	*ग्रामीण प्रतिशत*	*शहरी प्रतिशत*
अनुसूचित जातियाँ	16.2%	17.9%	11.75%
अनुसूचित जनजातियाँ	8.19%	10.4%	2.44%

संघशासित क्षेत्र जहाँ अनुसूचित जातियों की संख्या शून्य है: लक्षद्वीप, अण्डमान/निकोबार द्वीप समूह।

राज्य जहाँ अनुसूचित जनजातियों की संख्या अधिक है: सिक्किम, अरूणाचल प्रदेश, नागालैण्ड, मिजोरम, त्रिपुरा, मेघालय, झारखण्ड, उड़ीसा, छत्तीसगढ़, दादर तथा नगर हवेली।

17.3 वंचित वर्गो की समस्याएँ (Problems of Disadvantaged Sections)

1. निरक्षरता। 2. दूरदराज स्थानों पर रहना। 3. सदियों से शोषित। 4. रूढ़िवादिता। 5. अन्धविश्वास। 6. निर्धनता। 7. परम्पराओं में विश्वास। 8. स्कूलों की कमी। 9. आने जाने के कठिन साधन। 10. प्रशिक्षित अध्यापकों का अभाव। 11. भिन्न भाषाएँ तथा बोलियाँ।

17.4 अनुसूचित जातियों तथा जनजातियों के विकास के लिए संविधान में प्रावधान (Constitutional Provisions for the Development of SCs and STs)

मौलिक अधिकारों द्वारा सामाजिक समानता की व्यवस्था (Provisions of Social Equality through Fundamental Rights)

संविधान के मौलिक अधिकारों द्वारा अनुसूचित जातियों और अनुसूचित जनजातियों समेत सभी नागरिकों के लिए सामाजिक समानता की व्यवस्था की गई है। इसके निम्नलिखित प्रावधान हैं:

1. *अनुच्छेद 15(1)* के अनुसार राज्य, धर्म, वंश, जाति, लिंग या जन्म-स्थान के आधार पर किसी भी नागरिक के विषय में कोई भेदभाव नहीं करेगा।

2. *अनुच्छेद 15(2)* के अनुसार सभी नागरिकों को बिना किसी भेदभाव के, जैसे–होटल, दुकान, कुएँ, तालाब आदि का प्रयोग करने का समान रूप से अधिकार दिया गया है।

3. *अनुच्छेद 15(4)* के अधीन अनुसूचित जातियों की शैक्षिक प्रगति के लिए विशेष प्रावधान बनाए जाएँगें।

4. *अनुच्छेद 17* के द्वारा अस्पृश्यता (छुआछूत) प्रथा को जो हिन्दू समाज में लम्बे समय से प्रचलित थी, समाप्त किया गया है। इसका किसी भी रूप, भाषा या व्यवहार में प्रयोग कानूनी अपराध है। इस अनुच्छेद को लागू करने के लिए संसद ने कई कानून बनाए हैं।

5. *संविधान के अनुच्छेद 25(2)* के अनुसार राज्य द्वारा घोषित या राज्य निधि से सहायता पाने वाली किसी शिक्षा संस्थान में किसी भी नागरिक को धर्म, वंश, जाति आदि में से किसी आधार पर वंचित नहीं किया जाएगा।

6. *संविधान के अनुच्छेद 25(2)ख* में यह व्यवस्था की गई है कि हिन्दुओं के सभी वर्गों को, जिनमें अनुसूचित जातियाँ और जनजातियाँ भी हैं, मंदिरों में अन्य हिन्दुओं के समान ही जाने का अधिकार होगा।

7. *अनुच्छेद* 243D के अनुसार स्थानों का आरक्षण:

(1) प्रत्येक पंचायत में–(क) अनुसूचित जातियों, और (ख) अनुसूचित जनजातियों, के लिए स्थान आरक्षित रहेंगे और इस प्रकार आरक्षित स्थानों की संख्या का अनुपात, उस पंचायत में प्रत्यक्ष निर्वाचन द्वारा भरे जाने वाले स्थानों की कुल संख्या से यथाशक्य वही होगा जो उसे पंचायत क्षेत्र में अनुसूचित जातियों की अथवा उस पंचायत क्षेत्र में अनुसूचित जनजातियों का अनुपात उस क्षेत्र की कुल जनसंख्या से है और ऐसे स्थान किसी पंचायत में भिन्न-भिन्न निर्वाचन क्षेत्रों को चक्रानुक्रम से आबंटित किए जा सकेंगे।

(2) खण्ड (1) के अधीन आरक्षित स्थानों की कुल संख्या के कम-से-कम एक तिहाई स्थान, यथास्थिति, अनुसूचित जातियों या अनुसूचित जनजातियों की स्त्रियों के लिए आरक्षित रहेंगे।

(3) प्रत्येक पंचायत में प्रत्यक्ष निर्वाचन द्वारा भरे जाने वाले स्थानों की कुल संख्या के कम से कम एक-तिहाई स्थान (जिनके अन्तर्गत अनुसूचित जातियों और अनुसूचित जनजातियों की स्त्रियों के लिए आरक्षित स्थानों की संख्या भी है) स्त्रियों के लिए आरक्षित रहेंगे और ऐसे स्थान किसी पंचायत में भिन्न-भिन्न निर्वाचन-क्षेत्रों को चक्रानुक्रम से आबंटित किए जा सकेंगे।

8. *अनुच्छेद 244–अनुसूचित क्षेत्रों और जनजाति क्षेत्रों का प्रशासन:*

(1) पांचवी अनुसूची के उपबंध असम, मेघालय, त्रिपुरा और मिजोरम राज्यों से भिन्न किसी राज्य के अनुसूचित क्षेत्रों और अनुसूचित जनजातियों के प्रशासन और नियंत्रण के लिए लागू होंगे।

(2) छठी अनुसूची के उपबंध असम, मेघालय, त्रिपुरा और मिजोरम राज्यों के जनजाति क्षेत्रों के प्रशासन के लिए लागू होंगे।

9. *अनुच्छेद 330 लोकसभा में अनुसूचित जातियों और अनुसूचित जनजातियों के लिए स्थानों का आरक्षण:* (1) लोक सभा में–(क) अनुसूचित जातियों के लिए, (ख) असम

के स्वशासी जिलों की अनुसूचित जनजातियों को छोड़कर अन्य अनुसूचित जनजातियों के लिए, और (ग) असम के स्वशासी जिलों की अनुसूचित जनजातियों के लिए, स्थान आरक्षित रहेंगे।

10. *अनुच्छेद 338 राष्ट्रीय अनुसूचित जाति और अनुसूचित जनजाति आयोग* (National Commission for Scheduled Castes and Scheduled Tribes):

(1) अनुसूचित जातियों और अनुसूचित जनजातियों के लिए एक आयोग होगा जो राष्ट्रीय अनुसूचित जाति और अनुसूचित जनजाति आयोग के नाम से ज्ञात होगा।

(2) संसद द्वारा इस निमित्त बनाई गई किसी विधि के उपबंधों के अधीन रहते हुए, आयोग एक अध्यक्ष, एक उपाध्यक्ष और पाँच अन्य सदस्यों से मिलकर बनेगा और इस प्रकार नियुक्त किए गए अध्यक्ष, उपाध्यक्ष और अन्य सदस्यों की सेवा की शर्तें और पदावधि ऐसी होंगी जो राष्ट्रपति नियम द्वारा अवधारित करे।

(3) राष्ट्रपति अपने हस्ताक्षर और मुद्रा सहित-अधिपत्र द्वारा आयोग के अध्यक्ष, उपाध्यक्ष और अन्य सदस्यों को नियुक्त करेगा।

(4) आयोग को अपनी प्रक्रिया स्वयं विनियमित करने की शक्ति होगी।

11. *अनुच्छेद 339 अनुसूचित जातियों के प्रशासन और अनुसूचित जनजातियों के कल्याण के बारे में संघ का नियन्त्रण*:

(1) राष्ट्रपति, राज्यों के अनुसूचित क्षेत्रों के प्रशासन और अनुसूचित जनजातियों के कल्याण के बारे में प्रतिवेदन देने के लिए आयोग की नियुक्ति, आदेश द्वारा, किसी भी समय कर सकेगा और इस संविधान के प्रारंभ से दस वर्ष की समाप्ति पर करेगा।

आदेश में आयोग की संरचना, शक्तियाँ और प्रक्रिया परिनिश्चित की जा सकेंगी और उसमें ऐसे आनुपंगिक या सहायक उपबंध समाविष्ट हो सकेंगे जिन्हें राष्ट्रपति आवश्यक या वांछनीय समझे।

(2) संघ की कार्यपालिका शक्ति का विस्तार किसी राज्य को ऐसे निर्देश देने तक होगा जो उस राज्य की अनुसूचित जनजातियों के कल्याण के लिए निर्देश में आवयश्यक बताई गई स्कीमों के बनाने और निष्पादन के बारे में है।

12. *अनुच्छेद 340 पिछड़े वर्गों की दशाओं के अन्वेषण के लिए आयोग की नियुक्ति* (Appointment of the Commission to Investigate the Condition of Backward Classes):

(1) राष्ट्रपति भारत के राज्यक्षेत्र के भीतर सामाजिक और शैक्षिक दृष्टि से पिछड़े वर्गों की दशाओं के और जिन कठिनाईयों को वे झेल रहे हैं उनके अन्वेषण के लिए और उन कठिनाइयों को दूर करने और उनकी दशा को सुधारने के लिए संघ या किसी राज्य द्वारा जो उपाय किए जाने चाहिएं उनके बारे में और उस प्रयोजन के लिए संघ या किसी राज्य द्वारा जो अनुदान किए जाने चाहिएं और जिन शर्तों के अधीन वे अनुदान किए जाने चाहिएं उनके बारे में सिफारिश करने के लिए, आदेश द्वारा, एक आयोग नियुक्त कर सकेगा जो ऐसे व्यक्तियों से मिलकर बनेगा जो वह ठीक समझे और ऐसे आयोग को नियुक्त करने वाले आदेश में आयोग द्वारा अनुसरण की जाने वाली प्रक्रिया परिनिश्चित की जाएगी।

(2) राष्ट्रपति, इस प्रकार दिए गए प्रतिवेदन की एक प्रति, उस पर की गई कारवाई को स्पष्ट करने वाले ज्ञापन सहित, संसद के समक्ष रखवाएगा।

13. *अनुच्छेद 341: अनुसूचित जातियाँ:*

(1) राष्ट्रपति किसी राज्य या संघ राज्यक्षेत्र के सम्बन्ध में और जहाँ वह राज्य है वहाँ उसके राज्यपाल से परामर्श करने के पश्चात् लोक अधिसूचना द्वारा, उन जातियों, मूलवंशों या जनजातियों, अथवा जातियाँ, मूलवंशों या जनजातियों के भागों या उनमें के यूथों को विनिर्दिष्ट कर सकेगा, जिन्हें इस संविधान के प्रयोजनों के लिए, यथास्थिति, उस राज्य या संघ राज्यक्षेत्र के सम्बन्ध में अनुसूचित जातियाँ समझा जाएगा।

(2) संसद्, विधि द्वारा, किसी जाति, मूलवंश या जनजाति को अथवा जाति, मूलवंश या जनजाति के भाग या उसमें के यूथ को खण्ड (1) के अधीन निकाली गई अधिसूचना में विनिर्दिष्ट अनुसूचित जातियों की सूची में सम्मिलित कर सकेगी या उसमें से अपवर्जित कर सकेगी, किन्तु जैसा ऊपर कहा गया है उसके सिवाय उक्त खण्ड के अधीन निकाली गई अधिसूचना में किसी पश्चात्वर्ती अधिसूचना द्वारा परिवर्तन नहीं किया जाएगा।

14. *अनुच्छेद 342 अनुसूचित जनजातियाँ:*

(1) राष्ट्रपति, किसी राज्य या संघ राज्यक्षेत्र के सम्बन्ध में और जहाँ वह राज्य है वहाँ उसके राज्यपाल से परामर्श करने के पश्चात् लोक अधिसूचना द्वारा, उप जनजातियों या जनजाति समुदायों अथवा जनजातियों या जनजाति समुदायों के भागों या उनमें के यूथों को विनिर्दिष्ट कर सकेगा, जिन्हें इस संविधान के प्रयोजनों के लिए, यथास्थिति, उस राज्य या संघ राज्यक्षेत्र के सम्बन्ध में अनुसूचित जनजातियाँ समझा जाएगा।

(2) संसद्, विधि द्वारा, किसी जनजाति या जनजाति समुदाय को अथवा किसी जनजाति या जनजाति समुदाय के भाग या उसमें के यूथ को खण्ड (1) के अधीन निकाली गई अधिसूचना में विनिर्दिष्ट अनुसूचित जनजातियों की सूची में सम्मिलित कर सकेगी या उसमें से अपवर्जित कर सकेगी, किन्तु जैसा ऊपर कहा गया है उसके सिवाय उक्त खण्ड के अधीन निकाली गई अधिसूचना में किसी पश्चात्वर्ती अधिसूचना द्वारा परिवर्तन नहीं किया जाएगा।

17.5 राष्ट्रीय शिक्षा नीति 1986 तथा संशोधित शिक्षा नीति 1992 में अनुसूचित जातियों तथा जनजातियों की शिक्षा (Education of SC and STs in the NPE 1986 and Amended Policy 1992)

भाग 4 तथा पैरा 4 में निम्न प्रावधान किए गए हैं:

अनुसूचित जातियों की शिक्षा (Education of the SCs)

1. निर्धन परिवारों को इस प्रकार का प्रोत्साहन दिया जाए कि वे अपने बच्चों को 14 साल की उम्र तक नियमित रूप से स्कूल भेज सकें।

2. सफाई कार्य, पशुओं की चमड़ी उतारने तथा चर्म-शोधन जैसे व्यवसायों में लगे परिवारों के बच्चों के लिए मैट्रिक-पूर्व छात्रवृत्ति योजना पहली कक्षा से शुरू की जाये।

ऐसे परिवारों की आय पर ध्यान दिए बिना, उनके सभी बच्चों को इस योजना में शामिल किया जाये तथा उनके लिए समयबद्ध कार्यक्रम शुरू किये जाएँ।

3. ऐसी सुनियोजित व्यवस्थाएँ करना और जाँच-पड़ताल की विधि स्थापित करना कि जिससे पता चलता रहे कि अनुसूचित जातियों के बच्चों के नामांकन होने, नियमित रूप से अध्ययन जारी रखने और पढ़ाई पूरी करने की प्रक्रिया में कहीं गिरावट तो नहीं आ रही है। साथ ही इन बच्चों की आगे की शिक्षा और रोजगार पाने की सम्भावना को बढ़ाने के उद्देश्य से उनके लिए उपचारात्मक पाठ्यचर्या की व्यवस्था करना।

4. अनुसूचित जातियों में से शिक्षकों की नियुक्ति पर विशेष ध्यान देना।

5. जिला केन्द्रों पर अनुसूचित जातियों के छात्रों के लिए छात्रावास की सुविधाएँ क्रमिक रूप से बढ़ाना।

6. स्कूल भवनों, बालवाड़ियों और प्रौढ़ शिक्षा केन्द्रों का स्थान चुनते समय अनुसूचित जाति के व्यक्तियों की सहूलियत पर विशेष ध्यान देना।

7. अनुसूचित जातियों के लिए शैक्षिक सुविधाओं का विस्तार करने के लिए राष्ट्रीय ग्रामीण रोजगार कार्यक्रम तथा ग्रामीण भूमिहीन रोजगार गारन्टी कार्यक्रम के साधनों का उपयोग करना।

8. शिक्षा की प्रक्रिया में अनुसूचित जातियों का समावेश बढ़ाने हेतु लगातार नये तरीकों की खोज जारी रखना।

अनुसूचित जनजातियों की शिक्षा (Education of the Scheduled Tribes)

अनुसूचित जनजातियों को अन्य लोगों की बराबरी पर लाने के लिए निम्नलिखित कदम तत्काल उठाए जाएँ:

1. आदिवासी इलाकों में प्राथमिक शालाएँ खोलने के काम को प्राथमिकता दी जाए। इन क्षेत्रों में स्कूल भवनों के निर्माण का कार्य शिक्षा के बजट, राष्ट्रीय ग्रामीण रोजगार कार्यक्रम, ग्रामीण भूमिहीन रोजगार गारन्टी कार्यक्रम, जनजाति कल्याण योजनाओं आदि के अन्तर्गत प्राथमिकता के आधार पर हाथ में लिया जाए।

2. आदिवासियों की अपनी सांस्कृतिक एवं सामाजिक विशिष्टता होती है और बहुधा उनकी अपनी बोलचाल की भाषाएँ हैं। पाठ्यक्रम निर्माण में तथा शिक्षण-सामग्री तैयार करने में यह जरूरी है कि शुरूआत की अवस्था में आदिवासी भाषाओं का उपयोग किया जाए तथा ऐसा इन्तजाम किया जाए कि आदिवासी बच्चे शुरू के कुछ वर्षों के बाद क्षेत्रीय भाषा के माध्यम से शिक्षा प्राप्त कर सकें।

3. पढ़े-लिखे प्रतिभाशाली आदिवासी युवकों को प्रशिक्षण देकर अपने क्षेत्र में ही शिक्षक बनने के लिए प्रोत्साहन दिया जाये।

4. बड़ी तादाद में आश्रमशालाएँ और आवासीय विद्यालय खोले जाएँ।

5. अनुसूचित जनजातियों के लिए उनकी जिन्दगी के तौर-तरीकों और उनकी खास जरूरतों को ध्यान में रखते हुए ऐसी प्रोत्साहन योजनाएँ तैयार की जाएँ जिनसे शिक्षा प्राप्ति में आने वाली बाधाएँ दूर हों। उच्च शिक्षा के लिए दी जाने वाली छात्रवृत्तियों में तकनीकी और व्यावसायिक पढ़ाई को ज्यादा महत्त्व दिया जाए। सामाजिक तथा मानसिक अवरोधों को दूर करने के लिए विशेष उपचारात्मक पाठ्यचर्या और अन्य कार्यक्रम चलाया जाए ताकि आदिवासी शिक्षार्थी सफलता से अपनी पढ़ाई पूरी सकें।

6. आँगनवाड़ियाँ, अनौपचारिक शिक्षा केन्द्र और प्रौढ़ शिक्षा केन्द्र आदिवासी बहुल इलाकों में प्राथमिकता के आधार पर खोले जाएँगे।

7. हर कक्षा के लिए पाठ्यक्रम तय करते हुए इस बात का ख्याल रखा जाएगा कि आदिवासी छात्र अपनी बेशकीमती तहजीबी पहचान के प्रति सचेत हों और उनकी सृजनात्मक प्रतिभा का उपयोग हो सके।

17.6 भारत सरकार द्वारा अनुसूचित तथा जनजातियों के विकास के लिए सुविधाओं के प्रावधान का संक्षिप्त विवरण
(Brief Account of the Provisions Made by the Government of India for the Facilities of SCs and STs)

1. *नागरिक अधिकार सुरक्षा अधिनियम, 1976* (Protection of Civil Rights Act 1976): अस्पृश्यता को दण्डनीय घोषित करने के लिए अस्पृश्यता (अपराध) अधिनियम 1955 (Untouchability Offence Act, 1955) संसद द्वारा पारित किया गया था। 1976 में इस कानून में व्यापक संशोधन करके अधिक कठोर बनाया गया और इसका नाम बदलकर नागरिक अधिकार सुरक्षा अधिनियम कर दिया गया। इस अधिनियम के प्रमुख प्रावधान निम्न है:

(i) अस्पृश्यता के आधार पर सार्वजनिक पूजा-स्थलों पर प्रवेश व उपासना को रोकने तथा सार्वजनिक तालाबों, कुओं या जल स्रोतों से पानी लेने से रोकने आदि को दण्डनीय अपराध घोषित किया गया है।

(ii) अस्पृश्यता के आधार पर दुकान, जलपान गृह, होटल, सार्वजनिक अस्पताल आदि में जाने पर रोकने आदि को दण्डनीय अपराध घोषित किया गया है।

2. *दण्ड की व्यवस्था* (Provision for Punishment): नागरिक सुरक्षा अधिकार अधिनियम का उल्लंघन करने वाले अपराधी के लिए जहाँ जेल और जुर्माने की व्यवस्था है वहाँ उसे 6 वर्ष के लिये संसद या विधानपालिका के चुनाव से वंचित करने का भी प्रावधान है।

3. *अनुसूचित जातियों और अनुसूचित जनजातियों के अलग-अलग राष्ट्रीय आयोग* (Separate National Commission of Scheduled Castes and Scheduled Tribes): पहले संविधान के अनुच्छेद 339 के द्वारा अनुसूचित जातियों और अनुसूचित जनजातियों के लिए राष्ट्रपति द्वारा 1978 में यह आयोग नियुक्त किया गया था जिसमें अब संशोधन किया गया है। अब दो आयोग हैं–अलग-अलग। प्रत्येक आयोग इन जातियों से सम्बन्धित सामाजिक और आर्थिक विकास के सम्बन्ध में विचार करते हैं जो केन्द्र सरकार को भेजे जाते हैं। इसी के साथ राष्ट्रपति राज्य सरकारों को भी इन जातियों के कल्याणकारी उचित आदेश देता है।

4. *विशेष अधिकारी की व्यवस्था* (Provision of Special Officer): संविधान के अनुच्छेद 338 के अनुसार राष्ट्रपति द्वारा अनुसूचित जातियों और अनुसूचित जनजातियों के लिए एक विशेष अधिकारी की नियुक्ति की गई है जो इन वर्गों से सम्बन्धित रक्षा उपायों के सभी विषयों का अन्वेषण करके रिपोर्ट राष्ट्रपति को भेजता है। राष्ट्रपति यह रिपोर्ट संसद के दोनों सदनों को कार्यवाही के लिए भेजता है।

5. *लोकसभा और विधानसभाओं में आरक्षण* (Reservation of Seats in the Lok Sabha and State Legislature): संविधान के अनुच्छेदों 330 और 332 के अधीन

लोकसभा तथा राज्य की विधानसभाओं में अनुसूचित जातियों और अनुसूचित जनजातियों के लिए स्थान प्रथम आम चुनाव 1952 से ही आरक्षित किये गये हैं। शुरू में यह व्यवस्था केवल 10 वर्ष के लिए की गई थी जो बाद में दस-दस वर्ष बढ़ाकर अब 25 जनवरी 2010 ई. तक के लिए कर दी गई है। वर्तमान में, लोकसभा में अनुसूचित जातियों के लिए 82 और जनजातियों के लिए 49 स्थान आरक्षित हैं।

6. *पंचायती राज संस्थाओं तथा नगरीय संस्थाओं में आरक्षण* (*Reservation of Seats in Panchayati Raj and Urban Institutions*): संविधान के 73वें व 74वें संशोधनों (1992) में यह व्यवस्था की गई है कि पंचायती राज की सभी स्तर की संस्थाओं और सभी नगरीय संस्थाओं में इन जातियों के स्थान आरक्षित होंगे। इस प्रकार देश में मूल स्तर पर इन वर्गों की भागीदारी निश्चित कर दी गई है।

7. *सरकारी तथा अन्य नौकरियों में आरक्षण* (*Reservation in Government and other Services*): अनुसूचित जातियों और अनुसूचित जनजातियों के सदस्यों को रोजगार दिलाने, सेवाओं में उनका प्रतिनिधित्व बढ़ाने तथा सामाजिक और शैक्षिक उत्थान के लिए सरकार ने लोक सेवाओं में जहाँ आरक्षण दिया है वहाँ राष्ट्रीयकृत बैंकों व सार्वजनिक क्षेत्र के उपक्रमों में भी आरक्षण की व्यवस्था की गई है। उनका पर्याप्त प्रतिनिधित्व निश्चित करने के लिए उनकी शैक्षिक योग्यता के अंकों, आयु सीमा व अनुभव आवेदन-शुल्क आदि में विशेष छूट दी गई है।

17.7 अनुसूचित जातियों तथा जनजातियों के लिए चलाई जा रही शैक्षिक योजनाएं (Educational Schemes Being Undertaken for SCs and STs)

अनुसूचित जातियों तथा जनजातियों के शैक्षिक और आर्थिक विकास के लिए केन्द्र तथा राज्य सरकारों द्वारा निम्न योजनाएँ चलाई जा रही हैं:

1. *छात्रवृत्तियाँ*: मैट्रिक से पहले शिक्षा के लिए उन विद्यार्थियों को छात्रवृति दी जाती है जिनके माता-पिता शौचालय साफ करने, चमड़ा सफाई आदि करने का कार्य करते हैं। मैट्रिक के बाद उच्च शिक्षा प्राप्त करने के लिए भी छात्रवृत्तियाँ दी जाती हैं।

2. *छात्रावास की सुविधा*: मिडिल, हाई स्कूल, कॉलेज तथा विश्वविद्यालय में पढ़ने वाले अनुसूचित जाति तथा जनजाति की लड़कियों के रहने के लिए छात्रावास स्थापित करने के लिए 50 प्रतिशत धन केन्द्र सरकार और 50 प्रतिशत राज्य सरकार देती है।

3. *पुस्तक भण्डार योजना*: अनुसूचित जाति और अनुसूचित जनजाति के जो विद्यार्थी चिकित्सा या इंजीनियरिंग कॉलेज में पढ़ते है, वहाँ तीन विद्यार्थियों के लिए 5,000 रूपये तक की पुस्तकों का एक सेट दिया जाता है।

4. *पूर्व परीक्षा प्रशिक्षण केन्द्र*: इन जातियों के विद्यार्थियों को विभिन्न सेवाओं की भर्ती प्रतियोगिता परीक्षाओं के प्रशिक्षण देने के लिए निःशुल्क केन्द्र स्थापित किए गए हैं।

5. *अनुसंधान और प्रशिक्षण*: ऐसी संस्थाएँ जो अनुसूचित जातियों तथा जनजातियों के विकास व कल्याण के लिए अनुसंधान या प्रशिक्षण कार्य में लगी हुई हैं उन्हें शत-प्रतिशत धन दिया जाता है।

6. *विकास की योजनाएँ*: केन्द्र सरकार के सभी विभाग ऐसी योजनाएँ बनाते हैं जिससे इन जातियों का कल्याण हो तथा वे समाज के अन्य वर्गों के समान स्तर प्राप्त कर सकें।

7. *अनुसूचित जाति विकास निगम*: सभी राज्यों में इस प्रकार के निगम बनाए गए हैं। ये निगम अनुसूचित जाति के परिवारों को वित्तीय सहायता प्रदान करते हैं जिससे परिवार का विकास हो और इसके साथ ही उन्हें सामाजिक न्याय भी प्राप्त हो सके।

8. *कस्तूरबा गांधी बालिका विद्यालय*: कस्तूरबा गांधी बालिका विद्यालय के अन्तर्गत मुख्य रूप से प्राथमिक स्तर पर अनुसूचित जाति/जनजाति तथा पिछड़े वर्गों की बालिकाओं के लिए दुर्गम क्षेत्रों में आवासीय सुविधाओं के साथ लगभग 2000 विद्यालय खोलने का प्रावधान किया गया है। इनमें से लगभग 1000 विद्यालय खोले जा चुके हैं।

9. *नवविद्यालय योजना*: नवविद्यालय में अनुसूचित तथा जनजाति छात्रों के लिए सम्बन्धित जिलों में उनकी जनसंख्या के हिसाब से आरक्षण किया गया है।

10. *आश्रम स्कूल (Ashram Schools)*: आश्रम स्कूलों की योजना 1990-91 में आरम्भ की गई। इसके अन्तर्गत लगभग 400 स्कूल खोलने का प्रावधान किया गया।

तालिका 17.3: भारत में बीच में स्कूल छोड़ने वाले कुल बच्चों की दरें, अनुसूचित जातियों तथा जनजातियों की दरें

(Drop-out Rates of Scheduled Castes, Scheduled Tribes Children)

(2002-2003)

	कक्षा–V			*कक्षा–VI-VII*			*कक्षा–IX-X*		
	लड़के	*लड़कियाँ*	*कुल*	*लड़के*	*लड़कियाँ*	*कुल*	*लड़के*	*लड़कियाँ*	*कुल*
कुल जातियाँ	33.7	28.7	31.5	51.8	52.9	52.3	61.0	64.9	62.7
अनुसूचित जातियाँ	36.8	36.2	36.6	57.3	62.2	59.4	71.4	75.5	75.1
अनुसूचित जनजातियाँ	49.1	48.7	48.9	69.8	71.4	70.0	77.9	81.2	80.2

17.8 अन्य पिछड़े वर्गों का विकास (Development of Other Backward Classes–OBCs)

संविधान की धारा (अनुच्छेद) 340 के अनुसार राष्ट्रपति द्वारा सामाजिक तथा शैक्षणिक रूप से पिछड़े वर्गों के लिए आयोगों का गठन किया जाता है जो पिछड़े वर्गों की दशा की जाँच-पड़ताल के पश्चात् उनकी कठिनाइयों को दूर करने के लिए सिफारिशें करता है। इस प्रकार के दो आयोगों का गठन किया गया है।

1. *केलकर आयोग (1953–1955)*: इस आयोग की रिपोर्ट पर कोई निर्णय न लिया जा सका।

2. *मण्डल आयोग (1979–1980)*: इसका विवरण नीचे दिया जा रहा है।

मण्डल आयोग की सिफारिशें तथा सरकार का निर्णय (Recommendations of the Mandal Commission and Government Decision): मण्डल कमीशन के अध्यक्ष बी.पी. मण्डल थे। इस कारण यह मण्डल कमीशन के नाम से जाना जाता है। इस कमीशन का गठन 1979 में हुआ तथा इसने अपनी संस्तुतियाँ 1980 में दीं। इस कमीशन की महत्त्वपूर्ण सिफारिशें निम्नलिखित हैं:

प्रथम: पिछड़े वर्गों (जातियों) को सरकारी नौकरियों में 27 प्रतिशत आरक्षण दिया जाए।

दूसरे: केन्द्र तथा राज्य सरकारों द्वारा संचालित सभी वैज्ञानिक, तकनीकी और व्यावसायिक संस्थानों में पिछड़ी जातियों के लिए 24 प्रतिशत सीटें आरक्षित की जाएँ।

तीसरे: पिछड़े वर्गों को वित्तीय सहायता प्राप्त करने के लिए सरकार द्वारा अलग से वित्तीय संस्थानों की स्थापना की जाए।

मण्डल आयोग की सिफारिशों पर सरकार का निर्णय: मण्डल कमीशन की रिपोर्ट पर देश में कुछ समूहों ने जो आरक्षण के विरूद्ध थे, उन्होंने देशव्यापी हड़तालें कीं तथा जुलूस आदि निकाले।

भारत सरकार ने 7 अगस्त, 1990 को सामाजिक तथा आर्थिक रूप से पिछड़े वर्गों के लिए नौकरियों में 27 प्रतिशत आरक्षण करने की घोषणा की। बाद में कुछ संशोधन किया गया, जिसके अनुसार 10 प्रतिशत पदों को ऐसे निर्धन लोगों के लिए रखा जाएगा जो आरक्षण की वर्तमान किसी भी योजना के अन्तर्गत नहीं आते।

17.9 उच्चतम न्यायालय का निर्देश
(Judgement of the Supreme Court)

उच्चतम न्यायलय ने 16 नवम्बर, 1992 को निर्णय दिया। मोट तौर पर इसमें निम्न बातें कही गई हैं:

1. जो अधिसूचना नौकरियों में 27 प्रतिशत आरक्षण देने के बारे में जारी की गई थी, वह सही हैं।

2. जो 10 प्रतिशत आरक्षण आर्थिक रूप से पिछड़े वर्गों के लिए किया गया था, वह ठीक नहीं है।

3. पिछड़े वर्गों में जो आर्थिक रूप से सम्पन्न (Creamy Layer) हैं, उन्हें आरक्षण की सूची से निकाल दिया जाए।

सम्पन्न वर्ग की पहचान: सम्पन्न वर्ग के अन्तर्गत नीचे दिए वर्ग आते हैं। इनके बच्चों को आरक्षण नहीं मिल सकता:

(1) जो व्यक्ति संवैधानिक पदों पर हैं अथवा रह चुके हैं जैसे राष्ट्रपति, उपराष्ट्रपति, उच्चतम न्यायालय या उच्च न्यायालय के न्यायधीश आदि, मंत्री, संसद सदस्य आदि।

(2) केन्द्रीय सरकार, सशस्त्र सेनाओं तथा पब्लिक सेक्टर संस्थानों के प्रथम श्रेणी के अधिकारी (Class One Officer)

(3) इसी प्रकार कुछ अन्य वर्गों के बच्चों को आय के आधार पर आरक्षण से बाहर रखा गया है।

सन् 2006 में उच्चतम न्यायालय ने अनुसूचितजाति तथा अनुसूचित जनजाति में सम्पन्न वर्ग को आरक्षण से बाहर रखा।

17.10 अनुसूचित जातियों तथा अनुसूचित जनजातियों के कल्याण में कार्यरत गैरसरकारी अथवा स्वयंसेवी संगठन
(Non-Government or Voluntary Organisations for the Welfare of the SCs and STs)

अनुसूचित जातियों तथा अनुसूचित जनजातियों के छात्रों तथा व्यक्तियों को सुविधाएँ प्रदान करने के लिए अनेक गैर सरकारी संगठन कार्य कर रहे हैं। इन संगठनों को सरकार

की ओर से कई प्रकार की सहायता दी जा रही है। मुख्य तौर पर ये संगठन निम्न प्रकार की सुविधाएँ प्रदान करते हैं:

1. आवासीय विद्यालयों की स्थापना करना तथा चलाना (Running Residential Schools)
2. छात्रवासों का प्रावधान करना (Provision of Hostels)
3. चिकित्सा इकाइयों को स्थायी करना (Establishment of Medical Units)
4. कम्प्यूटर प्रशिक्षण इकाइयों को स्थापित करना (Establishing Computer Training Units)
5. आशुलिपि तथा टंकण प्रशिक्षण इकाइयों की स्थापना करना (Setting-up Short Hand and Typing Units)
6. बालवाड़ियों/शिशु सदनों की स्थापना करना (Running Balwadis and Creches)
7. पुस्तकालय खोलना (Opening Libraries)
8. श्रव्य-दृश्य इकाइयों की स्थापना करना (Establishing Audio-Visual Units)

वर्ष 2005 में अनुसूचित जनजाति विकास के क्षेत्र में लगभग 400 तथा जनजाति क्षेत्र में लगभग 200 गैर सरकारी संगठनों को अनुदान सहायता उपलब्ध कराई गई।

17.11 अनुसूचित जाति/अनुसूचित जनजातियों की शिक्षा संबंधी संतुतियाँ (Recommendations for the Education of SCs and STs)

1. विद्यालयी सुविधाओं की पहुँच में समुचित सुधार लाकर, शिक्षा व्यवस्था को ऐसे लोगों के निवास स्थानों तक पहुँचाना जहाँ पर कभी यह सुविधा उपलब्ध नहीं करायी गई जैसे मुख्यत: मुश्किल पहुँच वाले क्षेत्र एवं जंगलों में रह रहे अनु.जन.जा. के लोग।

2. शिक्षा की पहुँच सुनिश्चित करने एवं संख्यात्मक आधार में सुधार लाने के लिए जिस प्रकार पहले प्रयास किए गए हैं इन प्रयासों के अतिरिक्त अनु.जा./अनु.जन.जा. और समानता सुनिश्चित करते हुए शैक्षिक गुणवत्ता में सुधार लाने पर विशेष बल होना चाहिए।

3. अनु.जा./अनु.जन.जा. के सामुदायिक व्यवस्थाओं के श्रम से जुड़ाव के अतिरिक्त उनका ध्यान अपने समुदायों में शिक्षा के प्रति जागरूकता उत्पन्न करने हेतु शैक्षिक व्यवस्था से जोड़ना।

4. अनु.जा./अनु.जन.जा. के सदस्यों, ग्राम शिक्षा समिति/शिक्षक माध्यमिक संघ की अत्यधिक भागीदारी, अनु.जा. एवं अनु.जन.जा. समुदायों द्वारा विद्यालय प्रबंध को अपनी मिल्कियत/अपना समझने की व्यवस्था सुनिश्चित करना।

5. अनु.जा./अनु.जन.जा. के लोगों के मध्य संचारित समुदाय आधारित संस्थाओं जैसे ग्राम शिक्षा समिति/शिक्षक अभिभावक संघ इत्यादि के लिए प्रशिक्षण कार्यक्रमों का आयोजन करना।

6. समुदाय में उपलब्ध स्थानीय शिक्षकों का उपयोग करना और उनकी क्षमता अभिवृद्धि हेतु प्रयास करना।

7. कमजोर वर्ग के बच्चों की विद्यालयों में उपस्थिति ठहराव, एवं सम्प्राप्ति स्तर का नियमित मूल्यांकन करना।

8. विभिन्न सुदूर क्षेत्रों में निवास करने वाले अनु.जा./अनु.जन.जा. की आवश्यकताओं

की प्रतिपूर्ति हेतु विशेष-प्रयास कर उनके लिए छात्रावास, विशेष सुविधाओं एवं प्रोत्साहन योजनाओं के अन्तर्गत संसाधनों की व्यवस्था करना।

9. जनजाति बाहुल्य क्षेत्र में स्थानीय आवश्यकतानुसार विद्यालय सारणी तैयार करना।

10. जनजाति के विद्यार्थियों के लिए स्थानीय आवश्यकतानुसार पाठ्यक्रम का चुनाव एवं प्रोत्साहन योजनाओं के अन्तर्गत संसाधनों की व्यवस्था करना।

11. सामग्री की व्यवस्था करना/आवश्यकतानुसार, शिक्षण कार्य में स्थानीय भाषा एवं संवादों का प्रयोग, विशेषकर छोटी कक्षाओं के लिए सूक्ष्म-स्तर के नमूनों का निर्माण करना।

12. अनु.जा./अनु.जन.जा. के मध्य शैक्षिक विकास के संदर्भ में वातावरण सृजन की एक महत्वपूर्ण भूमिका निभाना।

13. आदिवासी क्षेत्रों की भौगोलिक एवं सम्प्रेषण समस्याओं को ध्यान में रखते हुए, अनुश्रवण प्रक्रिया को विकेन्द्रित कर पुनर्निर्माण का कार्य अति महत्वपूर्ण है। ग्राम शिक्षा समितियों को शैक्षिक व्यवस्था की देखभाल एवं अनुश्रवण के क्षेत्र में प्रशिक्षित किया जाना।

14. आदिवासी कल्याण विभाग, आदिवासी विकास संस्थाएँ और शिक्षा विभाग को आपस में एक साथ मिलकर सुदृढ़ता के साथ कार्य करना।

15. अनु.जा./अनु.जन.जा. के स्थानीय समूह छोटे-छोटे एवं बिखरे हुए हैं, वहाँ आश्रम विद्यालयों या आवासीय विद्यालयों की स्थापना करना।

18

अल्पसंख्यकों की शिक्षा
(Education of the Minorities)

18.1 अल्पसंख्यकों की परिभाषा (Definition of Minorities)

भारतीय संविधान में यद्यपि अल्पसंख्यकों के लिए विशेष प्रावधान किए गए हैं परन्तु उन्हें परिभाषित नहीं किया गया है। राष्ट्रीय अल्पसंख्यक आयोग अधिनियम 1992 [National Commission for Minorities (NCM), Act 1992] के तहत निम्नलिखित पाँच धार्मिक समुदायों को अल्पसंख्यक अधिसूचित किया गया है:

(i) मुसलमान, (ii) ईसाई, (iii) सिख, (iv) बौद्ध, (v) पारसी।

18.2 अल्पसंख्यकों की जनसंख्या (Population of Minorities)

अल्पसंख्यकों की जनसंख्या देश की कुल आबादी का 18.47 प्रतिशत है।

तालिका 18.1: भारत में विभिन्न धर्मों के समुदायों की संख्या
(Population by Religious Communities, India-1961 to 2001)

(In '000)

धार्मिक समुदाय *(Religious Communities)*	1961	1971	1981	1991	2001
कुल (All)	**439,235**	**547,950**	**665,288**	**838,584**	**1,028,610**
हिन्दू (Hindu)	366,527	453,292	549,779	687,647	827,579
मुस्लिम (Muslims)	46,941	61,418	75,512	101,596	138,188
इसाई (Christians)	10,728	14,223	16,165	19,640	24,080
सिख (Sikhs)	7,846	10,379	13,078	16,260	19,216
बौद्ध (Buddhists)	3,256	3,812	4,720	6,387	7,955
जैन (Jains)	2,027	2,605	3,206	3,353	4,225
अन्य (Others)	1,499	2,186	2,766	3,269	6,640

Source: Census of India, 2001.

1. Figures for 2001 exclude Mao Maram, Paomata and Purul sub-divisions of Senapati district of Manipur.
2. All India figures for 1981 and 1991 exclude Assam and Jammu & Kashmir respectively as no census was conducted there.

18.3 संविधान में अल्पसंख्यकों सम्बन्धी प्रावधान (Provisions in the Constitution for the Minorities)

भारतीय संविधान के भाग III '*मौलिक अधिकार*' (Fundamental Rights) में '*संस्कृति तथा शिक्षा संबंधी अधिकार*' (Cultural and Educational Rights) के अन्तर्गत दो अनुच्छेदों 29 और 30 में अल्पसंख्यकों के बारे में दिशा निर्देश दिए गए हैं।

I. *अनुच्छेद* 29(1) [*Article* 29(1)]: इसके अनुसार भारत या भारत के किसी भी भू-भाग (Part) में रहने वाले नागरिकों के किसी भी ऐसे जन-समूह (Section) को जिसकी अपनी पृथक भाषा, लिपि या संस्कृति है, यह अधिकार है कि वह अपनी भाषा, लिपि या संस्कृति को बनाए रखें।

II. *अनुच्छेद* 29(2): इसके अनुसार यदि कोई शैक्षिक संस्था राज्य द्वारा या राज्य की सहायता से संचालित की जा रही है तो उसमें प्रवेश हेतु वंश, जाति, धर्म और भाषा या इनमें से किसी एक के आधार पर भेद-भाव नहीं किया जाएगा।

III. *अनुच्छेद* 30(1): इसके द्वारा यह प्रावधान किया गया है कि समस्त अल्पसंख्यकों को चाहे वे धर्म या भाषा-सम्बन्धी क्यों न हों अपनी इच्छा की शैक्षिक संस्थाओं का संचालन करने का अधिकार है।

IV. *अनुच्छेद* 30(2): इसके अनुसार शैक्षिक संस्थाओं को अनुदान देते समय राज्य इस कारण भेदभाव नहीं करेगा कि किसी शैक्षिक संस्था का संचालन किसी धर्म या भाषा सम्बन्धी अल्पसंख्यकों के वर्ग के प्रबन्ध में है।

V. *अनुच्छेद 350A: प्राथमिक स्तर पर मातृभाषा में शिक्षा की सुविधाएँ* (Facilities for Instruction in Mother Tongue): इसके अन्तर्गत प्रत्येक राज्य और राज्य के भीतर प्रत्येक स्थानीय शासन भाषायी अल्पसंख्यक वर्गों के बालकों की शिक्षा के प्रथम स्तर पर मातृभाषा में शिक्षा की पर्याप्त सुविधाओं की व्यवस्था करने का प्रयास करेगा। और राष्ट्रपति किसी राज्य को ऐसे निर्देश दे सकता है जो वह ऐसी सुविधाओं का उपबंध (Provision) सुनिश्चित करने के लिए अवश्य या उचित समझता है।

VI. *अनुच्छेद 350*B(1) (*Special Officer for Linguistic Minorities*): (i) भाषायी अल्पसंख्यकों के लिए एक विशेष अधिकारी होगा जिसे राष्ट्रपति नियुक्त करेगा।

VII. 350B(2): विशेष अधिकारी का यह कर्त्तव्य होगा कि वह इस संविधान के अधीन भाषाई अल्पसंख्यक-वर्गों के लिए उपबन्धित रक्षा उपायों (Safeguards) से संबधित सभी विषयों के सम्बन्ध में ऐसे सभी प्रतिवेदनों को संसद के प्रत्येक सदन के समक्ष रखवाएगा और सम्बन्धित राज्यों की सरकारों को भिजवाएगा।

18.4 भारत में अल्पसंख्यकों की साक्षरता दर (Literacy Rate of Minorities in India)

तालिका 18.2: आयुवर्ग के अनुसार अल्पसंख्यकों तथा अन्यों की जनसंख्या का साक्षरता अनुपात

(Literacy Rate as Proportion of Population by Age Group/2004-2005)

आयु वर्ग	*हिन्दू (Hindu)*			*मुस्लिम (Muslims)*	*अन्य अल्पसंख्यक (Other Minorities)*
	सामान्य (General)	*अन्य पिछड़े वर्ग (OBC)*	*SCs/STs*		
6–13	90.2	80.8	74.7	74.6	88.5
14–15	95.7	87.5	80.0	79.5	91.9
16–17	95.0	85.2	78.6	75.5	91.3
18–22	91.4	76.9	65.0	70.5	85.8
23 तथा ऊपर	74.0	50.6	36.5	46.1	67.0
कुल	**80.5**	**63.4**	**52.7**	**59.9**	**75.2**

स्रोत: राष्ट्रीय नमूना सर्वेक्षण संगठन 61वें चक्र (जुलाई 2004–जून 2005) [National Sample Survey Organisation, 61st Round (July 2004-2005)]

तालिका 18.3: धर्म के अनुसार भारत में साक्षरता दर

(Literacy Rate Religion-wise in India 2001)

जनसंख्या % (*Percentage %*)

	कुल औसत	*हिन्दू*	*मुस्लिम*	*ईसाई*	*सिख*	*बौद्ध*
साक्षरता दर	64.8	65.1	59.1	80.3	69.4	72.7
जनसंख्या %	100	80.46	13.43	02.34	01.67	01.05

उच्च शिक्षा में 20 वर्ष तथा इससे ऊपर भारत में जनसंख्या का लगभग 7 प्रतिशत था। मुस्लिम जनसंख्या के सन्दर्भ में यह प्रतिशत लगभग 4 प्रतिशत था।

18.5 अल्पसंख्यकों की शिक्षा तथा कल्याण के उपाय (Measures for the Education and Welfare of Minorities)

अल्पसंख्यकों के कल्याण के लिए केन्द्रीय सरकार तथा राज्य सरकारों द्वारा मुख्यत: निम्नलिखित उपाय किए जा रहें हैं:

1. *अल्पसंख्यक आयोग* (*National Minorities Commission*): अल्पसंख्यक आयोग की स्थापना 1993 में की गई। इसके मुख्य उद्देश्य इस प्रकार हैं:

(i) पुलिस द्वारा की जाने वाली ज्यादतियों को निपटाना।

(ii) नौकरी सम्बन्धी मामलों को निपटाना।

(iii) अल्पसंख्यक शैक्षिक संस्थानों तथा धार्मिक संबंधी विवादों को निपटाना।

(iv) ऊपरलिखित के बारे में शिकायतों की जाँच करने के पश्चात् संबंधित अधिकारियों से रिपोर्ट मांगना तथा उन्हें समुचित सलाह देना।

2. *राष्ट्रीय धार्मिक और भाषायी अल्पसंख्यक आयोग (National Commission for Religious and Linguistic Minorities)*: इस आयोग ने 2005 में काम करना शुरू किया। आयोग का निम्नलिखित कार्य क्षेत्र है:

(i) धार्मिक और भाषायी अल्पसंख्यकों के सामाजिक-आर्थिक रूप से पिछड़े वर्गों की पहचान के बारे में परामर्श देना।

(ii) धार्मिक तथा भाषायी अल्पसंख्यकों के सामाजिक-आर्थिक रूप से पिछड़े वर्गों के कल्याण के उपाय सुझाना। ये उपाए शिक्षा और सरकारी नौकरियों में आरक्षण के सन्दर्भ में भी होंगे।

(iii) इनकी सिफारिशों को लागू करने के लिए आवश्यक संवैधानिक कानूनी और प्रशासनिक उपाय सुझाना और उनकी संतुतियों के बारे में रिपोर्ट पेश करना।

3. *केन्द्रीय वक्फ परिषद (Central Wakf Board)*: केन्द्रीय सरकार ने वक्फ की स्थापना 1964 में की। वक्फ ऐसे कार्यों के लिए स्थायी रूप से दान की गई ऐसी चल या अचल संपतियाँ हैं जो मुस्लिम कानून के अनुसार पवित्र माने जाते हैं। वक्फ के पास करोड़ों रूपयों की संपत्ति है। वक्फ के प्रभारी केन्द्रीय मंत्री वक्फ परिषद के अध्यक्ष (The Union Minister in Charge of Wakf as the Chair Person of the Central Wakf Board) हैं। वक्फ द्वारा चलाई जाने वाली योजनाएँ हैं: (i) शैक्षिक विकास कार्यक्रम, (ii) शहरी. वक्फ संपत्तियों का विकास।

4. *भाषायी अल्पसंख्यकों के लिए विशेष अधिकारी (Special Officer for Linguistic Minorities)*: भाषायी अल्पसंख्यकों के लिए विशेष अधिकारी का कार्यालय जो प्राय: भाषायी अल्पसंख्यक के (Commissioner for Linguistic Minorities) रूप में जाना जाता है, 1957 में स्थापित किया गया है। यह अधिकारी उन सभी मामलों की जाँच करता है जो संविधान में दिए गए प्रावधानों की पूर्ति नहीं करते हैं। इनसे उत्पन्न शिकायतों को दूर करने के उपाय यह अधिकारी सुझाता है।

5. *मौलाना आजाद एजुकेशन फाउंडेशन (Maulana Azad Education Foundation)*: मौलाना आजाद एजुकेशन फाउंडेशन एक पंजीकृत सोसाइटी है। इसका उद्देश्य समाज के शैक्षिक रूप से पिछड़े लोगों विशेषकर अल्पसंख्यकों में शिक्षा का प्रसार करना हैं। भारत सरकार इस सोसाइटी को संचित निधि उपलब्ध कराती है। इसके द्वारा अल्पसंख्यकों की शिक्षा के लिए अनेक योजनाएँ चलाई जा रही हैं।

यह फाउंडेशन लड़कियों के लिए देश के अनेक राज्यों में छात्रवृत्तियाँ दे रहा है। यह फाउंडेशन साक्षरता क्षेत्र में भी कार्य कर रहा है।

6. *प्रधानमंत्री का पन्द्रह-सूत्री अल्पसंख्यक कल्याण कार्यक्रम (Prime Minister's 15-Point Programme for Welfare of Minorities)*: यह कार्यक्रम 2006 में चालू किया गया। इसके अन्तर्गत अल्पसंख्यकों के कल्याण के लिए जिसमें शिक्षा एक महत्वपूर्ण घटक है, विकास सम्बन्धी कार्य किए जा रहे हैं।

18.6 मुस्लिम समुदाय की सामाजिक, आर्थिक तथा शैक्षिक स्थिति सम्बन्धी उच्च अधिकार प्राप्त समिति (High Level Committee on the Social, Economic and Educational Status of the Muslim Community, 2005-2006)

समिति की नियुक्ति तथा कार्यक्षेत्र (Appointment of the Committee and Its Scope of Work)

प्रधानमंत्री कार्यालय, भारत सरकार (Prime Minister's Office, Government of India) ने मार्च 2005 में इस समिति का गठन किया। समिति के कुल सात सदस्य थे। *न्यायाधीश राजेन्द्र सच्चर* (Justice Rajendra Sachar) इस समिति के अध्यक्ष थे। समिति ने अपनी संतुतियाँ नवम्बर 2006 में भारत सरकार को दी।

समिति के कार्यक्षेत्र में मुख्यतः निम्न बातें थी:

1. भारत के किन राज्यों, क्षेत्रों, जिलों तथा ब्लॉकों में मुस्लिम मुख्य तौर पर रहते हैं?
2. वे मुख्यतः विभिन्न भागों में जीवन निर्वाह के लिए कौन-कौन से व्यवसाय करते हैं?
3. उच्च वर्गों की तुलना में उनकी आय किस अनुपात में है?
4. क्या मुस्लिम समुदाय को शिक्षा आदि के क्षेत्र में उच्च सुविधाएँ मिल रही हैं?

मुस्लिम समुदाय की शिक्षा में विकास सम्बन्धी समिति की मुख्य सिफारिशें (Major Recommendations of the Committee on the Development of Education of the Muslim Community)

1. *समुदाय अध्ययन केन्द्र की स्थापना (Community Study Centre)*: चूंकि बड़े नगरों में मुस्लिम समुदाय की बहुसंख्या एक कमरे वाले घरों में रहती है, इस कारण बच्चों के पढ़ने के लिए एक समुदाय अध्ययन केन्द्र स्थापित किया जाए ताकि छात्र कुछ समय के लिए वहाँ जा कर पढ़ सकें।

2. *उच्चगुणवत्ता सरकारी स्कूल (High Quality Government Schools)*: जहाँ पर मुस्लिम समुदाय की अधिक जनसंख्या है वहां पर उच्च गुणवत्ता वाले स्कूल खोले जाएं।

3. *लड़कियों के लिए स्कूल* (Schools for Girls): 9-12 ग्रेड में पढ़ने वाली छात्राओं के लिए लड़कियों के स्कूल खोले जाएं।

4. *अध्यापिकाओं की नियुक्ति (Appointment of Lady Teachers)*: सहशिक्षा स्कूलों (*Co-Educational Schools*) में अधिक संख्या में अध्यापिकाओं की नियुक्ति की जाए।

5. *प्राथमिक स्तर पर मातृभाषा (उर्दू) में शिक्षा (Education in Urdu: The Mother Tongue)*: जिन क्षेत्रों में उर्दू भाषायी लोगों का बहुमत है वहाँ पर प्राथमिक स्तर पर उर्दू को शिक्षा का माध्यम बनाया जाए।

6. *तकनीकी शिक्षा (Technical Education)*: दसवीं कक्षा में फेल होने पर अथवा उससे पहले जो मुस्लिम बच्चे स्कूल छोड़ देते हैं, उनके लिए तकनीकी शिक्षा की व्यवस्था की जानी चाहिए।

7. *औद्योगिक प्रशिक्षण संस्थाओं में प्रवेश (Entry into ITI)*: औद्योगिक प्रशिक्षण संस्थाओं (ITI) में प्रवेश के लिए न्यूनतम शैक्षिक योग्यता कक्षा 8 पास कर दी जाए।

9. *उच्चशिक्षा में अल्पसंख्यकों के लिए सुविधाएँ (Facilities for Minorities in Higher Education)*: निजी कॉलेजों को जिनमें अल्पसंख्यक संचालित कॉलेज भी हैं, अतिरिक्त निधि दी जाए, यदि उनमें विभिन्न वर्गों के छात्र शिक्षा प्राप्त करते हों। ये संस्थाएँ तर्कसंगत (Reasonable) शुल्क छात्रों से लें।

10. *छात्रवृत्तियाँ (Scholarships)*: अल्पसंख्यक संचालित उच्च शिक्षा संस्थाएँ निर्धन छात्रों से कम फीस लें अथवा छात्रवृत्तियों का प्रावधान करें।

11. *उच्चशिक्षा में प्रवेश के मानक (Criteria)*: उच्च शिक्षा संस्थानों में प्रवेश के मानकों में परिवर्तन लाया जाए। अत्यन्त पिछड़े वर्गों को अंकों में छूट दी जाए।

12. *छात्रावास सुविधाएँ (Hostel Facilities)*: प्राथमिकता के आधार पर अल्पसंख्यकों के छात्रों को छात्रावास की सुविधाएँ प्रदान की जाएँ। इन छात्रावासों के लिए सरकार तथा समुदाय मिलकर साधन जुटाएँ। मुस्लिम वक्फ परिषद् भी इसमें योगदान दें।

13. *अध्यापक प्रशिक्षण/शिक्षा (Teacher Training or Education)*: जिन राज्यों में उर्दू भाषीय जनसंख्या अधिक हैं वहाँ पर प्रशिक्षण लेने वाले उन प्रार्थियों को जो उर्दू माध्यम में पढ़ा सकते हैं, प्राथमिकता दी जाए।

14. *उर्दू भाषा का विकास (Promotion of Urdu Language)*: उर्दू भाषा केवल मुसलमानों की भाषा नहीं है। इस भाषा की अवहेलना की गई है। इसका परिणाम निकला है, बच्चों को उनकी मातृभाषा उर्दू में पढ़ाने की अपर्याप्त व्यवस्था, उर्दू भाषायी स्कूलों में उर्दू पढ़ाने वाले अध्यापकों की कमी रही है। इसी प्रकार उर्दू माध्यम स्कूलों में भौतिक सुविधाओं का भी आभाव रहा है। इन कमियों को पूरा किया जाए।

15. *त्रि-भाषा सूत्र (Three Language Formula)*: हिन्दी क्षेत्रों में उर्दू को इसका स्थान देकर त्रि-भाषा सूत्र का कार्यान्वयन किया जाएँ।

16. *मदरसों में सुधार (Improvement in Madarsa)*: मदरसों में दी जाने वाली उपाधियों को अन्य मान्यता प्राप्त उपाधियों के समतुल्य (Equivalent) मान्यता देने की कार्य विधि का निर्माण किए जाएँ।

17. *विभिन्न प्रतियोगिताओं में मदरसों को डिगरियों की मान्यता (Recognition of Madarsa Degrees in Competitive Examinations)*: इस सन्दर्भ में नीति निर्धारण की अत्यन्त आवश्यकता है। मदरसों में पढ़े हुए छात्रों को प्रशासनिक सेवा, बैंक, रक्षा सेवा आदि भर्ती में उनकी शैक्षिक योग्यता के अनुसार पात्र मान जाए। आवश्यकतानुसार मदरसों के पाठ्यक्रमों में इस दिशा में वांछित परिवर्तन किए जाएँ।

इन संतुतियों के कार्यान्वयन के लिए भारत सरकार ने एक समिति का गठन 2007 में किया। इस के अनुसार अल्पसंख्यकों की शिक्षा के लिए अनेक योजनाएँ चलाई जा रही हैं। विभिन्न प्रकार की छात्रवृत्तियों का प्रावधान किया गया है। उर्दू भाषा पढ़ाने वाले अध्यापकों के प्रशिक्षण में विस्तार किया जा रहा है। अल्पसंख्यक क्षेत्रों में शैक्षिक संस्थाएँ प्राथमिकता के आधार पर खोली जा रही हैं। परम्परागत पाठ्यक्रम के साथ-साथ नवीन पाठ्यक्रम जोड़े जा रहे हैं।

19

शिक्षा में गुणवत्ता
(Quality in Education)

19.1 शिक्षा में गुणवत्ता (Quality in Education)

शिक्षा की गुणवत्ता की अवधारणा, अर्थ तथा समस्याएँ (Concept, Meaning and Problems of Quality in Education)

शिक्षा की गुणवत्ता के बारे में चर्चा करते समय निम्नलिखित बातों पर ध्यान देना आवश्यक है:

1. शिक्षा में गुणवत्ता का क्या अर्थ है?
2. शिक्षा में गुणवत्ता का उद्देश्य क्या है?
3. शिक्षा में गुणवत्ता के कौन-कौन से मापदंड हैं?
4. क्या शिक्षा में गुणवत्ता का सम्बन्ध उसके उद्देश्य से है?
5. क्या कुछ संस्थाओं की गुणवत्ता से सम्पूर्ण शैक्षिक गुणवत्ता का अर्थ निकाला जा सकता है?
6. क्या शिक्षा में गुणवत्ता का अर्थ छात्रों की विशेष उपलब्धियों से माना जा सकता है?
7. क्या गुणवत्ता शिक्षा का अर्थ परीक्षाफल से है?
8. क्या गुणवत्ता का अर्थ कुछ छात्रों का विदेश जाकर विभिन्न क्षेत्रों में ऊँचे पद प्राप्त करना है?
9. क्या गुणवत्ता का अर्थ शिक्षण विधियों से है?
10. क्या शैक्षिक संस्था या संस्थान में अनुशासन से है?
11. क्या गुणवत्ता का अर्थ छात्रों की विभिन्न क्षेत्रों में उपलब्धियों से है?
12. क्या गुणवत्ता का अर्थ संस्था में पाठान्तर क्रियाओं की व्यवस्था से है?

शैक्षिक साहित्य का अध्ययन करने पर ज्ञात होता है कि किसी भी शिक्षा आयोग अथवा शिक्षा समिति ने शिक्षा में गुणवत्ता की व्याख्या नहीं की है। विश्वविद्यालय शिक्षा आयोग 1948-49, माध्यमिक शिक्षा आयोग 1952-53 तथा शिक्षा आयोग 1964-66 ने प्राय: 'शिक्षा-स्तर' (Education Standard) पर जोर दिया है।

19.2 गुणवत्ता शिक्षा के विभिन्न अर्थ (Different Meaning of Quality Education)

किसी भी संस्था की गुणवत्ता का मापदण्ड प्राय: परीक्षा फलों से लेते हैं। प्राय: लोग उसी शिक्षा संस्था को अच्छा मानते हैं जहाँ पर छात्र अच्छे अंक लेते हैं। दूसरा मापदण्ड उन संस्थाओं से शिक्षा प्राप्त छात्रों का ख्याति प्राप्त संस्थाओं में प्रवेश पाना होता है। तीसरा मापदण्ड है। सरकारी परीक्षाओं जैसे राज्य सिविल सेवा (IAS) आदि सेवाएँ।

शैक्षिक संस्थाओं में कार्यरत अध्यापक प्राय: परीक्षा फल पर विशेष जोर देते है।

शिक्षा विद् छात्रों के अधिगम विकास पर बल देते हैं। वे चाहते हैं कि छात्रों में स्वयं सीखने तथा करने की क्षमता का विकास हो।

अत्यन्त हैरानी की बात है कि चारित्रिक विकास गुणवत्ता की कसौटी का तत्व कभी ही माना जाता है।

संक्षेप में कहा जा सकता है कि शिक्षा में गुणवत्ता को परिभाषित करना अत्यन्त कठिन कार्य है।

19.3 राष्ट्रीय शिक्षा नीति के संदर्भ में उच्च शिक्षा में गुणवत्ता (Quality Education in Higher Education and NPE)

राष्ट्रीय शिक्षा नीति (1986 तथा 1992) में गुणवत्ता शब्द का प्रयोग केवल शोध के प्रकरण में प्रयोग किया गया है।

शिक्षा नीति में कहा गया है कि उच्च शिक्षा लोगों को आलोचनात्मक, सामाजिक, आर्थिक, सांस्कृतिक, नैतिक और आध्यात्मिक समस्याओं 'जिनका सामना मानव जाति को करना पड़ता है' का चिंतन करने का अवसर प्रदान करती है। इससे विशिष्ट ज्ञान और दक्षताओं के प्रसार के माध्यम से राष्ट्रीय विकास के क्षेत्र में योगदान होता है। अत: यह जीवित रहने के लिए एक निर्णायक तत्व होगा। शैक्षणिक सूची स्तंभ का शिरोबिंदु होने के नाते इसकी शिक्षा प्रणाली के लिए अध्यापक तैयार करने में एक प्रमुख भूमिका है।

ज्ञान के अद्वितीय खोज के संदर्भ में उच्च शिक्षा लगातार अज्ञात क्षेत्र में प्रवेश कर रही है। उच्च शिक्षा को इतना सक्रिय बनाना है जितनी सक्रिय पहले कभी नहीं हुई थी।

राष्ट्रीय शिक्षा नीति में दिए गए ऊपर लिखित विचारों के संदर्भ में उच्च शिक्षा में गुणवत्ता को देखें तो व्यावहारिक रूप में गुणवत्ता के मानदण्ड निर्धारित करना तथा उनका मूल्यांकन करना अति कठिन कार्य है क्योंकि मूल्यांकन में वस्तुनिष्ठ तत्व का अभाव रहेगा।

राष्ट्रीय शिक्षा नीति में उच्च शिक्षा के स्तरों के लिए निम्नलिखित निर्देश दिए हैं:

1. काफी बड़ी संख्या में स्वायत्त कॉलेजों को विकसित करने में सहायता दी जाए।
2. कॉलेजों की सम्बन्धता नीति (Affialiating Policy) को स्वतन्त्र बनाया जाए।
3. कॉलेजों की सम्बन्धता नीति को रचनात्मक ढंग से बदला जाए।
4. विशिष्टीकरण की माँगों को बेहतर ढंग से पूरा करने के लिए पाठ्यक्रमों और कार्यक्रमों को फिर से तैयार किया जाए।
5. भाषायी क्षमता पर विशेष बल दिया जाए।
6. उच्च शिक्षा परिषदों (Councils of Higher Education) के माध्यम से उच्च शिक्षा का राज्यस्तरीय आयोजन और समन्वय किया जाए।

7. न्यूनतम सुविधाओं के लिए व्यवस्था दी जाए।

8. प्रवेश क्षमता के अनुसार दिया जाए।

9. श्रव्य-दृश्य सामग्री तथा इलैक्ट्रॉनिक उपकरण तथा विज्ञान और प्रौद्योगिकी का प्रयोग पाठ्यचर्या और सामग्री अनुसंधान और शिक्षक उच्च प्रशिक्षण के विकास को कारगर बनाने के लिए शुरू किया जाए।

10. शिक्षक के निष्पादन का मूल्यांकन सुव्यवस्थित ढंग से किया जाए।

11. सभी पद पूर्ण रूप से योग्यता के आधार पर भरे जाएँ।

12. विश्वविद्यालयों को अनुसंधान के लिए अधिक सहायता प्रदान की जाए। उच्च कोटि की दक्षता (High Quality) को सुनिश्चित करने के सम्बन्ध में कदम उठाए जाएँ।

13. विश्वविद्यालयों में विशेष रूप में अन्य एजेंसियों द्वारा किए गए अनुसंधान के साथ-साथ विज्ञान और प्रौद्योगिकी के प्रबल क्षेत्रों में अनुसंधान को समन्वित करने के लिए विश्वविद्यालय अनुदान आयोग (UGC) द्वारा उपयुक्त व्यवस्था की जाए।

14. विश्वविद्यालय प्रणाली के अन्तर्गत राष्ट्रीय अनुसंधान सुविधाओं की स्थापना को प्रोत्साहित करने के प्रयास करें।

15. ज्ञान के संश्लेषण (Synthesis of Knowledge) की आवश्यकता की पूर्ति के लिए अन्तर्विषयक अनुसंधान (Interdisciplinary) को प्रोत्साहित किया जाए।

16. नीति को और समन्वय और सामंजस्य, सुविधाओं की भागेदारी और अंतर्विषयक अनुसंधान के विकास के हित में सामान्य रूप से सामान्य उच्चतर शिक्षा, कृषि शिक्षा, तकनीकी, विधिक और अन्य व्यावसायिक क्षेत्रों को शामिल करते हुए एक राष्ट्रीय निकाय स्थापित किया जाए।

17. उच्च शिक्षा में 'जवाबदेही' (Accountability) के मानदण्ड बनाए जाए।

19.4 शिक्षा में गुणवत्ता नियंत्रण को प्रभावित करने वाले मुख्य कारण (Main Factors Exercising Quality Control in Education)

शिक्षा में गुणवत्ता नियंत्रण को प्रभावित करने वाले मुख्य कारण नीचे दिए जा रहे हैं–

1. स्टाफ की गुणवत्ता।
2. पाठ्यक्रम की गुणवत्ता।
3. छात्रों की गुणवत्ता।
4. उपलब्ध उपकरणों की गुणवत्ता।
5. शिक्षण की गुणवत्ता।
6. मूल्यांकन पद्धति की गुणवत्ता।
7. अनुशासन की गुणवत्ता।
8. अनुसंधान की गुणवत्ता।
9. अन्तर्राष्ट्रीय योगदान की गुणवत्ता।
10. संस्थाओं की प्रवेश नीति की गुणवत्ता।
11. निष्पादन लेख (Performance Audit) तथा इसकी गुणवत्ता।

स्टाफ की गुणवत्ता

स्टाफ की गुणवत्ता का अर्थ है:

(i) अध्यापकों की सामाजिक तथा आर्थिक स्थिति का वांछनीय स्तर का होना।
(ii) अध्यापकों के निष्पादन के आधार पर उनका मूल्यांकन करना।
(iii) अध्यापकों के सेवारत प्रशिक्षण के उपयुक्त कार्यक्रमों की व्यवस्था करना।
(iv) अध्यापकों के लिए उत्प्रेरकों की व्यवस्था करना।

पाठ्यक्रम की गुणवत्ता

(i) समाज की आवश्यकताओं के अनुसार पाठ्यक्रम का होना।
(ii) अन्तर्राष्ट्रीय परिप्रेक्ष्य की आवश्यकताओं को ध्यान में रखना।

छात्रों की गुणवत्ता

(i) छात्रों की समस्याओं पर विशेष ध्यान देना।
(ii) पिछड़े हुए छात्रों के विकास के लिए उपयुक्त नीति का निर्धारण करना।
(iii) छात्रों के प्रवेश की वैज्ञानिक नीति अपनाना।

अवसंरचना (Infrastructure) की गुणवत्ता

(i) उपयुक्त प्रकार से पुस्तकालयों तथा वाचनालयों की व्यवस्था करना।
(ii) सूचना प्रौद्योगिकी का पर्याप्त उपयोग करना।
(iii) पाठान्तर क्रियाओं का उचित प्रावधान करना।
(iv) प्रयोगशालाओं में उचित प्रकार की सामग्री का प्रावधान करना।

प्रभावी शिक्षण विधियों की गुणवत्ता

(i) लेक्चरों को सावधानी से तैयार करना तथा कक्षा में प्रभावी ढंग से प्रस्तुत करना।
(ii) कक्षा में छात्रों की उपस्थिति को अनिवार्य बनाना।
(iii) ट्यूटोरियल अनुदेशन की व्यवस्था करना।

मूल्यांकन की गुणवत्ता

(i) आन्तरिक मूल्यांकन को वस्तुनिष्ठ बनाना।
(ii) बाह्य मूल्यांकन में सुधार लाना तथा वस्तुनिष्ठ बनाना।

प्रवेश प्रणाली की गुणवत्ता

(i) सम्बन्धित कॉलेज में लगभग 1500 छात्रों की संख्या रखना।
(ii) छात्रों के प्रवेश की प्रक्रिया को सुगम एवं पारदर्शी बनाना।

19.5 उच्चकोटि अथवा गुणवत्ता संस्था के मानक अथवा संकेतक (Indicators or Parameters of Quality Institutions)

विश्वविद्यालय अनुदान आयोग (University Grants Commission) ने उच्च शिक्षा स्तर पर संस्थाओं की गुणवत्ता की कसौटी का मूल्यांकन करने के लिए एक राष्ट्रीय प्रत्यायन निर्धारण परिषद् (National Assessment and Accreditation Council—NAAC)

की स्थापना की है। इस संस्था द्वारा विश्वविद्यालयों तथा कॉलेजों की रेटिंग (Rating) से सम्बन्धित मानक तैयार किए गए हैं। अतः उनके आधार पर उच्च संस्थाओं की गुणवत्ता परखी जा सकती है। संस्थाओं को इन मानकों के आधार पर सौ वर्गों में बाँटा जा सकता है। अर्थात् उनकी ग्रेडिंग (Grading) वर्गों में की जाती है।

गुणवत्ता मापन में निम्न प्रकार के तथ्य देखे जाते हैं तथा अंक दिए जाते हैं:

1.	पाठ्यक्रम कार्यक्रम (Curriculum Aspects)	15 अंक
2.	शिक्षण अधिगम तथा मूल्यांकन (Teaching Learning)	25 अंक
3.	अवसंरचना तथा अधिगम संसाधन (Infrastructure and Learning Resources)	15 अंक
4.	अन्वेषण, परामर्श (मंत्रणा) तथा विस्तार (Research, Consultancy and Resources)	15 अंक
5.	छात्र सेवाएँ तथा परगमन (Student Support and Progression)	10 अंक
6.	संगठन तथा प्रबंध (Organisation and Management)	10 अंक
7.	स्वस्थ प्रक्रिया (Health Practices)	10 अंक

19.6 उच्च शिक्षा में स्तरों का अनुरक्षण तथा समन्वय (Maintenance and Coordination of Standards Higher Education)

उच्च शिक्षा में स्तरों का अनुरक्षण तथा समन्वय के संदर्भ में विश्वविद्यालय अनुदान आयोग (UGC) ने निम्न पग उठाए हैं:

1. *अकादमिक स्टाफ कॉलेजों की स्थापना (Establishment of Academic Staff Colleges)*: यह योजना 1986–87 में लागू की गई। इस समय इनकी संख्या 51 है। इनका मुख्य कार्य कॉलेजों में नव-आयुक्त लेक्चरारों के लिए अभिविन्यास तथा पुनर्पाठ्यी पाठ्यक्रम चलाना है।

2. *शिक्षा का व्यावसायिक अभिविन्यास (Career Orientation to Education)*: पूर्व स्नातक स्तर पर यह कार्य 1994–95 से चलाया जा रहा है। इस कार्यक्रम में इस प्रकार के पाठ्यक्रमों को चलाया जा रहा है जिन्हें पूरा करने के पश्चात् स्नातकों के पास सामान्यतः वेतन क्षेत्र (Gainful Employment) से लाभ उठाकर रोजगार के लिए विशेषतः स्व-रोजगार के लिए ज्ञान, कौशल और अभिवृत्ति हो। इस योजना के अन्तर्गत 47 व्यावसायिक विषय लिए गए हैं।

3. *विशेष सहायता कार्यक्रम (Special Assistance Programme)*: यह योजना 1963–64 में आरम्भ की गई। इसके अन्तर्गत विश्वविद्यालय अनुदान आयोग ने विश्वविद्यालयों के कुछ विभागों को उनके कार्य के आधार पर उच्च अध्ययन (Centre of Advanced Studies) केन्द्र के रूप में मान्यता देना शुरू किया। कार्यक्रम का मुख्य उद्देश्य 'उत्कृष्टता को बढ़ाना' (Pursuit of Excellence) देना था। इन विभागों को विशेष अनुदान दिया जाता है। इनकी संख्या इस समय लगभग 400 है।

4. *विज्ञान तथा प्रौद्योगिकी की आधार-संरचना को सुदृढ़ करने के लिए सहायता (Assistance for Strengthening of Infrastructure for Science and Technology)*:

सहायता का मुख्य उद्देश्य उन विश्वविद्यालयों में चुनिंदा विज्ञान तथा प्रौद्योगिकी विभागों की सहायता करना है जिन्होंने पहले ही उच्च गुणवत्ता युक्त निष्पादन (High Quality Performance) प्राप्त एवं प्रदर्शित किया है ताकि वे ऐसे मूल्यवान प्रमुख उपस्कर प्राप्त कर सकें जो उन्होंने इस क्षेत्र में प्राप्त नहीं किए हैं।

5. *उत्कृष्टता की संभाव्यता वाले विश्वविद्यालय* (*Universities with Potential for Excellence*): इस योजना के अधीन 17 विश्वविद्यालयों को विशेष अनुदान का प्रावधान किया गया है।

6. *कॉलेजों को स्वायत्तता* (Autonomy to Colleges)
(अलग से चर्चा की गई है)।

19.7 उच्च क्षेत्र में स्वायत्त (Autonomy in Higher Education)

विश्वविद्यालयों की स्वायत्तता तथा स्वतन्त्रता में भेद (Difference between University Autonomy and Freedom)

विश्वविद्यालयों की स्वायत्तता पर विचार करने से पूर्व हमें स्वायत्तता तथा स्वतन्त्रता में भेद समझ लेना चाहिए। इस संदर्भ में कोठारी शिक्षा आयोग 1964-66 ने इस प्रकार लिखा है–

स्वाधीनता का अर्थ यह है कि किसी अध्यापक से न तो यह अपेक्षा की जा सकती है और न उसे यह आदेश दिया जा सकता है कि वह छात्रों को ऐसी कोई बात पढ़ाए जो उसकी आत्मा के प्रतिकूल हो अथवा जो सत्य की उसकी अपनी धारणा से मेल न खाती हो। इस संदर्भ में हम इस बात पर जोर देना चाहते हैं कि अध्यापक स्वाधीनतापूर्वक अपने विचारों पर दृढ़ बने रह सकते हैं–वे विचार कितने भी क्रांतिकारी क्यों न हों–और वे कक्षा के भीतर (तथा बाहर) उन्हें व्यक्त भी कर सकते हैं, बशर्ते कि वे शिक्षण को अपने विशिष्ट विचारों के पक्षपोषण तथा प्रचार का साधन बनाए बिना किसी समस्या के विभिन्न पहलुओं पर प्रकाश डाल दें। अध्यापक को अपने अध्ययन-अनुसंधान जारी रखने तथा उनका प्रकाशन करने और महत्त्वपूर्ण राष्ट्रीय एवं अन्तर्राष्ट्रीय प्रसंगों पर भाषण देने, लेख लिखने तथा तत्सम्बन्धी वाद-विवादों में भाग लेने की पूरी छूट होनी चाहिए। अपने कार्य, शिक्षण और अनुसंधान के सम्बन्ध में उसे सभी तरह की सुविधाएँ तथा प्रोत्साहन दिया जाना चाहिए, भले ही उसके विचार और दृष्टिकोण उसके वरिष्ठ सहकर्मियों और विभाग अथवा संकाय अध्यक्ष के विचारों के प्रतिकूल ही क्यों न हों।

सिद्धान्त रूप में शैक्षिक स्वाधीनता पर न कोई विशेष प्रतिबंध है, न उसे कम करना अभीष्ट है। पर हम यह चाहते हैं कि हमारे अध्यापक इस स्वाधीनता का व्यवहार रूप में अधिक तथा उत्साहपूर्वक प्रयोग करें। वस्तुतः शैक्षिक समुदाय का यह तो एक अनिवार्य दायित्व है कि वह उस पूरे के पूरे परिवेश की संकल्पनाओं तथा नीतियों के सूक्ष्म परिक्षण, मूल्यांकन और विकास में सक्रिय तथा निश्चयात्मक योगदान करें, जिसके साथ समाज का सम्बन्ध और लगाव है। देश में एक ऐसे बौद्धिक वातावरण के संवर्धन और विकास की दिशा में विश्वविद्यालयों को प्रधान दायित्व का निर्वाह करना है जो विद्वत्ता तथा उत्कृष्टता की प्राप्ति के लिए अनुकूल हो और जो ऐसी आलोचना को बढ़ावा दे जो निमर्म-निर्दय

होकर भी अनौपचारिक और रचनात्मक हो। इन सब कामों के लिए यह आवश्यक है कि अध्यापक अपनी शैक्षिक स्वाधीनता का प्रयोग प्रचुर मात्रा में उत्साह तथा बुद्धिमत्तापूर्वक करें।

विश्वविद्यालय स्वायत्तता के प्रमुख तत्व

1. विद्यार्थियों का चयन।
2. अध्यापकों की नियुक्ति और पदोन्नति।
3. अध्ययन पाठ्यक्रमों तथा शिक्षण विधियों का निर्धारण और अनुसंधान के क्षेत्रों तथा समस्याओं का चयन।
4. समाज को यह जानकारी मिल जाती है कि जिन उद्देश्यों को लेकर संस्था की स्थापना की गई है, वे किस मात्रा में पूरे हो रहे हैं।
5. यदि संस्था के संचालन में कमियाँ हैं, तो उन्हें कैसे दूर किया जा सकता है?
6. संस्था से संबंधित सभी वर्गों को संस्था के गुणों तथा कमियों के बारे में जानकारी प्राप्त हो जाती है।
7. संस्था में कार्यरत कर्मचारियों को आत्म-चिन्तन का अवसर मिल जाता है।
8. संस्था का वित्तीय प्रावधान करने वाले जान जाते हैं कि वित्तीय साधनों का किस प्रकार उपयोग हो रहा है?
9. संस्था के मूल्यांकन से यह पता चल जाता है कि इसमें किस प्रकार के नये नवाचार प्रारम्भ किये जा सकते हैं?
10. संस्था को मूल्यांकन से एक नई दिशा मिल सकती है जिससे वह अधिक उन्नति कर सके।
11. संस्था के मूल्यांकन से जब पता चलता है कि इसका स्तर ऊँचे दर्जे का है तो समाज में इसकी प्रतिष्ठा बढ़ती है।
12. संस्थाओं के मूल्यांकन से तुलनात्मक स्थिति का ज्ञान हो जाता है।

19.8 संस्थागत गुणवत्ता के मूल्यांकन के सूचक (Indicators or Parameters of Quality of an Institution)

मोटे तौर पर इनके निम्नलिखित रूप हो सकते हैं:

1. संस्था के उद्देश्य (Objectives and Mission of an Institution)
2. संस्था का नियोजन तथा प्रबन्ध (Planning and Management of an Institution)
3. संस्था का अनुदेशनात्मक कार्य (Instructional Work of the Institution)
4. संस्था का पाठ्यान्तर क्रियाओं का प्रावधान (Provision of Co-curricular Activities)
5. अध्यापकों का सहयोग (Cooperation of Teachers)
6. छात्रों का सहयोग (Cooperation of Students)
7. भौतिक सुविधाएँ (Physical Facilities)
8. वित्तीय साधन तथा उनका उपयोग (Financial Resources and Their Use)
9. शैक्षिक परिणाम (Examination Results)
10. समाज से समन्वय (Co-ordination with the Community)

11. छात्रों का सर्वांगीण विकास अर्थात् विभिन्न पक्षों में विकास का मूल्यांकन (Evaluation of the All-round Development of the Students)
12. राष्ट्रीय नीतियों का क्रियान्वयन (Implementation of National Policies)
13. विभागीय नियमों का पालन (Following Department Rules and Regulations)

19.9 संस्थागत गुणवत्ता के मूल्यांकन के मूल्यांकनकर्ता (Evaluators of Quality of an Institution)

1. आत्म-मूल्यांकन (Self-Evaluation)
2. छात्रों द्वारा मूल्यांकन (Evaluation by Students)
3. छात्रों का अध्यापकों तथा सम्बन्धित संस्थाओं द्वारा मूल्यांकन (Evaluation of Students by Teachers and Concerned Organizations)
4. अध्यापकों द्वारा मूल्यांकन (Evaluation by Teachers)
5. विभागीय अधिकारियों द्वारा मूल्यांकन (Evaluation by Departmental Officers)
6. परीक्षा बोर्डों तथा शिक्षा बोर्डों द्वारा मूल्यांकन (Evaluation by Examination/ Education Boards)
7. विशेष संस्थाओं द्वारा मूल्यांकन जैसे विद्यालय अनुदान आयोग द्वारा स्थापित राष्ट्रीय प्रत्यानयन तथा निर्धारण परिषद द्वारा (Evaluation by Special Institutions Like UGC Established National Assessment and Accreditation Council)
8. समुदाय द्वारा मूल्यांकन (Evaluation by the Community)

19.10 संस्था की गुणवत्ता के मूल्यांकन सम्बन्धी प्रपत्र (Proforma for Evaluating Institutional/School Quality)

I. संस्थागत शैक्षिक निष्पादन (Academic Achievement of the Institution)

1. छात्रों का उत्तीर्ण प्रतिशत
2. विशेष उपलब्धियाँ (Distinction etc.)
3. प्रथम श्रेणी प्रतिशत
4. तृतीय श्रेणी प्रतिशत
5. द्वितीय श्रेणी प्रतिशत
6. कम्पार्टमेंट प्रतिशत
7. विभिन्न प्रतियोगिताओं में छात्रों की संख्या जैसे चिकित्सा तथा इंजीनियरिंग आदि।
8. उत्तम श्रेणी के महाविद्यालयों में छात्रों का प्रवेश।

II. शिक्षण अधिगम प्रक्रिया

अध्यापकों की शिक्षण अधिगम प्रक्रिया।

III. विद्यालय में उपस्थिति तथा अनुशासन

1. क्या छात्र तथा अध्यापक स्कूल में समय पर आते-जाते हैं?

2. यदि नहीं, तो इस सम्बन्ध में क्या कार्यवाही की जा रही है?
3. क्या प्रधानाध्यापक छात्रों तथा अध्यापकों में अनुशासन बनाये रखने में सक्षम हैं?

IV. स्कूल प्रबन्ध

1. क्या प्रधानाचार्य ने अध्यापकों में कार्य का बँटवारा ठीक ढंग से किया है?
2. क्या समय पर समय-सारणी बनायी जाती है?
3. क्या प्रधानाचार्य अपनी डायरी रखता है जिसमें अध्यापकों के निर्देशन तथा परामर्श सम्बन्धी दिशा-निर्देश हैं?
4. क्या विद्यालय में विषय संकायों का गठन किया गया जाता है?
5. क्या प्रधानाचार्य छात्रों द्वारा किये जा रहे कार्य का निरीक्षण करता है?
6. क्या प्रधानाचार्य अध्यापकों की शिक्षण-अधिगम प्रक्रिया से सहमत है?
7. क्या विद्यालय में आलेख ठीक ढंग से रखे जाते हैं?

V. विद्यालय में स्वशासन तथा छात्र सहभागिता

1. क्या विद्यालय में छात्रों द्वारा स्वशासन की व्यवस्था है?
2. क्या छात्र इस प्रक्रिया में भाग लेते हैं?
3. क्या अध्यापक छात्र स्वशासन प्रक्रिया में उत्साह दिखाते हैं?
4. क्या छात्रों के प्रतिनिधियों का चुनाव होता है या उनकी नियुक्ति की जाती है?

VI. विद्यालय में पाठ्यान्तर क्रियाएँ

1. विद्यालय में कौन-कौन सी पाठ्यान्तर क्रियाएँ हैं?
2. क्या पाठ्यान्तर क्रियाओं में छात्र उत्साहपूर्वक भाग लेते हैं?
3. क्या समय-समय पर पाठ्यान्तर क्रियाओं में प्रतियोगिताओं का आयोजन किया जाता है?
4. क्या स्कूल अन्तःस्कूल प्रतियोगिताओं में भाग लेता है?
5. विभिन्न अन्तर्स्कूल प्रतियोगिताओं में उपलब्धियाँ।

VII. छात्र प्रगति तथा उपलब्धि अभिलेख

1. क्या स्कूल में ली जाने वाली परीक्षाओं के परीक्षा-पत्र ठीक ढंग से बनाये जाते हैं?
2. क्या परीक्षाफलों का रिकार्ड उचित ढंग से रखा जाता है?
3. क्या छात्र संचित प्रगति-पत्र रखे जाते हैं?

VIII. शैक्षिक तकनीकी का प्रयोग

1. क्या विद्यालय में दृश्य-श्रव्य साधन उचित मात्रा में हैं?
2. क्या दृश्य-श्रव्य साधनों का उपयोग ठीक प्रकार से किया जाता है?
3. क्या शैक्षिक दूरदर्शन तथा आकाशवाणी का लाभ उठाया जा रहा है?
4. क्या तकनीकी उपकरणों का रख-रखाव ठीक है?

IX. विद्यालय में खेलों तथा शारीरिक शिक्षा का प्रबन्ध।

X. विद्यालय में प्रयोगशालाओं की देखभाल।

XI. विद्यालय में क्राफ्ट का प्रबन्ध।

XII. स्कूल भवन की देखभाल।

XIII. अभिभावकों से सम्पर्क।

XIV. विद्यालय में मानवीय सम्बन्ध।

XV. विद्यालय में वित्त का उचित उपयोग।

XVI. विभागीय नियमों का पालन।

XVII. राष्ट्रीय शिक्षा नीति का कार्यान्वयन।

नोट: यह प्रपत्र केवल सुरक्षात्मक (Suggestive) है। इसमें विद्यालय सम्बन्धी सभी पक्षों का विवरण निहित है। स्थान अभाव के कारण कुछ सूचकों का विवरण नहीं दिया गया है। समय तथा स्थिति के अनुसार मूल्यांकन सूचकों में परिवर्तन किया जा सकता है।

19.11 संस्थागत निष्पादन की ग्रेडिंग (Grading of Institutional Performance)

संस्थागत निष्पादन की ग्रेडिंग निम्न प्रकार से होनी चाहिए:

1. उत्कृष्ट (Excellent)
2. अति उत्तम (Very Good)
3. अच्छा (Good)
4. सन्तोषजनक (Satisfactory)
5. असन्तोषजनक (Unsatisfactory)

19.12 स्कूल शिक्षा की गुणवत्ता तथा राष्ट्रीय स्कूल प्रत्यानयन तथा निर्धारण परिषद् (School Quality Education and National Assessment and Accreditation Council)

उच्च शिक्षा स्तर की भाँति स्कूल शिक्षा की गुणवत्ता का मूल्यांकन करने के लिए राष्ट्रीय स्तर पर स्कूल परिषद की स्थापना की जाए जो गुणवत्ता के मापदण्ड तैयार करे तथा जिसके अनुसार स्कूलों में गुणवत्ता की वस्तुनिष्ठ (Objective) से जाँच हो सके।

19.13 भारत में संस्थागत गुणवत्ता का मूल्यांकन (Institutional Evaluation in India)

भारत में संस्थागत गुणवत्ता मूल्यांकन पर विशेष बल नहीं दिया जा रहा है। वास्तव में यह यहाँ नई अवधारणा मानी जाती है। संस्थागत गुणवत्ता मूल्यांकन के सन्दर्भ में मापदण्ड निर्मित नहीं किये गये हैं। संस्था के मानकीकृत सार्वजनिक परीक्षाफल को ही संस्था के निष्पादन का मापदण्ड माना जाता है। अन्य शैक्षिक पक्षों पर बहुत ही कम ध्यान दिया जाता है।

सार्वजनिक परीक्षाफल का मूल्यांकन करते समय इस तथ्य की अवहेलना की जाती है कि किन परिस्थितियों में विद्यालय कार्य कर रहे हैं। विद्यालय में छात्र किस प्रकार के घरों

से आते हैं। विद्यालय झुग्गी-झोंपड़ी बस्ती में है अथवा सम्पन्न बस्ती में। क्या विद्यालय में शिक्षण-अधिगम सामग्री पर्याप्त मात्रा में है आदि।

विद्यालयों का निरीक्षकों द्वारा समय-समय पर निरीक्षण किया जाता है तथा विद्यालय के गुणों और कमियों का ब्यौरा निरीक्षक अपनी रिपोर्ट में देते हैं, परन्तु प्राय: इन पर कोई ध्यान नहीं दिया जाता है।

19.14 गुणवत्ता शिक्षा कार्यक्रम (Quality Education Programme)

शैक्षिक संस्थाओं में गुणवत्ता सुधार के लिए निम्न प्रकार के उपाय प्रयोग में लाए जाने चाहिए:

1. परिश्रमी तथा समर्पित अध्यापक।
2. संस्था का प्रभावी भौतिक वातावरण।
3. संस्था में पर्याप्त शिक्षण-अधिगम साधन तथा उनका प्रभावी प्रयोग।
4. कक्षा में छात्रों की वांछित संख्या।
5. पुस्तकालय मे पर्याप्त तथा उचित प्रकार की पाठ्य सामग्री।
6. मार्गदर्शन तथ परामर्श की सुविधाएँ।
7. छात्र-अध्यापक के व्यक्तिगत सम्पर्क के पर्याप्त अवसर।
8. उपचारिक शिक्षा की व्यवस्था।
9. प्रगतिशील शिक्षण-अधिगम विधियों का प्रयोग।
10. संतुलित व्यावहारिक तथा सैद्धान्तिक पाठ्यक्रम।
11. श्रव्य-दृश्य सामग्री का उचित भरपूर प्रयोग।
12. मानवीय सम्बन्धों पर आधारित वातावरण।
13. प्रभावी त्रियोजन, मार्गदर्शन तथा निर्देशन।
14. व्यवहार संहिता का पालन।

19.15 अध्यापक का समाज में कम होता स्तर तथा उसका सामाजिक परिवर्तन में सीमित योगदान (Decreasing Status of the Teacher in Society and His Marginal Role and Responsibilities in Social Change)

अनेक समाजशास्त्रियों के विचार में आज की परिस्थिति में अध्यापकों की भूमिका सामाजिक परिवर्तन में नगण्य है। एक समय था जबकि अध्यापक का स्थान समाज में ऊँचा था। उसे इतिहास का निर्माता कहा जाता था। परन्तु अब स्थिति इसके विपरीत है। आज समाज में उसे कहने को तो गुरु का दर्जा दिया जाता है परन्तु वास्तविक स्थिति कुछ और ही है। इसमें सन्देह नहीं कि आज समाज के मध्यम वर्ग से सम्बन्धित पुरुष सामान्यत: अध्यापक बनना नहीं चाहते। इस पेशे में न तो उचित मान रह गया है और न ही आय।

कक्षाओं में इतने छात्र होते हैं कि अध्यापक-छात्र के व्यक्तिगत सम्पर्क के लिए बहुत ही कम समय मिलता है।

प्राचीन काल में ज्ञान का साधन अकेला शिक्षक ही हुआ करता था। सूचना के साधनों के विस्फोट के कारण अब ज्ञान प्राप्त करने के अनेक साधन हैं। कम्प्यूटर द्वारा अनेक प्रकार का ज्ञान मिल जाता है।

प्राचीन काल में प्राय: छात्र एक ही अध्यापक (गुरु) से सम्पूर्ण शिक्षा प्राप्त करते थे। वह ही छात्रों का धर्मगुरु था अर्थात् आध्यात्मिक विकास का मार्ग दर्शाता था। परन्तु आज कक्षा एक से लेकर कक्षा बारह तक एक छात्र बारह से भी अधिक अध्यापकों से शिक्षा ग्रहण करता है। उसी मात्रा में एक छात्र का अपने अध्यापक के प्रति मान-सम्मान कम हो जाता है।

आज दूरदर्शन, रेडियो तथा सम्पूर्ण मीडिया (Media) का बहुत प्रभाव पड़ रहा है।

ऊपर लिखित कारणों से अध्यापक का समाज में स्तर गिरता जा रहा है।

अध्यापकों के सशक्तीकरण के उपाय
(Measures of Teacher's Empowerment)

अध्यापकों का सशक्तिकरण के लिए निम्न बातों की आवश्यकता है:

1. अध्यापकों का स्वयं अपने व्यवसाय के प्रति निष्ठावान होना।
2. अध्यापकों को निर्मित आचार संहिता का पालन करना।
3. दैनिक तैयारी करके पढ़ाना।
4. छात्रों के कल्याण तथा विकास में वांछित रूचि रखना।
5. अध्यापकों के अच्छे वेतनमान तथा सेवा शर्तों का प्रावधान करना।
6. समाज द्वारा अध्यापकों को सामाजिक व्यवस्था में सम्मान का पात्र मानना।
7. कक्षाओं में छात्रों की संख्या कम करना ताकि अध्यापक व्यक्तिगत स्तर पर अधिक समय दे सके।
8. अध्यापकों के लिए व्यावहारिक सेवारत्त शिक्षा का प्रावधान करना।

19.16 डॉ. जाकिर हुसैन द्वारा दर्शायी गई उच्च कोटि स्कूल की विशेषताएँ
(Views of Dr. Zakir Hussain on the Characteristics of Quality School)

डॉ. जाकिर हुसैन जो कि उच्च कोटि के शिक्षाविद् थे तथा बाद में भारत के राष्ट्रपति बने, उन्होंने उच्च कोटि के स्कूल की निम्न विशेषताएँ दर्शायी हैं:

1. *बालक के व्यक्तित्व पर ध्यान देना:* एक उच्च कोटि स्कूल के संचालक नियमों और परीक्षाओं द्वारा डाली गयी बाधाओं के होते हुए भी, कभी इस मूल सिद्धान्त को नहीं भूलते कि जिसको उन्होंने शिक्षा देनी है वह व्यक्तिगत मनुष्य का मन है जिसमें उद्देश्यों, लक्ष्यों और साधनों का एक विशेषक व्यवस्थित विन्यास विद्यमान है। प्रत्येक वास्तविक शिक्षण का आरम्भिक बिन्दु मूल्यों-लक्ष्यों और रुचियों की यह व्यक्तिसापेक्ष पद्धति है और इस पद्धति का अन्वेषण बालक के व्यक्तित्व का सच्चा बोध ही एक अच्छे अध्यापक और अच्छे स्कूल की चिन्ता का विषय होना चाहिए।

2. *व्यक्तित्व के विकास की अवस्था को सदा दृष्टि में रखना:* उच्च कोटि का स्कूल व्यक्तित्व के विकास की अवस्था को ध्यान में रखता है। इसका कारण यह है कि शिक्षा की प्रक्रिया एक सततगामी प्रक्रिया है जिसमें प्रत्येक अवस्था का अपना महत्त्व होता है। यह निरी अगली अवस्था की तैयार की अवस्था नहीं होती। शिक्षा प्रक्रिया में वर्तमान अवस्था का अन्तिम के लिए बलिदान करने से वर्तमान अवस्था को अवश्य हानि होगी।

3. *सारी शक्ति छात्रों के समग्र मानसिक संरचना के विकास में लगाना:* उच्च कोटि का स्कूल वही है जो सारा बल अपने छात्रों के समग्र मानसिक विकास के लिए, न कि

किसी एक पक्ष अथवा एक ही अंश को विकसित करने में लगाता है। वह छात्रों के मस्तिष्क, हृदय और हाथों का भी उचित विकास करता है।

4. *उत्पादक कार्य की सप्रयोजन क्रियाओं की व्यवस्था करना:* उच्च कोटि का स्कूल शिक्षा की दृष्टि से उत्पादक कार्य की सप्रयोजन क्रियाओं को उचित स्थान देता है। मानसिक क्रिया ऐसे सभी कार्यों का भले ही वे बौद्धिक हों अथवा मानसिक, एक आवश्यक घटक हैं क्योंकि निरी यांत्रिक क्रिया शिक्षा प्रदान नहीं करती। शैक्षिक दृष्टि से इस उत्पादनशील क्रिया में समस्याओं के प्रति जागरूकता सम्मिलित रहती है। इस क्रिया में समस्या के वैकल्पिक समाधानों का आकलन, कार्य की योजना का निर्माण और जिन विविध चरणों में इसको निष्पन्न करना है, उनका चिन्तन सम्मिलित है।

5. *वैयक्तिक उपलब्धि का सामाजिक उपलब्धि से सम्बन्ध रखना:* उच्च कोटि का स्कूल एक ऐसा समुदाय होता है जिसमें वैयक्तिक उपलब्धि का समन्वय सामाजिक उपलब्धि के साथ होता है। स्कूल को आदर्श समुदाय का रूप दिया जाए। उच्च कोटि का स्कूल अपने सदस्यों की उम्र के उपयुक्त नैतिक उद्देश्यों को मूर्तिमान रूप देता है। ऐसे समुदाय में जीवनयापन एक सेवा-कार्य बन जाता है। ऐसे समूह में चरित्र का निर्माण होता है। सामाजिक चेतना जाग्रत करता है। सहानुभूति तथा सामाजिक उत्तरदायित्व का बोध कराता है।

6. *छात्रों में स्वतः सीखने का गुण निर्माण करना:* उच्च कोटि के स्कूल में इस प्रकार की शिक्षण अधिगम की पद्धतियों पर जोर दिया जाता है जिनसे छात्रों को स्वयं सीखने की प्रेरणा मिलती है।

परियोजना कार्य
PROJECT WORK

I

स्वतन्त्रता के पश्चात् लड़कियों की शिक्षा पर नीतियों तथा संतुतियों का संक्षिप्त संकलन
(A Brief Compilation of Various Policies and Recommendations on Girls Education Since Independence)

स्वतन्त्रता प्राप्ति के पश्चात् देश में शिक्षा और विशेष कर नारी शिक्षा पर विशेष बल दिया जा रहा है। इस विषय पर विशेष गहन विचार के लिए अनेक समितियों तथ आयोगों की नियुक्ति की गई। इन आयोगों तथा समितियों की संतुतियों के सन्दर्भ में नारी शिक्षा सम्बन्धी नीतियाँ निर्मित की गई। उन सबकी संतुतियाँ संक्षेप में जहाँ पर दी जारी हैं।

आयोग तथा समितियाँ इस प्रकार हैं:

1. विश्वविद्यालय शिक्षा आयोग (1948–49)
   (University Education Commission—1948–49)
2. माध्यमिक शिक्षा आयोग (1952-53)
   (Secondary Education Commission—1952–53)
3. नारी शिक्षा पर राष्ट्रीय समिति अथवा श्रीमती दुर्गाबाई देशमुख समिति (1958–59)
   (National Committee on Women Education or Smt. Durgabai Deshmukh Committee—1958–59)
4. लड़के-लड़कियों का पाठ्यक्रम: श्रीमती हंसा मेहता समिति (1961)
   (Smt. Hansa Mehta Committee on Boys and Girls Curriculum 1961)
5. लड़कियों की शिक्षा के लिए भक्तवत्सलम् समिति (1963)
   (Bhakatvatasalm Committee for Girls Education, 1963)
6. शिक्षा आयोग (1964–66)
   (Education Commission—1964–1966)
7. राष्ट्रीय शिक्षा नीति (1986) तथा संशोधित नीति (1992) में महिला शिक्षा।
   (National Policy on Education—1986 and 1992)
8. निजी कामकाज कर रहीं महिलाओं के लिए राष्ट्रीय आयोग (1987–88)
   (National Commission for Working Women—1987-88)

9. 1988 से 2000 तक स्त्री शिक्षा की राष्ट्रीय योजना (1988)
   (National Schemes for Women Education—1988)
10. राष्ट्रीय शिक्षा नीति की समीक्षा समिति 1990।
   (National Policy Education Review Committee—1990)
11. जनार्दन समिति (1992) (Janardan Committee—1992)

I. नारी शिक्षा एवं विश्वविद्यालय शिक्षा आयोग (1948-49)

भूमिका

स्वतंत्रता प्राप्ति के पश्चात् शिक्षा के क्षेत्र में सबसे पहला महत्त्वपूर्ण कार्य था, विश्वविद्यालय शिक्षा ओयाग (1948–49) की स्थापना करना। इस आयोग के अध्यक्ष सर्वपल्ली राधाकृष्णन थे, जो कि उच्च कोटि के भारतीय दार्शनिक, शिक्षाविद् तथा विद्वान थे। वे आगे चलकर भारत के राष्ट्रपति बने। इस आयोग ने विश्वविद्यालय स्तर की शिक्षा के सभी पक्षों का अध्ययन किया और स्त्री शिक्षा संबंधी अपनी संस्तुतियाँ दीं। शिक्षा के क्षेत्र में अनेक सुधार इस आयोग की सिफारिशों के आधार पर हुए।

स्त्री शिक्षा का महत्त्व

विश्वविद्यालय शिक्षा आयोग ने स्त्री शिक्षा का महत्त्व इस प्रकार बताया है कि स्त्री शिक्षा के बिना लोग शिक्षित नहीं हो सकते। यदि शिक्षा को पुरूषों अथवा स्त्रियों के लिए सीमित करना है तो यह अवसर स्त्रियों को दिया जाए, क्योंकि उनके द्वारा ही भावी संतान को शिक्षा दी जा सकती है।

सहशिक्षा संस्थाओं की दशा

आयोग के मतानुसार, वास्तव में हमारे देश में थोड़ी सी ही सहशिक्षा संस्थाएँ हैं। लड़कों के कॉलेज में लड़कियों को प्रविष्ट किया जाता है। सहशिक्षा संस्थाओं में अक्सर लड़कों के लिए ही सुविधाएँ होती हैं: लड़कियाँ तो भार समझी जाती हैं। अक्सर लड़कियों के लिए स्वास्थ्य सुविधा नामपात्र को होती हैं और कई बार तो इनका नितांत अभाव होता है। इस प्रकार मनोरंजन के साधनों और सुविधाओं का भी लड़कियों के लिए उपयुक्त प्रबंध नहीं होता है। हमें अक्सर सुझाव दिया गया है कि जहाँ लड़के और लड़कियाँ साथ-साथ शिक्षा प्राप्त करते हों, वहाँ लड़कियों की स्वास्थ्य निर्देशिका स्त्री होनी चाहिए।

आयोग का विचार था कि इन समस्याओं को हल करने का उत्तरदायित्व उन लोगों पर है जो स्त्री शिक्षा के जिम्मेदार हैं और उनका ही उत्तरदायित्त्व है कि स्त्रियो के लिए शिक्षा की ऐसी रूपरेखा बनाएँ जो उनका जीवन सफल बनाने में सहायक हो। एक शिक्षक ने लिखा कि स्त्री शिक्षा तो एक घटना मात्र थी। इसके लिए किसी ने योजना नहीं बनाई थी।

सिफारिशें

1. कॉलेज नें जीवन की जो सुविधाएँ प्रारंभ में लड़कों को दी गई थीं, वे लड़कियों को भी उपलब्ध कराई जाएँ, भले ही वे कॉलेज पहले लड़कों के लिए खोले गए हों।

2. स्त्री शिक्षा में कमी न की जाए, बल्कि इसे बढ़ावा दिया जाए।

3. स्त्रियों को उनकी शिक्षा की वास्तविक अभिरूचियों से अवगत कराने के लिए उचित शिक्षा निर्देशन का कार्य योग्य व्यक्ति करें, जिससे वे पुरूषों का अनुकरण न करें; बल्कि पुरूषों की भाँति अच्छी शिक्षा प्राप्त करें और अपना ध्येय बनाएँ। स्त्रियों और पुरूषों की शिक्षा में कुछ समानता होनी चाहिए, परन्तु वह एक-सी न हो, जैसाकि आज है।

4. छात्राओं की इस प्रकार साधारणतया सहायता करनी चाहिए कि वे सामान्य समाज में अपना स्थान सभ्य नागरिक के रूप में पहचान लें और अपने को इसके अनुरूप बना सकें। कॉलेज की शिक्षा इस प्रकार की हो कि यह लक्ष्य प्राप्त हो सके।

5. शिक्षा निर्देशन कार्य इस प्रकार किया जाए कि लड़कियाँ गृहविज्ञान के अध्ययन के प्रति उदासीन न रहें।

6. सहशिक्षावाले कॉलेजों में पुरूष पर इस बात का दबाव डाला जाए कि वे शालीनता रखें और सामाजिक जिम्मेदारी का अनुभव करें।

7. जहाँ लड़के-लड़कियों के लिए नए कॉलेज बनाए जाएँ वहाँ इस बात पर ध्यान रहे कि वे वास्तव में सहशिक्षा संस्थाएँ हों। इनमें स्त्री और पुरूषों की आवश्यकताओं का पूरा ध्यान रखा जाए।

समान कार्य के लिए स्त्री और पुरूष अध्यापकों को समान वेतन दिए जाएँ।

तेरह से अठारह वर्ष की आयु तक के लड़के-लड़कियों के लिए अलग-अलग स्कूल

विश्वविद्यालय शिक्षा आयोग का विचार था कि लोगों की राय ऐसी मालूम होती है कि तेरह या चौदह वर्ष की आयु से लगभग अठारह वर्ष की आयु तक लड़के-लड़कियों के विद्यालय अलग-अलग हों। आयोग ने अनुभव किया कि यह स्पष्ट नहीं होता कि इस विचारधारा का आधार रीति-रिवाज हैं अथवा अनुभव।

कॉलेज में सहशिक्षा

आयोग की सिफारिशों के अनुसार कॉलेज में प्रवेश की आयु लगभग अठारह वर्ष होगी। अत: कॉलेज में सहशिक्षा हो सकती है, जैसाकि आज तक मेडिकल कॉलेजों में हैं। इस स्तर पर अलग-अलग कॉलेजों के बनाने में अनावश्यक रूप से व्यय की वृद्धि होगी। लड़के-लड़कियों के लिए अलग-अलग कॉलेज बनाने से दोहरे उपकरणों की आवश्यकता होगी, जो अभी पर्याप्त नहीं है और साथ-साथ इनका भार हमारे सीमित साधनों पर पड़ेगा। लड़कियों के अलग कॉलेजों में साधारणतया हीन उपकरण, अपेक्षाकृत कम योग्यतावाले अध्यापक और अनुपयुक्त विद्यालय भवन होते हैं। यथासंभव कॉलेज स्तर पर सहशिक्षा को प्रोत्साहन दिया जाए।

II. नारी शिक्षा एवं माध्यमिक शिक्षा आयोग (1952–53)

माध्यमिक शिक्षा आयोग की नियुक्ति

भारत सरकार ने 1952 में माध्यमिक शिक्षा के सभी पक्षों की जाँच करने और उसके पुनर्गठन के सुझाव देने के लिए माध्यमिक शिक्षा आयोग की नियुक्ति की। आयोग के

अध्यक्ष ए. लक्ष्मणस्वामी मुदलियार थे। प्रचलित शिक्षा के दोषों को बतलाते हुए आयोग ने अनेक सुझाव दिए।

नारी शिक्षा के बारे में आयोग की संस्तुतियाँ

माध्यमिक शिक्षा आयोग के विचार में शिक्षा के माध्यमिक स्तर पर स्त्रियों की शिक्षा के बारे में अलग से विचार करने का कोई विशेष औचित्य नहीं है। पुरूषों के लिए जिस प्रकार की शिक्षा की आवश्यकता है, उसी प्रकार की शिक्षा महिलाओं के लिए भी हो। आयोग ने इस वात पर संतोष व्यक्त किया कि स्त्रियाँ प्रत्येक संकाय में शिक्षा पा रही हैं। स्त्रियों की शिक्षा में गृहविज्ञान के विशेष महत्त्व पर बल दिया गया। यह अनुभव किया गया कि बदलती हुई परिस्थितियों में भी घर तथा परिवार की आंतरिक देखभाल का दायित्व प्रायः स्त्रियों पर ही रहेगा। इसके लिए भी आवश्यक है कि स्त्री की शिक्षा पर विशेष जोर दिया जाए।

सहशिक्षा के बारे में आयोग का मत था कि जहाँ तक संभव हो, लड़कियों के लिए स्कूल पृथक रूप से खोले जाएँ, क्योंकि ऐसी परिस्थिति में लड़कियों के लिए अधिक-से-अधिक सुविधाएँ जुटाना संभव है। सभी राज्यों में लड़कियों के स्कूल खोलने पर बल दिया जाए। परन्तु जहाँ अभिभावकों को कोई आपत्ति न हो, सहशिक्षावाले स्कूल खोले जाएँ।

आयोग ने अनुभव किया राज्य सरकारें प्रायः लड़कों के स्कूल खोलने में तत्परता दिखाती हैं। इस संदर्भ में आयोग का दृढ़ मत था कि नए समाज की स्थापना के लिए इस मनोवृत्ति को छोड़ना होगा। दोनों लिंगों के प्रति समान दृष्टिकोण अपनाना चाहिए। जनतांत्रिक समाज व्यवस्था में नागरिक एवं सामाजिक उत्तरदायित्त्व निभाने के लिए दोनों लिंगों को समान समझना उचित होगा।

आयोग ने इस बात पर चिंता व्यक्त की कि सहशिक्षा संस्थाओं में प्रायः लड़कियों की विशेष आवश्यकताओं पर ध्यान नहीं दिया जाता है। ऐसी संस्थाओं में स्टाफ दोनों वर्गों के हों। गृहविज्ञान, संगीत, चित्रकारी आदि की शिक्षा का प्रबंध किया जाए। लड़कियों के लिए शौचालयों आदि की व्यवस्था की जाए। उन स्कूलों में भी जहाँ लड़कियों की संख्या बहुत कम हो, एक अध्यापिका अवश्य नियुक्त की जाए। लड़कियों की संख्या बहुत कम हो, एक अध्यापिका अवश्य नियुक्त की जाए। इसी प्रकार अध्यापिकाओं के लिए अलग से स्टाफरूम हो।

लड़कियों के लिए पाठान्तर क्रियाओं की व्यवस्था की जाए।

सहशिक्षा संस्थाओं की प्रबंध समितियों में महिला सदस्य भी होनी चाहिए।

III. नारी शिक्षा की राष्ट्रीय समिति (श्रीमती दुर्गाबाई समिति 1958-59)

भारत सरकार द्वारा सन् 1958 में श्रीमती दुर्गाबाई देशमुख की अध्यक्षता में एक समिति नियुक्त की गई, जिसका कार्य अन्य बातों के साथ प्राथमिक और माध्यमिक स्तर पर बालिकाओं की शिक्षा को प्रगति देने के बारे में सुझाव देना था। इस समिति ने इस क्षेत्र की विस्तृत तथा गहन समीक्षा करके निम्न सुझाव दिए:

1. कुछ वर्षों तक स्त्री शिक्षा को विशिष्ट समस्या मानकर उसके लिए विशेष कार्यक्रम बनाए जाएँ।

2. इन कार्यक्रमों की देखभाल के लिए केन्द्र में स्त्री शिक्षा की राष्ट्रीय परिषद् बनाई जाए और राज्यों में भी ऐसी परिषदें बनें।
3. बालिकाओं की शिक्षा के लिए शिक्षा निदेशालय में एक विशिष्ट अधिकारी रखा जाए।
4. प्राथमिक शिक्षा के लिए अध्यापिकाओं को तैयार करने हेतु प्रौढ़ स्त्रियों के लिए एक संक्षिप्त पाठ्यक्रम प्रारम्भ किया जाए।
5. बालिकाओं को मुफ्त में किताबें और पोशाकें दी जाएँ।
6. अच्छी उपस्थिति दिखानेवाली बालिकाओं के लिए छात्रवृत्तियाँ भी दी जाएँ।
7. ग्रामीण क्षेत्रों में अध्यापिकाओं को वहाँ जाकर काम करने के लिए प्रोत्साहित करने हेतु उन्हें बिना किराए का आवास तथा विशेष भत्ता दिया जाए।

नोट: समिति की अनुशंसा पर केन्द्र तथा राज्यों में स्त्री शिक्षा परिषदें बनाई गई हैं।

IV. लड़के-लड़कियों का पाठ्यक्रम (श्रीमती हंसा मेहता समिति-1962)

भूमिका

राष्ट्रीय स्त्री शिक्षा परिषद् ने शिक्षा के सभी स्तरों पर लड़कियों के पाठ्यक्रम की समस्या का अध्ययन करने के लिए एक समिति नियुक्त की, जिसकी अध्यक्षा श्रीमती हंसा मेहता थी। इस समिति ने निम्नलिखित विषयों पर अपनी संस्तुतियाँ दीं:

1. सामाजिक संगठन का नया आधार तथा स्त्रियों का कार्य,
2. स्त्रियों को समानता के अवसर,
3. सहशिक्षा,
4. पाठ्यक्रम।

सामाजिक संगठन का नया आधार तथा स्त्रियों का कार्य

समिति ने पिछले पचास वर्षों में हुए सहशिक्षा के विकास, सरकार की नीति तथा जनता की भावनाओं की समीक्षा की और लड़कियों तथा लड़कों की आवश्यकताओं को ध्यान में रखकर प्राथमिक, माध्यमिक, उच्चतर माध्यमिक और विश्वविद्यालय के पाठ्यक्रमों की भिन्नता के संबंध में निष्कर्ष निकाला कि सामाजिक व्यवस्था के नए आधार में लिंग भेद का थोड़ा सा ही प्रभाव होगा। उन्हें लिंग भेद और पूर्व निश्चित व्यवहार को ध्यान दिए बिना व्यक्तित्व विकास का अवसर उपलब्ध कराया जाए। इसके द्वारा ही हम संविधान में लक्षित गणतांत्रिक और समाजवादी ढंग के समाज का निर्माण कर सकेंगे।

समिति ने अनुभव किया कि हमारे जैसे विकासशील देश में स्त्रियों को पुरूषों के साथ सामाजिक और आर्थिक जिम्मेदारियाँ निभानी हैं। स्त्रियों की जिम्मेदारी घर की देखभाल और बच्चों को पालना है। यह भी कहा गया कि वैज्ञानिक और तकनीकी विकास के कारण इन दोनों कार्यों में उनका कम समय लगता है। अब उन्हें अपनी रूचि के अनुसार व्यवसाय चुनना चाहिए। इसलिए समिति का सुझाव है कि स्त्रियों की शिक्षा की ऐसी योजना बनाई जाए कि वे घर और बच्चों के उत्तदायित्त्व को निभाने के साथ-साथ अपने व्यवसाय को भी अपना सकें।

स्त्रियों को समानता के अवसर

समिति का कहना है कि हमें यदि नए आधार पर समाज का निर्माण करना है तो स्त्रियों को वास्तविक और प्रभावपूर्ण ढंग से पुरूषों के समान अवसर देने होंगे।

नए समाज में स्त्रियों को पुरूषों की समानता देने के लिए समिति ने निम्न सुझावों को कार्यरूप देने की सिफारिश की है:

1. लड़के और लड़कियों की शिक्षा में फैली असमानता को समाप्त किया जाए।
2. जनता को लिंग भेद के संबंध में वैज्ञानिक जानकारियाँ विस्तृत रूप में उपलब्ध कराई जाएँ जिससे वे एक-दूसरे के प्रति उचित भावनाएँ बना सकें। विशेषकर लोगों के मन से यह भावना निकालना है कि स्त्रियाँ शारीरिक और मानसिक दृष्टि से हीन होती हैं।

सहशिक्षा

समिति ने निम्नलिखित सिफारिशें कीं:

1. प्राथमिक कक्षाओं में सहशिक्षा प्रणाली अपनाई जाए।
2. इस स्तर पर सहशिक्षा के विरोध को समाप्त करने के लिए शैक्षिक प्रचार किया जाए। परन्तु फिर भी पुराने ढंग के प्राथमिक और मिडिल स्कूल वहाँ स्थापित किए जाएँ जहाँ ऐसी माँग है, ताकि लड़कियों की संख्या स्कूलों में बढ़ें।
3. माध्यमिक और कॉलेज स्तर पर अभिभावकों की इच्छानुसार लड़कियों के लिए अलग संस्थाएँ बनाई जाएँ या मिली-जुली संस्थाएँ बनाई जाएँ।
4. जो माध्यमिक और विश्वविद्यालय स्तर की शिक्षा संस्थाएँ साधारणतया लड़कों की हैं, उन सभी में अध्यापिकाएँ नियुक्त की जाएँ। ये नियुक्तियाँ अनिवार्य न हों; यदि लडकियाँ पढ़ती हों तो नियुक्त की जाएँ। इसी प्रकार लड़कियों के माध्यमिक स्कूलों और कॉलेजों में अध्यापक नियुक्त किए जाएँ, यद्यपि अभी तक देश के कुछ भागों में इनकी नियुक्ति पर प्रतिबंध है (या नियुक्त किए गए अध्यापकों को स्थायी करने पर लगे प्रतिबंध को समाप्त किया जाए।)

पाठ्यक्रम

हम जिस गणतांत्रिक और समाजवादी ढंग के समाज की कल्पना करते हैं उसके शिक्षा का रूप वैयक्तिक योग्यता, भाव और अभिरूचियों पर निर्भर होगा, जिनका लिंग से कोई संबंध नहीं है। इसलिए ऐसे समाज में शिक्षा पाठ्यक्रम में लिंग के आधार पर भेदभाव करना आवश्यक नहीं है।

इस नए समाज के बनने में कुछ समय लगेगा। वर्तमान पुरानी परंपरा के अनुसार लड़के-लड़कियों में मनोवैज्ञानिक भिन्नताएँ और समाज की व्यावहारिक भिन्नता को मानना होगा और इसे ही लड़के-लडकियों के लिए पाठ्यक्रम बनाने के लिए व्यावहारिक आधार मानना होगा। ऐसा करते समय इस बात का ध्यान रखना चाहिए कि वे मान्यताएँ और भावनाएँ उत्पन्न हों, जो आगे आवश्यक हैं और ऐसा कोई भी कार्य न किया जाए, जिससे वर्तमान विभिन्नताओं में वृद्धि हो। इन्हीं मूल विश्वासों पर लड़के-लड़कियों के पाठ्यक्रम में अंतर की सिफारिश रिपोर्ट में की गई है।

1. *प्राइमरी स्तर (प्राथमिक कक्षाएँ)*

(क) प्राथमिक कक्षाओं में लड़के-लड़कियों के पाठ्यक्रम में कोई अंतर न रखा जाए।

(ख) ये कार्य पुरूषों के हैं और ये कार्य स्त्रियों के हैं-ये पुरानी विचारधाराएँ बचपन में ही सामाजिक वातावरण द्वारा बनती हैं। प्राथमिक स्कूलों में साधारण सिलाई, खाना बनाना, नाच-गाना, लड़के-लड़कियों को समान रूप से सिखाया जाए। इससे पुरानी विचारधारा कम होगी और बालकों में नए और स्वस्थ भाव उत्पन्न होंगे।

(ग) प्राथमिक स्कूलों में अध्यापिकाओं के अनुपात में वृद्धि की जाए और सभी प्राथमिक स्कूलों में अध्यापिकाएँ नियुक्त की जाएँ। इस दिशा में राष्ट्रीय स्त्री शिक्षा परिषद् की सिफारिश, कि अधिक अध्यापिकाएँ प्राथमिक स्कूलों में नियुक्त की जाएँ, को प्रभावपूर्ण क्रियात्मक रूप दिया जाए।

2. *मिडिल स्तर*

(क) लड़के-लड़कियों के लिए साधारण शिक्षा का न्यूनतम पाठ्यक्रम एक-सा होना चाहिए और लिंग के आधार पर किसी भी प्रकार का अंतर नहीं होना चाहिए। इस एक जैसे पाठ्यक्रम के अंतर्गत गृहविज्ञान भी मूल विषय होना चाहिए।

(ख) समस्त मिडिल स्कूलों में स्थानीय परिस्थितियों के अनुरूप एक कला के सिखाने की व्यवस्था होनी चाहिए और जहाँ संभव हो, वहाँ एक से अधिक कलाएँ सिखाई जाएँ। जहाँ एक ही कला आरंभ की गई हो, वहाँ सभी लड़के-लडकियों को यह सीखनी चाहिए। जहाँ एक से अधिक कलाएँ शुरू की गई हैं, वहाँ बच्चे अपनी रूचि के अनुसार कला सीखें।

(ग) सभी मिडिल स्कूलों में अध्यापक और अध्यापिकाओं का मिला-जुला स्टाफ होना चाहिए। परन्तु जहाँ लड़कों के स्कूल में लड़कियाँ पढ़ती हैं, वहाँ अध्यापिकाएँ नियुक्त की जानी चाहिए।

(घ) लड़कियों कि लिए मिडिल स्कूल शिक्षा का विस्तार करने के लिए अधिक-से-अधिक कार्य करना चाहिए। यह कार्य सहशिक्षावाले स्कूलों में अध्यापिकाओं की नियुक्ति अथवा लड़कियों के लिए अलग स्कूल स्थापित करके किया जा सकता है। जहाँ ये दोनों कार्य संभव न हों वहाँ योग्य लड़कियों को छात्रवृत्तियाँ देकर छात्रावास में रखा जाए और उनकी मिडिल शिक्षा की व्यवस्था की जाए। जहाँ मिडिल स्कूलों में पढ़ने वाली लड़कियों को घर से स्कूल जाने के लिए यातायात की कठिनाइयाँ हैं, वहाँ उन्हें यातायात सुविधाएँ उपलब्ध कराई जाएँ।

3. *माध्यमिक स्तर*

समिति ने यह अनुभव किया कि लड़कियों की वर्तमान माध्यमिक शिक्षा के पाठ्यक्रम के प्रति जनता में अंसतोष है और यह असंतोष वास्तव में माध्यमिक शिक्षा के प्रति है। उदाहरणार्थ, बहुउद्देश्यी स्कूलों का प्रारम्भ, सामाजिक विषय और साधारण विज्ञान (जनरल साइंस) विषयों का संगठन, व्यवस्था का ढंग और ऐसी ही दूसरी समस्याएँ वर्तमान आलोचना का विषय थीं। इस समिति का कार्य इन सुझावों का अध्ययन करना नहीं

था, परन्तु इसने यह अनुभव किया कि शीघ्र ही इस कार्य का मूल्यांकन किया जाए। जब तक विस्तृत सुधार नहीं किए जाते तब तक माध्यमिक स्तर पर लड़कियों के लिए अलग पाठ्यक्रम का कार्यक्रम लागू नहीं किया जा सकता।

लड़कियों की विशेष आवश्यकताओं को ध्यान में रखकर वर्तमान माध्यमिक स्तर के विविध पाठ्यक्रमों को सुधारने के लिए निम्नलिखित कार्य करने चाहिए:

(क) वर्तमान विविध पाठ्यक्रमों में अनेक विषयों को सम्मिलित किया जाना चाहिए।

(ख) इन विविध पाठ्यक्रमों के अध्यापन कार्य के लिए अध्यापकों तथा अध्यापिकाओं को तैयार करना चाहिए।

(ग) नए ऐच्छिक विषयों को पढ़ाने के लिए लड़कियों के स्कूलों को आर्थिक सहायता देनी चाहिए और उन विषयों के शिक्षा स्तर को उन्नत बनाना चाहिए जो पढ़ाए जा रहे हैं।

(घ) माध्यमिक स्कूलों के पाठ्यक्रम में गृहविज्ञान के सम्मिलित किए जाने पर काफी आलोचना हुई। इस आलोचना के कारण हैं—पाठ्य पुस्तकों का अभाव, अध्यापकों का अभाव और त्रिश्वविद्यालय द्वारा मान्यता का नहीं दिया जाना; अर्थात् आलोचना का मूल कारण सुव्यवस्थित ढंग से क्रियात्मक रूप नहीं दिया जाना है। समिति की सिफारिश है कि इसे सही क्रियात्मक रूप देने के लिए कार्य किया जाए।

(ड.) संगीत और चित्रकला लड़कियों के दूसरे प्रिय विषय हैं। माध्यमिक स्कूल में इन विषयों को पढ़ाने की व्यवस्था बहुत कम है। पर्याप्त मात्रा में अध्यापक नहीं मिलते हैं और बहुत से क्षेत्रों में वेतनमान आकर्षक नहीं है। इसलिए सिफारिश है कि अध्यापकों को आवश्यक प्रशिक्षण दिया जाए और जहाँ आवश्यक हो, वहाँ वेतनमान में संशोधन किया जाए। इन विषयों को पढ़ाने के लिए लड़कियों के स्कूलों को उदारतापूर्वक आर्थिक सहायता दी जाए।

(च) मिडिल और माध्यमिक स्तर पर लिंग शिक्षा देना आवश्यक है। फिर भी इसे पाठ्यक्रम में सम्मिलित न किया जाए और इसकी शिक्षा का भार ऐसे व्यक्तियों को दिया जाए जो अनुभवी, योग्य और प्रशिक्षित हों। यदि उपयुक्त परिस्थितियाँ और प्रशिक्षित अध्यापक न हों तो इसे प्रारम्भ करने का प्रयत्न न किया जाए।

(छ) जिन लड़कियों को अलग माध्यमिक स्कूलों की सुविधा नहीं है और जो योग्य तथा जरूरतमंद हैं, उनकी आवश्यकता पूरी करने के लिए छात्रावास बनने चाहिए। इन छात्रावासों में रहनेवाली लड़कियों को योग्यता और आवश्यकता के अनुसार खर्चे के लिए पर्याप्त छात्रवृत्ति मिलनी चाहिए। जिन स्थानों पर लड़कियों को घर से माध्यमिक स्कूल जाने में यातायात की कठिनाई है, वहाँ—जहाँ तक संभव हो—यातायात की सुविधाएँ उपलब्ध कराई जाए।

(ज) गणित और विज्ञान महत्त्वपूर्ण विषय हैं। इनके ही द्वारा विश्वविद्यालय के महत्त्वपूर्ण पाठ्यक्रमों में प्रवेश पाने में पर्याप्त सुविधा मिलती है। इसलिए लोगों को यह धारणा बदलने के लिए विशेष कार्य करना चाहिए कि गणित और विज्ञान लड़कियों की रूचि के अनुसार नहीं है। जो लड़कियाँ माध्यमिक स्कूलों में गणित और विज्ञान पढ़ती हैं, उन्हें विशेष प्रोत्साहन मिलना चाहिए और गणित तथा विज्ञान की अध्यापिकाओं को प्रशिक्षित करने का विशेष प्रयत्न किया जाना चाहिए।

4. *पाठांतर क्रियाएँ*

पाठ्यक्रम और को-करिक्यूलर (सहायक) कार्यक्रम में समुचित संतुलन होना चाहिए और उनका एक संपूर्ण रूप होना चाहिए। अध्यापिकाओं को पाठ्यक्रम और सहायक पाठ्यक्रम में आवश्यक संतुलन स्थापित करने के लिए प्रशिक्षण दिया जाए।

5. *पाठ्य-पुस्तकें*

(क) भाषा और सामाजिक अध्ययन की पाठ्य पुस्तकों में लड़कियों की आवश्यकताओं, अनुभवों और समस्याओं का ध्यान रखा जाना चाहिए। इस उद्देश्य की पूर्ति के लिए स्त्रियों के प्रिय त्योहार, खेल और महान् नारियों की जीवनियाँ आदि पाठ्य पुस्तकों में सम्मिलित की जानी चाहिए।

(ख) पाठ्य पुस्तकों का महत्त्वपूर्ण कार्य दोनों (लड़के-लड़कियों) में एक-दूसरे के लिंग के प्रति आदर तथा सद्भावना उत्पन्न करना है। समस्या के इस पक्ष की ओर अधिक ध्यान देने की आवश्यकता है।

(ग) पाठ्य-पुस्तक समितियों में स्त्रियों का पर्याप्त प्रतिनिधित्व होना चाहिए।

6. *विश्वविद्यालय स्तर*

(क) समिति की सिफारिश है कि लड़कियों की विशेष आवश्यकताओं की पूर्ति करने वाले पाठ्यक्रमों का अध्ययन किया जाए और उनमें जो दोष हों, उन्हें दूर करने की कोशिश की जाए।

(ख) विश्वविद्यालय और राज्य सरकारों का दायित्त्व है कि वे माध्यमिक स्कूलों में पढ़ाए जानेवाले विविध पाठ्यक्रमों के लिए अध्यापकों और अध्यापिकाओं को प्रशिक्षण दें। इस दिशा में कार्य करने के लिए विश्वविद्यालयों के लिए पर्याप्त क्षेत्र है और उन्हें चाहिए कि माध्यमिक स्कूलों में प्रारम्भ किए गए विभिन्न पाठ्यक्रमों के लिए प्रशिक्षण दें। जहाँ किन्हीं कारणों से विश्वविद्यालय ऐसे पाठ्यक्रम देने में असमर्थ हैं, वहाँ राज्य सरकारों को यह उत्तरदायित्त्व सँभालना चाहिए।

7. व्यावसायिक शिक्षा

(क) वर्तमान शिक्षा प्रणाली में माध्यमिक शिक्षा के पश्चात् व्यावसायिक शिक्षा की व्यवस्था बहुत ही अपर्याप्त है और यही इसकी सबसे बड़ी कमजोरी भी है। इसलिए शीघ्र-से-शीघ्र ऐसे उपाय किए जाएँ कि लड़के-लड़कियों के लिए इसकी समुचित व्यवस्था हो सके।

(ख) यह बहुत ही आवश्यक है कि समाज की श्रम शक्ति की आवश्यकताओं को देखते हुए व्यावसायिक पाठ्यक्रम की व्यवस्था माध्यमिक और उच्च शिक्षा स्तर पर की जाए। इस दिशा में अभी तक बहुत कम काम हुआ है। नई दिल्ली में मानव शक्ति अनुसंधान संस्था की स्थापना से हमें संतोष हैं। हमें आशा है कि यह स्त्री श्रम शक्ति की ओर भी ध्यान देगा और निम्न प्रकार के अनुसंधान कार्य करेगा–

(i) विभिन्न व्यवसायों के लिए स्त्रियों को किस प्रकार का प्रशिक्षण दिया जाए।

(ii) इन व्यवसायों के लिए स्त्रियों को किस प्रकार का प्रशिक्षण दिया जाए।

(iii) इन व्यवसायों में पर्याप्त मात्रा में स्त्रियों की नियुक्ति के संबंध में आनेवाली सामाजिक, प्रशासनिक और आर्थिक कठिनाइयों को किस प्रकार दूर किया जाए।

(ग) विवाहित स्त्रियों का एक बड़ा प्रतिशत पार्ट टाइम नौकरी कर सकता है; जबकि कुछ स्त्रियाँ पूरे समय नौकरी की अपेक्षा पार्ट टाइम नौकरी ही करना चाहती है। इसलिए अधिक-से-अधिक ऐसे व्यवसायों की जानकारी प्राप्त की जानी चाहिए, जिनमें स्त्रियों को पार्ट टाइम नौकरी दी जा सके और व्यवस्थापकों तथा नौकरी करनेवाली स्त्रियों को भावात्मक दृष्टि से इस कार्य के लिए तैयार करना चाहिए।

(घ) इन अनुभवों को ध्यान में रखकर समिति ने माध्यमिक और उच्च शिक्षा के स्तरों पर व्यावसायिक शिक्षा के लिए निम्नलिखित सुझाव रखे:

(i) मिडिल स्कूल के बाद ऐसे व्यवसायों के लिए जूनियर तकनीकी और ट्रेड स्कूल स्थापित किए जाएँ, जिनमें स्त्रियों को नौकरी के अधिक अवसर हों।

(ii) माध्यमिक शिक्षा के बाद अधिक-से-अधिक व्यवसायों में मध्य वर्ग की स्त्रियों को प्रशिक्षण देने के लिए व्यावसायिक शिक्षा संस्थाएँ स्थापित की जाएँ।

(iii) विश्वविद्यालय शिक्षा के बाद विविध व्यावसायिक पाठ्यक्रमों की व्यवस्था की जाए, जिससे स्त्रियाँ अधिक-से-अधिक व्यवसायों में उत्तरदायित्व और प्रबंधकों के पद का भार सँभाल सकें।

V. लड़कियों की शिक्षा के लिए भक्तवत्सलम् समिति (1963)

राष्ट्रीय स्त्री शिक्षा परिषद् के सभापति ने एक समिति नियुक्त की, जिसके सभापति मद्रास राज्य के मुख्यमंत्री श्री एम. भक्तवत्सलम् थे। इस समिति को स्त्री शिक्षा के विकास के लिए जन सहयोग प्राप्त करने और विभिन्न सुझाव देने का कार्य दिया गया। समिति ने शिक्षा के क्षेत्र में पिछड़े राज्यों जैसे बिहार, जम्मू व कश्मीर, मध्य प्रदेश, उड़ीसा, राजस्थान और उत्तर प्रदेश का भ्रमण किया और तुलनात्मक अध्ययन के आधार पर अपनी रिपोर्ट सभापति को दी। इसके पश्चात् परिषद् के सदस्यों ने रिपोर्ट को स्वीकार किया।

समिति की सिफारिशें

समिति की सिफारिशों को मुख्यत: बीस भागों में बाँटा जा सकता है। उनका विवरण इस प्रकार है:

1. *जनता के सहयोग के क्षेत्र:* निम्नलिखित क्षेत्रों में जनता के प्रत्यक्ष सहयोग को प्रोत्साहन देना चाहिए:

(क) प्राइवेट स्कूलों की स्थापना के लिए।

(ख) स्कूल भवन निर्माण के लिए।

(ग) श्रमदान द्वारा स्कूल भवन का निर्माण करने के लिए।

(घ) स्कूल भवन के रखरखाव में सहायता देने के लिए।

(ङ) अध्यापकों और छात्रों के निवास स्थान की व्यवस्था में सहायता देने के लिए। यह सहायता ग्रामीण क्षेत्रों में बहुत आवश्यक है।

(च) प्राथमिक कक्षाओं में सहशिक्षा को लोकप्रिय बनाने के लिए।

(छ) स्त्रियों में अध्यापन कार्य को लोकप्रिय बनाने के लिए प्रचार कार्य में सहयोग के लिए।

(ज) अध्यापन व्यवसाय के प्रति जनता में आदर भाव उत्पन्न करने और समाज में अध्यापकों को अधिक प्रतिष्ठा दिलाने के लिए।

(झ) विवाहित स्त्रियों को कम-से-कम पार्ट टाइम अध्यापिकाओं और स्कूल मदर्स के रूप में कार्य करने का प्रोत्साहन देने के लिए।

(ञ) लड़कियों की शिक्षा के प्रति विरोध भावना को समाप्त करने के लिए पर्याप्त प्रचार में सहयोग देने के लिए।

(ट) सुधार के लिए स्कूल सुधार समितियों का सम्मेलन बुलाने में।

(ठ) मिड-डे-मील्स की व्यवस्था के लिए।

(ड) निर्धन और जरूरतमंद छात्रों को वर्दी देने के लिए।

(ढ) जरूरतमंद छात्रों को पाठ्य पुस्तकें और लेखन सामग्री उपलब्ध कराने के लिए।

2. *स्त्री शिक्षा परिषद्:* समाज के प्रयत्नों को प्रगतिशील बनाने और नेतृत्व करने के लिए राज्य स्त्री शिक्षा परिषद् बहुत ही उपयुक्त संस्था है। इसे मंडल, महिला मंडल और ऐसी ही दूसरी ग्रामीण तथा नगर संस्थाओं में तालमेल स्थापित करने का कार्य करना चाहिए। इन संस्थाओं का प्रमुख उद्देश्य स्त्री शिक्षा के प्रति जनता में जागृति पैदा करना और प्रसारण कार्य करना है।

3. *राज्य सरकारें तथा प्रचार कार्यक्रम:* निम्नलिखित कार्यों द्वारा राज्य सरकारें स्त्री शिक्षा के प्रति जनमत बनाएँ:

(क) स्कूल सुधार सम्मेलन।

(ख) गोष्ठी आयोजन।

(ग) रेडियो द्वारा वार्तालाप, श्रव्य-दृश्य साधनों और पत्र-पत्रिकाओं के माध्यम द्वारा।

(घ) छात्र नामांकन आन्दोलन साधारणतया जून में और विशेष रूप से लड़कियों के संबंध में दशहरे के दिनों में।

(ङ) स्त्री शिक्षा के क्षेत्र में कार्य करनेवाली ऐच्छिक संस्थाओं की सहायता करके।

4. *सभी स्थानों पर स्कूल:* सरकार को शिक्षा सुविधा उपलब्ध कराने का कार्य सभी स्थानों पर करना चाहिए, जिससे स्थानीय लोग उनका लाभ उठा सकें—भले ही वहाँ थोड़े लोग रहते हों। सरकार का यह उद्देश्य होना चाहिए कि वह प्रत्येक तीन सौ की आबादी (जनसंख्या) वाले क्षेत्र में एक प्राथमिक स्कूल स्थापित करे। फिर पहाड़ी और छितरी जनसंख्यावाले क्षेत्रों में तो तीन सौ से कम जनसंख्या वाले क्षेत्रों में भी प्राथमिक स्कूल स्थापित करे, जिससे कि समस्त जनसंख्या को एक मील के अन्दर ही शिक्षा सुविधा मिल जाए। तीन मील अर्द्धव्यास के घेरे में एक हजार पाँच सौ और इससे अधिक जनसंख्या वाले क्षेत्र में मिडिल स्कूल स्थापित किए जाएँ। माध्यमिक स्कूलों का आयोजन किया जाए, ताकि वे क्षेत्र के प्राथमिक तथा मिडिल स्कूल छोड़नेवाले छात्रों की आवश्यकताओं को पूरा कर सकें। साधारणतया पाँच मील अर्द्धव्यास के घेरे में एक माध्यमिक स्कूल होना चाहिए।

5. *पूर्व प्राथमिक स्कूल:* ग्रामीण क्षेत्रों में विशेष रूप से पूर्व प्राथमिक स्कूलों का संबंध प्राथमिक स्कूलों से होना आवश्यक है, जिससे छोटी आयु में ही बच्चों को स्कूल जाने की आदत पड़ जाए।

6. *नए भवन*: उन स्थानों पर नए भवन बनाए जाएँ, जहाँ स्कूल भवन आधुनिक शिक्षा की आवश्यकताओं को पूरा करने में असमर्थ हैं। समय-समय पर स्कूल भवन और छात्रावास का निरीक्षण होना चाहिए, जिससे सफाई और भवनों की सुदृढ़ता की ओर उचित ध्यान दिया जा सके।

7. *स्कूलों में आकर्षक कार्य*: स्कूलों का कार्य आकर्षक होना चाहिए और वर्तमान शिक्षा बच्चों की आवश्यकता के अनुसार हो।

8. *विशेष भत्ता*: अध्यापिकाओं की नियुक्ति के उदार आधार बनाए जाएँ और उनकी कार्य परिस्थितियों को आकर्षक बनाया जाए। पहाड़ी, छितरी आबादीवाले व पिछड़े क्षेत्रों में कार्य करनेवाली अध्यापिकाओं को विशेष भत्ते के रूप में आर्थिक प्रोत्साहन देना चाहिए। प्रत्येक राज्य में ऐसे क्षेत्र निश्चित कर देने चाहिए, जहाँ यह भत्ता दिया जाए।

9. *संक्षिप्त पाठ्यक्रम*: व्यस्क स्त्रियों के लिए संक्षिप्त पाठ्यक्रम की व्यवस्था बड़े पैमाने पर की जाए। यह व्यवस्था विशेषकर ग्रामीण क्षेत्रों में की जाए, जिससे वे ग्रामीण क्षेत्रों में अध्यापन कार्य का भार संभाल सकें।

10. *आयु की सीमा में छूट*: ग्रामीण क्षेत्र में कार्य करने के लिए विवाहित और अविवाहित स्त्रियों को अधिक संख्या में आकर्षित करने के लिए आयु की सीमा में छूट देनी चाहिए। जो विवाहित स्त्रियाँ पार्ट टाइम रूप में कार्य करती हैं, उनके अध्यापन कार्य की परिस्थितियों को आकर्षक बनाया जाना चाहिए।

11. *गाँव के समीप नियुक्ति*: अध्यापिकाओं को सेवा कार्य के लिए उनके अपने गाँव के आसपास ही भेजना चाहिए।

12. *छात्रावासीय प्रशिक्षण स्कूल*: छात्रावास सहित प्रशिक्षण स्कूल ग्रामीण क्षेत्र में स्थित हों, जहाँ लड़कियों को प्रशिक्षण दिया जाए और वे वापस जाकर अपने गाँव में कार्य करें। इससे स्थानीय आबादी में से ही अध्यापिकाएँ प्राप्त होंगी। प्रशिक्षण स्कूलों और कॉलेजों में प्रशिक्षार्थी का चयन करते समय अधिकतर ग्रामीण क्षेत्र की स्त्रियों को प्राथमिकता दी जानी चाहिए।

13. *छात्रावास निर्माण कार्य*: छात्रावास निर्माण कार्य की शिथिल प्रगति से भी लड़कियों की स्कूल संख्या पर बुरा प्रभाव पड़ता है। यह प्रभाव ग्रामीण क्षेत्रों में विशेषकर अधिक पड़ा है। इसलिए राज्यों की योजना में छात्रावास निर्माण कार्य को प्राथमिकता देनी चाहिए और इस क्षेत्र में कार्य करनेवाली सभी संस्थाओं को छात्रावास निर्माण कार्य के लिए अधिक-से-अधिक आर्थिक सहायता मिलनी चाहिए। चाहे वे संस्थाएँ व्यक्तिगत हों अथवा स्थानीय।

14. *साक्षर कक्षाएँ*: समाज शिक्षा क्षेत्र में ग्रामीण महिलाओं के लिए अधिक-से-अधिक साक्षर कक्षाएँ स्थापित करने के लिए निश्चित कार्य किया जाए और स्त्रियों में शिक्षा प्रचार के लिए प्रभावपूर्ण ढंग से कार्य किया जाए। इस क्षेत्र की सभी क्रियाओं की व्यवस्था राज्य सरकार के शिक्षा विभाग को करनी चाहिए।

15. *स्त्री शिक्षा परिषद्*: राज्य सरकारों को राज्य स्त्री शिक्षा परिषदों का उपयोग करना चाहिए और परिषद् को सचिवालय और आर्थिक सहायता देकर उपयोगी बनाएँ, जिससे वे अपने सदस्यों को टी.ए. (यात्रा भत्ता) और डी.ए. (दैनिकभत्ता) दे सकें। तभी वे सदस्य क्षेत्र के कार्यकर्ताओं से संबंध स्थापित कर सकेंगे और उन्हें उचित सलाह, निर्देशन और प्रोत्साहन भी दे सकेंगे।

16. *पाठ्यक्रम में सुधार*: यद्यपि प्राथमिक और मिडिल स्कूलों में लड़के-लड़कियों का पाठ्यक्रम एक-सा होगा, फिर भी ऐच्छिक विषयों की व्यवस्था की जाए, जो लड़कियों की अभिरूचि के अनुसार हों। इससे उन्हें आगे अपने कार्यक्षेत्र में सहायता मिलेगी।

17. दो *पाली प्रथा*: जिन स्कूलों में स्थान का अभाव है और विद्यार्थियों की प्रवेश संख्या अधिक है, वहाँ दो पाली प्रथा आरंभ की जाए; परन्तु यह कार्य अस्थायी रूप में किया जाए।

18. *स्कूल के कार्य समय में परिवर्तन*: स्कूल के कार्य समय और छुट्टियों को मौसम के अनुसार बदलने से कुछ स्थानों पर अभिभावकों को बच्चों को स्कूल भेजने में काफी सहायता मिलती है, अन्यथा वे अपने बच्चों को स्कूल भेजने में असमर्थ होते हैं।

19. *कम विकसित राज्यों की विशेष समस्याएँ तथा सुविधाएँ*: बिहार, जम्मू-कश्मीर, मध्य प्रदेश, उड़ीसा, राजस्थान और उत्तर प्रदेश जैसे कम विकसित राज्यों की एक विशेष प्रकार की समस्याएँ हैं। इन राज्यों को इस दिशा में अतिरिक्त प्रयत्न करने होंगे और कक्षा एक से पाँच और छह से आठ तक छात्राओं की संख्या को बढ़ाने का उद्देश्य सामने रखना होगा। माध्यमिक कक्षाओं में छात्राओं की संख्या वर्तमान से दोगुनी करनी होगा। निःशुल्क आवास, बिना मूल्य की पुस्तकें और निःशुल्क परिवहन की व्यवस्था की जानी चाहिए।

20. *अध्यापिकाओं की नियुक्ति*: समिति ने इस संबंध में निम्नलिखित सुझाव दिए:

(क) अध्यापकों की कमी का प्रश्न तो बहुत समय तक बना रहेगा, इसलिए यथा संभव अध्यापिकाएँ नियुक्त करने का प्रयत्न करना चाहिए। सभी स्कूलों की प्राथमिक कक्षाओं के लिए साधारणतया अध्यापिकाओं को बेहतर समझा जाता है। राज्य सरकारों का यह लक्ष्य होना चाहिए कि सभी प्राथमिक स्कूलों में अध्यापिकाएँ नियुक्त की जाएँ और सहशिक्षावाले स्कूलों में अधिक-से-अधिक अध्यापिकाएँ नियुक्त की जाएँ। अधिक अध्यापिकाओं की नियुक्ति से सहशिक्षावाले स्कूलों में बच्चों को भेजने के लिए अभिभावकों को प्रोत्साहन मिलेगा।

(ख) अध्यापिकाओं की नियुक्ति के उदार आधार बनाए जाएँ और उनकी कार्य परिस्थितियों को आकर्षक बनाया जाए। पहाड़ी, छितरी और आबादीवाले व पिछ्ड़े क्षेत्रों में कार्य करने वाले अध्यापकों को विशेष भत्ते के रूप में आर्थिक प्रोत्साहन देना चाहिए। प्रत्येक राज्य में ऐसे क्षेत्र निश्चित कर देने चाहिए, जहाँ यह भत्ता दिया जाएगा।

(ग) जिन विवाहित स्त्रियों ने अध्यापन कार्य छोड़ दिया हो, उन्हें फिर से वापस बुलाना चाहिए, भले ही उन्होंने दूसरे व्यवसाय में कार्य करना आरंभ कर दिया हो।

(घ) वयस्क स्त्रियों के लिए संक्षिप्त पाठ्यक्रम की व्यवस्था बड़े पैमाने पर की जाए। यह व्यवस्था विशेषकर ग्रामीण क्षेत्रों में की जाए, जिससे वे ग्रामीण क्षेत्रों में अध्यापन कार्य का भार सँभाल सकें।

(ङ) ग्रामीण क्षेत्र में कार्य करने के लिए विवाहित और अविवाहित स्त्रियों को अधिक संख्या में आकर्षित करने के लिए आयु की सीमा में छूट देनी चाहिए। जो विवाहित स्त्रियाँ पार्ट टाइम रूप में कार्य करती हैं, उनके अध्यापन कार्य को आकर्षक बनाना चाहिए।

(च) अध्यापिकाओं को सेवा कार्य के लिए उनके अपने गाँव के समीप ही भेजना चाहिए।

(छ) छात्रावास सहित प्रशिक्षण स्कूल ग्रामीण क्षेत्र के मध्य स्थित हों, जहाँ लड़कियों को प्रशिक्षण दिया जाए और वे वापस जाकर अपने गाँव में कार्य करें।

(ज) प्रशिक्षण स्कूलों और कॉलेजों में प्रशिक्षणार्थी का चयन करते समय अधिकतर ग्रामीण क्षेत्र की स्त्रियों को प्राथमिकता देनी चाहिए।

(झ) यदि शिक्षा में सुधार लाना है और असफलता को रोकना है तो निरीक्षण प्रभावपूर्ण होना चाहिए और निरीक्षण अधिकारी भी पर्याप्त होने चाहिए। स्कूलों में लड़कियों की संख्या बढ़ाने में अलग महिला निरीक्षक होगी।

(ञ) अध्यापिकाओं को स्कूल के समीप निवास की सुविधा देकर ही शिक्षित स्त्रियों को अध्यापन कार्य के लिए आकर्षित किया जा सकता है। जहाँ तक हो निवास स्थान स्कूल के समीप बनाए जाएँ, जिससे अध्यापिकाएँ समाज सेवकों, ग्राम सेविकाओं और ऐसे ही दूसरे लोगों के साथ रहकर अच्छा सामाजिक जीवन बना सकेंगी।

VI. नारी शिक्षा एवं शिक्षा आयोग 1964–66

आयोग की नियुक्ति

स्वतंत्रता प्राप्ति के पश्चात् भारत सरकार ने शिक्षा के विकास के लिए कई कदम उठाए हैं। सन् 1948–49 में विश्वविद्यालय स्तर की शिक्षा स्थिति की समीक्षा के लिए विश्वविद्यालय आयोग का गठन किया। माध्यमिक शिक्षा के लिए माध्यमिक शिक्षा आयोग 1952–53 की स्थापना की। प्रारंम्भिक शिक्षा के सुधार के लिए भी कई समितियों का गठन किया गया; परन्तु संपूर्ण शिक्षा के ढाँचे की एक साथ समीक्षा का अभाव ही रहा। अत: इसी उद्देश्य से 1964 में भारत सरकार ने एक शिक्षा आयोग का गठन किया, जिसके अध्यक्ष डॉ. डी.एस. कोठारी थे। अध्यक्ष के नाम पर इसे 'कोठारी शिक्षा आयोग' भी कहा जाता है। अयोग ने भारत सरकार को शिक्षा के राष्ट्रीय स्वरूप और सामान्य सिद्धांतों के साथ ही शिक्षा के सभी स्तरों और सभी पक्षों के विकास से संबंधित नीतियों पर सलाह दी। इस आयोग ने नारी शिक्षा पर भी अपने सुझाव दिए।

शिक्षा आयोग की रिपोर्ट से नारी शिक्षा संबंधी चुने गए अंश इस प्रकार हैं-

लड़कियों की शिक्षा का महत्त्व

लड़कियों की शिक्षा का कितना महत्त्व है, इस पर जितना जोर दिया जाए, उतना ही थोड़ा है। हमारे मानवीय संसाधनों के पूर्ण विकास, घरों के सुधार और शैशव के सर्वाधिक संस्कारग्राही वर्षों में बच्चों के चरित्र निर्माण के लिए स्त्रियों की शिक्षा पुरूषों की शिक्षा से भी ज्यादा महत्त्वपूर्ण है। स्त्रियों की शिक्षा प्रसवन-दर को घटाने में काफी सहायता कर सकती है। आधुनिक संसार में स्त्रियों का कार्यक्षेत्र घर और संतान-पालन से भी कहीं दूर तक जाता है। वे अब अपने निज के पेशे अपना रही हैं और समान विकास के सभी पहलुओं के उत्तरदायित्त्व में पुरूषों के साथ हिस्सा बँटा रही हैं। यही दिशा है, जिसकी ओर हमें बढ़ना पड़ेगा। स्वतंत्रता संघर्ष में भारतीय नारियाँ भी पुरूषों के साथ-साथ लड़ी थीं।

भूख, गरीबी, अज्ञानता और बीमारियों के विरूद्ध लड़ाई में भी यह समान साझेदारी जारी रखनी होगी।

घर की चारदीवारी के बाहर स्त्रियों का कार्य आज देश के सामाजिक और आर्थिक जीवन का एक महत्त्वपूर्ण अंग बन गया है और आगामी वर्षों में वह और बड़ा आकार धारण कर लेगा, जिसका प्रभाव अधिकतर स्त्रियों पर पड़ने लगेगा। इसलिए यह आवश्यक होगा कि स्त्रियों को प्रशिक्षण और रोजगार देने की समस्याओं की ओर पर्याप्त ध्यान दिया जाए।

अनुसूचित तथा आदिम जातियों की शिक्षा की समस्या का रूप

यह आवश्यक है कि पिछड़े वर्गों के, जिनमें अनुसूचित जातियाँ, अनुसूचित आदिम जातियाँ और अनुसूचित जनजातियाँ और कुछ खानाबदोश एवं अर्द्ध-खानाबदोश समूह शामिल हैं, बच्चों की शिक्षा की ओर विशेष ध्यान दिया जाए।

महिलाओं की आवश्यकताओं की पूर्ति की विशिष्ट दृष्टि से उच्चतर शिक्षा के पाठ्यक्रम

लड़कों की ही भाँति महिला विद्यार्थियों को कला, मानविकी, विज्ञान और शिल्पविज्ञान के पाठ्यक्रमों में मुक्त भाव से प्रवेश मिलना चाहिए। उनके विषय-चुनाव को संकीर्ण बनाना अथवा उन्हें विशिष्ट पाठ्यक्रमों को लेने के लिए विवश करना गलत होगा। कॉलेज अथवा विश्वविद्यालय के स्तर पर अनुसंधान या अध्यापनचर्या का या शिल्पविज्ञान जैसी वृत्तियों का अनुशीलन करने की महत्त्वकांक्षा रखनेवाली अधिक विद्याव्यासनी कन्याओं को ऐसा करने के लिए हर प्रकार का प्रोत्साहन और प्रेरणा मिलनी चाहिए।

महिला विद्यार्थियों की विशाल संख्या के लिए यह आवश्यक है कि उच्चतर शिक्षा को ऐसी आजीविकाओं के विशिष्ट भागों से जोड़ दिया जाए, जहाँ प्रशिक्षित और शिक्षित महिलाओं की तत्काल जरूरत है। ऐसे पाठ्यक्रमों में तकनीकी और व्यावसायिक तत्व पर बल देना जरूरी है। जिन वृत्तिक क्षेत्रों में महिलाओं की सेवा की माँग है और जिनमें फिलहाल महिलाओं की कमी है, उनमें से कुछ ये हैं–शिक्षा (अध्यापन), समाज कल्याण, परिचर्या, व्यावसायिक क्षेत्रों की शृंखला जैसे–पौष्टिक आहारिकी, संस्थागत प्रबंध आदि-आदि।

शिक्षा आयोग (1964-66) की स्त्रियों की शिक्षा संबंधी प्रमुख सिफारिशें

1. स्त्रियों की शिक्षा को अगले कुछ वर्षों के लिए शिक्षा का एक बड़ा कार्यक्रम माना जाना चाहिए और उसमें आनेवाली कठिनाइयों का सामना करने एवं पुरूषों और स्त्रियों की शिक्षा के मौजूदा अंतर को यथाशीघ्र कम करने के लिए साहसपूर्ण प्रयत्न किया जाना चाहिए।

2. इस प्रयोजन के लिए विशेष योजनाएँ बनाई जानी चाहिए और उनके लिए आवश्यक धन प्राथमिकता के आधार पर जुटाया जाना चाहिए।

3. केन्द्र और राज्यों, दोनों जगह में स्त्रियों की शिक्षा पर नजर रखने के लिए एक विशेष तंत्र होना चाहिए। इस तंत्र को चाहिए कि वह स्त्रियों की शिक्षा के कार्यक्रमों के आयोजन और क्रियान्वयन में सरकारी और गैर-सरकारी व्यक्तियों को एक जगह लाए।

4. इसके अलावा सभी स्तरों पर और सभी क्षेत्रों में लड़कियों की शिक्षा की ओर पर्याप्त ध्यान देना भी जरूरी है।

5. घरों की चारदीवारियों से बाहर स्त्रियों को कार्य देश के सामाजिक और आर्थिक जीवन का एक महत्त्वपूर्ण अंग बन गया है और आनेवाले वर्षों में वह और भी महत्त्वपूर्ण बन जाएगा। इस दृष्टिकोण से स्त्रियों के प्रशिक्षण और रोजगार की समस्याओं पर अधिक ध्यान देना पड़ेगा।

6. अंशकालिक रोजगार के अवसर, जिनसे स्त्रियाँ अपने घरों की देखभाल भी कर सकें और बाहर जीवन के लिए कोई पेशा भी अपना सकें, बड़े पैमाने पर बढ़ाने होंगे।

7. इस समय उच्चतर शिक्षा में महिला विद्यार्थियों का पुरूष विद्यार्थियों से अनुपात 1:4 है। विविध क्षेत्रों में शिक्षित महिलाओं की आवश्यकताओं को पूरा करने के लिए इस अनुपात को बढ़ाकर लगभग 1:3 कर देना चाहिए। इस उद्देश्य से छात्रवृत्तियों की व्यवस्था तथा किफायती छात्रावास स्थान का एक कार्यक्रम विकसित करना चाहिए।

8. पूर्व-स्नातक स्तर पर, यदि स्थानीय माँग हो तो महिलाओं के लिए पृथक् कॉलेज स्थापित किए जा सकते हैं, बहरहाल, स्नातकोत्तर स्तर पर पृथक् संस्थाओं की कोई संगति नहीं है।

9. कला, मानविकी, विज्ञान और शिल्पविज्ञान के पाठ्यक्रमों में महिला विद्यार्थियों का मुक्त प्रवेश होना चाहिए। गृहविज्ञान, परिचर्या, शिक्षा और सामाजिक कार्य के पाठ्यक्रमों को विकसित करना जरूरी है: क्योंकि ये कन्याओं में से अधिकांश को आकर्षित करते हैं। व्यापार, प्रशासन और प्रबंध कार्य के उच्चतर प्रशिक्षण की सुविधाओं की भी व्यवस्था होनी चाहिए।

10. विशेष रूप से महिलाओं की शिक्षा पर काम करने के लिए एक या दो विश्वविद्यालयों में अनुसंधान एकक स्थापित किए जाने चाहिए।

शिक्षा आयोग की अध्यापिकाओं से संबंधित सिफारिशें

1. शिक्षा के सभी स्तरों और सभी क्षेत्रों में अध्यापिकाओं की नियुक्ति को प्रोत्साहन दिया जाए।

2. काफी बड़ी संख्या में अध्यापिकाओं की अंशकालिक की नियुक्ति करने की व्यवस्था की जाए, ताकि विवाहित महिलाएँ अध्यापन कार्य के साथ-साथ अपने घर-बार की भी देख-रेख कर सकें।

3. अध्यापिकाओं के लिए, विशेषकर देहाती क्षेत्रों में आवास के प्रबंध को उच्च प्राथमिकता देनी चाहिए।

4. देहाती क्षेत्रों में अध्यापिकाओं की कमी को दूर करने के उद्देश्य से प्रौढ़ महिलाओं के लिए संक्षिप्त पाठ्यक्रम को, जिसे आजकल केन्द्रीय समाज कल्याण बोर्ड चला रहा है, बढ़ावा दिया जाए। देहाती क्षेत्रों की होनहार लड़कियों को शिक्षित होने तथा प्रशिक्षण प्राप्त करने के लिए छात्रवृत्ति दी जाए, ताकि वे अध्यापिकाएँ बन सकें।

5. कई महिलाएँ वृत्तिक प्रशिक्षण तथा आगे की सामान्य शिक्षा के लिए आवश्यक अवधि में अधिक समय तक घर से दूर नहीं रह सकतीं। इनके लिए निजी रूप से अध्ययन कर सकने या पत्राचार द्वारा शिक्षण की व्यवस्था से बहुत लाभ होगा। अतएव इनके लिए उक्त सुविधाओं का विशेष रूप से प्रबंध होना चाहिए।

6. जहाँ आवश्यक हो, देहाती क्षेत्रों में काम करने वाली अध्यापिकाओं को विशेष भत्ता दिया जाना चाहिए।

VII. निजी कामकाज में लगी महिलाओं के राष्ट्रीय आयोग (1987-88) के नारी शिक्षा संबंधी सुझाव

नियुक्ति: भारत सरकार ने इस राष्ट्रीय आयोग की नियुक्ति 5 जनवरी, 1987 को की। इस आयोग की अध्यक्षा इला आर. भट्ट थीं।

स्त्री शिक्षा का महत्त्व: आयोग ने स्वीकार किया कि शिक्षा एक ऐसा साधन है जिससे स्त्रियों को रोजगार पाने में काफी सहायता मिलती हैं। शिक्षा से स्त्रियों में आत्मविश्वास की भावना बढ़ती है तथा वे अपने को कई प्रकार के शोषणों से बचा सकती हैं। शिक्षा से स्त्री शक्ति बढ़ती है।

आयोग के नारी शिक्षा संबंधी सुझाव:

1. चूँकि लड़कियाँ घर के कामकाज में हाथ बँटाती हैं, इस कारण उनकी शिक्षा के लिए कक्षाएँ उपयुक्त समय पर लगाई जाएँ।
2. अभिभावकों की लड़कियों की शिक्षा में रूचि जगाने के लिए तथा दूसरी पाली में उन्हें भेजने के लिए एक सहायिका की नियुक्ति की जाए।
3. स्कूल आयु से पूर्व बच्चों की देखभाल करना इसी सहायिका का उत्तरदायित्त्व हो। स्कूल में इसके लिए स्थान का प्रबंध किया जाए।
4. लड़कियों को स्कूल में भेजने के लिए उन्हें अनेक प्रकार की सुविधाएँ दी जाएँ।
5. ग्रामीण क्षेत्रों की स्थिति के अनुसार लड़कियों के लिए पाठ्यक्रम बनाए जाएँ।
6. प्रौढ़ महिलाओं के लिए संक्षिप्त पाठ्यक्रमों का निर्माण किया जाए।
7. ग्रामीण क्षेत्रों में अध्यापिकाएँ पर्याप्त संख्या में उपलब्ध कराने के लिए उनकी न्यूनतम शैक्षिक योग्यताओं में छूट दी जाए।
8. श्रमिक स्त्रियों की पाठ्य पुस्तकों में व्यावसायिक जानकारी संबंधी तथ्य दिए जाएँ।
9. पाठ्य-पुस्तकों में स्त्री संबंधी तथ्यों को उचित रूप में दर्शाया जाए। उनके प्रति किसी प्रकार की अवहेलना की बात न रहे।
10. स्त्रियों की उचित व्यावसायिक शिक्षा का प्रावधान किया जाए।
11. अभिभावकों को इस बात के लिए जागरूक किया जाए कि वे अपनी पुत्रियों की शिक्षा में रूचि लें।

VIII. सन् 1988 से 2000 तक नारी शिक्षा की राष्ट्रीय योजना (1988)

भारत सरकार के महिला, युवा तथा खेलकूद मंत्रालय द्वारा एक राष्ट्रीय योजना तैयार की गई। इस योजना के मुख्य लक्ष्य इस प्रकार थे:

1. छह से चौदह वर्ष की लड़कियों के लिए शिक्षा का प्रावधान करना।
2. लड़कियों की पढ़ाई के बीच में ही छोड़ने की दर को कम करना।
3. स्त्रियों की निरक्षरता को दूर करना।
4. सभी स्तरों पर शिक्षा के लिए महिलाओं को समान अवसर उपलब्ध कराना।
5. माध्यमिक शिक्षा का व्यावसायीकरण करना, ताकि लड़कियों को रोजगार के अवसर मिल सकें तथा वे आर्थिक दृष्टि से स्वयं निर्भर हो सकें।
6. स्त्री शिक्षा में बाधक तत्त्वों को दूर करना।

7. स्त्रियों के प्रति उचित लिंग दृष्टिकोण अपनाना।
8. स्त्रियों के लिए अंशकालिक शिक्षा की सुविधाएँ जुटाना।
9. प्रौढ़ शिक्षा के कार्यक्रम इस प्रकार चलाना, जिनसे प्रौढ़ों की सामाजिक, सांस्कृतिक तथा आर्थिक कुशलताओं का विकास हो सके।
10. प्रत्येक क्षेत्र के विकास कार्यों में महिलाओं की भागेदारी बढ़ाना।
11. जहाँ संभव हो, लड़कियों के लिए अलग स्कूलों की व्यवस्था करना।
12. उच्च शिक्षा में प्रवेश के लिए स्त्रियों के लिए तीस प्रतिशत स्थानों के आरक्षण की व्यवस्था करना।

IX. राष्ट्रीय शिक्षा नीति (1986) तथा संशोधित शिक्षा नीति (1992) में नारी शिक्षा

राष्ट्रीय शिक्षा नीति (1986) के भाग चार में नारी शिक्षा के बारे में निम्नलिखित बातों का उल्लेख हैं:

महिलाओं की समानता हेतु शिक्षा: 4.2 शिक्षा को महिलाओं के स्तर में बुनियादी परिवर्तन लाने के लिए एक साधन के रूप में इस्तेमाल किया जाएगा। अतीत से चली आ रही विकृतियों और विषमताओं को खत्म करने के लिए महिलाओं को सुविचारित समर्थन दिया जाएगा। महिलाओं को शक्तिसंपन्न बनाने के लिए शिक्षा पद्धति द्वारा एक ठोस भूमिका निभाई जाएगी और यह हस्तक्षेप के रूप में होगी। नए पाठ्यक्रम, पाठ्यपुस्तकों तथा शिक्षकों, निर्णयकर्ताओं और प्रशासकों के प्रशिक्षण और अनुस्थापन एवं शिक्षा संस्थाओं के सक्रिय सहयोग द्वारा नए मूल्यों के विकास को बढ़ावा दिया जाएगा। यह काम विश्वास और सामाजिक निर्माण के माध्यम से संभव हो सकेगा। महिलाओं से संबंधित अध्ययनों को विभिन्न पाठ्यक्रमों के अंतर्गत प्रोत्साहन दिया जाएगा और शिक्षा संस्थाओं को महिला विकास से संबंधित सक्रिय कार्यक्रम शुरू करने के लिए प्रेरित किया जाएगा।

4.3 महिला निरक्षरता को दूर करने के काम को सर्वोच्च प्राथमिकता दी जाएगी। इस प्रकार उन रूकावटों को दूर करने की भी हर संभव कोशिश की जाएगी, जिनके कारण महिलाएँ प्रारंभिक शिक्षा भी पूरी नहीं कर पातीं। इस काम के लिए विशेष सहायक सेवाओं की व्यवस्था की जाएगी, लक्ष्य निर्धारित किए जाएँगे और निरीक्षण को कारगार बनाया जाएगा। विभिन्न स्तरों पर जीविका संबंधी तकनीकी और व्यावसायिक शिक्षा में महिलाओं की भागीदारी पर प्रमुख जोर दिया जाएगा। भेदभाव न बरतने की नीति पर जोरदार तरीके से अमल किया जाएगा, ताकि जीविका संबंधी तथा व्यावसायिक पाठ्यक्रमों में लिंग के आधार पर भेदभाव को खत्म किया जा सके। इसी प्रकार पहले से मौजूद और नई टेक्नोलॉजी में भी महिलाओं की हिस्सेदारी बढ़ाई जाएगी।

प्रौढ़ शिक्षा: 4.11 आज कुशलताओं को सतत् रूप से बढ़ाना विकास का महत्त्वपूर्ण मुद्दा है, ताकि समाज के लिए अपेक्षित जनशक्ति के संसाधन उचित किस्म और मात्रा में तैयार किए जा सकें। विकास संबंधी कार्यक्रमों, जैसे–निर्धनता हटाने, राष्ट्रीय एकता, पर्यावरण संरक्षण, लोगों की सांस्कृतिक क्रियाशीलता को बल प्रदान करने, छोटे परिवार के आदर्श का पालन करने, महिलाओं को बराबरी देने आदि में लाभ उठानेवाले लोगों को सहयोग बहुत महत्त्वपूर्ण है, इसलिए प्रौढ़ शिक्षा के ऐसे और भी कार्यक्रम आयोजित किए जाएँगे और वर्तमान कार्यक्रमों की समीक्षा करके उन्हें मजबूत बनाया जाएगा।

4.12 समूचे राष्ट्र को विशेष रूप से 15-35 आयु वर्ग में निरक्षरता के उन्मूलन के लिए निष्ठापूर्वक कटिबद्ध होना होगा। केन्द्रीय और राज्य सरकारों, राजनीतिक दलों तथा उनके जन संगठनों, जन संचार माध्यमों और शिक्षा संस्थाओं को विविध प्रकार के जन साक्षरता कार्यक्रमों के प्रति स्वयं वचनबद्धता निभानी होगी। इस कार्य में शिक्षकों, छात्रों, युवकों, स्वैच्छिक संस्थाओं, नियोजकों आदि को बड़े पैमाने पर शामिल करना होगा। विभिन्न शोध संस्थानों को कार्य में लगाने के ठोस प्रयास किए जाऐंगे, ताकि प्रौढ़ साक्षरता के शैक्षिक पहलुओं में सुधार लाया जा सके। जन साक्षरता कार्यक्रम में साक्षरता के अलावा, कार्यात्मक ज्ञान और कुशलताओं तथा सामाजिक एवं आर्थिक वास्तविकता एवं इसको बदलने और इसमें सुधार करने की संभावना के संबंध में शिक्षार्थियों में जागरूकता पैदा करनी होगी।

सन् 1992 की संशोधित शिक्षा नीति: 4.12 चूँकि विकास कार्यक्रमों में साक्षरता अभियानों के सहभागियों को शामिल करना अत्यंत महत्त्वपूर्ण है, इसलिए राष्ट्रीय साक्षरता मिशन को निर्धनता उन्मूलन, राष्ट्रीय एकता, पर्यावरण संरक्षण, छोटे परिवार के आदर्श, महिला समानता को बढ़ावा, प्राथमिक शिक्षा का सर्वसुलभीकरण, प्राथमिक स्वास्थ्य की देखभाल आदि जैसे राष्ट्रीय लक्ष्यों के अनुरूप ढालना होगा। यह लोगों की सांस्कृतिक सृजनात्मकता में गतिशीलता लाने और विकास प्रक्रिया में उनकी भागेदारी को सुकर भी बनाएगा।

विद्यालयों की सुविधाएँ (राष्ट्रीय शिक्षा नीति–1986): 5.7 प्राथमिक विद्यालयोंमें कम-से-कम दो उचित आकार के कमरे जो हर मौसल में काम आ सकें, खिलौने, नक्शे, चार्ट तथा ब्लैकबोर्ड और अन्य जरूरी सामान भी मुहैया कराए जाएँगे। शुरू में हर प्राथमिक शाला में दो शिक्षकों की व्यवस्था की जाएगी–एक महिला होगी और दूसरा पुरुष। बाद में हर कक्षा के लिए एक-एक शिक्षक का इंतजाम किया जाएगा। इसके लिए बड़ी संख्या में शिक्षकों की भरती की जाएगी और उनको प्रशिक्षण दिया जाएगा। उसके बाद प्राथमिक स्कूलों की हालत सुधारने के लिए 'ऑपरेशन ब्लैकबोर्ड' नामकी मुहिम शुरू की जाएगी। इसमें सरकार, स्थानीय निकायों, स्वयंसेवी एजेंसियों और व्यक्तियों को शामिल किया जाएगा।

प्राथमिक स्कूलों में अनिवार्य सुविधाओं की व्यवस्था की जाएगी। सभी मौसमों में उपयोग में आने योग्य पर्याप्त रूप बड़े तीन कमरों तथा ब्लैकबोर्डों, नक्शों, चार्टों, खिलौनों, अन्य आवश्यक अध्ययन सामग्री और स्कूल पुस्तकालय की व्यवस्था करने के लिए 'ऑपरेशन ब्लैकबोर्ड8 के क्षेत्रको बढ़ावा दिया जाएगा। कम-से-कम तीन शिक्षकों को प्रत्येक स्कूल में कार्य के लिए नियुक्त किया जाएगा। यह संख्या यथाशीघ्र एक कक्षा के लिए एक शिक्षक के आधार पर बढ़ा दी जए। भविष्य में भरती किए जाने वाले शिक्षकों में कम-से-कम पचास प्रतिशत महिलाएँ होंगी। 'ऑपरेशन ब्लैकबोर्ड' का विस्तार कर उसे उच्च प्राथमिक स्तर पर भी लागू किया जाएगा। स्कूल भवनों के निर्माण को 'जवाहर रोजगार योजना निधियों' में प्राथमिकता दी जाएगी।

अनौपचारिक शिक्षा (राष्ट्रीय शिक्षा नीति–1986): 5.8 स्कूल की शिक्षा बीच में छोड़नेवालों, बिना स्कूल की बस्तियों के बच्चों, उन कामकाजी बच्चों तथा लड़कियों के

लिए, जो पूरा दिन स्कूल नहीं जा सकतीं, अनौपचारिक शिक्षा का एक विशाल तथा व्यवस्थित कार्यक्रम शुरू किया जाएगा।

संशोधित नीति–1992: 5.8 स्कूल छोड़नेवालों, बिना स्कूलोंवाली बस्तियों के बच्चों, कामकाजी बच्चों और पूरे दिन स्कूल में न रह सकनेवाली बालिकाओं के लिए तैयार किए गए अनौपचारिक शिक्षा कार्यक्रम को सुदृढ़ बनाया जाएगा तथा उसका विस्तार किया जाएगा।

X. नारी शिक्षा एवं राष्ट्रीय शिक्षा नीति (1986) की समीक्षा समिति (राममूर्ति समिति रिपोर्ट–1990)

भूमिका

राष्ट्रीय शिक्षा नीति (1986) की समीक्षा करने के लिए शिक्षा विभाग, मानव संसाधन मंत्रालय, भारत सरकार ने 7 मई, 1990 को एक समीक्षा समिति का गठन किया, जिसके अध्यक्ष राममूर्ति थे। समिति के सत्रह सदस्य थे। समिति ने 26 दिसंबर 1990 को अपनी रिपोर्ट 'प्रबुद्ध और मानवीय समाज की ओर' प्रस्तुत की।

समिति के विचारार्थ विषय

1. राष्ट्रीय शिक्षा नीति (1986) तथा उसके कार्यान्वयन की समीक्षा करना।
2. नीति के संशोधन में सिफारिशें करना।
3. संशोधित नीति के समयबद्ध तरीके से कार्यान्वयन के लिए आवश्यक कार्यवाई की सिफारिशें करना।

स्त्रियों के बारे में समीक्षा समिति की सिफारिशें

1. ***बाल्यावस्था में आरम्भिक देखभाल और शिक्षा: लड़कियों की शिक्षा संबंधी सिफारिशें***

(क) महिलाओं की शिक्षा संबंधी नीति के अंतर्गत बच्चों की आरंम्भिक देखभाल की शिक्षा और लड़कियों के लिए प्रारम्भिक शिक्षा के सुलभता के बीच आवश्यक संबंध को ध्यान में रखना चाहिए।

(ख) बाल्यावस्था में आरंम्भिक देखभाल और शिक्षा को व्यापकता और प्रभावी सेवाएँ प्राइमरी और मिडिल स्कूलों में उपलब्ध कराई जाएँ और उन्हें आरंभिक शिक्षा से कार्यक्रमित ढंग से जोड़ा जाए।

(ग) 0–3 के आयुवर्ग देखभाल के लिए विशेषत: समाज के कम सुविधासंपन्न वर्ग के लोगों की दृष्टि से कार्यक्रमों को प्राथमिकता दी जानी चाहिए।

(घ) बाल्यावस्था में आरंम्भिक देखभाल केन्द्रों के समय में स्कूल का समय शामिल होना चाहिए, ताकि 0–10 आयुवर्ग की लड़कियाँ अपने छोटे भाई–बहन की देखभाल की जिम्मेदारी से मुक्त हो जाएँ।

(ङ) आँगनबाड़ी कार्यक्रमों को जारी रखते हुए और उन्हें आवश्यक महत्त्व देते हुए स्थानीय आवश्यकताओं के अनुकूल दूसरे मॉडलों को भी बढ़ावा देना चाहिए।

(च) आँगनबाड़ी और बाल्यावस्था में आरम्भिक देखभाल और शिक्षा की प्रबंध व्यवस्था का विकेंद्रीकरण कर देना चाहिए। इसे प्रतिभागिता के आधार पर चलाना चाहिए।

2. *लड़कियों की शिक्षा में क्षेत्रीय असमानताओं को दूर करना।*

(क) क्षेत्रीय असमानताओं के मुद्दे को आरम्भिक शिक्षा में लड़कियों के प्रवेश के सर्वीकरण के लिए संक्रियात्मक डिजाइन में शामिल करने की आवश्यकता है।

(ख) भारत में महिलाओं की शैक्षिक स्थिति को सुधारने के लिए शुरू की जानेवाली किसी भी रणनीति में शैक्षिक दृष्टि से पिछड़े जिलों को प्राथमिकता देनी होगी।

(ग) शिक्षा संकुलों के स्तर पर शैक्षिक नियोजन ब्लॉक स्तर या उप-ब्लॉक स्तर के खाके पर निर्भर करेगा। ये खाके देहातों से संग्रह की गई सूक्ष्म स्तरीय सूचनाओं पर आधारित होने चाहिए। इन सूचनाओं को उपलब्ध कराने के लिए इसमें अध्यापकों, आँगनबाड़ी कार्यकर्ताओं, अन्य ग्राम स्तरीय कर्मचारियों और निर्धन महिला संगठन तथा समुदाय स्तरीय संगठनों के प्रतिनिधियों को भी शामिल करना चाहिए।

(घ) विकेंद्रीकृत और सहभागितापूर्ण नियोजन और प्रबंध की विधि शिक्षा में क्षेत्रीय असमानताओं की-जिसमें लड़कियों की शिक्षा भी शामिल हैं–

चुनौती का उत्तर देने के लिए प्रभावी आधार प्रदान करती है। विभिन्न रणनीतियाँ और विभिन्न समय-फ्रेम यदि स्थानीय स्तर पर आधारित हों तो सर्वीकरण के लक्ष्य को प्राप्त करने के लिए अत्यंत सुविधा रहेगी।

3. *लड़कियों के पाठ्यक्रम अथवा पाठ्यचर्या संबंधी सुधार*

(क) महिलाओं की भूमिका को उभारना और इतिहास में उनकी भूमिका की छवि को अधिक सकारात्मक रूप में प्रदर्शित करना, समाज के संदर्भ में, विशेष रूप से भारतीय समाज के संदर्भ में, महिलाओं का समाज को योगदान। उदाहरणार्थ, राष्ट्रीय इतिहास में महिलाओं द्वारा राष्ट्रीय आंदोलन में दिए गए योगदान को उभारना। ऐसे सभी मामलों को अध्यापकों, शिक्षकों और प्रशासकों के प्रशिक्षण और नवीकरण में सावधानी से सम्मिलित किया जाना चाहिए।

(ख) लड़कियों में गणित और विज्ञान की शिक्षा को अधिक प्रोत्साहित करने का प्रयास होना चाहिए। लड़कियों के स्कूलों में गणित और विज्ञान को वर्तमान की उपेक्षा अधिक महत्त्व देना चाहिए।

(ग) लड़कों और लड़कियों की पाठ्यचर्या में किसी प्रकार का अंतर न हो।

(घ) ऐसी नकारात्मक रूढ़िवादी पुरानी और जैविक तथा सामाजिक संकल्पनाओं को हटाना, जिनमें लिंग संबंधी पूर्वग्रह दिखाई देता हो।

(ङ) ऐसी रूढ़िवादी पुरानी परम्पराओं और मिथकों–जो महिलाओं के सही विकास और राष्ट्रीय जीवन में उनकी भूमिका में बाधक है-के बारे में लिंग संबंधी वस्तुनिष्ठ आधार पर कक्षा में चर्चा की जानी चाहिए। साथ ही हमारे महाकाव्यों और पौराणिक कथाओं में महिलाओं के चित्रण के बारे में कक्षा में समालोचनात्मक समीक्षा की जानी चाहिए।

(च) ऐसी आधारभूत सूचनाएँ दी जानी चाहिए, जिनमें बच्चों और महिलाओं के लिए संरक्षात्मक कानून हों तथा संविधान से उनके उदाहरण दिए जाएँ, ताकि वे उसमें निहित सभी अधिकारों और अन्य बुनियादी संकल्पनाओं से परिचित हो सकें। शारीरिक शिक्षा और खेलों में लड़कियों की भागीदारी बढ़ाने के लिए विशेष प्रयास करने की जरूरत है।

4. *पाठ्य-पुस्तकों में स्त्री संबंधी विवरण में सुधार*

(क) एन.सी.ई.आर.टी/एस.सी.ई.आर.टी. और अन्य प्रकाशकों की सभी स्कूली पाठ्य पुस्तकों की इस दृष्टि से समीक्षा की जाए कि उनमें महिलाओं की भूमिकाओं को उचित स्थान दिया जाए और लिंग से संबंधित रूढ़िवादी धारणा को समाप्त किया जाए। सभी विषयों के अध्यापन में महिलाओं के परिप्रेक्ष्य को सही ढंग से प्रस्तुत किया जाए। इस समीक्षा में सभी पूरक पठन-सामग्री और स्कूलों व पुस्तकालयों के लिए विशेष रूप से 'ऑपरेशन ब्लैक बोर्ड' द्वारा सिफारिश की जानेवाली पुस्तकों को भी शामिल किया जाए।

(ख) तात्कालिक कदम के रूप में इसमें विभिन्न व्यक्ति और समूहों का-जैसे महिला अध्ययन विशेषज्ञों, अनुसंधान संस्थानों और विश्वविद्यालयों के महिला अध्ययन केंद्रों तथा आधार स्तर पर काम करने वाले महिला संगठनों का–भी सक्रिय सहयोग लेना चाहिए। इस विषय में केवल एन.सी.ई.आर.टी. और एस.सी.ई.आर.टी. पर निर्भर रहना उचित नहीं।

(ग) इसी प्रकार की कार्यवाही विश्वविद्यालयों की सभी विषयों की पाठ्यचर्या और पाठ्य पुस्तकों के बारे में की जानी चाहिए। इसकी पहल विश्वविद्यालयी महिला अध्ययन केन्द्रों और उन व्यक्तियों को करनी चाहिए, जो इन मुद्दों पर पहले से काम कर रहे हैं।

5. *लड़कियों के शिक्षा प्रसार के लिए संचार माध्यमों की भूमिका*

(क) सरकारी या गैर-सरकारी क्षेत्र के सभी संचार माध्यमों को, माध्यमों की इस भूमिका को गंभीरता से लेना चाहिए कि वे राष्ट्रीय शिक्षा नीति में निरूपित लिंग संबंधी समानता और महिलाओं के अधिकारों को प्रोत्साहित करें।

(ख) लिंग संबंधी विशिष्ट संदर्भ में, विज्ञापनों में महिलाओं को अपने माल की बिक्री को प्रोत्साहित करने के लिए प्रयोग करने के मामलों को गंभीरता से लेना चाहिए।

(ग) इन माध्यमों को महिलाओं की सकारात्मक छवि को उभारना चाहिए। इनमें महिलाओं को डॉक्टरों, इंजीनियरों, वैज्ञानिकों की भूमिका में प्रदर्शित करना चाहिए, ताकि महिलाएँ इन भूमिकाओं को मॉडल बना सकें।

(घ) महिलाओं की शिक्षा की आवश्यकता के प्रति जागरूकता पैदा करनी चाहिए, विशेष रूप से प्रारंभिक और व्यावसायिक शिक्षा का प्रसार करना चाहिए।

(ङ) सूचना और प्रसारण मंत्रालय को ऐसे तंत्र का विकास करना चाहिए, जिससे महिलाओं की छवि को उभारकर प्रदर्शित किया जा सके और सभी माध्यमों में महिलाओं को प्रदर्शित करने के लिए एक आचार संहिता तैयार करनी चाहिए।

(च) एक अंतर्मंत्रालय समिति गठित की जाए, जिसमें शिक्षा विभागों, महिला और बाल विकास, संस्कृति तथा सूचना और प्रसार विभागों के प्रतिनिधि हों। यह समिति ध्यान दे कि राष्ट्रीय शिक्षा नीति और कार्य योजना के नीति निर्देशों का विभिन्न माध्यमों, विशेषतः रेडियो और दूरदर्शन द्वारा समर्थन किया जा रहा है या इनका उललंघन किया जा रहा है। इस समिति में महिला संगठनों और महिला अध्ययन केंद्रों के प्रतिनिधियों को भी शामिल किया जाए।

(छ) संचार के संबंध में शीघ्र ही एक राष्ट्रीय नीति तैयार की जाए, जिसमें जन संचार के सभी रूपों और प्रक्रियाओं में लिंग संबंधी परिप्रेक्ष्य को स्पष्ट किया जाए। इस कार्य में महिलाओं के लिए राष्ट्रीय आयोग को महत्त्वपूर्ण भूमिका अदा करनी चाहिए।

6. *लड़कियों की व्यावसायिक शिक्षा संबंधी सुझाव*

(क) महिलाओं के लिए वोकेशनल प्रशिक्षण की योजना बनाई जाए और उसे राज्य स्तर पर लागू किया जाए। यह कार्य अंशत: प्रस्तावित शैक्षिक संकुलों के माध्यम से किया जाए।

(ख) गैर-परम्परागत पेशों में महिलाओं के लिए वोकेशनल प्रशिक्षण को प्रोत्साहित किया जाए। इसके लिए एक समान कार्यक्रम का अनुसरण किया जाए।

(ग) महिलाओं के लिए वोकेशनल पाठ्यक्रमों में वर्तमान पूर्वग्रहों को निरूत्साहित करने का जमकर प्रयास होना चाहिए।

(घ) लड़कियों के लिए आठवीं कक्षा स्तर (यानी माध्यमिक स्तर) पर वोकेशनल प्रशिक्षण पाठ्यक्रम शुरू किए जाएँ, ताकि वोकेशनल शिक्षा के सामाजिक आधार का विस्तार किया जा सके। इनमें मिडिल स्कूल के बाद स्कूल छोड़नेवालों को विशेष रूप से अवसर दिया जाना चाहिए।

(ङ) स्थानीय स्तर पर नौकरी पाने की संभावना को देखकर पाठ्यक्रमों और धंधों में बदलाव करना महत्त्वपूर्ण है। तकनीकी या शिल्प और कौशल प्रशिक्षण संस्थानों में प्रवेश को प्रोत्साहित करने के लिए अधिक वजीफा, फेलोशिप और उन्हें काम में लगाने की व्यवस्था होनी चाहिए। प्रत्येक जिले में कम-से-कम एक महिला पॉलिटेकनिक होना चाहिए।

7. *अध्यापिकाओं और अन्य शैक्षिक कार्यकर्ताओं का प्रशिक्षण*

(क) सामान्य रूप से शिक्षक प्रशिक्षण कार्यक्रमों में समालोचनात्मक मूल्यांकन और पुनर्नवीकरण की जरूरत होती है, जिसके अंदर महिलाओं के परिप्रेक्ष्य को सम्मिलित करना इसका आधारभूत आयाम होना चाहिए। इसमें महिलाओं के मामलों में संवेदनशीलता और लड़कियों की शिक्षा की समस्याओं के प्रति जागरूकता भी शामिल है।

(ख) शिक्षक प्रशिक्षण कार्यक्रमों के मूल्यांकन और पुर्नवीकरण की इस प्रक्रिया में केन्द्रीय और राज्य स्तर को एजेंसियों के मुट्ठी भर लोगों के अलावा शिक्षक-अनुशिक्षकों, विश्वविद्यालयों और दूसरी संस्थाओं के महिला अध्ययन अनुसंधानकर्ताओं समेत महिला सेलों के अनुसंधाता और महिला संगठनों और विकास वर्गों के प्रतिनिधियों को सम्मिलित किया जाए।

(ग) उपर्युक्त कार्यक्रमों से पुन: संरचित शिक्षकों के प्रशिक्षण कार्यक्रम के 'कोर' तत्त्व उभरकर सामने आने चाहिए। इसके बावजूद राज्य (क्षेत्र) स्तर पर डी.आई.ई.टी. और शैक्षिक संकुलों के साथ शैक्षिक संस्थाओं, महिला अध्ययन केन्द्रों, शिक्षकों, आधार स्तरीय संगठनों का शिक्षक प्रशिक्षण कार्यक्रम की वास्तविक पाठ्यचर्या का विकास करने के लिए इसमें सम्मिलित होना चाहिए। पाठ्यचर्या की योजना के निर्माण में और बाद में इसे क्रियान्वित करने में जिस प्रकार का विकेन्द्रीकरण होता है, उससे ज्यादा लचीलापन और सार्थकता आ जाती है।

(घ) शिक्षक प्रशिक्षण संस्थानों को पुनरीक्षित पाठ्यचर्या को अपनाना चाहिए, ताकि पुरूष और महिला-सभी शिक्षक प्रशिक्षु पुन: संरचित प्रशिक्षण कार्यक्रम में भाग ले सकें।

(ङ) शिक्षक-शिक्षिकाओं के लिए प्राथमिकता के आधार पर पृथक् प्रशिक्षण और संवेदनशील कार्यक्रम करने होंगे।

(च) साथ-ही-साथ शिक्षक-शिक्षिकाओं के लिए सेवाकालीन प्रशिक्षण कार्यक्रम संचालित किए जाने चाहिएं, ताकि जो शिक्षक पहले से स्कूल में हैं उन्हें संवेदनशील किया जा सके। डी.आई.ई.टी. को शिक्षा संकुलों के साथ परामर्श के बाद इन सेवाकालीन कार्यक्रमों को चलाने के लिए पहल करनी चाहिए।

(छ) सेवाकालीन प्रशिक्षण कार्यक्रम का स्वरूप क्या हो, यह बात शिक्षा संकुलों के साथ परामर्श के बाद निर्धारित होगी। उदाहरण के तौर पर एक स्कूल 'प्रशिक्षण स्कूल' के रूप में हो सकता है, जहाँ शिक्षक-प्रशिक्षण में प्रशिक्षण अभ्यास भी शामिल होगा। अन्यत्र किसी स्कूलों में 'इंटर्नशिप मॉडल' की संभावना पर विचार किया जा सकता है।

(ज) शिक्षा के क्षेत्र में प्रशासकों और योजना निर्माताओं को (संस्थाओं के अध्यक्षों के साथ) सूचना के प्रसार द्वारा, कार्य गोष्ठियाँ आयोजित करने बार-बार महिला अध्ययन क्षेत्र के संसाधन विशेषज्ञों के साथ अंतः क्रिया द्वारा महिलाओं के मुद्दों पर अति संवेदनशील बनाया जा सकता है। यह बात तब और महत्त्वपूर्ण होगी जब शिक्षा में निर्णय पर पहुँचने के लिए कार्यवाही अपेक्षित हो।

8. *महिलाओं के अध्ययन संबंधी अनुसंधान और विकास*

(क) आठवीं पंचवर्षीय योजना के अंदर सभी विश्वविद्यालयों और मान्यता प्राप्त सामाजिक विज्ञान अनुसंधान संस्थानों में महिलाओं के अध्ययन केन्द्र संगठित किए जाने चाहिए।

(ख) महिलाओं के अध्ययनों के अनुसंधान परिणामों को शिक्षा के सभी स्तरों पर पाठ्यचर्या के पुनरीक्षण और विकास में तथा शिक्षक प्रशिक्षण कार्यक्रमों में सम्मिलित कर लेना चाहिए। विश्वविद्यालय स्तर पर महिलाओं के अध्ययन केन्द्रों के प्रतिनिधियों को उन सभी सरकारी निकायों में शामिल कर लेना चाहिए, जिनका संबंध सभी विषयों के पाठ्यक्रमों और पाठ्यचर्याओं के विकास से हैं।

(ग) विश्वविद्यालयों के महिलाओं के अध्ययन केन्द्रों और शैक्षिक संकुलों के कार्यों के बीच निकट संपर्क को प्रोत्साहित किया जाना चाहिए; ताकि उसमें सहभागिता बढ़ सके, प्रशिक्षण का विकेन्द्रीकरण किया जा सके, उसमें विविधता लाई जा सके, अति संवेदनशील किया जा सके और पाठ्यक्रमों का मूल्यांकन हो सके। इससे कार्यक्षेत्र से प्रतिपुष्टि पाकर महिलाओं के अध्ययन केन्द्र के कार्य का भी संवर्धन होगा। विश्वविद्यालयों के महिलाओं के अध्ययन केन्द्रों को जिस क्षेत्र में वे कार्यरत हैं, उस क्षेत्र के शिक्षा संकुलों की स्कूलों की शिक्षा में लिंग संबंधी परिप्रेक्ष्य आरम्भ करने में महत्त्वपूर्ण भूमिका अदा करनी चाहिए।

9. *महिलाओं के अध्ययन पाठ्यक्रम*

(क) विश्वविद्यालय अनुदान आयोग द्वारा शुरू किए गए आधार पाठ्यक्रमों की समीक्षा करके उनका पुनरीक्षण किया जाना चाहिए और इसमें महिलाओं के आयामों को जोड़ना चाहिए। यह उप-स्नातक स्तर पर छात्रों के कुल मूल्यांकन का अंग होना चाहिए। इस पाठ्यक्रम को महिलाओं के अध्ययनों के अनुसंधान और विकास संगठनों और आधार स्तर पर काम करने वाले महिला संगठनों के सक्रिय सहयोग से ध्यानपर्वूक बनाया जा

चाहिए। इसमें समाज के सभी वर्गों की महिलाओं की समस्याओं का पर्याप्त प्रतिनिधित्व होना चाहिए तथा उनकी चिंताओं और रहन-सहन की स्थितियों को शामिल किया जाना चाहिए।

(ख) वर्तमान पाठ्यक्रमों में, जैसाकि कार्य योजना में सुझाव है, लिंग संबंधी परिप्रेक्ष्य को भी स्थान देना चाहिए। यह बात सभी कोर्सों पर समान रूप से लागू होनी चाहिए। इसमें विज्ञान और प्रौद्योगिकी, औषधि विज्ञान, विधि, कृषि और पशु चिकित्सा विज्ञान भी शामिल है।

(ग) पाठ्यचर्या के पुनरीक्षण और महिलाओं के अध्ययनों के विकास से संबंधित मामलों को अध्यापकों के नवीकरण में भी जोड़ा जाना चाहिए।

10. *महिलाओं की विस्तार सेवाएँ*

(क) महिलाओं के विकास केन्द्र, जैसे कि कुछ केंद्र विश्वविद्यालय कॉलेजों में विद्यमान हैं वैसे ही सभी कॉलेजों और उच्च शिक्षा संस्थानों में भी स्थापित किए जाएँ।

(ख) इन केन्द्रों को जागरूकता (बढ़ाने के लिए) कार्यशालाएँ/सेमिनार आदि चलाने के लिए धन दिया जाना चाहिए। ये कार्यशालाएँ/सेमिनार स्कूल और सामुदायिक केन्द्र स्तर पर चलाए जाने चाहिए।

11. *शैक्षिक व्यवस्था में महिलाओं का प्रतिनिधित्व*

(क) महिला शिक्षकों का अनुपात प्राइमरी, मिडिल और हाई स्कूल में बढ़ाकर पचास प्रतिशत कर देना चाहिए। इसकी सफलता के लिए यह आवश्यक है कि महिला शिक्षक को उसी ग्रामीण इलाके के पास से चुना जाए जिस इलाके में उसे पढ़ाना है। अगर स्थानीय महिला शिक्षक उपलब्ध न हो तो यह जरूरी होगा कि-

(i) प्राथमिकता के आधार पर महिला शिक्षक के रहने के लिए मकान की व्यवस्था की जाए, जिसमें कुछ न्यूनतम सुविधाएँ हों।

(ii) उसी इलाके में बस्ती के अंदर ही रहने के लिए मकान हो, ताकि महिला शिक्षक की सुरक्षा पक्की हो जाए।

(iii) जहाँ तक संभव हो, सभी महिला कर्मचारियों को रहने की सुविधा प्रदान की जाए। ये मकान महिला शिक्षक से अलग तो हों, लेकिन उसके पास ही हों।

(ख) शिक्षा के क्षेत्र में जब महिलाओं की संख्या में वृद्धि करनी हो तो उनकी भरती शिक्षा के विभिन्न स्तरों पर की जाए। शैक्षिक व्यवस्थाक्रम में उनके लिए पदोन्नति के अवसर भी होने चाहिए। महिलाओं संबंधी निर्णय लेने वाले निकायों में स्त्रियों के पर्याप्त प्रतिनिधित्व के लिए विशेष उपाय करने की आवश्यकता है।

(ग) महिलाओं की भर्ती, सेवा प्रक्रिया, मूल्यांकन के मापदंड, पदोन्नति के लिए दिशा-निर्देश आदि निर्धारित करने के लिए और महिलाओं की आवश्यकताओं के अनुरूप विशेष प्रावधान करने होंगे। इस प्रक्रिया का एक उदाहरण यह हो सकता है कि चयन समिति और विभागीय पदोन्नति समिति में महिला सदस्य को नामित किया जाए। इससे यह बात पक्की हो जाएगी कि महिलाओं को सामाजिक-सांस्कृतिक कारकों से शिक्षा व्यवस्था तंत्र में उनकी उन्नति में बाधा नहीं खड़ी की जा सकेगी।

(घ) जहाँ महिलाएँ और पुरूष शिक्षा के व्यवस्था तंत्र और लोक प्रशासन में योजना निर्माण, निर्णय करने की स्थिति में हों तो वहाँ अधिकारियों को महिलाओं के मुद्दों पर अति संवेदनशील बना दिया जाए, ताकि वे अपनी नेतृत्त्व की भूमिका को अच्छी तरह निभा सकें।

12. *महिलाओं को अधिकार देना*

(क) विकेंद्रीकृत और सहभागितावाली प्रबंध व्यवस्था में महिला समाख्या का विकास किया जाए, जिसमें निर्णय लेने का अधिकार ब्लॉक या जिला स्तर के सुपुर्द हो और अंततः वह निर्धन महिलाओं के वर्ग के पास ही रहे।

(ख) महिला समाख्या को इस ढंग से लागू करें कि इसका प्रा.बा.दे.शि. कार्यक्रम से सहज संपर्क स्थापित हो जाए और ऐसा प्रयास हो कि लड़कियों की आरंम्भिक शिक्षा का सर्वीकरण हो जाए।

XI. नारी शिक्षा एवं जनार्दन शिक्षा समीक्षा समिति (1992)

समिति की नियुक्ति

संसद द्वारा मई 1986 में राष्ट्रीय शिक्षा नीति अपनाई गई थी। नीति की कार्यवाई योजना, से जो संसद द्वारा अगस्त 1986 में अपनाया गया था, विस्तार से अनुसरण किया गया था। राष्ट्रीय शिक्षा नीति के पैरा 11.5 में नीति के विभिन्न मानदण्डों के कार्यान्वयन की प्रत्येक पाँच वर्षों में पुनरीक्षण करने की परिकल्पना की गई है।

केन्द्रीय सरकार ने मई 1990 में राष्ट्रीय शिक्षा नीति के पुनरीक्षण हेतु आचार्य राममूर्ति की अध्यक्षता में एक समिति नियुक्त की थी। समिति ने अपनी रिपोर्ट 26 दिसंबर, 1990 को प्रस्तुत की। रिपोर्ट संसद के दोनों के समक्ष 9 जनवरी, 1991 को रखी गई थी। केन्द्रीय शिक्षा सलाहकार बोर्ड ने 8-9 मार्च, 1991 को हुई अपनी बैठक में एन.पी.ई.आर.सी. की रिपोर्ट के विचार हेतु अपनाई जानेवाली प्रक्रिया की जाँच की तथा निर्णय लिया कि एन. पी.ई.आर.सी. की सिफारिशों पर विचार करने के लिए अध्यक्ष (मानव संसाधन विकास मंत्री) द्वारा के.शि.स.बो. समिति गठित की जाए।

उपर्युक्त निर्णय के अनुसरण में 31 जुलाई, 1991 को के.शि.स.बो. के अध्यक्ष ने एन. पी.ई.आर.सी. की रिपोर्ट को ध्यान में रखते हुए राष्ट्रीय शिक्षा नीति के विभिन्न मानदंडों के कार्यान्वयन तथा जब से नीति तैयार की गई है तब से अन्य संगत विकास के पुनरीक्षण और राष्ट्रीय शिक्षा नीति में किए गए परिवर्तनों के संबंध में सिफारिशें करने के लिए एक समिति नियुक्त की। समिति के अध्यक्ष श्री एन.जनार्दन रेड्डी, मुख्य मंत्री व शिक्षा मंत्री, आंध्र प्रदेश थे।

समिति की संस्तुतियाँ: शिक्षा व नारी समानता

1. एन.पी.ई.आर.सी. ने नारी शिक्षा को शिक्षा में समानता व सामाजिक न्याय सुनिश्चित करने की नीति का महत्त्वपूर्ण अंग माना है। इसने नारी शिक्षा के मामले का नारियों की विद्यमान समस्याओं के विशिष्ट संदर्भ में सही रूप से उल्लेख किया है। जैसेकि पुरूष व्यवहार की विद्यमान सांस्कृतिक मान्यताएँ, जो महिलाओं की घरेलू व उत्पादक भूमिका को महिलाओं की शिक्षा तक पहुँच में बाधा डालती हैं। एन.पी.ई.आर.सी. ने

केन्द्रीय सरकार, राज्य सरकारों और स्थानीय निकायों के सभी प्रदर्शनों में महिलाओं की और से राज्य सरकारों के हस्तक्षेप का समर्थन किया। एन.पी.ई.आर.सी. ने राष्ट्रीय शिक्षा नीति में अपने सापेक्ष महत्त्व को यह कहकर अलग करना चाहा कि राष्ट्रीय शिक्षा नीति में शिक्षा को ही केवल महिलाओं के स्तर में मूल परिवर्तन का साधन माना गया है। राष्ट्रीय शिक्षा नीति में शिक्षा पद्धति के अंदर हस्तक्षेप पर जोर दिया गया है तथा स्कूल पद्धति के बाहर सामाजिक, आर्थिक व सांस्कृतिक प्रतिबंधों पर तथा जिनका शिक्षा पर सीधा प्रभाव पड़ता है, उनका पर्याप्त रूप से उल्लेख नहीं किया गया है। सारांश में, एन.पी.ई.आर.सी. का सापेक्ष महत्त्व राष्ट्रीय शिक्षा नीति में महिलाओं की शिक्षा के संबंध में की गई परिकल्पना से बहुत अधिक मिलता है। राष्ट्रीय शिक्षा नीति के पैरा 4.2 व 4.3 में शिक्षा अंतरायक व अधिकारयुक्त भूमिका का जोरदार उल्लेख किया गया है। अन्य बातों के साथ-साथ उन्होंने विशेष सहायता सेवाओं के प्रावधान तथा ऐसी रूकावटों को दूर करने पर बल दिया है, जो शिक्षा के सभी स्तरों पर महिलाओं के विरूद्ध भेदभाव उत्पन्न करते हैं। इसमें ऐसा कुछ नहीं है, जो एन.पी.ई.आर.सी. की व्याख्या से भिन्न हो।

2. सिफारिश सं. 1 से 5 तक लड़कियों की स्कूली शिक्षा तथा जल, ईंधन और भोजन की उपलब्धता के बीच संबंध को स्पष्ट करती हैं। सुझाव यह है कि इस संबंध में शैक्षिक आयोजना की जानकारी होनी चाहिए और यह कि शिक्षा विभाग को महिलाओं को शिक्षा उपलब्ध कराने में सुधार लाने की दृष्टि से अन्य विभागों के साथ समन्वय स्थापित करना चाहिए। एन.पी.ई.आर.सी. द्वारा स्पष्ट किए गए संबंध को बढ़ा-चढ़ाकर आलोचना नहीं की जा सकती; तथापि योजना आयोग द्वारा केन्द्र में, राज्य में तदनुरूप एजेंसियों, जैसे राज्य आयोजना बोर्ड अथवा राज्य आयोजना विभाग और जिला तथा उप-जिला स्तर पर समेकित आयोजना और विकास के लिए उत्तरदायी एजेंसियों में समेकन भूमिका को बेहतर ढंग से निभाया जाता है। शिक्षा विभाग चाहे केन्द्र में हो अथवा राज्यों में, अपेक्षा करना वास्तविक नहीं होगा कि वह यह सुनिश्चित करने के लिए प्रमुख भूमिका निभाए कि महिलाओं का विकास समग्र ढंग से हो। पाठ्यचर्या और पाठ्य पुस्तकों में महिला-पुरूष पक्षपात से संबंधित एन.पी.ई.आर.सी. की सिफारिशें (सिफारिशें सं. 17 से 20), जनसंचार माध्यम (सिफारिश सं. 21 से 27), महिलाओं की पढ़ाई (सिफारिश सं. 41 से 48) और शैक्षिक क्रम व्यवस्था में महिलाओं का प्रतिनिधित्व (सिफारिश सं. 49 से 52) राष्ट्रीय शिक्षा नीति कार्यवाई योजना के काफी अनुरूप है। सिफारिश (सं. 53 से 57) में महिला समाख्या दृष्टिकोण का समर्थन किया गया है, जो कि राष्ट्रीय शिक्षा नीति की देन है।

3. सिफारिश सं. 58 से 62 तक में न केवल प्रारम्भिक, माध्यमिक, व्यावसायिक तथा उच्चतर शिक्षा के आवंटनों में, बल्कि अनुसूचित जातियों के लिए विशेष घटक योजना और अनुसूचित जनजातियों के लिए जनजातीय उप-योजना में महिला शिक्षा के लिए संसाधन निर्धारित करने की माँग की गई। तथापि अनुसूचित जाति/अनुसूचित जनजाति की समस्याओं, जो विशेष घटक योजना तथा जनजातीय उप-योजना में अव्यक्त अवधारणा की ओर ले जाती हैं और महिलाओं के प्रश्न के बीच एक बुनियादी अंतर है। महिला शिक्षा की समस्या को जातिगत और क्षेत्रीय अवरोधों का सामना करना पड़ता है। अत: यद्यपि शिक्षा में महिलाओं की सहभागिता का गहन निरीक्षण किया जाना चाहिए और ऐसी

सहभागिता में बाधक अवरोधों को दूर करने के लिए विशेष ध्यान दिया जाना चाहिए, तथापि निधियों का निर्धारण प्रशासनिक रूप से संभव नहीं हो सकता।

4. संक्षेप में, हमारा विचार है कि एन.पी.ई.आर.सी. ने महिला शिक्षा के महत्त्व पर सही जोर दिया था; राष्ट्रीय शिक्षा नीति ढाँचा पर्याप्त है और कार्यवाई योजना में एन.पी. ई.आर.सी. की सिफारिशों को ध्यान में रखने के लिए संशोधन किया जाना चाहिए।

II

विशिष्ट शिक्षा

(Special Education)

1. संविधान में प्रावधान: भाग IV पैरा 9
(Constitutional Provisions: Part IV Para 9)

विकलांग (*Handicapped*): 4.9 विकलांगों को शिक्षा देने का उद्देश्य यह होना चाहिए कि वे पूरे समाज के साथ कंधे से कंधा मिलाकर चल सकें। उनकी उन्नति भी आम लोगों की तरह हो। वे भी पूरे भरोसे और हिम्मत के साथ जिन्दगी जिएँ। इस संबंध में निम्नलिखित उपाय किए जाएँगे:

(i) विकलांगता अगर चलने-फिरने की या मामूली-सी है, तो ऐसे बच्चों की पढ़ाई आम बच्चों के साथ हों।

(ii) गंभीर रूप से विकलांग बच्चों के लिए छात्रावास वाले खास स्कूलों की जरूरत होगी। इस तरह के स्कूल जहाँ तक संभव होगा, जिला मुख्यालयों में बनाए जाएँगे।

(iii) सभी स्कूलों में विकलांगों के लिए व्यावसायिक प्रशिक्षण की पर्याप्त व्यवस्था की जाएगी।

(iv) शिक्षकों, खास तौर से प्राथमिक कक्षाओं के शिक्षकों के प्रशिक्षण संबंधी कार्यक्रमों को भी नया रूप देना जरूरी है, ताकि वे कम उम्र के विकलांग बच्चों की कठिनाइयों को ठीक तरह से समझ सकें।

(v) विकलांगों की शिक्षा के लिए स्वैच्छिक प्रयासों को हर संभव तरीके से प्रोत्साहित किया जाएगा।

2. विशिष्ट शिक्षा तथा शिक्षा आयोग 1964-66
(Special Education and Education Commission 1964–66)

विकलांग बच्चे: 6.42 अब हम विकलांग बच्चों की शिक्षा पर आते हैं। उनकी शिक्षा केवल मानवतावादी आधारों पर ही नहीं उपयोगिता के आधारों पर भी गठित करनी होगी। उचित शिक्षा आमतौर पर विकलांग पर काफी हद तक विजय पाने योग्य और एक उपयोगी नागरिक बनाती है। सामाजिक न्याय का भी यही तकाजा है। यह स्मरण रखना होगा कि

अनिवार्य शिक्षा पर संवैधानिक निदेश में विकलांग बच्चे भी शामिल हैं। अब तक इस क्षेत्र में बहुत कम काम किया गया है; और अनेक कठिनाइयों के कारण स्थिति में बहुत अधिक सुधार निकट भविष्य में व्यवहार्य मालूम नहीं होता। फिर भी यह आवश्यक है इस दिशा में अभी से गंभीरतापूर्वक शुरूआत कर दी जाए।

हमारे प्रस्तावों में एक ऐसे शक्य कार्यक्रम का संकेत देने का प्रयत्न किया गया है जिससे बाद में इस समस्या के समाधान के लिए अधिक विशाल कार्यक्रम की बुनियाद डाली जा सके। इस क्षेत्र में हम शिक्षा की दृष्टि से उन्नत देशों से बहुत कुछ सीख सकते हैं। इन देशों ने हाल के वर्षों में विज्ञान और चिकित्सा में हुई उन्नतियों के आधार पर नई विधियाँ और तकनीकें निकाली हैं।

6.43 कार्यक्रमों का क्षेत्र और आकार: एक विकलांग बच्चे के लिए शिक्षा का पहला कार्य यह है कि वह सामान्य बच्चों की आवश्यकताओं की पूर्ति के लिए बनाए गए सामाजिक-सांस्कृतिक पर्यावरण में समंजन के लिए उसे तैयार करें। इसलिए यह आवश्यक है कि विकलांग बच्चों की शिक्षा सामान्य शिक्षा प्रणाली का ही एक अविच्छेद्य अंग हो। अन्तर केवल बच्चे को पढ़ाने की विधि और बच्चे द्वारा ज्ञानप्राप्ति के लिए अपनाए गए साधनों में होगा। विधि तन्त्र में इन अन्तरों का शिक्षा की विषय-वस्तु या लक्ष्यों पर कोई असर नहीं पड़ता। इसलिए इस प्रकार की शिक्षा को सुविधा की दृष्टि से 'विशेष शिक्षा' कहा गया है।

6.44 विकलाग की जनसंख्या का आकार निर्धारित करने की समस्या ने शिक्षकों, योजना-निर्माताओं और सामाजिक कार्यकर्ताओं को इस देश में ही नहीं, बहुत से आर्थिक दृष्टि से उन्नत देशों में भी परेशान किया है उदाहरण के लिए संयुक्त राज्य अमेरिका के पास विकलांग बच्चों की संख्या का विश्वसनीय अनुपात नहीं है। किन्तु उपलब्ध प्रमाण से ऐसा प्रतीत होता है कि हमारे देश में निम्नलिखित वर्गों की कुल जनसंख्या लगभग 25 लाख है:

(1) *अन्धे:* किन्तु स्वास्थ्य मंत्रालय के तत्वावधान में हाल में किए गए एक सर्वेक्षण से ऐसा मालूम होता है कि अन्धों की संख्या ही 40 लाख के करीब हो सकती है। रायल कामनवैल्थ सोसाइटी फार दी ब्लाइंड, लन्दन का भी यही अनुमान है। इनमें से स्कूल जाने लायक उम्र के बच्चों की संख्या 4,00,000 है।

(2) *बधिर:* बहरेपन के शिकार व्यक्तियों का कोई राष्ट्रीय सर्वेक्षण नहीं किया गया है। कुछ नमूने के सर्वेक्षण के आधार पर किए गए अनुमानों से प्रतीत होगा कि देश में बहरों की संख्या दस लाख और पन्द्रह लाख के बीच होगी। इनमें से स्कूल जाने लायक आयु के बच्चों की संख्या करीब 3,00,000 होने की संभावना है।

(3) *अंग-विकृति वाले विकलांग बच्चे:* विकलांग बच्चों के इस वर्ग का भी काई राष्ट्रीय सर्वेक्षण नहीं किया गया है। इनके सम्बन्ध में भी किए गए कुछ नमूने के सर्वेक्षणों के आधार पर ऐसा प्रतीत होगा कि अंग विकृति वाले बच्चों की संख्या इस देश में अन्धों की संख्या बराबर होगी।

(4) *मन्दबुद्धि:* मन्दबुद्धिता एक जटिल अवधारणा है, जो बहुत हद तक सांस्कृतिक कारकों से प्रभावित है और उसका पता लगाने के लिए परिष्कृत मनोवैज्ञानिक

परीक्षण करने पड़ते हैं। इसलिए देश में मन्द-बुद्धि बच्चों की संख्या का पता लगाना कठिन है। फिर भी कुछ अपर्याप्त नमूने के सर्वेक्षणों के आधार पर किए गए अनुमानों से प्रतीत होगा कि देश में मनबुद्धि बच्चों की संख्या 14 लाख और 18 लाख के बीच होगी।

इस समय विकलांग बच्चों के अन्य वर्गों की शिक्षा के लिए प्राय: कोई सुविधाएँ नहीं हैं। कुछ क्षुब्ध-संवेगी बच्चों की देखभाल विभिन्न बाल अधिनियमों के अन्तर्गत स्थापित बाल-सदनों और संस्थाओं में की जाती हैं। किन्तु वैसे, ये सदन मुख्यत: क्षुब्ध-संवेगी बच्चों की शैक्षिक चिकित्सा के लिए ही नहीं हैं।

मौजूदा सुविधाएँ अत्यन्त अपर्याप्त हैं। कुछ मामलों में काम की बुनियाद पड़ चुकी है और कुछ में हमें शुरू से ही काम करना होगा। इसलिए विकलांग बच्चों के लिए शिक्षा सेवाओं के विकास के लिए सावधानी से तैयार की गई योजना के महत्त्व पर जितना बल दिया जाए, थोड़ा है।

6.46 *काम करने के लिए एक योजना:* विकलांग बच्चों को शिक्षा की सुविधाएँ प्रदान करने की दिशा में प्रगति दो मुख्य बातों से सीमित होगी : अध्यापकों की उपलब्धि और वित्तीय साधनों की प्राप्ति। इसलिएँ युक्तिसंगत लक्ष्य यह होगा कि सन् 1986 तक अंधे, बधिर और अंग-विकृति वाले बच्चों में से 15 प्रतिशत के लिए और मन्दबुद्धि वाले बच्चों में से 5 प्रतिशत के लिए शिक्षा की व्यवस्था कर डाली जाए। इसका अर्थ होगा विकलांग बच्चों की कुल संख्या के 10 प्रतिशत के लिए शिक्षा सुविधाओं की व्यवस्था। कार्यक्रम के अंग के रूप में यह सम्भव होना चाहिए कि हरेक जिले में विकलांग बच्चों की शिक्षा के लिए कम से कम एक अच्छी संस्था जरूर स्थापित की जाए।

6.47 यह लक्ष्य दो कार्यक्रमों को अपना कर प्राप्त किया जा सकता है–एक विशेष और दूसरे समेकित। अब तक इस देश में विशेष कार्यक्रमों का ही विकास किया गया है। इनमें विकलांग बच्चे सामान्य बच्चों से अलग कर विशेष संस्थाओं में रखे जाते हैं किन्तु शिक्षा की दृष्टि से उन्नत देशों में अब विकलांग बच्चों को नियमित स्कूल कार्यक्रमों में ही समेकित करने पर बहुत जोर दिया जा रहा है। इसके बहुत से लाभ हैं, जिन में से दो मुख्य हैं: पहला, खर्च में कमी और दूसरा, विकलांग और सामान्य बच्चों में परस्पर, एक-दूसरे को समझाना और सद्भाव की वृद्धि। इसकी कुछ हानियाँ भी हैं। उदाहरण के लिए, बहुत से विकलांग बच्चों को सामान्य स्कूलों में रखा जाना मानसिक दृष्टि से विक्षुब्ध कर देता है। किन्तु इस समस्या को समग्र दृष्टि से देखने पर हम अनुभव करते हैं कि समेकित कार्यक्रमों के प्रयोग करके देखना अत्यन्त आवश्यक है और समेकित कार्यक्रमों में अधिक से अधिक जितने छात्रों को लाया जा सके, लाने का प्रयत्न किया जाना चाहिए।

6.48 इसके अलावा बच्चों के कुछ अन्य वर्गों के लिए, जिनकी अपनी विशिष्ट शैक्षिक आवश्यकताएं हैं, जैसे, कमजोर दृष्टि वाले, वाक्दोष वाले, वाचाघाती, क्षत मस्तिष्क वाले और क्षुब्धा-संवेगी, प्रयोगिक आधार पर सेवाओं का विकास करना वांछनीय है। जैसा कि पहले कहा गया है, इस क्षेत्र में अब तक शायद ही कोई प्रयत्न किया गया हो। अभी यह कह सकना असंभव है कि ऐसे बच्चों की संख्या कितनी होगी। यहां तक की अध्यापकों के प्रशिक्षण की सुविधाएं भी बहुत अपर्याप्त हैं। स्वास्थ्य मंत्रालय, बंगलौर में वाणी-उपचारकों के प्रशिक्षण के लिए एक संस्था स्थापित कर रहा है। ये वाणी-उपचारक

वाक्‌दोष युक्त और वाचाघाती बच्चों को संभाल सकते हैं। किन्तु कमजोर दृष्टि वाले या क्षुब्ध-संवेगी और क्षत-मस्तिष्क बच्चों के लिए अध्यापकों के प्रशिक्षण की शायद ही कोई सुविधाएँ हों। इसलिए हमारा सुझाव है कि अगली दो योजनाओं में एक प्रयोगिक परियोजना के रूप में कुछ केन्द्र इन वर्गों के बच्चों की सहायता के लिए स्थापित किए जाने चाहिएं। सारी समस्या पर दस वर्ष बाद पुनर्विचार कियाा जा सकता है।

6.49. इन कार्यक्रमों को पर्याप्त विकसित करने के लिए निम्न बातों पर ध्यान देना पड़ेगा:

(1) अध्यापकों की तैयारी पर बल और ध्यान देने की आवश्यकता होगी। यदि छात्र-अध्यापक अनुपात को 10:1 मान लिया जाए तो अन्धे, बहरे और मन्दबुद्धि बच्चों के लिए ही 16,500 अध्यापकों की आवश्यकता होगी। इसके लिए मौजूदा प्रशिक्षण संस्थाओं की क्षमता में काफी वृद्धि करने और नयी संस्थाएँ खोलने की जरूरत पड़ेगी।

(2) यह आवश्यक है कि इस क्षेत्र में काम कर रहे विभिन्न अभिकरणों, जैसे शिक्षा-मंत्रालय, केन्द्रीय समाज कल्याण बोर्ड, इस समस्या में दिलचस्पी लेने वाले स्वैच्छिक संगठनों और स्वास्थ्य मंत्रालय के प्रयत्नों में समन्वय किया जाए। राज्य स्तर पर भी ऐसा समन्वय आवश्यक होगा।

(3) *विशिष्ट बच्चों की शिक्षा तथा राष्ट्रीय शिक्षा नीति 1986* (*Special Education and NPE 1986*): अध्याय 14.7 देखें।

III

समाज के वंचित वर्गों की शिक्षा
(Education of the Disadvantaged Sections)

सामाजिक, सांस्कृतिक तथा आर्थिक दृष्टि से समाज के वंचित वर्गों से अभिप्राय (Meaning of Socially, Culturally and Economically Deprived Groups)

भारतीय संविधान में सामाजिक, सांस्कृतिक तथा आर्थिक दृष्टि से संचित वर्गों को परिभाषित नहीं किया गया है। इस प्रकार इस शब्दावली का प्रयोग भारतीय शिक्षा आयोग (1964-66) तथा राष्ट्रीय शिक्षा नीति 1968, 1986 तथा 1992 में भी नहीं किया गया है।

सामान्यत: कहा जा सकता है कि सामाजिक, सांस्कृतिक एवं आर्थिक दृष्टि से वंचित वे लोग हैं जिनका शताब्दियों से शोषण होता आया है। उन्हें समाज के अन्य वर्ग हीन दृष्टि से देखते हैं। इन समूहों की भी अलग पहचान होती है।

सामाजिक वंचित वर्ग (*Socially Deprived Sections*): इस वर्ग के लोगों को ऊँचे वर्गों के लोगों के सम्पर्क से प्राय: वंचित रहना पड़ा है। ये अलग समुदायों में रहते हैं। समाज में इनका स्तर बहुत निम्न माना जाता है। इन्हें सार्वजनिक स्थान जैसे नहाने के घाट, तालाब, कुएँ, होटल तथा शैक्षिक संस्थान-जिनका उपयोग उच्च जाति के लोग करते हैं, उनसे वंचित रखा गया है। इस वर्ग के लोग जब उच्च वर्ग के पास जाते थे, ये झुक कर अभिवादन करते थे। उनसे हाथ मिलाकर अभिवादन नहीं कर सकते थे।

स्वतन्त्रता से पूर्व अनेक ऐसे स्थान थे जहाँ पर केवल अंग्रेज ही जा सकते थे। भारतीय अपने ही देश में अनेक बराबरी की सुविधाओं से वंचित थे। गांधी जी को दक्षिण अफ्रीका में रेल की प्रथम श्रेणी के डिब्बे से नीचे उतार दिया गया था क्योंकि वहाँ पर एक अंग्रेज ने बैठना था।

अनेक भारतीय गाँवों में अब भी सामाजिक दृष्टि से पिछड़े वर्ग उसी चारपाई पर नहीं बैठ सकते जिस पर उच्च वर्ग के लोग।

सांस्कृतिक दृष्टि से वंचित लोग (*Culturally Deprived Sections*): समाज में अनेक ऐसे वर्ग हैं जिन्हें सदियों तक मन्दिरों में प्रार्थना करने की मनाही थी। वे उच्च लोगों के साथ अभिनय आदि में भाग नहीं ले सकते थे। उनके उठने-बैठने के ढंग परम्परागत हैं। विवाह ऊँची जातियों में नहीं कर सकते हैं।

आर्थिक दृष्टि से वंचित लोग (Economically Deprived Sections): वे जीवन निर्वाह बड़ी कठिनाई से करते हैं। उन्हें पेट भरने के लिए भोजन प्राप्त नहीं होता है। सड़कों पर रात को सोते हैं। उन्हें कोई ऊँचा व्यवसाय नहीं मिल सकता है कड़ी मेहनत के बाद में उनकी आय बहुत कम है।

ये वर्ग प्राय: इस प्रकार हैं: 1. अनुसूचित जातियाँ 2. अनुसूचित जनजातियाँ। 3. मैला उठाने वाले वर्ग। 4. झुग्गी झोंपड़ी में रहने वाले वर्ग। 5. दूरदराज स्थानों पर रहने वाले वर्ग। 6. पहाड़ियों पर रहने वाले वर्ग। 7. जंगलों में रहने वाले वर्ग। 8. गन्दी बस्तियों में रहने वाले वर्ग। 9. फेरी लगाने वाले वर्ग। 10. अल्पसंख्यक वर्ग। 11. लौहार, बढ़ई आदि वर्ग। 12. घरों में छोटे-मोटे काम करने वाले। 13. निर्धनता रेखा से नीचे वर्ग। 14. खेती पर काम करने वाले श्रमिक। 15. कारखानों में काम करने वाले श्रमिक आदि। 16. महिलाएँ।

सामाजिक, सांस्कृतिक तथा आर्थिक दृष्टि से वर्गों की विशेषताएँ (Chief Characteristics of Socially, Culturally and Economically Sections of the Society)

1. निम्न जीवन स्तर। 2. दैनिक जीवन की आवश्यक वस्तुओं का अभाव। 3. निरक्षर। 4. निर्धनता का शिकार। 5. भाग्यवादी। 6. हीन भावना। 7. नकारात्मक दृष्टिकोण। 8. निराशावादी। 9. परम्परागत व्यवसाय। 10. वांछित अभिप्रेरणा का अभाव। 11. अलग-थलग 12. सीमित जीवन अनुभव। 13. बड़ा परिवार।

महत्वपूर्ण दस्तावेज (Significant Document)

A. संवैधानिक प्रावधान (Constitutional Provisions)

भारतीय संविधान में निम्नलिखित मूल अधिकार दिए गए हैं:

1. समता का अधिकार। 2. स्वतन्त्रता का अधिकार। 3. शोषण के विरुद्ध अधिकार। 4. धर्म की स्वतन्त्रता का अधिकार। 5. संस्कृति और शिक्षा सम्बन्धी अधिकार। 6. संवैधानिक उपचारों का अधिकार।

समता का अधिकार

अनुच्छेद 14. विधि के समक्ष समता: राज्य, भारत के राज्य क्षेत्र में किसी व्यक्ति को विधि के समक्ष समता से या विधियों के समान-संरक्षक से वंचित नहीं रखेगा।

अनुच्छेद 15. धर्म, मूलदेश, जाति, लिंग या जन्म स्थान के आधार पर विभेद का प्रतिषेध: (1) राज्य, किसी नागरिक के विरूद्ध केवल धर्म, मूलवंश जाति, लिंग, जन्म स्थान या इनमें से किसी के आधार पर कोई विभेद नहीं करेगा।

(2) कोई नागरिक केवल धर्म, मूलवंश, जाति, लिंग, जन्म स्थान या इनमें से किसी के आधार पर: (क) दुकानों, सार्वजनिक भोजनालयों, होटलों और सार्वजनिक मनोरंजन के स्थानों में प्रवेश, या (ख) पूर्णत: या भागत: राज्य निधि से पोषित या साधारण जनता के प्रयोग के लिए समर्पित कुओं, तालाबों, स्नानाथायें, सड़कों और सार्वजनिक समागम के स्थानों के उपयोग के सम्बन्ध में किसी भी निर्योग्यता (Disability) दायित्व, निर्बंधन (Restriction) या शर्त के अधीन नहीं होगा।

अनुच्छेद 16. लोक नियोजन के विषय में अवसर की समानता: (1) राज्य के अधीन किसी पद पर नियोजन या नियुक्ति से सम्बन्धित विषयों में सभी नागरिकों के लिए अवसर की समता होगी।

(2) राज्य के अधीन किसी नियोजन या पद के सम्बन्ध में केवल धर्म, मूलवंश, जाति, लिंग, उद्‌भव (Descent), जन्मस्थान, निवास या इनमें से किसी के आधार पर न तो कोई नागरिक अपात्र होगा और न उससे विभेद किया जाएगा।

अनुच्छेद 17. अस्पृश्यता का अंत: अस्पृश्यता का अंत किया जाता है और इसका किसी भी रूप में आचरण निषिद्ध किया जाता है।

स्वातंत्र्य-अधिकार

अनुच्छेद 19. वाक्-स्वातन्त्र्य आदि विषयक कुछ अधिकारों का संरक्षण: सभी नागरिकों को अधिकार होगा:

(क) वाक्-स्वातंत्र्य और अभिव्यक्ति स्वातंत्र्य का, (ख) शान्तिपूर्वक और निरामुध (without arms) सम्मेलन का, (ग) संगम (Association) या संघ (Union) बनाने का, (घ) भारत के राज्य क्षेत्र में सर्वत्र अबाध संचरण का, (ङ) भारत के राज्य क्षेत्र के किसी भाग में निवास करने और बस जाने का, (च) कोई वृत्ति, उपजीविका, व्यापार या कारोबार करने का।

शोषण के विरुद्ध अधिकार

अनुच्छेद 23. मानव के दुर्व्यापार और बलात् श्रम का प्रतिवेध: मानव दुर्व्यापार और बेगार तथा इसी प्रकार का अन्य बलात् श्रम प्रतिबद्ध किया जाता है और इस उपबंध का कोई भी उल्लंघन अपराध होगा जो विधि के अनुसार दण्डनीय होगा।

अनुच्छेद 24. कारखानों आदि में बालकों के नियोजन का प्रतिवेध: चौदह वर्ष से कम आयु के किसी बालक को किसी कारखाने या खान में काम करने के लिए नियोजित नहीं किया जाएगा या किसी अन्य परिसंकटमय नियोजन (Hazardous employment) में नहीं लगाया जाएगा।

अनुच्छेद 25. धर्म की स्वतन्त्रता का अधिकार: अंत:करण की और धर्म के अबाध रूप से मानने, आचरण और प्रचार करने की स्वतन्त्रता: लोक व्यवस्था, सदाचार और स्वास्थ्य तथा इस भाग के अन्य उपबन्धों के अधीन रहते हुए सभी व्यक्तियों को अन्त:करण की स्वतन्त्रता और धर्म के अबाध रूप से मानने, आचरण करने और प्रचार करने का समान हक होगा।

अनुच्छेद 26. धार्मिक कार्यों के प्रबन्ध की स्वतन्त्रता: लोक व्यवस्था, सदाचार और स्वास्थ्य के अधीन रहते हुए, प्रत्येक धार्मिक सम्प्रदाय या उसके किसी अनुभाग को अधिकार होगा: (क) धार्मिक और पूर्व प्रयोजनों के लिए संस्थाओं की स्थापना और पोषण का, (ख) अपने धर्म विषयक कार्यों का प्रबन्ध करने का, (ग) चल संपत्ति और अचल संपत्ति के अर्जन और स्वामित्व का, और (घ) ऐसी संपत्ति का विधि के अनुसार प्रशासन करने का।

B. शिक्षा आयोग (1964-66) की संतुतियाँ
[Recommendations of the Education Commission (1964-66)]

शिक्षा आयोग ने पिछड़े वर्गों अथवा वंचित वर्गों तथा व्यक्तियों की शिक्षा के महत्त्व पर बल देते हुए कहा "शिक्षा महत्त्वपूर्ण सामाजिक उद्देश्यों में से एक है," अवसरों की समानता का प्रावधान करना तथा पिछड़े वर्गों अथवा वंचित वर्गों एवं व्यक्तियों को शिक्षा के माध्यम से अपनी स्थिति में सुधार लाना। समतावादी तथा मानवतावादी समाज जिसमें कमजोर वर्गों का शोषण न हो, स्थापित करने की यही गारंटी है।" इसी विषय पर आयोग ने जोर देते हुए कहा "सामान्य रूप से पिछड़े वर्गों तथा विशेष रूप से जनजातियों के लोगों की शिक्षा एक मुख्य कार्यक्रम है जिसे समाज में समानता तथा राष्ट्रीय एकता आ सकती है। इस प्रयोजन के लिए कोई भी व्यय अधिक नहीं है।"

शिक्षा आयोग ने इस सन्दर्भ में निम्नलिखित सुझाव दिए:

1. सभी स्तरों पर शिक्षा को निःशुल्क बनाना।
2. प्राथमिक स्तर पर निःशुल्क पाठ्य पुस्तकों का प्रावधान करना।
3. स्कूलों में पुस्तक-बैंक स्थापित करना।
4. विभिन्न स्तर पर छात्रवृत्तियों की उचित मात्रा में व्यवस्था करना।
5. राष्ट्रीय स्तर पर छात्रवृत्तियों का उचित मात्रा में प्रावधान करना।
6. ऋण-छात्रवृत्तियों की व्यवस्था।
7. लड़कियों के लिए विशेष सुविधाएँ जुटाना।
8. ट्रांसपोर्ट सुविधाओं की व्यवस्था करना।

अनुसूचित आदिम जातियों की शिक्षा

6.59 *समस्या का रूप*: यह आवश्यक है कि पिछड़े वर्गों के जिनमें अनुसूचित जातियाँ, अनुसूचित आदिम जातियाँ और अनूसूचित जातियाँ और कुछ खानाबदोश एवं नीम-खानोबदोश समूह शामिल हैं, बच्चों की शिक्षा की ओर विशेष ध्यान दिया जाए।

(1) जहाँ तक अनुसूचित जातियों का सम्बन्ध है अस्पृश्यता की कठोरता कम होने से समस्या कुछ सरल हो गयी है। किन्तु इसके शीघ्र हल के लिए हम सिफारिश करते हैं कि अनुसूचित जातियों की शिक्षा के लिए विद्यमान कार्यक्रम जारी रहने चाहिए और उनका विस्तार किया जाना चाहिए।

(2) जहाँ तक अंतिम वर्ग का सम्बन्ध है, यह कहा जा सकता है कि देश में ऐसे बहुत से खानाबदोश और नीम-खानाबदोश समूह हैं, जिनकी शिक्षा की आवश्यकताओं की अब तक प्रायः पूर्ण उपेक्षा हुई है। ऐसे समूहों को शिक्षा को सुविधाएँ प्रदान करना आसान नहीं होगा। जहाँ तक सम्भव हो, ऐसे समूहों को एक ही स्थान पर अधिक स्थिर रहन-सहन के तरीके विकसित करने में सहायता दी जानी चाहिए। इसके लिए उनकी अर्थ-व्यवस्था और जीवन-पद्धति के कुछ हद तक बुनियादी पुनर्गठनों की जरूरत है। इसलिए ऐसे हल निकालने के लिए, जिनसे उनकी आवश्यताएँ पूरी हों और उनका सहयोग प्राप्त किया जा सके, उनकी समस्याओं का निकट से अध्ययन किया जाना चाहिए। यद्यपि परिवर्तन की यह प्रक्रिया कई वर्षों में क्रियान्वित की जाएगी, तो भी जहाँ कहीं बड़े खानाबदोश समूह हों, वहाँ उन्हें चलते-फिरते रूप में विपणन, ऋण, स्वास्थ्य और शिक्षा की सुविधाएँ दी

जानी चाहिए। इसी तरह की सुविधाएँ उन जातियों के लिए भी होनी चाहिएँ, जो वर्ष में कई महीनों के लिए अपने घरों से प्रवजन कर जाती हैं।

(3) अनुसूचित जातियों की समस्या आकार में छोटी हैं, परन्तु फिर भी अत्यन्त कठिन है। उसके लिए अनेक वर्षों तक धैर्य से काम करने की आवश्यकता है। अन्ततः शायद सबसे अच्छा हल यह है कि ऐसे होस्टल बनाए जाएँ जिनमें इन जातियों के बच्चे उचित वातावरण में रह और बढ़ सकें।

इस खंड में हम मुख्यतः अनूसूचित आदिम जातियों की शिक्षा पर विचार करेंगे, जिस पर हमारी सम्मति में विशेष ध्यान देने की आवश्यकता है।

6.60 आदिम जातियाँ (ट्राइबल) आमतौर पर वन क्षेत्रों में रहती हैं, जहाँ पहुँचना आसान नहीं है और जहाँ जीवन की परिस्थितियाँ बहुत कष्टकर हो सकती हैं। कुछ लोग गैर-आदिमजातीय आबादी के मध्य में छोटे समूहों के रूप में रहते हैं। किन्तु अधिकतर आदिमजातीय लोगों की ही आबादियाँ होती हैं। इनके उदाहरण हैं मध्य प्रदेश, बिहार, उड़ीसा के जिलों के समूह, असम के पहाड़ी जिले और उत्तर-पूर्वी क्षेत्र के अन्य जिले हैं।

6.61 जहाँ आदिम जातीय लोगों के छोटे-छोटे इलाके हैं, या जहाँ वे शेष आबादी के साथ घुले-मिले हुए हैं और उसका अपेक्षाकृत छोटा भाग हैं, वहाँ समस्या अपेक्षया सरल है। ऐसे मामलों में आदिम जातियों की आवयकताओं पर विशेष ध्यान देना पड़ेगा, ताकि वे शिक्षा विकास के लाभों में से उचित हिस्सा प्राप्त कर सकें। किन्तु जिन क्षेत्रों में आदिम जातियों की प्रधानता है, वहाँ स्थिति अत्यधिक चुनौती भरी हो जाती है, क्योंकि समेकित विकास के लिए एक आदर्श अवसर उपस्थित होता है, इन सब क्षेत्रों में तीन काम सबसे प्रमुख होते हैं। ये काम हैं: पहला, संचार व्यवस्था का विकासः दूसरा, चलती खेती की मौजूदा प्रणाली को एक विकासोन्मुख कृषि अर्थ व्यवस्था में परिणत करना, जिसमें जंगलों की देखभाल, चलती खेती की सुधरी प्रणाली, जमी खेती और चारागाह, और तीसरा, एक ऐसी शिक्षा प्रणाली विकसित करना, जो उनके आर्थिक और सामाजिक विकास की योजना से सम्बद्ध हो और साथ ही इन लोगों की सांस्कृतिक और आर्थिक आवश्यकताओं की पूर्ति करती हो।

C. राष्ट्रीय शिक्षा नीति, 1986 की समीक्षा समिति अथवा राममूर्ति समीक्षा समिति 1990 (Review Committee or Ramamurti Reviewed Committee 1990 on NPE 1986)

समीक्षा समिति ने जोर दिया कि समय की मांग यह है कि शैक्षिक विकास के कार्यक्रमों को इस प्रकार से बनाया जाए और लागू किया जाए कि उसमें क्षेत्र, समुदाय तथा लिंग विशेष गतिविधियों के आधार पर अलग-अलग लक्ष्य रखें जाएँ। इसका अर्थ यह है कि वंचित वर्गों, जैसे अनुसूचित जाति/जनजाति, स्त्रियों, शैक्षिक दृष्टि से पिछड़े अल्पसंख्यकों तथा विकलांगों को ध्यान में रख कर ठोस कार्यक्रम चालू किए जाएँ और उनके लिए समुचित धन की व्यवस्था की जाए"।

D. केन्द्रीय शिक्षा सलाहकार बोर्ड की नीति सम्बन्धी समिति, 1992 (Central Advisory Board of Education Committee–CABE Committee on Policy)

समिति ने अध्याय चार 'अनुसूचित जातियों/अनुसूचित जनजातियों और शैक्षिक रूप से पिछड़े अन्य वर्गों की शिक्षा (Education of the SC's/ST's and Other Educationally Backward Sections)' में निम्नलिखित विचार प्रकट किए, "शैक्षिक प्रक्रिया में कमजोर वर्गों की सहभागिता तब तक निरर्थक होगी जब तक कि उनके पास भूमि सुधारों जैसे उपायों के माध्यम से उत्पादन तथा जीविका के साधन न हों उन्हें ईंधन, भोजन तथा जल जैसी जीवन की अनिवार्य वस्तुएँ सार्थक रूप से उपलब्ध न हों, और उनके कार्य के लिए उचित वेतन का आश्वासन प्राप्त न हों"

समिति ने निम्नलिखित सुझाव दिए हैं:

1. *केन्द्रीय अभिकरण की स्थापना (Establishment of a Focal Agency)*: केन्द्रीय सरकार को कार्यक्रम कार्यान्वयन के सम्बन्ध में रिपोर्ट करने के उद्देश्य से प्रत्येक राज्य में एक केन्द्रीय एजेंसी निर्धारित की जाए।

2. *स्थायी केन्द्रीय शिक्षा बोर्ड समिति का गठन (Constitution of a Standing CABE Committee)*: केन्द्रीय शिक्षा बोर्ड समिति एक स्थायी समिति का गठन करे जिसमें वंचित वर्गों (अनु.जा. तथा अनु. जन.जा.) के लिए आयोजित किए जा रहे शैक्षिक कार्यक्रम (Educational Programmes for the Deprived Sections)के प्रतिनिधि हों।

3. *समान पाठ्यक्रम (Same Curriculum)*: पिछड़े वर्गों के बच्चों तथा अन्य वर्गों के बच्चों में पाठ्यक्रम सम्बन्धी कोई भेदभाव न किया जाए।

4. *राज्य सरकारें तथा अल्पसंख्यक शैक्षिक संस्थाएँ (State Governments and Minority Educational Institutions)*: केन्द्रीय सरकार ने वर्ष 1989 में अल्पसंख्यक प्रबन्धित शैक्षिक संस्थाओं को मान्यता प्रदान करने के लिए जो मानदण्ड निर्धारित किए हैं। राज्य सरकारें उनके सन्दर्भ में कार्य करें।

शैक्षिक कार्यक्रम (Educational Programmes)

1. *सार्वभौमिक नि:शुल्क प्राथमिक शिक्षा (Universal Free Primary Education)*: केन्द्रीय सरकार, राज्य सरकारें तथा स्थानीय संस्थाओं (पंचायती राज संस्थाओं) ने सभी के लिए नि:शुल्क प्राथमिक शिक्षा का प्रावधान किया है। वंचित वर्गों के निवास स्थान के समीप शैक्षिक संस्थाएँ खोली गई हैं।

2. *नि:शुल्क पुस्तकें आदि (Free Books etc)*: प्राथमिक स्तर पर बच्चों को स्कूल में अभिप्रेरित करने के लिए नि:शुल्क पुस्तकें, कागज-पैन्सिल तथा स्कूल वर्दी की व्यवस्था की गई है।

3. *नि:शुल्क ट्रांसपोर्ट*: अनेक राज्यों में स्कूल के बच्चों के आने जाने के लिए सुविधाएँ प्रदान की गई हैं।

4. *छात्रवृत्तियाँ*: अधिक से अधिक निर्धन बच्चों के लिए छात्रवृत्तियों की व्यवस्था की गई है।

5. *छात्रावास*: ग्रामीण क्षेत्रों में आवश्यकतानुसार छात्रावासों की व्यवस्था की गई है।

6. *दोपहर का भोजन प्राथमिक शिक्षा को बढ़ावा देने के लिए पोषाहार सहायता राष्ट्रीय कार्यक्रम (National Programme of Nutritional Support to Primary Education–NPSE or Mid–Day Meals)*: 15 अगस्त 1995 से शुरू किया गया है। इस प्रोग्राम से लगभग 12 करोड़ बच्चे लाभ उठा रहे हैं। इस प्रोग्राम की मुख्य विशेषताएँ निम्नलिखित हैं:

- इस कार्यक्रम के तहत सभी सरकारी तथा सरकारी मदद से चल रहे स्कूलों में पहली से पाँचवीं क्लास में पढ़ने वाले बच्चों को हर रोज़ मुफ्त दोपहर का खाना दिया जाता है।
- कार्यक्रम के लिए भारत सरकार स्कूलों को रोज 200 ग्राम हर बच्चे के हिसाब से गेहूँ या चावल देती है।
- दाल, सब्ज़ी, तेल, मसाले, और खाना पकाने के लिए हर एक बच्चे के लिए रोज़ एक रुपए के हिसाब से पैसा दिया जाता है।
- इसके अलावा अनाज को लाने ले जाने का खर्च अलग से दिया जाता है।
- कई राज्य अपनी तरफ से और पैसा जोड़कर खाने को बेहतर बना रहे हैं।
- सूखा पड़े इलाकों में गर्मियों की छुट्टियों में भी खाना दिया जाता है।
- हर रोज़ अलग-अलग खाना, जैसे दाल-भात, रोटी-सब्जी, खिचड़ी, दलिया, चावल-सांभर, खीर वगैरह परोसा जा सकता है ताकि सब बच्चे मिलजुलकर शौक से खा सकें।

यहाँ यह लिख देना भी आवश्यक प्रतीत होता है कि सरकारी तथा सरकारी सहायता से चल रहे प्राथमिक स्कूलों में अधिक संख्या में छात्र वांछित वर्गों से ही सम्बन्धित रहते हैं। बड़े-बड़े कस्बों तथा नगरों में इन्हीं वर्गों के बच्चे ऐसे स्कूलों में जाते हैं।

7. *उपचारात्मक शिक्षा (Remedial Teaching)*: अनेक स्थानों पर पिछड़े वर्गों से सम्बन्धित बच्चों के लिए उपचारात्मक कक्षाएँ चलाई जा रहीं हैं।

8. *व्यावसायिक शिक्षा (Vocational Education)*: स्थानीय आवश्यकता के अनुसार माध्यमिक स्कूलों में विभिन्न प्रकार के व्यावसायिक पाठ्यक्रम भी चलाए जा रहे हैं।

9. *स्कूल स्थापित करने के मापदण्ड (Norms for Opening Schools)*: पिछड़े क्षेत्रों तथा पिछड़े वर्गों के लिए स्कूल खोलने के मापदण्ड में छूट दी जाती है।

10. *प्रौढ़ शिक्षा कार्यक्रम (Adult Education Programmes)*: वंचित वर्गों के लिए प्रौढ़ शिक्षा के कई कार्यक्रम चलाए जा रहे हैं। उनमें इस प्रकार के भाव जागृत करने के लिए प्रयास किए जा रहे हैं जिनसे वे अपने बच्चों की शिक्षा में रूचि लें।

11. *सर्वशिक्षा अभियान तथा अन्य योजनाएँ (Sarva Shiksha Abhiyan and Other Plans)*: इस बात पर बल दिया गया है कि वंचित वर्गों को विभिन्न कार्यक्रमों में प्राथमिकता दी जाए।